U0451499

中国社会科学院 学者文选
骆耕漠集
中国社会科学院科研局组织编选

中国社会科学出版社

图书在版编目(CIP)数据

骆耕漠集／中国社会科学院科研局组织编选.—北京：中国社会科学出版社，2002.5（2018.8重印）

（中国社会科学院学者文选）

ISBN 978-7-5004-3337-8

Ⅰ.①骆… Ⅱ.①中… Ⅲ.①骆耕漠—文集②经济—研究—中国—文集③政治经济学—理论研究—文集 Ⅳ.①F-53

中国版本图书馆CIP数据核字（2002）第016717号

出 版 人	赵剑英
责任编辑	李 是
责任校对	林福国
责任印制	李寡寡

出　　版	中国社会科学出版社
社　　址	北京鼓楼西大街甲158号
邮　　编	100720
网　　址	http://www.csspw.cn
发 行 部	010-84083685
门 市 部	010-84029450
经　　销	新华书店及其他书店
印刷装订	北京市十月印刷有限公司
版　　次	2002年5月第1版
印　　次	2018年8月第2次印刷
开　　本	880×1230　1/32
印　　张	13.5
字　　数	322千字
定　　价	79.00元

凡购买中国社会科学出版社图书，如有质量问题请与本社营销中心联系调换
电话：010-84083683
版权所有　侵权必究

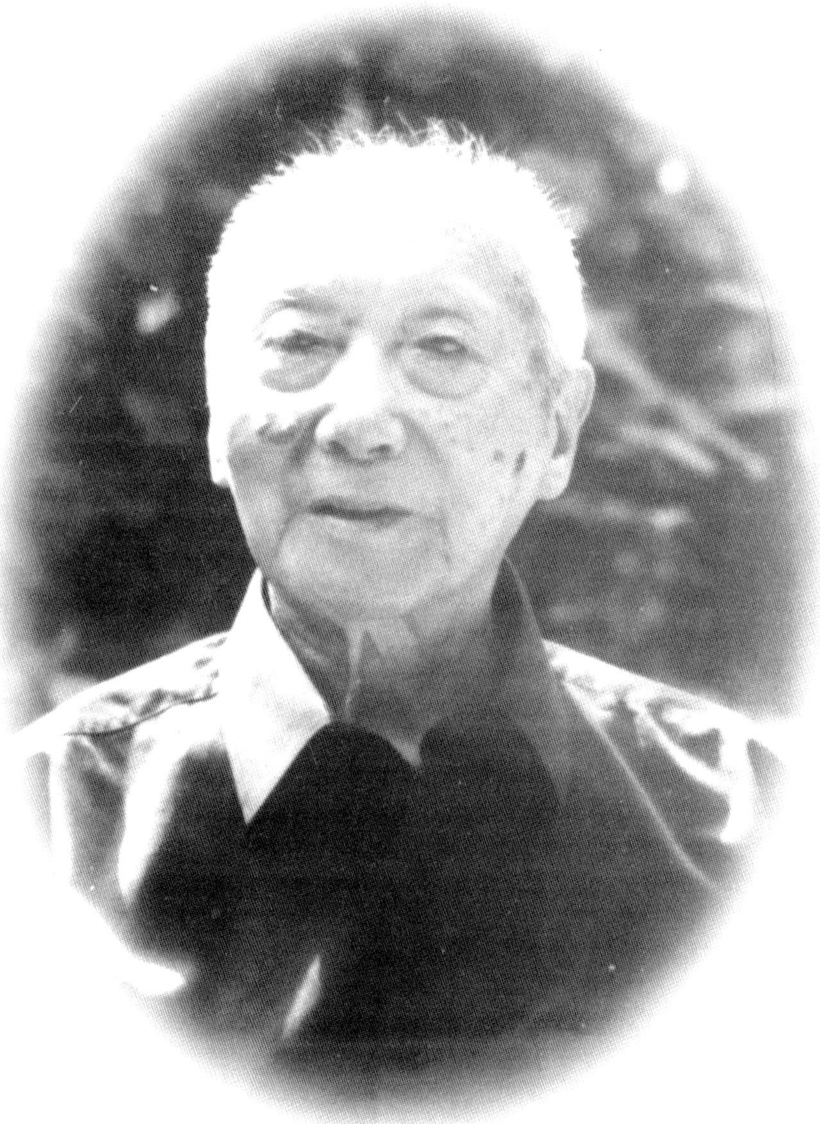

出 版 说 明

一、《中国社会科学院学者文选》是根据李铁映院长的倡议和院务会议的决定,由科研局组织编选的大型学术性丛书。它的出版,旨在积累本院学者的重要学术成果,展示他们具有代表性的学术成就。

二、《文选》的作者都是中国社会科学院具有正高级专业技术职称的资深专家、学者。他们在长期的学术生涯中,对于人文社会科学的发展作出了贡献。

三、《文选》中所收学术论文,以作者在社科院工作期间的作品为主,同时也兼顾了作者在院外工作期间的代表作;对少数在建国前成名的学者,文章选收的时间范围更宽。

中国社会科学院
科研局
1999年11月14日

目　录

编者的话……………………………………………………（1）

美亚工潮始末………………………………………………（1）
水旱灾的"交响曲"
　　——中国水利经济的解体 …………………………（13）
农民借贷所与银行业的典当化……………………………（20）
信用合作事业与中国农村金融……………………………（28）
中国农产运销的新趋势……………………………………（45）
死亡线上的中国煤矿工人…………………………………（62）
惊动全球的华北走私问题…………………………………（69）
中日经济提携………………………………………………（78）

速起扑灭汉奸………………………………………………（111）
盐阜区两年来的货币斗争…………………………………（113）
盐阜区农村的巨变…………………………………………（137）
新区初期的部队供给工作…………………………………（141）

建国一年来华东区财政经济建设的成就……………………（162）
学习苏联经济建设的经验………………………………（168）
我国过渡时期基本经济规律问题………………………（192）
厉行节约是胜利完成我国第一个五年计划的重要条件……（209）
关于唯物史观的一个经典公式的研究……………………（219）
读了《关于进一步改进管理工业和建设的组织
　　工作》以后…………………………………………（239）
在实践中正确应用马克思列宁主义就是对它
　　创造性的发展………………………………………（250）

关于我国工农业产品等价交换的几个理论问题…………（256）
关于生产力二要素或三要素问题………………………（267）

论按劳分配的阶级性……………………………………（281）

谈多种经济成分并存局面………………………………（294）
陈云同志春节讲话的重大战略意义……………………（297）
如何正确理解计划调节与市场调节……………………（305）
坚持计划经济　防止自由化倾向………………………（310）
马克思论生产劳动和非生产劳动的辩证法………………（315）
西方的"第三产业"论和马克思的服务论…………………（332）
马克思、恩格斯关于社会主义与共产主义生产、
　　交换、分配关系的论述……………………………（347）
列宁论十月革命后城乡间的四种交换关系………………（385）

作者年表……………………………………………（417）
作者主要著作目录…………………………………（420）

编者的话

骆耕漠同志是我国著名的老一辈马克思主义经济学家，是至今健在屈指可数的中国科学院哲学社会科学部委员、当代中国经济建设开拓者之一。他的经济理论研究生涯是与其漫长而曲折的革命经历密切相连的。无论是在战争岁月还是在和平建设年代，作为中国革命和建设的亲历者，他所从事的革命宣传和财经管理工作的实际需要是激励他孜孜不倦地学习与坚韧不拔地探索马克思主义经济理论的重要动力源泉。长期的辛勤耕耘，使他成为我国社会主义经济理论的一个重要流派的代表人物，为我国政治经济学的发展做出了卓越的贡献。中国社会科学院学者文选《骆耕漠集》所选著述就是骆耕漠同志长期探索与贡献的真实记录。

骆耕漠同志1908年出生于浙江省於潜县（现浙江省临安市潜阳镇）。本姓丁，谱名丁龙孝，从小过继给大姑父为子改名为李政、李抗风、李百蒙，至1938年起改用现名。

骆耕漠同志是在20世纪20年代中后期投身中国革命事业的。他历经了北伐革命、抗日救亡运动、解放战争和新中国经济建设等重大历史阶段。1927年，他走出浙江省立商业专科学校加入国民革命军北伐部队。"四一二事变"后他流亡武昌，在国民革命军总政治部军政教导团接受训练，武汉政府叛变后他随教导团从水路奔赴南昌，准备赶上共产党领导的武装起义部队，由于在九江受阻，他回杭州，毅然加入中国共产主义青年团，从事艰险的革命活动。1927年底，由于叛徒出卖他被国民党政府逮捕，作为政治犯被关入浙江陆军监狱。这一关就是六年多。在监牢中，他与难友们自修马列主义理论及文化知识。出狱后，他积极投入抗日救亡运动，撰写文稿、编辑期刊、组织活动。从那时起，他开始研究和论述中国各种经济问题，参加了中国经济情报社、中国农业研究会、新知书店、职业界救国会理事会等社会团体的革命活动，逐渐成为活跃在中国的颇有影响的共产党人经济学家，成为中国现代经济学人的先驱之一。1934年，他开始使用"骆耕漠"作为笔名，从此，这个寓意"在沙漠中耕耘的骆驼"的名字，伴随他以后的数十年的理论耕耘。

从30年代起，骆耕漠同志参与了革命军队和根据地的后勤及财经部门的领导工作。进入和平建设时期，他先后担任华东财委秘书长、副主任和国家计划委员会成本物价局局长、副主任，对于华东地区与全国的国民经济计划管理与宏观经济调控，特别是对成本物价管理的开创性工作做出了贡献。

骆耕漠同志既是我国经济建设的实践者，又是经济理论的探索者。在漫长的人生旅途与奋斗进程中，骆耕漠同志在理论探索和经济研究中投入了大量的精力并做出了卓越的贡献。他细致入微地观察着世界，以自己的热情和理论见解，形成并坚持着自己的经济学观点。特别是中华人民共和国成立之后，他仔细研究了马克思的价值理论，发表了许多文章著述，成为中国社会主义政治经济学一个主要流派的代表人物。

他不仅在20世纪30—40年代理论联系实际地投身于社会进行大量研究调查，撰写了大量经济文稿，为处于社会底层的"工农劳苦大众"呼吁，揭露国内外军事霸权、政治强权与官僚资本势力在中国的掠夺；还对抗日根据地的经济建设与部队后勤保障作实证分析。在50—60年代，又在社会主义经济建设事业与政治经济学基本理论研究方面进行许多探索，对商品、价值、货币等基本理论范畴提出了新见解。在80—90年代，他深入研究了生产劳动理论与服务理论；在数十年的实践经验与理论思考基础之上，他对人类社会三种社会经济形态的演变规律进行了系统的理论再思考。进入21世纪，他制订了新的科研规划，着手对当代重大社会经济理论问题进行深入研究。

骆耕漠同志在艰难困苦的条件下，以对现实的紧迫感与历史的责任感向着奋斗目标不断迈进。一直以骆驼耕耘沙漠的坚强信念与韧劲去追求真理与人类前程。现在，作为一位跨世纪高龄学者，骆耕漠同志在丧失视觉功能的状况下坚持收听电台广播、听读文献、参加社会活动，吸收大量信息，关心国际国内大事，仍然进行思考并坚持写作。他从没有放弃探索与追求，在奋斗的道路上继续迈进着。他的毅力、执着、勇气、责任感、细心与扎实，永远是青年一代的楷模。

从20世纪50年代中期起，骆耕漠同志一直担任中国科学院哲学社会科学部委员和经济研究所研究员。《骆耕漠集》所选的文章，反映了著述者从20世纪30年代到90年代各个不同时期的奋斗历程与理论贡献。在中国现代经济社会的实践与理论研究中，骆耕漠经济著述已积淀成为一份厚重的精神财富。

《骆耕漠集》所选文章都经骆老同意和审定。在中国社会科学院统一部署与院科研局、经济所、社科出版社支持下，文集编选工作自1999年起历时数年方始完成。在编选初期，高等教育出版社夏晔同志和哲学研究编辑部王敬同志自愿担任了部分编辑和校对工作；为该书出版，2001年6月新华通讯社摄影部图片征集办公室王洁平同志还专门为骆老拍摄了照片；中国社会科学院经济研究所内外与骆老工作过的部分同事同志参与了文集编选工作及《编者的话》文稿修订。凡此种种，谨表谢忱。

中国社会科学院学者文选

《骆耕漠集》编选组

执笔人：张卓元　韩　孟

2002年3月

美亚工潮始末[*]

一 美亚织绸厂内容一瞥

1919年，浙江湖州乡绅莫觞清与蔡声白投了3000元资本，在上海法租界马浪路开了一个织绸厂，当时只有织机十二台，规模甚小。这就是美亚厂的起源。

嗣后，赖工人之力及大战后之机运，年年都赚得厚利（1928年与1929年，生意尤好，每年净利达200万元）。所以在十年以内，他们就以赚来的厚利，在沪上各地开设美伦等等九个织绸厂。去年（1933年2月），他们为了便于管理，就把以前个别经营的以"美"字起首的各个合资厂，归并成现在的美亚，采用近代的股份公司的形式。它现在有经纬总厂一，织绸分厂九，染练厂与纹织厂各一，此外还附有织物试验所、厂员训练所、发行所与总管理处。它一共有职员四百余人，男女工人四千余人，织机一千二百余台（百倍于创办之时），已收资本为280万元，总计

---

[*] 本文在当年《中华日报》发表后，收编在生活书店出版的《中国经济论文集》第一集（1934年）内。

资产在1500万元以上，所以在目前的上海，它可算是最新最大的织绸厂了。

主持该厂的人们都是欧美留学生，不消说他们对于如何使营业发达，如何使利润加厚，是异常精明的。

参加这次工潮的美亚总厂及其九个分厂，在沪上的分布是这样：

总厂……马浪路	六厂……斜土路
二厂……交通路	七厂……瞿真人路
三厂……胶州路	八厂……斜徐路
四厂……胶州路	九厂……徐家汇路
五厂……鲁班路	十厂……八字桥

二 工潮的起因

在去年3月2日，即寒假期满工人回厂工作的第二天，该厂以营业不佳，突然宣布实行减少工资。工人本在各厂急转的机轮旁边工作，这意外的消息却惊扰了他们善于忍受而安静的心灵，于是不到五分钟，轧轧的机声就相继静息了，历时二月许的美亚工潮就这样掀起！

关于减资原因，厂方这样说：

敝厂减资之原因，完全由于年来绸市一落千丈，绸价已跌至成本之下，而工资仍占售价10%（例如最普通之和合绉，昔时每匹售价二十余元左右，而工资为一元二角，占售价5%，最近每匹只售十元左右，而工资依然未减，故占售价10%），每售一匹，即亏折不赀。其他丝织厂早已纷纷减低工资，以轻（降低）成本，敝厂为维持公司生存及各职工生计，免亏折净尽而停工起见，不得已于3月1日宣布减订

工资，但所减订者仍较其他各厂现年工资为优高……（美亚厂《上中华国货产销协会书》）

但据美亚罢工委员会所印行的《罢工日报》，当"其他丝织厂早已纷纷减低工资"的减资运动中，美亚厂亦不落人后地"早已"参加在内。它于去年2月减资一次后，又于当年7月借口营业不振，再将厂内工资打个九折，不过当时是风平浪静地过去，原因大概如工人们自己所说：

只要我们能支持生活，只要资本家不停止我们的生存，我们是愿意忍受痛苦、压迫……我们不愿在压迫与剥削之下说句抗辩的话！（3月9日《美亚罢工宣言》大意）

真的，在重重压迫之下的半殖民地的中国工人，确是忍受着他们在应有的生活水准以下的生活！

对于美亚厂年来营业的盈亏，上述宣言有如下的剖解：

根据厂方的报告，1933年公司的营业总额竟达六百多万，是公司成立以来的最高记录，试问：这是营业萧条的结果吗？在前只有两个厂开夜工，而去年增加到四个，同时据新近的报告，公司所有的十个厂在今年都可增添夜工，这是营业不振的情况吗？

同时，在其他资料中，也有同样的记载：

据美亚厂去年的报告和估计，他们的成本中原料和材料占六成，制造费用占二成，营业费用占一成，工资只占半成到一成。譬如，一匹普通的绸缎的成本：

原料材料费……………………10.00元
制造营业费…………………… 5.00元
工资…………………………… 1.00元
共计……………………………16.00元
批发价…………………………17.50元

每匹净利……………………1.50 元

资本家在每一匹上虽只净赚一元多钱,但是美亚厂有织机一千多架,去年生意清淡,每天也可出 700 到 1000 匹,就是说每天起码也可以赚 1000 元,一年起码也要净赚 36 万元,这还是去年的情形。其他各种产业如丝业、棉织、面粉等都生意不好,但是美亚还是赚钱的。

至于工资(这当然是指去年 7 月减低后的工资而言),在前述营业不景气的情况下,厂方认为"不合理",务须加以再减。这"不合理"的真实内容到底是怎样呢?

按照厂方的布告,去年的工资总额是百万余元,占全部营业收入的 18%。靠了这百万余元,每个工人在去年一年中所领得的为 260 元,即每月收入 20 元。试问这样一个数额,对于终日劳动并有家小待养的每个工人,是否是过多的给予?同时还须说到,这百万余元因为包括着较高较大的职员之月薪,因此实归工人的还需大打折扣,则任何人也能想像工人的实际收入是怎样了!所谓"不合理"的工资只有站在工人的观点上,才是确实的不合理!

此外,厂方又进一步地这样宣布说:伴着运用机器能力之加强,工人现在还是能够增多工资之收入,可是他们忘记指出:这对于公司也能提供更多的生产,同时机器的结构也是随着技术的熟练而更复杂,譬如从前只织简单的经纬,而现在却要织造繁丽的花纹。所以归根结底,工人实际收到的是比从前少!(九月《罢工宣言》)

关于这点,另一处说得更具体:

如华丝葛,从前是八十梭一英寸,现在加到九十六梭或一百梭一英寸;从前是单梭厢,现在是双梭厢;从前用单轴，现在用双轴；现在的机器管理较前麻烦四倍，即现在的剥削程度比从前加高四倍……

所以3月2日厂方宣告再将工资打个八五折，同时又限制每人每日至多生产五匹，这无异将他们的工资再从二十五六元减到十五六元了！假使再估计到种种的损失与赔偿，他们只能实赚四角一天，在高度的上海城市生活威胁下，他们全体四千余工人就相继地宣告罢工。他们说：

"我们所要求的是生存，而我们赖以生存的是我们的体力劳动。今工资再减，生存是无可维持，那么我们为什么要一日一日地受苦呢？在这种被迫的情势下，我们只好诉之于我们的最后武器——罢工！"（罢工宣言）

三　3月11日

在3月2日至10日的九天之中，厂方除了布告二次，力说减资之合理和必要外，还迭派人员分头"忠告"工人，但于事无济，罢工依然继续着。沪上各报，除了10日的《时事新报》载有美亚工人于9日散发《罢工宣言》的简短消息外，都未注意到4000工人罢工九天的这一事件。可是两三日后的报纸就稍有不同，原因是美亚工潮发生了惨剧：

"美亚织绸总厂暨各分厂工人四千余名，为反对厂方减低工资，宣告总罢工，并与捕探发生冲突，造成惨案。"（3月14日《时事新报》）

至于"惨案"的真相如何，该报却未详记，其他各报也是一样。3月24日首次发刊的《罢工日报》，对于惨案才作了较详细的补述：

3月11日，我们工友推选代表，约定在马浪路美亚经纬厂与总经理蔡声白直接谈判复工条件。蔡不但避而不见，而且关闭铁门，通过电流，意图将厂内的工人代表软禁起来。同时勾结法帝国主义，派大队武装巡捕，将厂外静候消息的男女工友包围，用木棍殴打，手枪扫射，显现出帝国主义十足的残暴，我们手无寸铁的工友，好像是他们的泄怒器，我们工人受伤的有一百多人，有的脑部破裂，性命已很危险；有的牙齿全部打落，饮食不能下咽。哀号震天，惨不忍睹，这种借帝国主义的势力的暴行，不禁使我们回想起过去的五卅惨案，更觉痛心！

据说当时的女工们，为了可以更坚决勇敢地迎着木棍和手枪的射击而冲向前去，大家都手挽手地向狞恶的巡捕挣扎，这些就是沪上各报略而未详的惨案经过。

四 第一次请愿

惨案的经过是这样：工人们"把受伤者送入医院却遭了拒绝，照相馆也不愿拍照，报纸上也一字不提"，因此，他们乃于3月13日传发"三一一惨案"的宣言，并分批出发，在闸北五卅公墓集合，全体步行，齐赴市政府请愿。市政府恐生意外，

"当即通知市保安队饬派保安队二大队，同时五区公安分局饬派长警多名，到场维持秩序。工人步行时，沿途均有军警'保护'，抵达市府时，由该管七区一分所全体长警武装戒备"。他们的一致请求是：

1. 向法当局提出抗议；
2. 饬厂方收回减低工资成命。

市政府的答复是：第一，事关刑法，可向法院起诉；第二，劳资纠纷，待令社会局查明调处。工人因为要有"确切满意"的

答复，然而所得的却是"官僚式的官话"，于是就"鹄立不散"。直至下午六时，总工会闻讯，立派干事再加劝导，并为代雇搬场汽车多辆，将工人分批载回。《罢工日报》说："原来向市政府请愿，是得不到好结果的，只是一幕悲剧罢了！"

五　公安局前之一夜

3月14日早晨，厂方布告，限工人于17日起一律复工，否则，决依市社会局核准之工场规则二十六条三、四两项，作自动解雇论，另招新工，然而到了17日，催工钟虽然打了三次，工场中仍是寂无人影。

当日下午四五点钟的时候，公安局又派了督察队员，分向五六两厂逮捕工人，结果五厂里有一位姓柳的被队员带去，于是全体工人就开会决议，齐向公安局请愿。他们因为局方的答复不确，就一直守到天黑，再等到第二天天亮。当晚担挑食物来慰问他们的有金织公司、元丰厂、和兴厂、宝丰厂等等的工人，那夜的情景，《罢工日报》这样记载：

一夜的痛苦，静静地坐在草地上过去了！大家都感到疲乏，朦胧的睡眼都发了红，气候虽到了春天，但夜半的寒风还是吹得逼人，使我们都冷得发抖。有许多柔弱的女工友都患了病，凄惨呜咽的景况，见者无不予以同情的悲恸！

到翌日（18日）的上午九点钟，姓柳的工人才放出来，他们兴奋地放了不少凯旋的鞭炮，忘记了昨夜的疲劳，一同整队回厂。

六　党政调解无结果

因为厂方不允收回减低工资的成命，工潮还是向前发展。工人因为生活无从支持。组织了各厂的募捐队。同时因为各报不愿详载他们的消息，他们自己编印《罢工日报》。他们希望社会了解，给以同情的援助。他们希望达到"不减工资"的目的，以支持他们仅有的生存！至于厂方，则"恐此纠纷短期难以解决……拟呈报党政机关，宣告停业"。

工人以罢工为武器，厂主以停业相要挟，对立局面是日趋尖锐。到了4月5日，四五百名的练习生与艺徒又参加罢工，形势更加严重。据厂方说，他们底加入罢工，乃受各厂工人的要挟。然在实际生活上，他们也和各厂工人一样受着苦难，这短短的记述足以说明这点：

> 对于艺徒的待遇，除了要出保证金和伙食以外，还有不近人情的剥削。譬如艺徒已经学好了，当然同等工作应受同等报酬，但是艺徒的工钱是由厂方临时核定的，有的五折、四折和三折，甚至有的干脆揩油。这种把戏不仅使老弱的职工随时都有被开除而毫无抚恤的危险，就是在艺徒的本身上，资本家就认为是一笔好生意！

工潮既然这样扩大了，于是社会局乃于4月6日召集调解委员会，再行一度调解。调解委员共七人，其分配如次：社会局一人，为当然主席；市党部与公安局各一人；美亚厂二人；美亚全体工人4000人，只推二人。

调解的结果怎样呢？4月17日的《时事新报》这样说：

> ……劳方代表申述要求厂方恢复1933年上半年度之原薪，厂方代表当时宣称……厂方现实资金已无法流通，惟有

宣告停业，经主席再三向双方劝导，直至下午五时，仍无结果。

七　第二次请愿

因为"直至下午五时，仍无结果"，社会局乃宣告4月10日上午十时再集合调解，拟于会议厅上和平解决这工资问题，可是到了10日，情形比前更坏，因为：

> 届时总分各厂工人代表均到局，惟资方代表未到。据资方呈报不到理由，因该厂已决计停业。今日召集之调解会，系以调解减低工资为目标，该厂既欲停业，则工资之减低与否，已属不成问题，故无庸推派代表出席。（11日《时事新报》）

所以会议是"不开而散"，工人代表是带着失望与恐惧回厂。同时，厂方除宣告停业外，更决定只给工人的伙食。这样，全体工人就感到受生命的威胁，不得已乃于当日下午三时，陆续赴社会局请愿，要求：（一）维持伙食；（二）制止减低工资。当时

> 社会局一方面以工人愈聚愈多，人声嘈杂，力劝不散，乃电呈市公安局，当由该局派保安队三十余名及警察二十六名到场弹压。另一面派员劝导工人，先行归去静候解决。然工人方面以此事延宕月余，仍无结果，况各厂工人生活堪虞，势非立时解决不可。故虽经社会局多方解释，而包围（社会、教育、卫生三局）如故，不肯散去。其中有许多女工，捶胸大哭，情形甚为凄惨。（11日《晨报》）

嗣后的情形，该报又接着这样写：

> 及至下午五时许，有工人方面之慰劳团多名，携有大批面包及大饼油条等食物，分送各工人充饥。其时适值三局下

办公室之际，（因工人横卧出入要道），致被四面包围，无从越雷池一步。至九时许，资方仍无代表到来，工人因而再进社会局询问，然仍不得要领。斯时除一部分工人因要求未遂而痛恨外，秩序仍整齐，不消紊乱。当记者问讯往查时，至社会局门前，一般工人即拥上前，疑为资方代表也，及经记者报告来意，众工始失望而散。时天雨蒙蒙，泥地潮湿，男女工人沐雨栉风，不稍畏怯，态度极为坚决。

工人"沐雨栉风"地等待着资方代表，部分女工因要求未遂"捶胸大哭"。至于厂方则曰："与其派代表而无结果，不如静候党政机关之处置。"他们非实行减资不可。

那么社会局怎样解决这当前的争议呢？13日的《大公报》较详地这样告诉我们：

自经社会局再三劝告工人无效，市公安局长文鸿恩及保安处长杨虎，奉市长令派大队警察及兵士一律徒手用竹竿，并备救火车二辆，于今晨（11日）五时集中向市中心区出发。及至上午八时，首由徒手警察及兵士，分路驱散工人，而工人众多，以至工人被挤，受微伤。乃至上午十时，始将工人驱逐离社会局，至十二时始完全各自散去。

所谓因"被挤受微伤"的，该报又有这样的记载：

受伤工人共计男女约十余人，大部分为轻伤；惟其中有男女五名，伤势较重，各送公立上海医院医治，姓名如下：美亚九厂女工吴常娟，年二十四，浙江人，伤头面右腿；又九厂女工王玉英，年二十五，绍兴人，伤左眼；七厂女工于秀珠，浦口人，年二十六，头面右臂受伤；八厂男工周田福，年二十四，宁波人，人事不知；八厂男工任贤，年二十八，浙江人，腰背头面受伤。以上五人，周田福恐有性命之忧。

这次市府派遣军警驱逐请愿工人，与前月同日法界工部局指使武装巡捕殴击扫射美亚总厂前面的请愿工人，正相呼应，不过这次除派兵警驱逐外，"市长吴铁城对美亚工人不服党政机关劝告，捣乱地方治安，除将为首工人拘去外，并将各厂代表十余人，通知市公安局七区二分所，派警捕去，闻当押送警备司令部惩办"，这样，社会局之包围乃告解散！

八 工潮的结束

接着驱逐与拘捕，淞沪警备司令部复于11日发出制止工潮的布告，中央又于14日特电沪市党部迅予处置美亚工潮。经过这样的"调解"，总厂工人遂于17日"先复工后谈条件"地到厂工作，其他各厂也陆续复工，到二十五六日，美亚在沪上各报大登广告，说该厂织出了一种最新式最华丽的"绅绽"，最宜于镶饰"摩登少女的旗袍"。美亚工人的汗血又已变成商品，在光耀夺目的玻璃窗内陈列了！

不过，事情最后也几经周折：4月11日沪上党政机关会衔布告，训令厂方开车，工人复工。厂方就于12日晨将这布告分贴在各厂门前，大打其催工钟，附近各公安分所还加派警士"保护工人复工"，然而全体工人依然拒不复工，他们希望党政机关能制止厂方减低工资！于是厂方一面"以工人违抗党政机关命令，拒绝进厂工作，决定于今日（13日）备呈请求市社会局市党部核办（一律开除）"。同时厂方又于17日布告：

本厂兹已布告，限令各工人于即日起向本厂厂长登记，克日上工在案，凡本月17日起仍复违抗党政命令，延不上工之工人，显系别有企图，甘为反动，应予肃清，以分良莠，即于该日起，一律不准寄宿本工房，并停止其膳食。除分别呈报党政外，合亟布告通知，切切此布。

到17日，虽有工人数百，齐往市党部请愿，但他们所请求的是释放被捕代表与制止开除工人。工潮是终止了，而减资成命并未收回。

现在拘禁在牢狱里的工人代表，共有四十余名，被厂方认为不良分子而拒其进厂复工的工人，共有一百五十余名。所以罢工后的美亚工人生活，除开忍受减资的痛苦以外，还遭遇失业和入狱的苦难，至于惨死工人的鬼魂生活还未计算在内。美亚工潮这种现实的归结，不能不说是惨痛的。

(1934年4月29日)

水旱灾的"交响曲"[*]

——中国水利经济的解体

你假使能够同时装两个听筒，一个接到永定河上或者汉水流域，一个接到苏、浙或者皖、赣的田野之间，那么你一定可以听到一种离奇的复合的歌曲：一面是汹涌的洪流冲毁堤岸和农庄的滔滔之声，而另外一面则是火样的烈日逼得稻田龟裂作响。当然，这不是赞扬美女情人的欢心曲；相反地在这错杂的音调中，却有成千成万的农夫农妇，还有他们病老的父母和稚弱的儿女，凄惨地哀呼，绝叫，啼哭，饥饿，死亡……

真的，整个的中国差不多已经陷在水旱灾的交迫之中。作为永定河之源的山西和察哈尔的一小部分；滦河，南北运河，永定河，子牙河所经过的冀北全部；陕南与鄂西的汉水流域以及湘水附近的衡潭等十县；广东的东、西、北三江及其发源地带；以及赣、闽江的一小部分——所有这些地方的人民是在洪水泛滥"惠顾"之下。黄河的大汛已经惊扰了两岸的居民，潼关对岸的平民

---

[*] 本文在1934年《中华日报》发表后，收编在生活书店出版的《中国经济论文集》第一集内。

县[①]以及河南的黑岗口,且被洪水冲刷,大有陆沉之虞。这是中国最近的水灾之地理上的分布。至于蒙受旱灾的区域则更广大,苏、浙、皖、赣、闽可说是全部或大部,冀、鲁、豫、鄂、陕、湘各省除水灾区域外,什九皆以烈日为苦。一言以蔽之,水旱灾笼罩了全中国,使在列强的封建的各种剥削关系之下,更添了对农民之自然力的迫害。

但是对于这种自然力的迫害,人们往往采取非社会的解析,这是绝对错误的!水旱灾的同时并作,并不是由于中国的幅员广大,我们不难从下列的记载中看出:

> 清江系赣省产米区域之一县……今年国历6月中旬,山洪暴发,一片汪洋。水退后,继以时雨,致池沼湖泽,储水饱满。县属东西南三乡农夫,莫不喜形于色,庆为年丰朕兆,意谓即从此半月不雨,亦不愁无水可犀也。惟北乡地素低洼,向有水乡之号,当水涨时,早稻概被淹没。环乡私筑圩堤,数以十计,其被水冲倒者,至今犹半成泽国……至东西南三乡,则因近来天久不雨,储水用罄,无水可车,有坐以待毙之势……(1934年7月20日《申报》)

在一县之中就有水旱灾的两种祸害,这完全因为平日对于水的调节太不注意。申而言之,鄂南的蒲圻、咸宁等县苦旱,鄂西的襄阳、潜江等地苦涝,以及长沙以南各县闹水患的时候,岳阳却在祈神祷雨等等,也完全是同一因果。现时,人们往往将水灾归咎于山洪,旱荒则诿罪于骄阳。其实,中国的农村经济所以任凭天时作弄,每逢久雨或久旱,农民只得跪拜呼救者,都是因为现实的种种剥削,使他们丧失了与自然斗争的能力。我们固然没有方法使气象改变,但是我们可以用植树治河引渠等等方法来缓

[①] 今陕西大荔县。

和或消除久雨或久旱所给予我们的威胁。然而所有这些工作，却在前述的各种关系之下断送了；因而水旱灾就普遍全中国，甚而在一个很小的区域之内也同时表现出来！

　　河水的泛滥，什九皆与河源的山洪有关，而造林事业与疏浚工程的疏失，则为其根本原因，这不难从各地的水灾之中看出。譬如：

　　　　西江潦水，发源自桂省。上月桂省抚河大河水患，梧州一夜水高三四丈，因此粤省西江同时潦水大涨。上游如德庆都城、连江口等，均成泽国……（1934年7月12日《申报》）

　　　　6月下旬，鄂北襄樊、均、郧等县，大雨不绝，陕南雨量亦多。雨水集中，襄江陡涨，竟超过二十年最高水位，因之形势突趋严重，除潜江……最先受灾外，沔阳、汉川、汉阳沿河堤岸，被水冲激，亦危险万分……（同上）

　　　　冀北一带，连日大雨，白河、潮河、箭杆河，因上游山洪暴发，均陡涨……下游北运河两岸低洼处，多被淹没，稼禾损伤极重……（1934年7月11日《申报》）

其他如永定河、北运河以及赣江的溃决，其过程也大体一样。

　　说到旱荒，其近因固在久晴不雨，但是假使早有防旱救旱的设施，旱荒至少不会像目前这样深入可怕。诚如7月20日《上海民报》的社评所说那样，直到旱灾进入生死关头才来采购戽水机，足见平日防旱设备之一无所有。此外，如7月14日的《申报》也有一段地方记事，充分指明水的调节之不完善如何影响到旱灾的延续：

武邑天旱不雨，灾象已成，县府特组织防灾委员会，筹谋救济办法，经议决请求省府准予开放东坝，以济眉急……省方对于开放东坝事件，自经宜兴县请求后，即派员前往东坝察看，结果因东坝水位较往年低一尺，若开大坝，则大水泛滥，危险堪虞，将来再行堵筑，需费二三百万，如此巨款何从筹集；若开个坝，则仅溧阳一县受益，他县不得分润，是故东坝以不开为宜。

东坝既不能开，该县则继续想出这样的救济办法："一，将江河之水汲入内河；二，将内河之水汲入支流；三，将支流之水汲入农田灌溉"。这种三湾九转的汲水办法，苏、浙两省已有不少县份在纷纷主张。因为"江浙地势卑下，河流密。"从这里，我们不难见到：这种引水工程（目前各县能否如实进行，暂置勿论)，假使平日已经设置完备，那末天灾之为害江、浙，至少不会像现在这样严重。

水利的维护与改进，对于中国农村经济的发展，是赋有决定的意义。因为米谷是我们主要的农产品与食料，而"水的不足对于米比较总合其他一切灾害，给予更大的损害。但是，和水的不足一起或在他之后，水的过多使米受到的损害也甚于一切。"（见中译《马扎亚尔中国经济研究》第54页。）同时中国内部虽然江河纵横，但主要如黄河、淮河以及冀北的滦河、海河等等，皆需筑堤防泛，辟渠导水，才能有利于两岸的耕作。现在因为历年的政治问题，重重的经济剥削，以及负责水利工程的官员之因循从事甚至弊端丛生，中国的水利经济更迅速地崩溃了，于是近一月来的水旱灾便显著地展开在我们底眼前！

现在我们再来看看：水旱灾夹攻下的中国农民是如何地破家荡产和如何地挣扎死亡！

恩平县（在粤西江之南）于上月24、25等日，突告水灾，水涨二丈有奇。居民向无防水设备，故一旦潦至，交通梗塞，各户绝粮，哭声震天，塌屋三十余间……县属圣堂、均堂、船角等乡，尽成泽国……（1934年7月11日《申报》）

海州属赣榆县青口城，突于30日破晓，因连朝暴雨，山洪暴发……居民房屋被水冲塌数百间，器具随波漂去。居民于梦中惊觉，逃避不及，随水流去，还发现男女尸身22具……在城垣眺望，但见遍野中一片汪洋，田禾尽没，水光接天，巨浪横流……（1934年7月7日《东南日报》）

这是说水灾下的农民如何遭难的大概情形，他们（幸而未死的）底归宿只有进难民收容所的一条路，或者还要活活地饿死。此外，还有那些因为河水行将决堤为患，临时拼命抢险的乡民，也有一种难逃的厄运：

距省十里赣江西岸乐圩溃决十余丈，水势涌入，如万马奔腾。抢险船一艘被冲覆，溺毙十余人，圩内田禾悉化乌有。（1934年6月26日《申报》）

迩来黄河告急，当局只有临时抱佛脚地命令抢险，那群抢险的乡民当然也有"溺毙"的危险；可是他们为了生活，为了租和税，更为了那强制的命令，又焉能不"慷慨就义"呢？

旱灾下的农民处境也同样凄惨：

各处乡民，近以旱灾将成，莫不忧形于色；一般迷信者更倡导扎草龙求雨……但迄今数日，仍未见效。乡民仰首望天，惟有涕泪纵横而已！（1934年7月4日《中华日报》）

海丰县地方，自入春以来，因无雨降，天患旱魃……田禾均晒枯毙，旱季已成绝望，……一般劳苦农人，日只食一

餐，面有菜色。农民莫不呼天抢地，状极可怜……（1934年7月3日香港《工商日报》）

浙东各县，近山田稻已大部枯死，无可挽救……如再数日不雨，全省禾秧惟有什九待死。据报新昌县西墺村有某农夫妇，以天旱收成绝望，竟在田头同时自尽云。（1934年7月10日《申报》）

除了这类坐以待毙的惨状之外，我们又可见到纯良的农民，如何为了庰取点滴之水而互相殴打，甚至流血伤命；以及饥馁如何逼迫着他们愤激不安，致遭非命等等情节。我们且引一些记载，以供参考：

崇德县乡民，因祷雨心切，特抬偶像进城求雨，并将龙王偶像抬在县府内，俾乡民至县求雨。18日有农民千余，欲县长亲自拜揖；迨县长出外，有人大声喊打。县长无奈，逃入上房，乡民又蜂拥而入，顿时秩序大乱，警士阻止无效，遂用枪开放，击毙两农民，伤多人；乡民闻枪逃避时，又踏伤多人。（1934年7月21日《申报》）

嘉兴因旱灾已成……20日又有五区东北、东南、官滩、保福各乡民千余人……均手持枯干稻苗，沿铁路步行至县，请求救济，要求免租赋，散仓谷，请姜县长赴乡复勘灾况。经姜县长出见，劝慰各乡民归去……尚有小部分乡民，因饥饿迫急，拥至二堂，要求县长准给午膳，被在场弹压这警察队及县基干队等阻止前进，致将二堂（现为大礼堂）之案桌及左旁之木板等，均被农人捣毁……（同上）

此外，像浙江长安镇最近竟因天旱米贵，已直接发生抢米风潮。无疑地，这类行动必将随着灾荒的深入而日益扩大；同时，中国农村因为政治的、经济的各种对立关系，原在极度的动荡之中，灾荒必更加强这种不安的趋势。所以政府当局为了社会的安定，对于当前的旱灾和水灾，自不能不谈救济。因此，各地政府当局对于水旱灾都在想各种临时的防救措施，譬如发款抢险以及筹谋购置戽水机等等；不过这种临时救济，其效果是很有限的。譬如购置戽水机，第一，实际行施的，在目前只有毗连京、沪、杭路的几个县；第二，因为平时大无准备，甚至无机可买，只能用救火机或其他机件来权宜替代；第三，有些地方竟干旱得无水可抽，非经过所谓"自江而河而支流"等等的曲折不可。试问，在这种种条件之下，戽水机的筹谋购置，对于业已普遍化和深刻化的旱灾，能有什么挽救的力量？所以7月6日杭州《东南日报》的短评中，在肯定浙省临时防灾委员无能有相当成效以后，重又提出这样的怀疑：

  不过政府过去办事，颇有难叫人相信之处。即如造林一项而言，这也可以说是防灾的基本工作。政府年年植树，年年有数目字向人民报告，可是树长成了多少，树长大了多少，却始终只有当局自己明白！……

因此，深陷在今日水灾旱灾之中的中国农民只有一条出路，而这条出路是闭塞不通的，那就是祈求老天爷的仁慈了！中国的农业经营，因为水利工程的日益瓦解，实在禁不起水旱的轻轻一击，那末在现条件之下，还有谁能担保中国农民底明日呢？

（1934年7月22日）

农民借贷所与银行业的典当化*

中国的农民是在两种压迫与剥削之下：内有苛捐杂税、高额地租以及商业资本、高利贷资本等等封建式的榨取；外有各帝国主义政治与经济的宰割。这样，他们就加速地破产流亡！

当然，这不是什么新史迹，早在前世纪（19世纪）①的九十年代就已猛烈地表现；不过到了近三四年来，其姿态就更显著，其程度就更深化与普遍化，其成问题就更严重！

在这儿我们务须注意到：随着1929年全面的世界经济总危机的爆发而产生的两大特殊的契机：即帝国主义者为了生产过剩，特别是为了内部的阶级对立之日益尖锐化，不得不扩大他们的倾销战，不得不加紧对于弱小民族的掠夺，以缓和它内部的险恶形势；同时中国内部的封建残余者，在长期不景气的威胁之下，又将他们所遭逢的种种损失与打击转嫁于农民肩上，用种种方法来加重对他们的盘剥，以苟延残喘。中国的农业恐慌，就是

---

* 本文在当年的《中华日报》发表后，收编在生活书店出版的《中国经济论文集》第一集内。

① 为编者所加。

在这些特殊契机的交织之下，带有全面的与莫可挽回的倾向，同时采取着空前尖锐的姿态表现出来。

问题既已这样严重，所以国内各界人士都群起交谋挽救之策。他们因为各有其动因和观点，所取方案也就互有差异。本文所要探讨的，是国内银行界对这问题所实施的对策之一，即一年来，特别是近三四月来纷纷活跃着的农民借贷所。它兴起的原因是什么？它给予农民的实惠有多少？

农民借贷所的设立，实际上可以说就是信用合作运动的继续，上自国府，下至县府都同样地加以推行，他们希望稍稍改善农民底境遇，以恢复部分的纳税能力，以缓和紧逼着的财政危机。但是当局底"希望"，建立不起农民借贷所，这尚有待于富有的上海银行家来担起这"重担"。譬如浙江的临安，不但以"农民银行基金，为数较巨，筹募不易"，就是"较易举办之农民借贷所，其基金还要由治虫及建设经费节余项下拨充，不敷之数，再行设法向杭州农工银行商借"。再如浙江的永嘉与镇海，因为与外界银行的资力尚未全部沟通，就需采用"田赋带征"的方法来筹备"复兴农村"的农民银行与农民借贷所。所以年来农民借贷所的实现，其关键全在银行界的愿意投资。

银行界为什么表示愿意投资农民借贷所呢？

银行家与各地当局同样，除掉救济农民与复兴农村的口头标语以外，都还有各自底实际的动因：当道者希望增加人民的纳税能力，他们则为其游资追求着厚利。自从去年一月上海商业储蓄银行"先知先觉"地设立农业合作贷款部，并于全国各地设立分部，使在一年以内，"成绩斐然可观"以后，于是上海各银行都纷纷仿效。而且各省各地还接踵地筹立农民银行。从事此种大好经营，其情势像1921年沪上交易所的纷纷兴起。厚利驱使着他们，这是事实的一面。

同时我们还应注意到金融停滞于城市,特别是窒息于上海这一件事实。关于这点,在各种报章杂志上,既有数字的证明,且有原因的分析,本文可不加赘述。资本最怕休闲,特别是高利贷式的中国银行资本,所以为了本身的利益计,他们必须将畸形地集中于城市的游资,用人为的方法流回农村,恢复其生利的机能。上海银行界领袖张公权氏开发内地的演辞,以及亲自入川考察的行径,就是为了答复"游资底呼吁"。在这儿值得附带指出的,就是上海银行界踊跃加入银行公司,也与这种呼吁直接相关。

4月2日的《时事新报》底这段记载,虽未道破"资金数量逐年增加"的主要原因,但是对于游资必需投入农贷机关以图厚利,则已十足地刻画出来:

> 人民以邮政储金局系国家交通机关所办,信用卓著,虽利息有限,而均乐于储蓄,故积年以还,储金数量逐年增加,自局长唐宝书接任以来,认为此项储金,徒以汇押生息,不如用以投资实业,调剂农业,较为得计。

农民借贷所所以蓬勃兴起的原因既已证明,我们再进一步来观察它实际所起的机能是怎样,换言之,农民到底得到了多少好处?

在这儿,我们首先应该注意的,就是能与农民借贷所发生关系的是怎样的农民。因为农民本身并不是一个统一体,他们有富农、中农、贫农、雇农等等的差别。有时人们甚至把地主也算在里面。在时下的中国,他们已构成一座巴比伦的高塔,他们在农村经济中所起的作用是完全不同的。银行家投资农民借贷所是希望本利兼收,所以他们十分留心"农民生活状况,工商业情形与农民关系,农民银行之贷款利息及手续",尤其特别注意到"平均田亩数量,及贫苦农民家庭负担等等"(见4月2日《时事新报》)。因此，如众所周知的，农民借贷所就必然地成为农民抵押所，没有相当财产作为保证，农民是无从借贷的。这样，贫农——尤其是流为半佃农或纯佃农的贫农，以及一无所有的雇农，对于借贷无异是一种绝缘体。人们说，农民借贷所底设立，是为了救济农民；然而他们却正是农民中最需要救济的阶层！

农民贷款，不仅要"具有相当动产抵押品，或其他确实保证"，同时还"须由该村村长，出具保证书，以保证该抵押品之毫无纠葛"，这不仅绥远平市官钱局附设农民借贷所的办法是如此，就是全国其他各处也大致相同。譬如据我们调查所得，浙江于潜的农民借贷所，一方面要将所内的资金放出生息；一方面又以借户经济情形之不熟悉为忧，于是部分的放款就是通过区乡长之手而再分放出去。从这儿，我们可以见到两点事实：(1) 中国银行业的活动不但要借助上层的政治权力（譬如农民借贷所之设立，都是直接由财实交部[①]和经委会以及各县党政机关发动)，而且还需结纳各乡区的豪绅，以资媒介。(2) 贫农大众就算有一点米棉之类的积储，但是为了要抵押五六块钱，他们也要被豪绅从中"播弄"，加深他们对豪绅的隶属关系。

现在我们更进而考察借贷所的内容，第一先看利率。

在乡间金融周转不灵之时，以前借贷款项，利率甚高，甚至有月息三分至四五分者，贷款部成立后，人民得免重利之压迫。(4月11日西安《西北文化日报》)

东台、大丰境内农民，于需用资金时(多以衣物至典当押借用款——当典中不但利息较大（月息二分），并加存箱等费一成。大丰村合作社之抵押放款，本行仅取月息九厘，

[①] 财实交部：指财政部、实业部、交通部。

其他手续概免。(以上均见上海商业储蓄银行农村贷款报告)

农民借贷所"降低"乡间贷款利率，取息较低于"典当"，使农民免受"四分的重利"之盘剥。所有这些事实，都不失为有"相当根据"的事实，然而所有这些只是事实的一小部分，且是极表面的一小部分。因为，第一，低于四五分的或仅低于典当业的利率，对于贫农或中农并不是一种福音，特别是在各种农产物都卖不起价钱，凡百事业都很难兴旺的这样不景气的年代。何况他们因为缺乏作为保证的动产以及其他各种社会关系，并不能与富农一样地来求助于借贷所。一般说来，农民借贷所的利率总在月息一分五厘左右，我们很容易找到这样的记载。譬如绥远平市官钱局所规定的农村贷款办法，其第八条就是这样说："本办法之贷款利息，以每百元月息一元五角为限；但该县利率在五分以上时，至多不得超过月息二分"。此外如：

安庆：建厅设立枞阳仓库……以经营农产物之储押为主要业务，……照市值贷款百分之七十、六十、五十不等，依品质之优劣为差别，抵押期限规定六月，月息一分五厘。(1月6日《上海晨报》)

嘉兴农民银行鉴于米价日跌，一般农民因急于用款，贱价出售，于农村经济大有关键，……先在王店、新篁两处，设立仓库。王店仓址设在恒锡当址，新篁仓址设在辛昌当址，低利受抵，规定糙米每石抵洋三元，合作社社员月息一分二厘，非社员一分五厘。(1月31日《新闻报》)

仓库的目的据说亦是救济农民，借贷所底业务又同样是受押农产物，所以我们尽可直接从仓库而推知借贷所。

但是实际上，农民——特别是贫农大众，对于借贷所的贷款所负担的利息，一般说来，绝不止月息一分五厘，下列两点，特别值得指出：

（1）借贷所底放款，什九是抵押放款，对于农民的抵押品，借贷大多设有栈房，叫农民自己担送上门，存储在那儿，因为不这样就有倒账的危险。栈房虽然设在公屋或祠堂里，但是栈租却什九征收，或二厘或一厘，或者高至五六厘。这种"栈租"实与当铺底"存箱费"毫没两样，真要分出他们的区别，至多不过名义不同罢了！

（2）如前所述，为了安全的保障，借贷所往往将一部分的资金，用"批发"的形式，先贷与区公所里的豪绅们，同时他们本身也愿自动地请求贷放。在这种交互协助之下，事实上往往要发生"二房东"那种作用：他们或者将自己的利银负担转嫁到贫农大众肩上，或者从中获取额外利润。总之，农民所负担的利息，没有不另加重的。

至于实施田赋附征以筹集农民银行或农民借贷所的基金的各县，那儿的农民能得到农民借贷所多少实惠，就更成问题了！不过农民中间，确有获利非浅的，那是乡村中的富农者众。他们可以接受农民借贷所的资助较顺利地推进其经营，加速对贫农特别是雇农的剥削。至于贫农大众，以至在风雨飘摇中的中农，则因农民借贷所较普遍的设立以及眼前抵押较易的刺激，以及地主富农高利贷者对此种农民借贷所的利用，就更快的破落下去。不消说，他们的告借（正确言之，即典当），并非为了他们可怜的再生产，而是偿利，而是纳税！所以，中国的农业恐慌与农民问题，岂能由农民借贷所来解决！

然而农民借贷所对于银行资本家却有莫大的功能。借贷所一方面有党政机关当先锋，乡长区长作眉目；一方面又有三月或六月满期以后，农民若不持款取赎，就可将其抵押品拍卖补偿，不敷之款，尚可追索补缴等等办法作保证。这样，就使充塞在银行金库账面的游资有膏血可以吮吸了。

因为半殖民地性窒塞了中国工业的正常发展，中国的银行资本也就带有一种背离生产的特性，以投机性和政治性的公债与地产底买卖为主要业务，这种倾向到最近就更明显。虽然银行界巨子声明银行业年来的经营路向，已从地产公债之买卖转到各地棉麦丝茶等商家之放款，更转到各省各县农民借贷所或者仓库之设立（见5月19日《申报》），但是银行家自己也说，这种转变只是一小部分①，表明它并没有放弃了地产公债之经营。同时，投资商界与借贷所，实际上并非改转易辙，而是继续发展背离生产的特性。这就是说，中国的银行资本要进而篡夺旧有的钱庄与典当的宝座，首当其冲的典当业者毕竟容易看清这点。譬如江苏省典当业于今年4月16日开联席年会的时候，"武进县同业公会提议：上海银行拟设典当之农民抵押借贷所，有碍各当营业，请呈建厅转令停止"。"江阴县同业德昌等五当提议，上海银行分设变相典当，当押衣饰，侵及典当营业，应予取缔"。其他如宝山、无锡的典当业，当时也有同样要求。（详细请参看4月17日《时事新报》。）

农民借贷所是银行业典当化的渔利机关，而不是救济事业，我们从汪叔梅先生这种责难中，也可明白见到：

> 顾其（指国内各银行——作者按）所作为，颇多交相模仿，绝少创造作为……譬之一家办理保险，则无一家不相率以为之。甚至贷款农民，提倡国货，……一家优予为之，转瞬间即如群蝇逐腐，争相效颦……（《中行月刊》8卷，1、2期39页）

---

① 林康候谈："本人对于银行业投资内地农村，藉图复兴农村经济，非常赞成，但目前银行界在内地之投资，仅数百万元，此数殊嫌太少"。（6月9日《申报》）

本来好的"模仿",不一定劣于坏的"创造",尤其是关于作为救济事业的贷款农村的效尤。不过这儿的"贷款农村"是有十足的铜臭气,所以汪先生底"群蝇逐腐"的责难,仍不失为中肯的肺腑之言!

　　金融资本家在国内银行这样典当化的过程中,不用说,是可以变得肥胖一点,但是被农民借贷所救济的贫苦农民,则依然在苦难之中!

信用合作事业与中国农村金融*

一 引言

在目前，关于中国农村金融方面，有两件事实差不多是众所周知的。第一是高利贷资本继续加强对劳苦农民的盘剥，这是因为事实本身太普遍太露骨，使那些意想蒙蔽这种盘剥的人们已经无法掩饰；第二是政府当局以及一般银行家最近两三年来，对于信用合作事业的推行。这种事业的推行，是构成他们"复兴农村"、"救济农民"这类运动的重要的一环，据说是为了免除或者减轻贫苦农民所受的高利贷剥削，并使涸竭的农村金融复活起来。它所以在一般人们的观感之中留有相当印象，主要是由于发动者的呼声之过分高涨，因此使一般人们往往不能适如其分地认识它的实际意义，以及这一事态的发展前途。然而这些问题之合理的解剖，对于中国农村社会的改造却是十分必要的。

当然，国内已有不少人们注意这些问题，而且也有不少报章

---

* 本文在当年《中国农村》杂志发表后，收编在生活书店出版的《中国经济论文集》第二集内。

杂志登载阐述这些问题的文字，然而真能指示我们了解事实真相的实在还是很少。有些甚至还带有不少事实的倒相，使我们率直的理解平添种种障碍。在现社会之下，官场机关或者华洋义赈会，或者上海商业储蓄银行等等机关所提供的关于投资农村、推行信用合作的调查或报告，是不会也不能怎样触及问题的症结。不过现有的材料并不能蒙蔽我们的认识；而且我们也还能从材料的侧面步登事实的堂奥。在本文，我们所采取的探讨程序，是先说明信用合作的兴起原因，而后从量并从质的方面来观察它在农村金融中所占的地位和所起的影响。

二 信用合作社的兴起

在中国，调节（实际上是操纵垄断）农村金融的一向是当地的商人、地主、富农，以及他们所开设的当押。他们显出十分露骨的高利贷的姿态，控制着农村金融的整个体系。1924年华洋义赈总会虽以其赈灾余款在河北香河县创办中国第一个信用合作社，同时又于次年成立农利股，专门担任此种合作事业的推行。但是，第一资金甚少，第二推行范围亦仅限于河北一省，所以当时信用合作社对于农村金融的调节作用是很有限的。1928年江苏农民银行成立，1929年浙江省政府与中国农工银行合作，创设杭州分行。它们对于农村贷款的经营虽较一般银行为注意（比如截至1930年为止，前者已在江苏完成605个信用合作社），但是信用合作社这种组织在中国农村金融中起着比较显著的作用，那还在1932年以后。1931年华洋义赈总会受南京政府之委托，前来皖赣湘三省组织赈灾式的互助社与合作社，去年（1933）3月上海商业储蓄银行添设农村贷款部，同年4月四省农民银行成立于汉口，这些可以作为信用合作社在中国农村金融中渐渐起着较强作用的指标。下表所列九省是合作事业比较发展的区域，合计合作社数（信用合作社占其中70%以上）1933年比1932年激增4181社，同时有合作社之县份也增加了119个县，就是证明这一事实。

最近二年来主要九省合作社统计表

省别	合作社数		有合作社县数	
	1932年	1933年	1932年	1933年
江　苏	1609	1897	50	54
浙　江	686	882	32	39
安　徽	16	1742	5	24
山　东	114	255	24	47
湖　南	8	31	3	7
湖　北	3	117	2	14
江　西	12	335	5	21
河　北	285	1605	37	61
合　计	2733	6864	158	267

注：摘自1934年《申报年鉴》合作事业篇。

合作社——特别是信用合作社这样崛然而起，一半是由于政府当局提倡，一半是由于上海银行家的资助。然而他们对于合作事业为什么到最近一二年来才特别注意？这一问题可以从同一时期的中国财政和金融两方面所发生的种种事态之中来探求解答。据说今年4月初浙江财政厅长王澄莹在纪念周上报告浙江财政的山穷水尽，并征求开发财源的良法的时候，曾经这样说过："在从前只要加税加捐，省库还能随之增多。但是现在却不行了！无论怎样增名设目，捐税总是收不起，因为乡下老百姓已变成赤贫如洗。"真的，在浙江各县常有不能还粮的农民拘押在牢房里，他们甚至情愿坐牢，因为在外面就是终年勤劳，还是难图一饱。浙江如此，江苏如此，其他各省更不用讲。这里给我们以问题的答案之最重要的提示。政府当局说，推行信用合作社是为了调剂农村金融，使农民一方面可以避免高利贷的剥削，一方面还可购置农具种子，改进并扩大农耕。但是所有这些都是为了恢复农民的纳税能力，以挽救当前的财政危机乃至政治危机。此外，国内政治的不安以及农村社会的动荡，也是政府当局着力倡导信用合作社的重要契机。如短短一年之间，安徽增加1700多个合作社，江西增加300多个合作社，湖北增加100多个合作社，绝对不能说与阻遏所谓"赤祸"的蔓延无关。再如豫皖鄂赣四省农民银行的设立，也决不是偶然的凑合。

至于上海银行家独立地或者附随地投资农村，办理信用合作社的动因，大体上亦与政府方面相同。同时，我们还得从年来金融动态之内部来理解银行家投资农村的意义。年来资金大量地窒塞于城市，同时银行家又疯狂似地利用这些游资，作公债、标金、外国股票等等投机买卖之竞赛，这使他们的另一重人格不得不颤栗起来。中国银行总经理张公权在上海约翰大学演讲"内地与上海"，力言投资农村之必要，就是因为想起游资充斥与公债繁荣都是畸形的、虚伪的，而中国农业危机之再度深化却是真实的，对于金融总危机的爆发具有莫可抗御的决定力量。肥利因为银行家之大欲，但是更要紧的还是自身存在之维护与巩固。

总结起来，信用合作社忽然蓬勃于最近一二年内，主要是由于财政危机和金融危机这两重威胁，以及由这些威胁所产生出来的政府当局和银行家的切身的"自卫"要求。说得更大或更周密一些，则与延续四五年的世界经济危机以及这一危机所给予我国国民经济的巨大打击自有因果联系。

三 信用合作社的量的考察

现在我们要继续探讨：这样兴起的信用合作社在中国农村金融中起了多大的作用。

如前所说，政府财政已陷穷境，现以自行投付巨款推行信用合作事业，无疑地是绝对难能的。政府非靠有钱的银行家不可。银行家手头固然有大量的窒塞游资，但是他们也有种种顾虑：他们怕内战，怕匪乱，怕农民无力偿付本息。所以投资农村的事实，是远落在投资农村的呼声之后。比如此种呼声的主要先驱上海商业储蓄银行，在今年1月至7月中农村贷款部的贷款总额，一共不过754741元（见8月25日《时事新报》所载该行总经理陈光甫之谈话）。同时银行家林康候也说年来银行界对内地农村的贷款，一共不过五六百万元甚至一千多万元。有人说，杯水车薪，无济于事，实是中肯之言。

记得7月4日国府公布施行储蓄银行法的时候，因为该法第八条规定储蓄银行或银行之办储蓄者，应以其存款额至少1/5作为农村贷款，于是曾有许多近视者流，以为从此以后，农村合作事业可以大大发展。其实，不说别的，单就该法事前遭到银行家的反对，后来遂将草案中的1/4改为1/5，并包括有价证券及不动产的押放这一点看来，就可以明白该法终于只是一纸具文，一定不会促进银行家贷款农村，而当前的事实告诉我们的，亦正如此。

前面所引用的合作社统计表，它给我们的启示是江苏等九省，在一年之间增加了4000多个合作社。就数字本身而言，固能说明信用合作社年来已有相当发展；但它并没有指出这些信用合作社在原有的农村金融机构中能有多大作用。去年12月实业部中央农业实验所在江浙陕甘等省举行全国农村借款来源的调查，其结果有如下表：

全国农民借款来源分析表

种　类	合作社	亲友	地主	富农	商家	钱局	其他	总计
现金贷款	1.3%	8.3%	9.0%	45.1%	17.3%	8.9%	10.1%	100%
粮食借贷	—	10.9%	13.6%	46.6%	11.3%	—	17.6%	100%

注：据该所第二年第四期农情报告，报告县数为850县。

这表告诉我们：信用合作社在农村借贷中（且仅限于现金借贷）只占有1.3%的地位，农民依然深陷在地主、富农和商人的高利贷盘剥之中。当然，因为信用合作社在中国各省的分布是有很大的数量上的差异（比如据1934年份《申报年鉴》所载，江苏占全国合作社27.31%，而陕西仅占0.13%，山西仅占0.04%），前列百分比无疑地只能代表一般的情势。不过就是按江苏浙江和河北三省，信用合作社在农村金融中所演的角色也极不足道，我们且引一个现成的记载来证明这一事实：

先就江苏省来说：全省社员数为38280人，全省人口数为3400万人，约合1‰强。若以户数比较，则江苏户口数为6438036户，就中与合作社有关者占6‰弱，即江苏有6‰的人口是与合作社有关系的。

次就浙江而论：浙江社员数为11909人，人口数为20643000人，占57‰；但就户数来说，全省共有户数4559540户，则占2.6‰，即浙江人口中有2.6‰与合作社有关。

更就河北来说：该省社员为25633人，人口为31233000人，和社员数比较，约占全人口8‰；但全省户数共4928695户，合作社员所占者为5‰强，即河北全省中有5‰的人口是与合作社发生关系的。（见《合作月刊》5卷1、

2 期合刊 11 页）

信用合作社在农村金融的体系中占着这样微小的地位，在一般人看来是由于合作运动历史之短促，这当然是有关联的；不过我们更应明白：银行家的裹足不前，实是此种结果之最主要的原因。在这里还得补说的，就是信用合作社在地理上的分布关系。按全国而言，它们是集中于江浙冀鲁和皖赣；按省而言，浙江 670 个信用合作社，有 90 个在嘉兴，88 个在崇德，76 个在杭县，62 个在德清（《申报月刊》3 卷 9 期第 53 页）。再如江苏共有 1897 个合作社，丹阳占 159，江北的高邮占 143，萧县占 125，镇江、江宁、如皋和松江所占亦皆在 80 以上。这是表示什么呢？很简单，原因就在这些省（赣皖更有特殊情形）和这些县，都能部分地或全面地具备着这些条件：商业比较发展，社会比较安定，离上海的金融势力圈比较迫近，比较大量地生产十足商品化的丝或棉。当然，我们不是说前述那些省县的农村金融不需要调节，事实上这些省县的农民是和其他各地一样，为着经受不起高利贷者及其他种种剥削而亟待救济。同时，在某种情形之下，办理信用合作的，先从比较中心的区域入手，而后推及比较偏僻的地方，也是一种必然的程序，但是银行家的农村投资所以局限或者集中于前述那些省县，却不是为了这类关系。为了明白起见，我们再介绍一段消息：不久以前，上海中国金城等六家银行与经委会棉统会合作，投资陕西。他们对于"关中区之交通便利或水利兴办之各县"，已相继放款，但是对于"灾情较重，农村破产尤甚之各县"，倒寥无贷款（请参看 9 月 27 日《西北文化日报》）。这自然因为交通便利，水利兴筑的地方，更能保证本利的收回。银行家是矛盾的：他们一面要图救济农民之名，一面又要图获得利润之实，权衡轻重，后者自然比较前者更为重要。这样无怪信用合作社不会出现于破产特甚的农村中了。

四　放款与各农民层的关系

前节是就数量来说明信用合作社在农村金融中的作用是非常微小的。如果再进一步将信用合作社的放款情形分析一下，那末此种微小的程度就更明显。事实上在信用合作社比较发展的几个县里，一般贫苦农民的日常金融关系还是难以受到怎样的影响；真能受到此种新的金融组织的某种便利的还只是地主富农。因为一般说来，合作社放款给社员——特别是非社员，什九是要索取抵押品的。这样没有余谷或者房屋田产的贫农和雇农自然借不到钱；侥幸借得到钱，也是少得可怜。而且就是有了一些抵押品，事实上还常常要受乡村长的支配和操纵。例如绥远平市官钱局办理农村贷款，就明白规定："农民具有相当抵押品而向本局贷款时，须由该村村长，出具保证书，以保证该抵押品之毫无纠葛及其用途之正当。"（1月25日《绥远民国日报》）其他各省也是这样。贫农是乡村中最待救济的人群，但是银行家为了本利全收，自然要让他们留在苦难当中。关于这，江苏农民银行有一个统计报告，可以给我们作较具体较普遍的说明材料。该项统计是说明1932年该行所指导的信用合作社贷款给社员的情形。详细请看下表：

信用合作社社员向社借款统计表之一

分类（单位：元）	人数	百分比
未借	1822	5.37
20以下	19945	58.80
20—50	5203	15.34
51—100	4710	13.89
101—150	956	2.82
151—200	859	2.53

(续)

分类（单位：元）	人数	百分比
201—250	299	0.88
251—300	100	0.30
301—350	22	0.06
351—400	3	0.01
合计	33 920	100.00

骤然看来，这表好像告诉我们：江苏农民银行所指导的信用合作社，是和一般中农以至贫农大众发生的关系比较普遍，因为20元以下至50元的小额借款的人数，占全社员74.14%。这样的论断，假使单从人数的观点来说，可以说是适当的。但是，研究信用合作社在农村金融中起了多大作用和何种作用，我们就更应注意农民阶层的不同和他们分别所借得的金额，即贷给富农的有多少元，贷给贫农的又有多少元。我们假使根据前表，将所借得的数额推算出来，并求出其百分比与前表之人数百分比相比较，那么所得结论就很不同了。

信用合作社社员向社借款统计表之二

借款等级（单位：元）	人数		借得款额	
	绝对数	百分比	绝对数	百分比
未借	1822	5.37	—	—
10	19945	58.80	199450	18.20
33	5204	15.34	171699	15.60
75	4710	13.89	353250	32.20
125	956	2.82	119500	10.90
175	859	2.53	150325	13.70
225	299	0.88	67275	6.14
275	100	0.30	27500	2.51
325	22	0.06	7150	0.65
375	3	0.01	1125	0.10
合计	33920	100.00	1097274	100.00

注：此种借款等级乃前表首栏各组之中点值，当然只能指出一个大概情势。

从这表，我们不难看出：74%借款在50元以下的人，只借得33%的贷款；而18%借款在50元以上和200以下的人却借得56%的贷款。这完全因为前者是中农贫农者群，而后者在大体上则为地主富农者群。合作社在什么人的手中，什么人能顺利地从合作社借得贷款，这些问题是用不着我们再来分析了。

说到这里，我们觉得需要把陈家骥先生的一段话拿来讨论一下。他在南开半月刊《中国经济专号》所著的论文内，对于前引江苏农民银行的统计，曾有这样一段话："信用合作社社员，向社借款，其所借金额，以25元以下者为最多，占66%。其借款之在100元以下者，竟占总数88%。其借款额超过200元者，实微乎其微，可知需要合作社组织之农民，均系中小农人。彼等对于巨额借款，并无需要。"这里有许多亟待商讨的地方：第一，问题不在需要与否，而在需要能否实现，比如巨额借款所以微乎其微，全因贫农大众无法告借。第二，若以第二表所列借得款额之百分比来说，需要信用合作社贷款而又能如愿以偿的，还是地主富农。中小农民固然也是需要的，不过他们的失望，已由借得款额的百分比证实了。①

五 利率高低的相对看法

其实，就算信用合作社在数量上已相当普遍了，同时一般贫苦农民亦能比较顺利地借得款额，可是因为此中还有利率关系，

---

① 以上划分，当然不能说绝对正确，只能说是大体无误。50元以上100元以下的借款，即在一般的农村金融关系中，至多只能说其中有一部分属于中农范围。若就主要还在试办中的新兴信用合作社而言，则此种可能程度当更减少。所以与其如陈家骥先生那样，将100—50元的借款作为中农范围看待，倒不如归入富农范围之更为切合事实。

是否即是福利，尚待我们继续分析。

自最近一二年信用合作社相当发展以来，银行家常有一句自慰而又自豪的口头禅，那就是他们对于农村中的贷款，其利率比农村中所通行的低了很多；而且他们的放款还间接压低了农村中的利率，使农民得益不少。前面说过，信用合作社的放款只占农村现金借贷1.3%，那么，一般说来，"压低"一层自是瞎吹的狂语。事实上就是"较低"一层，也还是只见树木不见森林的片面宣传。银行的农村贷款，其所取利息较低于乡村中的高利贷，因而在某种情势之下能使农民多少得到一点"实惠"；但是像他们那样笼统地大声自诩，却不禁使人们想起英国的资本家，在他们的曙光时代对于劳动者所说的那些佳话，他们宣说现今劳动者所享受的物质生活，远非中世纪的农奴所能梦想，他们忘记了时间，忘记了社会，他们更忘记了自己的生活高过过去的封建领主千倍万倍。与这同样，中国的银行家只看见他们的农村贷款所取的利率，比农村的高利贷低，而将高过于城市中所通行的利率这一点却偷偷地放过。他们自己心底当然明白：城市与乡村之间在利率上的显著差异是他们很好的赚钱机会；而且事实上他们也曾用以获取相当可观的利益，比起农民所偶然得到的一点点"实惠"来，真有天渊之别。银行家对于利率的注意，实远过于合作事业推行之本身。比如从前上海、中国、金城三银行与华洋义赈会对各合作社搭成放款的时候，该会所感到的最大困难，就是"其中利率……定的太低，银行不干；定的太高，合作社不上算"（《合作通讯》100期2页），就是很好的明证。

有人或者要说：且不管银行家的利率和城市的利率的关系，银行家的低利放款，对于农民总是救星，其实这还是有条件的，而且带着虚伪。银行贷款给合作社，大概取息月利一分左右，而合作社贷给农民，因种种手续及中间用费关系，取息总在月利一分五厘左右,押米放款为一分六厘,而且还是在极"合理"、极"公道"的情形之下方才如此。试问:当这国民经济极度衰落的恐慌年头,按月息一分五厘贷与一般农民又能有几多好处?不说别的,我们就单以善于经营打算的商人为例吧。在过去开一布庄或者南货店,可得红利三四分,现在就是一二分也很难了(尤以内地为然)。那么善良的农民,其不能藉借款以获利,就更无疑义[①]。何况利率在月息一分五厘以上的,还是一般常情。例如河南新乡县农民借贷处章程第五条明文规定借贷利率为月息一分五厘之后,其第八条又规定借贷处对农民抵押品应收 5% 的栈租。浙江于潜县农民借贷所亦有此种规定。有许多地方更因银行贷款给合作社,或者合作社贷款给农民所取利息较低于乡间的高利,就发生一般豪绅包办转借的黑幕。谁都知道,银行家投资农村所需要的是安全,因此他们上要依傍党政机关的政治势力,下要与当地的豪绅勾结。这样,合作社就变成豪绅控制劳苦农民的新武器,放款利息也因经过豪绅的手而间接提高。有位左其浚先生,在 8 月 22 日的《镇江苏报》上,推崇丹阳合作社的优点说:"四乡农民皆系聚族而居,大多数社员均属同姓,一旦选举职员,当选者皆系族中长辈,毫无竞选情事。一切决议案件,各社员亦莫不欢然遵守"。其实这差不多是普遍各地的情形,所谓长辈什九就是豪绅。不过这与其说是优点,毋宁说是劣绩。不用说,此种黑幕已经相当普遍,使得人们不得不加以注意。例如奉四省农民银行之命而赴陕西兴办合作社的邱文清先生,曾对当地边闻社的记者谈及这事,他说:"办理农村合作社亟应注意之事,即为组

[①] 一般贫农大众向信用合作社借款,根本就不是为了生产,哪里还谈得到生利之多寡。他们借钱,总是为了还债和纳粮。譬如(南)京市殷巷和汤山两处的借户,为了还借纳粮的占全借户 40%—50%。江苏农民银行指导下的信用合作社,其放款以还债为原因的,竟占全放款的 72%。

织问题。若组织不健全,则弊窦丛生。为农民谋利益之机关,可变为剥削农民之机关。故合作社之组织,绝不容土豪劣绅以及社会化的绅士等羼入其间。"(7月9日《西北文化日报》)杜岩双先生在其所著"浙江之农村金融"中,且指出浙江已办的合作事业的流弊之一,是"乡之豪强,常假名组织合作社,乃向农民银行借得低利之借款,用之转借于乡民,条件之酷,实罕其匹。此种合作社非特无益于农民,反造成剥削农民之新式工具"。(《申报》月刊3卷9号53页)他如对于合作事业比较严密办理的华洋义赈会,事实上也相当普遍地发生这种流弊。这正说明,在起点上还勉强能够算为低利的贷款,经过中间各种剥削,结局还是乡村中的高利贷。因此,所谓信用合作社的低利放款,假使真是低利而有益于"农民",那实际得到该项利益的只是富农和豪绅而已。

六 农民银行基金的征收与挪用

我们假使要彻底认识年来信用合作运动对于农村金融之全面的意义,那么农民银行基金的征收及其使用实况,就是一个不容忽视的问题。关于这点,我们且以江、浙和四川三省为例来说明。

1932年12月,南京政府为了企图复兴农村经济状况,曾令财、实、交三部拟具设立农民借贷所的办法,为来日创办农民银行的基础。不过推行比较有效的还是江、浙两省,它们(尤其是江苏)早在1932年以前且已筹办,或者推广了一番。江苏农民银行的成立是在1928年7月,其基金与军阀孙传芳有关。因为1926年,孙传芳为了抗御当时的北伐军,需款甚急,于是下令江苏全省各县征收田亩附捐,每亩二角。可是军事的迅速失败,使他不及用去，而且也来不及带去这笔民脂民膏，而这笔款子就做了后来江苏农民银行的基金。前述田亩附捐在各县有征收完全的，有未开征的，国府奠都南京以后，江苏仍令各县征取，俾可遍设农民分行支行。浙江于 1929 年 6 月曾与中国农工银行合作。成立该行杭州分行，但因调度不够顺利，嗣又进行省县农民银行之筹办，方法也是于田赋项下就地丁每两抵补每石带征银元二角至五角。在四川，军人刘湘也说农村经济破产，人民痛苦异常，亟需设立农民银行，以谋救济，办法更聪明，是变形地征收田赋附加——发行农业有奖债券 300 万元，交各县推销。但是毕竟四川不及江浙富裕，刘湘的"头奖引诱政策"终归无效；因为一般人民已因捐税太重，无法为生了。筹办农民银行或者其雏形的农民借贷所，说来是很动听，乃为农民着想，——因为他们没有购买种子农具，因而受高利贷的无情榨取，假使有了农民银行，他们就可摆脱古老的农村金融机构的桎梏，云云。然而这样为农民着想的机关，却要先伸手向农民讨取附税！这正和数月前上海公共租界工部局为了改善人力车夫的牛马式的生活，先向他们索取互助费一样，真是十分玄妙，十分离奇！有人或者要说，一般贫苦农民并不是重要的田赋附加的担负者，但是这样说的人应该知道：正如狡猾的商人会将种种货物税转嫁给消费者一样，贪婪的地主也会将附加转嫁给贫苦农民。假使农民银行筹办完成以后，真的为贫苦农民谋福利，那么担负一下倒也罢了，然而按照前面各节的分析，这多半是梦想，多半是骗术！而且事实的不幸还不止这些。例如，江苏农民银行在章程上是规定为农民求幸福，放款以农民所组织的合作社为限；但是放款之轨外发展，依然是无法掩饰。据该行 1932 年统计，省机关和县机关的移用挪借，共计亦占全放款额的 23.65％。这种借款在移借的时候，或者也部分地声言与乡村建设有关，但其实际没有不是用于填补省县财库的亏缺，所以往往不能按期归还。

江苏农民银行放款分析表

年代	合作社	借联会	个人	省县机关	储押	其他	合计
1931年下期	53.88%	0.93%	12.06%	23.85%	8.21%	1.08%	100%
1932年上期	53.56%	5.19%	10.66%	23.56%	6.12%	0.92%	100%

此外县府官员以及地方豪绅，常常还要将这种血汗的基金擅自挪用，或竟加吞没。例如"海宁前任县长何鼎仁，竟将该县征存农行股本，擅自挪用（见1月5日《杭州国民日报》所载民财建三厅之通令）；"平湖县长将农行基金私自挪用，其数竟达万元左右之巨，而该县及海盐两县之农行基金征起款额之账目亦多不清"（5月29日同报）。浙江建设厅为了防止种种流弊，曾颁发各县带征农民银行基金总报告表及月报告表，令各县填报，但是迄未造送的县份仍属不少。在江苏尚未征收或者尚未征足二角田亩附捐的各县，对于继续征收的捐款，积压挪用的弊窦亦同样普遍；所以该省财实两厅曾令各县组织农行基金清理委员会，以事清理。在挪用公款、侵蚀农民的汗血这一点上，地主豪绅并不后于县府的官员。比如浙江浦江县农民借贷所主持人曹某，竟将该所基金挪作私用，因为他一方是该县浦钟公路的负责董事，而该路因为营业亏蚀，正需大笔填款，这样农民的汗血就变成汽车的润滑油！

七　结语

信用合作社（其他各种合作社也一样）本身并不是一种社会体制，它不过是某个阶层达到某种目的的一种手段；因此在社会经济的改造过程中，它起何种作用，主要全由主持的或者控制的阶层来决定。比如在农奴解放后的帝俄时代，合作社主要是被新兴资产阶级用来促进农村经济的商品化，帮助富农扩大农耕，使整个农村也全在资本这怪物的控制之下。它绝不像当时的民粹派所说是扶翼贫农的，当然更不是什么社会主义。可是在1921年所实施的苏联新经济政策之中的合作社，其意义已完全改变，它是帮助中小农通过国家资本主义和走向社会主义的桥梁。问题的关键就在统率这种合作事业的，在从前帝俄时代是与贫农大众相对立的资本家、地主和富农，而在十月革命后的苏联则为与贫农站在同一战线上的无产阶级。

中国的信用合作社究竟在什么人的掌握之下，我们不难从它所表现的各种事态之中看出，这在前面已经有过详细的分析。现在我们要补说的，是这种合作事业给予农村金融之综合的影响。年来上海银行家对于内地信用合作社的（此外还有运销生产等等合作社的）投资，多少是以复兴农村为目标的，因而多少也带有一些资本主义化的趋向。他们希望农村金融松动一些之后，农业生产可以恢复起来。他们还企图用运销合作社来统制农产品，并透过这样的统制而直接统制生产过程[①]。不过中国农村长满荆棘，银行家实难迈步前进。社会秩序固甚不安，农业恐慌也太可怕，他们怎会大量投资呢？结果资本主义式的改良成分很少很少；他们微不足道的贷款，实际上只有利于农村高利贷的活跃。不用说，这当然也是银行资本对于农村统御力加强的另一形式。而且就是在这些仅有的作用中，我们还要注意帝国主义者的狰狞面目。前述银行家的希望，多少也是帝国主义者的希望。不论是稍稍改良也罢，或者继续扩大原有古老的高利贷剥削也罢，帝国

[①] 假使要说明年来政府当局和银行家对于投资农村的全运动和全意义，以及帝国主义者如何透过他们的手而加强对中国农村的统制作用；那么除掉信用合作社探讨外，我们务须同时解剖运销合作社（尤其是关于棉花方面）的兴起和动向，这只好留待以后的机会了。

主义者也不会让中国银行资本独自活动。除了美麦借款之一部用以办理江西的合作事业以外,我们虽然还较少看见帝国主义者参与此种合作事业的直接表现;但是华商银行的各种活动,实际上是很难摆脱作为列强资本的触手的作用。帝国主义者的金融资本常常联合殖民地半殖民地的土著银行资本乃至高利贷资本,使他们受制于自己,而对农民大众实施普遍的榨取。说到这里,那么,还有谁能高喊年来的信用合作事业是中国农民的福音呢?

(1934年)

中国农产运销的新趋势*

一 新趋势的构成

自从资本主义的商品炮弹粉碎了中国闭关自守的万里长城以后，中国的农民大众早已不是自给自足的社会成员了。他们不但要将自己的农产品献现于市场，以换取生产和生活所必需的工业品，而且自己日常所必需的，同时也是自己所惟一生产的米麦之类，有时也要仰给于市场了。他们一天密切一天地联结于国内的乃至海外的交换过程，构成无可脱离的世界经济底一环节。固然，从某种意义说来，这也是代表着一种前进的过程，但是第一因为这种过程是在资本主义各国推销其过剩商品，同时又以不等价的交换法则吸收中国的农产品这类条件之下进行；第二国内又有许多封建桎梏使这种商品化的过程不能畅达地推移，中国农民大众在这蜕变之间所受的痛苦真是万分深重。他们不但要受社会向前发展的苦，而且还要经受社会不能迈步前进的苦。

---

* 本文在当年的《中国农村》杂志发表后，收编在生活书店出版的《中国经济论文集》第二集内。

第一，中国的农村经济还是半封建性的小农经营，仅就数量而言，他们底生产成果是很有限的，对于市场绝对不能采取霍售的形式，这当然替代中间商人安排好了自由盘剥的大好机会。

第二，中国的国民经济，一般说来，是非常落后，交通组织以及度量衡制皆极不完备，同时上层的政治机构亦极割裂。所有这些因素，没有一个不是使农民更隶属于商人买办等，而一任其操纵垄断。

第三，中国的农民是世上有名的贫穷，他们往往等不到农产品收获就需将农产预押或预售。就算能够勉强挣扎而不预押预售，若要多存数月以待善价，那还是绝对难能的事情。贫穷使商人更多获得榨取农民的机缘。

以上乃是显而易见且与本文有关的几点，中国农民在农产品运销过程中陷于如何的绝境，我们已经不难借之推见一斑了。最近几年以来，即世界经济总恐慌给予中国的破坏影响开始表现得特别显著的是1932年以来，中国农民在这方面所遭遇的苦难，不用说更是日深一日。列强底过剩农产品的倾销，使他们备尝"丰收成灾"的苦难；而地主商人底祸患转嫁，则更使他们多受一重"光顾"。真的，他们底"无以为生"，使那些"赖以为生"的人们也觉得非加以深切的注意不可了！

最近两三年来，政府当局救济农村，银行巨子投资农村的呼声非常高涨，主要可从两方面来看：一是推行信用合作事业，调节农村金融；一是办理运销合作以及农业仓库，提高农产品价格，说来就是为了解除农民所身受的高利贷资本或商业资本底残酷榨取。关于前者，我们已在前文[①]剖解过了；关于后者，因与前述问题直接相关，我们现在再周密地加以检讨。在论述信用

[①] 指《信用合作事业与中国农村金融》一文。

合作事业那篇文章中，我们曾经如实地指出信用合作事业特别兴盛于最近两三年内的原因是：

1. 政府当局想借之复兴农村，恢复农村社会秩序和农民底纳税能力，因为年来农村激急破产，财源已告涸竭，甚至于影响到政权的维护。

2. 银行巨子除了这种安全问题以外，还想透过信用合作事业，袭取着旧式高利贷资本的机能，以博得相当的余利。

不用说，我们当然也可用这两种原因来答复运销合作以及农业仓库为什么蓬勃于最近一二年内。如前所述，中国农民在农产品运销过程中是受着中间商人底种种盘剥，日趋赤贫，而年来因农产品价格狂跌，进行就更迅速。所以使农产品运销合理化，实是政府当局和银行巨子的共同要求。固然，在这种改进农产运销的事业中，银行家的确不能获得像经营公债或者外国股票那样的肥利，但是原来为各地中间商人所赚取的余益，却部分地窜进了他们底荷包，也是我们不应忘去的。

在这里，有两位银行家底谈话值得我们加以征引，因为他们能够帮助我们了解问题之更特殊的部分。一位是中国银行包头分行行长郑相臣先生，他说：

> 余前年在包市二次设立办事处，所抱宗旨专为辅助工商业，繁荣西北。因年来包市商业萧条，农民破产，其原因虽多，而经济压迫，不能发展其事业，却要十居八九。加以本年农产品价落，转运困难，绝少问津。殊不知饥者易为食，渴者易为饮，余本此宗旨，采取有进无退之精神，凡工商业缺乏基金，不能进展者，余充分接济之；凡皮毛货物因无金融帮助，不能维持相当价格者，本行设有押货栈，尽量调剂之；旧式金融业，一时周转不灵，决抱同舟相济之心。

(1934年1月13日《包头日报》)

从这段谈话中，我们可以看出资本比较雄厚，组织比较完备的新式银行，如何在这恐慌年头傲然独步，他们如何紧紧抓住"饥易食，渴易饮"的良机，来替代原有商人办理皮毛抵押（即农业包库之一重要工作）。这与其说是为了"尽量调剂。"，毋宁说是为了"趁机牟利"。年来银行家对于运销合作或者农业仓库感到兴趣，这确是一种很好的自白。还有一位是交通银行经理金国宝先生，他在今年上半年曾应桂省当局之邀约，亲赴广西一行，对于投资该省农村一节，返沪后曾发表如下谈话：

> 沪市日来存银激增，投资乏术。银行界早有投资农村之心理，惟因缺乏仓库，故对于抵押农谷，均怀戒心，不敢尝试。盖农民之财产，大部为农产，银行于放款前，可先将其收得之农产，纳入仓库，待其偿还借款时拨出。偶有为难之处，随时可将存谷变卖。桂省对于设立仓库，以作银行界投资农村之先决条件，业已承认，正在积极计划中。（见《中华日报》）

银行家对于贷款农村是如何审慎、精明，因而也是如何偏狭，在这谈话中是毕露无遗了。然而更值得我们注意的是"**农业仓库对于银行家投资农村之先决条件**"的作用，我们可从而了解年来农业仓库以及运销合作之兴起，是银行家控制农村的第一步，以备将来再作进一步的控制。

二　新趋势的现状

我们在讨论信用合作事业的时候，曾经指出它不能普遍发展的原因，除了时间短促这种次要的关系以外，主要是财政竭蹶，社会不安，以及银行家为着打算本利安全而起的种种顾忌和畏缩。与这完全一样，年来兴起的运销合作以及农业仓库也就是因为这类关系而不能迈步前进。譬如八省市粮食运销局筹备处虽在蒋委员长训令之下成立，但因各省市筹款不易以及其他阻梗，结果终成泡影。财政部虽然接着以全国粮食运销局名义规划此种事业，并迭派人员赴汉口、长沙等地调查粮产情形，但是"不久即将实现"云云，总是我们累月所能得到的惟一消息。政治不安，基金无着，实是可以压倒一切整天价响的呼声。至于银行家方面，除掉上海、中国两银行，以及四省农民和江苏农民两个专业银行，稍有相当资金投放于农业仓库以及运销合作事业以外，其他的几乎就很少顾问。

对于中国农产运销底这种新趋势，在目下究竟发展到了怎样程度，我们如果需要一个真确的认识，自然须从农民所组织的运销合作社和银行家在重要各地所设立（有些与政府方面合作）的农业仓库这两个体系来观察。有人说运销合作社比信用合作社容易发展，因为它不需很多的基金，只要农民将各自的农产收获集合拢来就可成事，这当然是错误的说法。固然，从基金的观点来说，运销合作社底成立，的确较易于信用合作社，但是它必须取得市场的相当联系以及运输上的各种方便，有时自己还需设有储藏农产的仓库，然而这些不是一定区域内的农民所能办到的。同时，银行投资运销合作社，其周转略较信用合作社方面为迟缓，自然也是前者在发展过程中远落在后者之后的一个重要原因。据统计，信用与运销以及其他合作事业，在中国农村中的发展有如中国合作社按种类分配表（见下表）。

我们晓得，信用合作社在中国的现金借贷中仅占1.3%的地位，其作用是微乎其微的，现在从表中，我们见到运销合作社还不及信用合作社的1/80，那末抛开其他一切实质不讲，它对于将农民从商业资本的盘剥中解救出来这一工作所能尽的功能，也

中国合作社按种类分配表

(1931—1933 年)

	1931 年		1932 年		1933 年	
	数量	%	数量	%	数量	%
信用	1379	87.5	2213	80.1	5720	82.3
运销	15	0.9	36	1.3	61	0.9
生产	86	5.5	204	7.4	304	4.4
消费	54	3.4	122	4.4	125	1.8
购买	32	2.0	54	2.0	129	1.9
其他	10	0.7	134	4.8	607	8.7
合计	1576	100.0	2763	100.0	6946	100.0

注：见《合作月刊》6 卷 1 期 13—14 页。

已很难使人想见其轮廓了。在交通比较方便，市场关系比较密切的江浙一带，情形亦正如此：在江苏，信用与运销之社数为 1159 个和 12 个（1932 年 6 月统计）；在浙江，为 988 个和 37 个（1934 年 4 月统计）；其他内地各省，其情形当更可想象。不过有一点我们应该注意，就是：各地的信用合作社，因为放款十之八九皆需抵押，往往也直接地或间接地含有运销作用，和银行家所办理的农业仓库接受农产押款一样。虽然如此，前述结论还是不会受到任何影响。

其次，我们要说到银行家所经营的农业仓库，从前述运销合作社特别不能发达的原因看来，我们晓得若欲明确估计中国农产运销底新趋势，全赖这类农业仓库的估量。因为谈得上将农产品用储藏或抵押的形式集合拢来，越过内地商人和银行的种种中介关系，而直接运销于中心市场（姑不论其动因若何），除掉银行家在各地所经营的农业仓库以外，实在再无他属。他们说，他们筹办这类仓库是为了便于农民以及运销合作社储藏或抵押（实际十之八九都是抵押）农产品，以静待来日的善价，同时也替代他们计划运销，免受商人榨取，实际究竟如何，我们且留待后面再说："我们现在要晓得的是农业仓库底发展现状。

1. 江苏农民银行方面——据该行本年上半年载之报告（见1卷5期《农行月刊》），该行自办及委托代办之储押仓库计有97处，其中自办者计39处，委托当地机关代办者计34处，由合作社或农民教育馆代办者计24处，分布于常州、无锡、苏州、昆山、丹阳、江阴、常熟、吴江、嘉定、松江、天津、徐州、盐城、如皋、金坛、溧阳、宜兴等20余县，所受储押之农产品，按数量言之达30万石，按价值言之达1467169元。此外，该行又直接替代农民或合作社办理农产运销，在上海南市设置农产运销总办事处，并在无锡、盐城、如皋、徐州、清江等地分行之内酌设分处，经营此项业务，统计自本年1月至8月，该行代理运销之农产与数额有如下列：

农产种类	数 量	金 额
米 稻	1871石 1000斤	12994.35元
小 麦	395袋 608包	5354.62元
猪 只	197头	1302.62元
土 布	163匹	980.90元
除虫菊	10磅	8.96元
共 计	-	20641.45元

2. 上海银行方面——今年为首7个月内，该行对于各地农业仓库的贷款，据陈光甫氏谈话，可分三方面来看："A. 江阴、青阳仓库，储押者以布匹、米麦、豆饼、杂粮居多，计已贷款45124元，所属清江分库，六月间开始，已贷款8541元。B. 和桥仓库，储押者以食粮居多，计做抵押放款12252元。C. 南京方面，湖熟抵押放款114210元；江宁县所属仓库10处，贷款3525元；农协会仓库8处，贷款4251元；汤山贷款3442元。"

以上贷放各款，共计约 20 万元，占七月来该行总分行农村贷款金额 27%（约 70 余万元）。此外，8 月 23 日报载该行与中国银行合组湘省农村贷款团，先从八区之一的津市区开始设立仓库，并谓"现已成立容量约五万担之区仓库于津市，容量约二万担之分仓库于澧城、新洲、安乡、新安，容量约五千担之支仓库于各乡村。在今年夏季，已由银团在津市区作生产贷款 22584 元。"

3. 其他银行方面——对于农业仓库的经营，中国银行也注意，它在包头、济南、郑州等地都有运销农产的组织。该行与上海、交通、金城、浙江、兴业、四省农行等 6 家银行，亦拟投资 60 万元，建筑陕省仓库。按其计划，设立仓库的地点，"除于省府设立大规模之仓库一所外，并拟于潼关、大荔、三原、乾源、凤翔、洛川、肤施、绥德、榆林、商县、安康、南郑各地，亦多设立仓库一处。其他如各县重大之市镇，分设乡仓镇仓以资联络。"（8 月 30 日《中华日报》）9 月 24 日《西北文化日报》曾谓交通银行西安分行，"除营业外，并办理运销等事业，故该行积极在潼关筹设打包厂，浙江兴业银行郑州堆栈，亦于七月间派员来陕，拟在西安、渭南、潼关等地筹设分栈，专办棉花打包及运销事宜。"此外，如皖北凤阳产烟的区域，安庆附近枞阳镇的米市区域，以及浙江嘉兴、兰溪等地，皆有农业仓库之设，而且也都是在就地银行的投资之下成立。

在目下要全面地知道中国有多少银行并用怎样的资力来经营农业仓库，这些农业仓库又如何地分布于各省各地，实是零星的材料和统计所难允许的。前列三项当然非常残缺，譬如农业仓库略具踪迹的鲁豫皖赣浙各省，根本就不曾提到。不过，我们所想探明的一点，即农业仓库在中国农产运销过程中占据着怎样的地位。在前列各项论述中已经表现得很明白了。江苏的农业仓库，因为得到该省农民银行以及上海银行底比较积极的经营，同时不论在政治上或交通上所享受的机会也比他处为佳，然而六七个月内所承受的储押放款不过160余万元。此外，江苏农行替代农民或合作社运销农产的数额（8个月中），一共也不过2万余元。其他各省的情形，不用说，自然更较江苏为低。陕湘两省方面的计划固极堂皇，奈何政治不宁，社会经济又日趋破产，实现真是茫茫。但是有一点也是我们应加注意的，就是农业仓库虽然也与运销合作社差不多，对于农村经济所发生的关系或影响，更比信用合作社为有限，但是就某一特定区域或特种农产品说来，农业仓库（以及在它控制或扶翼之下的运销合作社）在运销过程中所起的作用也是不能忽视的，这在年来各地棉花底产销实况中特别表现得明白，本文下节就是要说明这点。

三　新趋势的重心

棉花这种作物，从经济的意义说来，是十足的工业原料品，因而也是十足商品化的农产品，这是一方面。第二，中国的黄河流域即冀鲁豫陕各省，是主要棉产区域，苏皖湘鄂亦宜于棉花的栽培；而且目下因为受着国内市场（中国稍稍够得上称为民族工业的，首推棉织业）的刺激，同时又受着日本帝国主义底收买和操纵，这些天然资源也相当地利用了一部分。而这两个条件就使棉花这种农产品成为前述新趋势的主要对象和重心。我们晓得：以农民所组织的运输合作社，尤其是以银行家所经营的农业仓库为基础的中国农产运销的新趋势，其发展（抛开其他政治等等关系不论）是与农产品对于市场的隶属关系相联系，所以年来银行家经营农业仓库以及对于运销合作社的注意，其范围专局限于几个棉产区域，就是一个必然的结果了。他们对于这一方面的活动，往往还从运销过程而伸展到生产过程。他们一方面将涣散的棉农变成产销合作社底成员，以便接受播种他们所希求的美棉棉种；一面又以轧花机、打包厂、仓库等等设备来加工并储押这类棉产收获，而集合地运销于市场。他们互用着这类形式，综合起来，就可收到很大的成效。江苏农民银行为了经营此种业务，本年为首6月来，曾派员投资嘉定、盐城、阜宁、如皋等地创立棉花产销合作社，贷放棉种和押款。在嘉定各乡镇内成立的产销合作社计有17所，社员达三百余人，即将成立的还有5所。为了发展产销效能，它们之上更有棉联社的设置。盐城和阜宁的棉产区域也有产销社的筹备，同时为了办理储押运销等等业务，还计划设立临时仓库。江阴、常熟、南通三县接境的常阴沙一带，是江苏的主要棉产区域，该行将该区全境划分为三部分，各成立联合社一所，现经正式承认的产销合作社，计常熟县境7社，共社员119人，棉田1154亩；南通县境5社，共社员124人，棉田1160亩。（以上江苏棉花产销情形见前引《农行月刊》）

在山东，棉花产销合作社的发展则更形迅速，譬如该省的著名棉产区域齐东，据9月9日《中华日报》所载，业已组织美棉产销合作社联合会办事处一处，美棉产销合作社153处，共计社员898人（此数或太小，待查明改正），棉田33681亩（此数或太大，亦待查明改正），共向中国银行借款62440元。这些合作社都是本年二月后开始组织成立，据3卷1、2、3期《合作月刊》（山东合作学会刊行）所载，自2月21日至3月1日成立71社，至同月14日又增为139社，真可谓飞跃的发展。再如该省邹平县的梁邹美棉运销合作社亦在积极发展之中：

济南中国银行分行对于该社业务亦是非常注意，譬如该行襄理陈隽人曾于去年9月16日莅邹，和该社主席郭俊荣氏缔结借款合同，次日起即开始贷款，截至10月10日止，共计贷款9次，达24178元。

梁邹美棉产销合作社发展比较表

项别	1932年	1933年	1933年比1932年增加	
			数目	%
社　数	15	20	5	33.3
社员人数	219	306	87	40
包括村数	15	35	20	133.3
棉田面积	667亩	3464亩	2797亩	419
放款额数	3583元	24128元	20545元	573.4
运销额数	6762斤	89496斤	82734斤	1225

注：本表见前引《合作月刊》18页，运销额之斤数仅指改良美棉之皮棉而言。

在开发西北的呼声之下，陕西的棉产差不多是政府当局以及一部分银行家所最注意的目标之一了。上海、中国、金城等六家银行和那儿的棉产改进所，对于各区的棉花产销可谓非常关心。9月10日的《河南民报》，载称陕西省棉产改进所对于该所指导下的棉花产销合作社力求改进，甫经数月，其棉田面积及社员人数即增十余倍之多。今根据该报所载，列表于下：

陕西省棉产改进所指导下棉花产销合作社概况表

区别	社员人数	耕地亩数	棉田亩数
永乐区	3059	185600	62516
斗门区	227	102400	45345
广阳区	1100	43350	14450
鲁桥区	412	182062	64801
中西区	1126	35109	12662
中东区	1483	18744	5790
新市区	468	16800	10750
固市区	408	16543	6530

(续)

区别	社员人数	耕地亩数	棉田亩数
栎阳区	644	37100	11320
下庙区	922	缺	6830
高桥区	1066	21000	10568
未央区	845	201967	6750
交雨区	372	22043	9679
合计	12132	882718	267991

至于银行贷款情形，按照上半年陕西省棉产改进所和前述六行银团所许的合同看来，可分为三种：1. 生产贷款，专供种子、肥料、人工等生产用途，以5万元为限；2. 轧花打包等设备贷款，以2万元为限；3. 运销贷款，以20万元为限。9月22日上海各报载称，该项合同签订后，银团即首先拨付棉苗借款30万元。则比规定又大了许多。同时，各报又谓新花登场以后，银团又拨款150万元，交与棉产改进所办理新花运销，并视运销储押之需要，还可临时增加。

此外，豫鄂湘各棉产区域底棉花产销，也一样在银行资本的经营之下。譬如河南，在该省棉产改进所指导之下，现已组织成立的棉花产销合作社，计有太康县四社，杞县、洛阳、灵宝各一社，社员共达4200余人；而该所为了各社业务之推进，又向上海银团接洽借款，截至10月底止，已有108500元。在洛阳、郑州等地，我们晓得中国银行和浙江兴业银行均有轧花机、打包厂、仓库等等设备，对于该省乃至陕西的棉产运销，无疑地都具有很大的作用。

以上不过将银行家对于农业仓库的经营以及运销合作社的推进，在棉产方面才具有比较显著的影响的情形，说一个大概而已。这种活跃的现象，其意义是很复杂的，我们务须分析和综合观察。一般说来，调节农产品的流通过程而使其合理化，甚至直接地或透过这类流通过程来改进农业品的经营，原是银行资本企图朝向金融资本的时候所必有的要求。关于这一点，中国的银行家在目下棉花这种作物的产销行程中，的确有了一些成就，是我们所不应看落的。但是我们更不要忘记，国内的政治不安，民族工业之本质的萎缩——这类使前述中国农产运销底新趋势根本不能长足进展的诸要素，总是使银行家只愿滞留在棉产的运销阶段上，而且还是迷恋着落后的腐朽的商业资本的形态。不错，在某种场合，他们确是用比较好的市价收买各地的棉花，这是他们所惟一宣传的给与农民的惟一恩惠。其实，他们是在利用他们底雄厚资力，囊括棉产以完成原料品的独占，使独占的超然肥利可以安稳地滚进他们的荷包。据说今年最近一二月来，银行家已将登场的新花搜罗净尽，他们在内地各分支行底堆栈或者农仓里面已经塞满了新花。津沪的纱厂，因为抵御不过他们这种雄健的操纵，都只好准备闭厂收场。在过去，中国的银行资本有十足的买办机能，替代列强向内地收买他们所需要的农产原料品，到现在当然也不能两样。而且日本帝国主义为了打击中国的民族的纺织业，不但用廉价倾销其棉纱，而且用一时高价收买中国内地的棉花，使我国纺织业陷于不可超脱的原料与制成品的剪刀差的厄运中。这不是故作危言，在华北，在天津，在汉口，我们看见日本资本公然地或乔装地在干这种勾当。他们也一样需要棉花产销合作社这类组织。所以从整个国民经济的观点看，年来兴起的中国农产运销底新趋势比较发展的一隅，实际上是一把利刃，至少也是一杯毒酒，对于农民不会是可庆的福音。

四　新趋势的评价

我们对于棉花产销底新趋势的这种评价，大体上也可适用于年来中国农产运销底新趋势的全部。现在我们更一般地更具体地来评价这整个新趋势，以结束本文的分析：

第一，从新趋势底构成来说，它是丝毫不曾触及问题的核心。中国农民大众年来在农产运销过程特别遭受农产价格狂跌以及中间商人底盘剥的惨苦，是与国内外的经济机构以及恐慌深化相联系，因而决计不是离开生产基础的改造所能挽救。譬如无锡各乡代理农仓，因经营农产储押而贷放出去的款额1933年比1932年反减少60077.24元，即从121366.10元减至61288.81元（见8卷3期《中行月刊》193页）。至于减少的原因则系：前年农民在新谷登场出货见涌时，因市价低贱，乐与农仓叙做抵押，以希春季米价逐步高涨，回赎时盼望稍沾利益，如属自家吃粮，亦可免"卖贱买贵"。但届时适得其反，回赎时米价愈形见跌，农民大失所望。以致去年新谷登场，米价更贱，农民都不愿叙做抵押，均皆纷纷出售。农仓储押是否解救农民之道，我们姑置不论，在这里我们要注意的是：离开生产制度的改善，大众购买力的提高，单说从流通过程来增进农产价格，使农民稍减痛苦，结果是怎样渺茫的一回事。说到商品剥削的解除，情势亦完全一样。在商品经济存在的一日，假使没有新的经济体系来加以调制，要想击退商人的盘剥是绝对不可能的。在目下中国这种半封建性的小农经营条件之下，侵蚀的商业资本经营农产运销而论，本质上也正是代表着商业资本化的过程而已。形式的稍稍不同，是隐藏不了实质的一致。

第二，我们且退一步地将这种根本的实质问题以及第二节所述的新趋势的停滞状态搁开不论，而仅来讨论这些有限的农业仓库或者运销合作社，在实际业务上所发生的机能。谁都知道，要能够利用农业仓库或者银行堆栈的低利储押放款，以及享受运销合作社在集约运销上的种种便利，首先要有剩余的农产品，而且更重要的是要这些农产品并不急于待售。银行家说，他们底低利的储押放款以及代理运销的种种设备如何有利于农民，如何使农民能够不因眼前需款的孔亟而去接受当前的低落市价。但是他们忘记了一件很重要的事实，就是大部分的中国农民，都是受着繁重的债务和租税压迫，往往在农产品尚未收割以前就以青苗的形式抵卖出去了，有的甚至一无可卖。所以像秋收储押后以待明春高价这类期望，除了优裕的富农或地主以外，他们连构想一下也是很困难的了。有一位浙江省地方自治专修学校的学生，在杭县附近一个名叫横畈桥的区域里工作，曾经提出这样的疑问："讲到在这地方贷款吗？前已言，这地方共有三十几家，多数是无产者，所以要以不动产抵押贷款吗？根本无产可抵，事实上是不可能；或曰，农民所生产的米谷可充动产抵押放款，经营储藏合作，设立农业仓库吗？但是所有米粮，至多只能供给一年的粮食，还要缴租，所以也是行不通，或者推行信用放款吗？然自治组织的方式，以一户来担保五家，那末，35家只要7户来保证就可以了，但是这地方是普遍的穷，不是一家二家的穷，质言之，被保人固穷，保人根本也没有财产上的信用能力。所以，信用放款吗？谁也不敢保证可行无危险。"（浙江《合作半月刊》第12期5页）这个例子固然比较极端，但是所谓两极化日益尖锐的中国农村，实是非常迫近这个例子了。因此，譬如无锡，前述1933年各乡农仓之储押放款比1932年减少六万余元的第二个主要原因，就是该县"蚕桑为农民之惟一副业，每届茧节，多借此款以抻会钱。但连年丝业之失败，茧价之不起，农民暗苦已深，去年收茧更失所望。故新谷登场，农民之押米观念，于需用孔亟，眼前尚难顾及，不愿储待明春。"（见前引《中行月刊》）从这些现实的条件之中，我们可以见到真能得到农产运销的新趋势之区区便利的，只不过富农者群罢了。而且银行家对于农产运销的经营，差不多含有强制性质。譬如棉花，他们一面贷放棉种、肥料等等给产销合作社或农民，因而后者就必需将收获起的棉花售与或押给前者，以清偿其债务。接着在另一方面，他们又代替合作社或农民轧花打包，因而棉花的运销市场就全部地落在他们手里，以便他们从售价中扣出他们的贷款和佣钱。上海等六家银行对于陕西方面的棉花贷款就是实践着这样的程序，只不过从表面的形态看来，比旧式的商业资本稍稍合理一点。

  第三，最后我们要提一提参预农产运销新趋势之人的问题。根据第二项所分析的经济关系，能够参预和乐于参预运销合作社的人，主要只有富农，而且因为可凭合作社组织转向银行界接洽运销借款，豪绅地主常常混杂其间，实行操纵之能事，各地商人也往往改头换面利用此种组织。举例言之，譬如"浙江萧山县之东乡，有一蚕丝合作社，该社之社员颇为复杂，包括农工商学政各界人士，在少数人操纵之下，此社舍其本旨，起而广收蚕茧，作丝茧投机事业。收买之区域，恒逾出该社应有之范围。除向农民收购蚕茧外，并强迫农民入社，由茧价内扣去若干以为其股金。复以购得之茧，运至上海，以投机之方式趸售。不幸投机失败，损失竟达数十万元，其中十万元系农工银行杭州分行之贷款。"（《合作月刊》第3卷6期第1页）此种事实，只要略加修改，自能适用于其他各地。在运销合作社里面，地主豪绅以及富农直接或间接地支配其他社员的情形，决计不会限于浙江的萧山。去年下半年，上海银行贷款部负责人邹秉文亲至豫鄂湘陕一带视察，据说陕西永乐县的棉花运销合作社办得极有成绩，为其生平所未见过。这自然与他所报告的该社主持者"李海峰部下有'大将'三名,一即社经理王凤阁,一为赵姓,一为李姓,均系商人,赵姓现办合作商店"的情况直接有关。他们自然能够极精明地极新颖地运用各种利诱方法,吸收棉农入社,以收把持渔利之实效。("邹氏报告"见《合作月刊》)5卷11期)

说到这里,年来农产运销的新趋势,其"新"的意义究竟怎样,可说是完全明白了。有位赵国鸿先生,他在1卷4期的《农行月刊》上区别着江苏农行所经营的仓库和普通堆栈,是这样的写着:农行仓库与普通商业银行所办堆栈之异点乃在:"一则以农户为营业对象,一则以行商为营业对象,一则于储后谷价上涨,利益尚为农户所享,一则利益已入行商之手。"我们想,普通商业银行家一定也会站起凑着说:"为了救济农民,我们底堆栈现在变换营业方式,直接向农民或者合作社办理农产储押和运销了"。但是我们所应注意的是:"仓库以农户为营业对象",是银行家企图排斥旧有的商业资本,更直接地来操纵农产的疏通过程。所谓"利益尚为农户所享",这只有对很小一部分富农是稍稍现实的,而在另一面,银行家是更肥了。在银行资本作商业资本化的过程中,中国的农民大众是得不到任何福利的!

(1934年)

死亡线上的中国煤矿工人*

在今年（1935年）开端的一月间，东北方面就给我们送来了一个也不算坏的好消息！当时上海各大报纸都载着这样的电讯：

> 抚顺煤矿工人2300人，因工头2人为日人凶殴，16日全体罢工，矿警开枪，击毙工人一。工人八百余聚众拥入总经理室交涉，日总经理明古江召矿警三百，包围开枪，死87名，捕去六百余名，死伤在矿区内枕藉，无人过问。矿方强迫未罢工者复工，因矿井水满，迄17日未复，顷日指其中28名为煽惑祸首，将予枪决。

这事是发生在"我们始终否认"其业已沦亡的远远的东北；同时比起"我们始终否认"的东北沦亡来，这事又是"一件不关紧要的小小动作"，因此，被捕的六百余工人怎样，被击毙的87名工人怎样，那些将予枪决的28名工人又怎样，我们就统统不得而知了！我们更这样想：国内定有不少"贤哲"的人们早已忘

---

* 本文在当年《中华日报》发表后，收编在生活书店出版的《中国经济论文集》第二集（1935年）内。

去这一事件，同时他们还更希望其他的人们一样容易忘去这"不快"的记忆！

最近，山东淄川方面又发生了动因不同而结果是同样悲惨的惨剧：

> 5月14日济南专电：13日早11时25分，淄川鲁大公司煤矿第二坑七十五号开煤处发生大水，势甚急，坑内工人约400余名，至晚未能救出，十九号开煤处有200余工人亦未救出。600余工人证明已全淹死，家属环井呼号，哭声震天。现积极打捞死人，约一周可捞出，实空前惨剧。

鲁大公司名义上是中日合办的，实际上全在日资操纵之下。现在因为"工人家属五百余人包围事务所，怒号'还夫还子'几有暴动之势"，日本领事遂电请鲁省府派队前往弹压，以保全他们底生命财产。丧夫亡子的妇女们还不能为死者自由哀号呀！

不幸事件的一再出现，实在使我们难以忘去中国的煤矿工人是生活在死亡线上！

资本主义愈到东方愈野蛮，中国的工人原在极残酷的条件之下生活，而这次相延六七年的世界经济总恐慌，更加深了他们所受的苦难。失业、减工、减薪和延长工作时间或增加劳动强度，是普遍地展开于产业底各个部门，煤矿业丝毫也不能例外。不得已为了生活的挣扎而对资方有所要求的时候，工人们所得到的亦往往是无理的迫害，这对于煤矿工人也绝无二致。去年开滦矿工潮的经过，以及前述日警的杀戮和弹压，就是现实的例证。而煤矿工人或一般矿工，因其所特具的工作条件之异常险恶，比起一般产业工人来是更与死神为邻。譬如河南彰德矿区，在今年4月份内曾发生两次爆炸：

> 彰德讯：六河沟煤矿和顺井，于7日晚5时突然爆炸，声大如雷，重伤14人，皮肉焦烂，截至11日，陆续死去

11人。(4月14日《新闻报》)

本县西北小寨煤矿,于27日工人正在工作之际,石头洞内突然透出火星,轰然一声,浓烟满布,火势甚猛,工人躲避不及,致死李黑只等十余名。身肠焦烂,骨质为灰,其状至惨。(5月3日《北平晨报》)

这种不测的横祸,据我们从零星各报所已见到的,在去年(1934)一年间有如17页表所载(遗漏当属不鲜)。

各地煤矿工人所以这样迭遭横祸,虽说与他们底特殊工作条件有关,就是他们要沿着狭隘的地洞,坠身到深深的地壳之下去。但是,所谓因井水的突发、煤气的充塞以及烈火的爆炸等等关系而致他们于死地,这主要原因当然是由于矿主或公司之惟利是图,而不注意于矿内的设备或安全。中国的劳工大众是生活在极度贫困之下,相对的人口过剩的现象在中国比在任何资本主义国家都更显著,这使苟且偷安的民族企业家,不愿改进技术以相对地增殖其财富,只会无情地从劳动者身上榨取出他们的利润。按矿业而言,购置安全灯在矿主看来是不屑为的,因为炸死一些矿工,与他们无甚影响。现实的利害关系限制着他们,他们只愿在极落后的、极野蛮的形式之下来进行煤矿的采掘。浙江长兴县的矿区,其经营方式在中国还算比较完备的,我们就从那儿调查所得的材料作为例证吧:

月	日	遭祸所在地	死伤人数	原因
4	26	安阳马窑沟	死十九人	失火
4	—	安阳马窑沟	死伤七十余人	失火
5	28	开滦矿井	死百余人,伤五十人	电滚走火
6	17	焦作中福公司	死伤三十人	因火爆炸
6	21	开滦马家沟	死伤数人	煤洞塌毁
7	24	长兴煤矿	已知死五人,余未详	爆炸

(续)

月	日	遭祸所在地	死伤人数	原因
8	5	开滦马家沟	死一人，伤十余人	—
9	19	开滦马家沟	伤八人	—
9	—	陕县民生煤矿	死伤七十九人	凿井发水
10	14	安阳新庄村	死伤十一人	出水

矿区工人大部分是河南省的农民，可以分成两大类，就是井上作工的和井下作工的，生活最苦的是煤井下面的工人了。他们的生命随时可以毁灭：煤气、井水、坍塌等等灾害是他们不可避免的命运。他们每一次上工，要在井中住上8个小时，8小时内，一些饭食都不能进口。黑黝黝的地狱里，只有一盏黯淡的电石灯，才是他们惟一的侣伴。他们每次拖着沉重的脚步，成群结队地走向井口的电梯，十几个人一次的就给那个怪物吞下肚里去，及至出来的时候，只见到三四人一次的在洞口伸出头来了！各个人的脸上都带着沉沉的死气，一点血色也没有，浑身黑黑的，活像书本上见到的黑夜叉。(1934年2月6日《杭州民国日报》)

前述"随时可以毁灭的生命"一旦毁灭掉以后，又怎样呢？**前引报纸又这样告诉我们：**

有些工人为着要多得一些工资，每每做了上午六点钟至下午二点钟的工以后，晚上的十一时又在做着第二次工了，但是他们的精力是有限的，所以往往要害病。如果是死在矿外的工人，谁也不会有一点怜恤；万一在矿内给煤气、井水等等灾患害死了，工人的家属可向办事处领取180元的恤金，这就是一条命的定价。

像河南焦作矿区方面，一条命还只能卖100元。那儿矿

工们之间有一个流行的歌曲,就是用来刻画这一事实的:

成神不成神,一两天登云;

下去一百块,上来千三文。

这就是说,矿工们下井的时候,就要有去死的决心,预备他们的家属去领100元恤金;万一井水、煤气没有把他们葬送,上来也只能得到1300文(每元一般合3000文)的微薄工资。当矿工们唉声叹气地哼着"下去一百块,上来千三文"的时候,其情景是多么凄惨呀!

因为矿方并不致力于矿内的安全设备,并不积极设法来控制防范煤气、井水、爆炸等等意外的袭击,使矿工们随时有"丧命的权利",因而一般矿工无可奈何地只能乞助于神鬼迷信了。在山东博山矿区内,因其"坑道简陋狭隘,阴湿黑暗,吾人入之,不分南北,森森然真与地狱无殊。"一般矿工迷信崇拜井下的老鼠,无敢伤害,且饲以粮食;"据谓坑下出水,鼠能先知,矿工每见鼠沿绳而上,是即水之将至,因知所逃避,尊之者盖亦有由来也"(见1934年7月26日《大公报》,载《山东旅行》第九信——博山矿业概况)。目下谈"保障劳工"的圣人哲士很多很多,然而像博山的矿工,他们实际上除了得到老鼠的一点保障以外,什么也不曾得到。但是迷信是不可靠的,井水、煤气等等横祸一旦袭来以后,工人底哀号跪拜当然救不了他们。譬如山东淄川的矿工,因平日最怕水灌矿中,全遭灭顶,所以相互斟酒的时候,"满了"反说"干了",以冀祸患之消除。但是最近他们却遭灭顶了,他们淹毙在矿中凡八百余人!

其实,他们就算侥幸而不遭横祸,现实的生活也是万分苦痛难受,我们且不说那地下的8小时或12小时是如何难以消磨,单就工资的微薄而言,也就可以想见一斑了。近年来的经济恐慌使矿主力图祸患转嫁。譬如开滦煤矿公司去年5月厉行紧缩,将矿工工资减低25%~30%；淄川矿工的工资过去是每日两三元，现在低至五六毛或八九毛；博山方面的情形也一样；河南的焦作和安阳亦无二致。据说博山有一个名叫上河滩的市镇，除集日外，很少行人经过。因为有许多矿工，眼见到工资的收入有限，而生活的压迫以及旧债的追索却一日严重一日，所以都在那儿的树林之中吊死，以致一般人都迷信怕吊死鬼出现，不愿轻易前往。与这同样，开滦矿务局西墙外，一片无际的旷野，除掉有一些稀疏的刺槐外，就全是死去的矿工们底垒垒的青冢，它们十分显著地反映出那儿的矿工们底凄惨命运。在浙江长兴，更有这样一个显明的对照，揭示出矿工们的生活是如何地不合理：

  煤矿办事处是中西合璧的建筑，占地很广，里面有会客室、办公室、食堂、职工宿舍、俱乐部、花园等公共处所，内以职员宿舍和俱乐部的设备为最讲究。宿舍和一些大学校的宿舍相仿，一间间的有砖墙隔开，有电灯，有浴室，职员可以带着家属同住。俱乐部是十字形的建筑，里边有台球、弹子、无线电、桌上高尔夫、乐器等等娱乐设备。金黄色的地板，雪样白的墙壁，完全是一个小型的跳舞厅，置身其间，几乎忘记了外面的世界。

  办事处的四周，零星地散布着一些工人的住屋。那些住屋，一律用几根竹梢及稻草架成，都为着年久失修的缘故，倾斜的程度实在有些骇人；有一些连稻草也没有了。竹条编成的墙壁穿了许多孔，根本失去了抵御风雨的作用。每间屋子最大的面积不过二十尺见方，一扇矮矮的竹门，进去的时候要低下头来才能过去。有的在里边点缀着几件简陋的木器，有的连卧具都铺在地上。为着不通空气、少见日光的缘故，打从每间屋子门口经过的时候，就可嗅到泥土和污物混合的臭气。但是，工人及其家属是在这里边起居饮食着的！

(见前引《杭州民国日报》)

矿工的汗血变成乌黑的煤,变成在矿主手中闪耀着的金和银,变成浴室,变成高尔夫球,变成跳舞厅,供矿主和高等职员消受享乐,而他们自己却生活在恶臭的茅屋里!不,不仅如此,他们还要被炸死或者溺毙在千万丈深的矿井之下,就连他们底妻室要捞寻他们底尸骨也万分困难。死亡线上的中国煤矿工人底生活就是这样!!!

(1935年5月19日)

惊动全球的华北走私问题*

《字林西报》特约记者5月2日天津通讯：记者曾与新自北戴河返津之某商人谈及私运事，据云："余并未见私运情事，所见者只有各式船只38艘，停泊于北戴河海湾，用舢板多只，卸运货物至海滨起岸，其忙碌情状正不减于货运繁多时天津外滩各码头。君不能再称此为私运，因其实为自由贸易矣。就目下之情形而观，不仅北戴河为自由贸易之口岸，甚至其沿海一带，亦均自由开放也。"

到现在为止，关心华北走私问题的已经不仅仅是直接负责应付的政府当局，亲自受着私货压迫的民族资本家，以及各个阶层里面热心救亡运动的爱国同胞，而且已经惊动了世界列强的执政者，尤其是大不列颠的朝野。华北走私问题所以会发展成为这样一个国际性的、对内又是全民性的问题，决不是由于少数人或一部分人主观上的夸大，而是因为它在客观上确实包含着许多可怕

---

* 本文在1936年第4卷第6期的《世界知识》半月刊上发表后，收编在生活书店出版的《中国经济论文集》第三集内。

的因素，而且一天危迫一天，使我们不得不加以全面的注意。现在为了挽救整个民族的危机，我们对这个问题需要加以充分的和深入的探讨。

首先，我们想对华北走私作一个史的观察，指明它的严重程度，以及它的影响，然后再来讨论对付的方案。关于这一部分，有一点是我们最最不应忽视的，那就是华北走私的开始和发展，是跟近年国难的加深以及外交上的种种失策节节相应的。譬如在四年以前，因为东北沦亡在敌人之手，而当局又不起来武装收回，人造丝和毛织物这类奢侈品的偷运便接着在华北登台了，不过当时还不敢横行无忌。到了1933年5月"塘沽协定"签订以后，走私因有冀东战区为其大本营，来势更猛烈起来，对于缉私关员竟敢加以公然的抗拒和殴辱。不过华北走私竟然引起全国乃至全世界的人们注意，那还在去年（1935年）8月以后，因为当时于原有的"塘沽协定"以外，又补订了"何梅协定"，使华北战区范围格外扩大，同时也就是使私运格外自由和广泛。等到冀东伪组织与"冀察政务委员会"两个傀儡政权相继出现以后，就连走私这两个字本身也很难适用于华北了，因为从大连、营口来的私货可以公然在北戴河、秦皇岛起岸，并可自由运抵天津，这样就难怪从北戴河回到天津的一位商人要告诉《字林西报》的记者说："余并未见私运情事，因其实为自由贸易矣！"

现在我们来看看华北走私的惊人的具体数字吧。据海关所发表的报告，自1935年8月1日至1936年4月25日，由冀东战区转入天津的私货如下（单位包）：

	人造丝	卷烟	匹头	白糖	其他
8月	3052	226	—	—	—
9月	4020	510	680	—	—

(续)

	人造丝	卷烟	匹头	白糖	其他
10月	3978	842	2609	4410	329
11月	11063	1041	2265	1859	993
12月	14674	424	1055	71529	416
1月	5082	252	944	65143	185
2月	1262	561	1151	40	428
3月	63039	1812	4796	10975	1193
4月	23447	507	7631	208601	7503
合计	129617	6175	21131	362557	11047

从这表我们可以明白看出，华北的私货正与天津的日兵一样，正在那儿不断地增加，而且愈来愈多。同时我们还得深深注意：这滚滚而来的私货几乎畅达地由天津而遍及全国了！西北因为无法缉私，人造丝、白糖这类私货得以蔓延，是用不着再说了。现在就是直通国都的京沪线上也充满了私货。据1936年5月19日南京专电所传，其被缉获的就有数十起之多。此外比较小的县份，也有私货出现，例如江苏北角的沛县，素称交通梗塞之区，然据5月12日该县通讯，近来却有许多远道小贩，肩负着人造丝织品兜销，每匹十元，比市价便宜一半。从这里我们又可看到私货的无孔不入。这样，就难怪华北走私要成为举世瞩目的非常问题了！

现在我们要进一步地来考察一下：这日益猖獗的走私产生了怎样的影响。大家晓得：我们的"友邦"这样热心偷运私货，并运用各种方法把私货倾销到内地去（这里我们要同时注意"友邦"在华南方面的走私活动），是抱有很大野心的。它不仅仅是为了关税上的一点点便宜，而是想根本推翻华北的海关权，使华北经济更露骨地殖民地化。换言之，它要借走私漏税来动摇中国政府的财政基础，借私货倾销来摧毁整个中国国民经济，以期压迫中国政府屈服，来接受中日"满"经济同盟的全部计划。这些阴谋，东京的御用报纸几乎是公开宣传的，它便是广田三原则的侵略精神，现在幸赖"友邦"驻华军人数月来的努力，已经很有成就了。第一，据海关当局统计，自1935年8月至1936年4月，因受华北走私影响，中国海关税收已减少2556万元（统税因华厂出品被私货压倒，亦显著减少），使南京当局和英美列强都感到很大的威胁。因为中央税收40%，和偿付外债本息基金90%皆有赖于关税收入。英国驻华专使罗斯爵士因不胜其威胁，且于四月底兼程北上，和华北日当局磋商妥协办法，并提出减低中国关税的具体条件。第二，一般工商业者因经受不起私货倾销的压迫，也悲惨地从国内市场上相继败退下来。关于这点，我们愿意多举一些实例，使一般工商业者对于当前的困难，能够有一个普遍的切身的认识：

第一，糖业方面：据上海该业同人说，华中和华北所销用的糖，有洋糖和粤糖两种：全由上海进口，一般市价（连关税在内）为白糖每担22元，红糖每担18元，然而私货却只要12元和10元左右；因此津浦陇海两路全为私糖所霸占，京沪一带亦大受影响，上海六十余家糖行都有停业之虞。据4月18日《时事新报》所载："金利源码头，公和祥码头等处堆栈之华糖，均无法出清。"

第二，人造丝业：据上海该行同业公会报告，上海人造丝匹头厂家，在去年有兴昌、鼎源等二十一家，丝织机数计达二万部，现仅留六七家，机数三四千部，这主要也由于私货倾销。譬如从天津运来的绯葛绫，每匹（计18码）只售3元至4元，而本埠厂家所出的，其最低成本就要合到6元，这样就难怪后者只好关门大吉了。

第三，海味业：据上海海味业同业公会主席葛维庵氏谈，华北一带的海味销路，远在"九·一八"之后，即为某国进货所独占，现在走私扩大，上海海味在徐州以北的销路已告绝迹，长江一带的市场到下半年海味旺月以后，亦必为私货所侵夺。上海的海味业，目下亦已受到陆续运来的私货的打击。

此外如纺织业、面粉业、卷烟业、火柴业等，则早已受到私货的迫害，这在天津方面尤其表现得明显。至于内地的手工业者以及一般商家（假使不甘当汉奸，贩私货）所受私货倾销的摧残，自然比城市里的大企业更难承当。从这些具体的事实教训之中，全国民众尤其是一般工商家，实应彻底醒悟：走私是摧毁我们整个国民经济的最毒辣的手段；主持走私的，是我们应该一致反对的敌人。

那末，我们该怎样来进行我们的反抗呢？敌人的阴谋计划是快要全部实现了，我们还能再迟疑片刻吗？

然而事实上，政府当局对于这日益严重的走私问题，和过去对于其他各种中日外交问题一样，自始即未采取坚决应付的办法，这不能不说是一种失策。譬如3月18日，津海关与北宁路局在财、铁两部的策划之下，公布了北宁路在天津东、总两站协助海关查缉洋货暂行办法，共计六条，其内容是：凡是没有报过关的洋货（即私货），路局得让其补报，否则拒运。一望而知，这办法已是大大的让步，因为它已承认秦皇岛乃至天津是日人的自由港，在那里我们不能征收应征的关税。同时这办法又是非常不切实际的，因为财、铁两部明明知道北宁路早已随着冀东伪组织和"冀察政委会"的成立，而落在敌人控制之下了，哪里还敢执行上面的命令呢？再如4月27日，政府当局又开始实施另外一种"有效办法"，即于津浦线的沧县，平汉线的长辛店，增设新税卡，同时又于津郊南北运河和子牙河汇合处添设检查所，以期从水陆双方来堵止私货，但是打开地图一看，这里所谓"有效"，只是对走私作更有效的让步，因为这个办法主要是由傀儡政权"冀察政委会"发动而经中央同意的，它使私货公然活动的范围更从冀东伸展到津浦和平汉线上来。同时堵止私货南下，还是不能有效，最近，中政会又通过了惩治偷漏关税暂行条例，财政部又接着公布了稽查进货章程，条文不可谓不严厉和不周密；但是谁都知道：中国海关的缉私制度，靠了英人的策划，其严密"已堪与世界列强媲美"，而华北走私目下还所以那样猖獗者，是因为我们的"友邦"竟运用更强的武力来策动走私，并驱使冀东和冀察两个傀儡政权来替它助长走私。所以这次的条例和章程，无疑地将与过去两次的对策一样无效。固然，我们并不否认以往和现在政府当局所苦苦计划出来的缉私、防私等办法，是可能发生一点作用的，同时也是应该提出的。但是有一个非常重要的前提，就是对于敌人前前后后的各个方面的侵略行为，我们要彻底地给以正面的反抗，这样，前面那些辅助的缉私、防私等办法才能发挥它们可能的辅助作用，否则，就是空话。这是负责当局应该深深反省的！

说到这里，我们务须谈一谈减低关税的主张。因为日本军部这次主使华北走私的借口，是我国关税税率太高。英国方面为了想对日妥协以保全自己的种种利益，就派遣其驻华专使罗斯北上对日提出减低关税的意见。但是我们站在中华民族的立场上，这是应该加以勃然的反对的。因为以较高的关税率来保护民族工商业的发展，是我们应有的权利和自由，何况我们的关税税率，因过去种种束缚，还比世界各国的低许多。所以我们有权要求当局彻底拒绝这种减低税率的自杀办法，要晓得走私是敌人无耻加残酷地侵略中国的一种方式。所谓"中国关税过高"，不过是他们的一种借口罢了。即使税率一度减低以后,"友邦"还是要秘密输入"国货"的,它非使华北经济完全殖民地化,使中国完全接受中日"满"经济同盟的方案不可。所以,同意减低税率,便无异自杀!1934年7月新税则颁布以后,对日货税率本来就已经大大地减低了,然而其结果仍是今日如潮如涌的走私,这是我们应该记取的教训!

现在全国民众都在沸腾、怒号之中,大家都期待武装抗敌!这是必需的,因为这是中华民族惟一的出路!譬如拿眼前的走私问题说吧:华北走私所以会一天猖獗一天,它全是因为我国丧失了土地和签订了"塘沽协定"。目下政府所提出的各种缉私法令先后皆归于无效,也是因为不能建立起彻底的抗敌外交,这些在前面都用事实来说明了。所以,真正有效的缉私方法,与真正有效的救国对策一样,只有以暴力制服暴力。

目下,上海一般工商业者,因为如前所述,亲身受着私货的打击,也痛感到困难的严重了,并起而共谋救亡之道。连日来要求严厉缉私的有下列几个团体;

 1. 华商纱厂联合会于1936年5月7日电请中央严厉缉私;

 2. 中华工业总联会于1936年5月8日开会,电请中央严厉取缔走私并维持原定税率。该会钱承绪先生并提出联业统制,各业统制,地方统制等具体办法;

 3. 中华国货维持会于1936年5月12日举行第二次执监联席会,即电请中央严厉缉私;

 4. 电机丝织厂业同业公会亦于同日召开会议,电请中央采取有效办法缉私并维持原定税率。

此外总工会和糖业海味业等亦有同样的要求。市商会更于1936年5月16日分函全市各业公会,征求具体的缉私、杜私方法,棉布业公会且即于20日函答惟一有效的杜私方法,在"团结商民拒购私货"。

这些表示,固然是很可喜的现象,然而可惜的,是他们对敌人的走私仍没有彻底的认识,仅只要求用头痛医头的方法,空口喊叫"严厉缉私",而没有坚决的行动。

从上述那些事实之中,我们可以看出上海一般工商业者还依然没有奋起拒购敌货,维护民族工业的决心。

最后,我们还要揭露一种有害于救亡运动的幻想。自从华北走私于四月间特别猖獗以来,英美列强也被惊动了:英美驻日大使都正提出抗议或诘问,比、德、荷、法等国亦非常焦急。因而国内就有一部分人幻想英美列强会与日本冲突起来,于是一方养成机会主义的等待心理,同时就减弱自力的抗敌精神,这是应该加以严厉的批判的!在这里,我们姑且不论英美列强这次反对华北走私,是为了保全他们自己的利益,即保全英国在海关行政上的统制权和英美在华北的煤油市场,还有最最重要的即保全原有的关税收入以偿付外债本息,并非为我国存亡打算,我们且问:它们之间的矛盾,是否可以给我们利用?固然,自华北走私特别猖獗以来,英、美、日(尤其是英日)之间的冲突确是比较显著起来,但是我们不要忘掉太平洋上列强对立的基本形势,即第一,美国因路途遥远,在军事上还很难驾驭日本;第二,英国因苦于欧陆问题和地中海问题的应付,在远东只有与日本攀老同盟;第三,英美是帝国主义,它们联合制日是很少可能的。因此,期望英美列强怎样积极起来干涉"友邦"走私,是没有现实性的。譬如上月底罗斯爵士兼程北上,只是向驻津日总领川越氏提出减低中国关税的折冲办法,这是损害中国,以利日本,而保全他自己,就是英国对于华北走私问题的基本态度。克莱武之对日诘难,乃至目下罗斯之鼓励南京当局进行缉私准备,主要那只是虚张声气，使前面的妥协方案容易得到日本军部的垂许而已，所以我们要彻底解决走私问题，不能幻想英日的冲突，只有依靠自己真正抗敌自救啊。

(1936年5月24日)

中日经济提携*

"中日经济提携"这个方案，公开地、意识地提到中日外交的议事日程上来，到现在差不多快有两个年头了！一开始我们就晓得它是一块有毒的饴糖，吃下去不特中国的下层大众要被毒死，就是一般民族工商业家也要性命难保。不幸的是两年来的事实却正中了我们的断言，整个的中国国民经济现在不是已经奄奄一息了吗？然而更不幸的是两年来的事实教训还不够惨痛，直到现在为止国内还有少数人士和当初一样，相信"中日经济提携"是使中日经济"共存共荣"的方案，甚至进而鼓吹另辟蹊径，于英美资本之外，更吸引日本资本来促进中国国民经济的建设！我们现在愿意根据国内外的客观情势，对这问题加以严正的、周密的观察，促请他们注意：不论从哪一方面看，日本帝国主义总是中华民族不能丝毫亲近和宽容的最大敌人，同时使一般同胞更能迫切地执行民族抗战的任务！

这本小册子要切实讨论到的方面是：第一，日本帝国主义在

---

* 本文原为钱俊瑞主编《黑白丛书》第2册，1937年3月由上海生活书店出版发行。

东北、淞沪、热河、长城等处强暴的军事侵略之后，为什么要积极地提出"温和"的"中日经济提携"的方案？这方案在日本对华侵略的过程中，究竟占了怎样的地位，起了怎样的作用？第二，日本帝国主义怎样推进这个方案？在推进的过程中，日本帝国主义碰到了什么困难？日本军部与财阀间对这个问题可有什么矛盾？列强与中国当局对这个方案又起了如何的反响？第三，在过去两年中，"中日经济提携"有了怎样的结果？中国的人民大众和一般民族工商业家所受到的是幸福还是祸患？第四，在日本内阁这次改组以后，"中日经济提携"会有怎样新的姿态？利用日资建设中国国民经济是否可能？我们现在就根据这样的程序，提供我们研究所得的若干结论，作为全国上下考虑对日问题时的一种参考。

一 "中日经济提携"的诞生

1. 二十一条件与往日的经济提携
2. "中日经济提携"诞生的三大原因
3. 一块"以华制华"的有毒的饴糖

历史是不会重复的。不过，过去的历史可以作为后代的教训的地方倒是很多。我们现在且先举一段富有教训意义的历史，来帮助说明"中日经济提携"的诞生。

早在1915年，中日外交上曾发生了一件很大的事件，那就是日本帝国主义于当年5月9日提出二十一条件的最后通牒，限中国当局于当日下午六时前作肯定答复，否则即采取最后的必要手段。结果中国当局竟不顾民族的生存，全盘接受了下来。当时中国各地的民众因为二十一条件的内容全是侵害中国的主权的，对日就立时燃烧起一阵仇恨和反抗的怒火；英、美、法诸列强虽然受着欧战的牵制，但是对于日本的这种猖獗行为，心里总是非常妒忌。这两种情势对于当时的日本是大大不利的，它非设法扫除不可，那怎样扫除呢？最合理的办法，当然是日本自动撤销二十一条件的要求，然而这是靠侵略中国为生的日本所万难办到的，所以它又非另觅途径不可。那末它所觅得的又是什么途径呢？我们且让当时的日本执政者自己来说吧：

> 寺内内阁最初之试验，即为对华政策之变更是也。大隈内阁之对华政策为有名之二十一条，中国国民谓其侵害中国主权，惹起非常反抗……列国中，尤其美国，深信'此即日本侵略中国之恶魔手段'，强烈加以攻击。寺内首相组阁匆匆，夙夜焦思，务扫去此种误解……于是予说首相曰：'干涉中国主权，虽宜避免，惟中国之经济的开发，不特为中国之利益，亦为列国及日本的利益，日本对此不可不着先鞭。（见寺内任内日本藏相胜田主计所著西原借款真相）

这就是说用隐讳的"经济开发"来代替暴露的"二十一条件"，日本对华政策这样的转变，在当时究竟起了如何的作用，胜田主计也很坦白地告诉我们，他说：

> ……寺内氏起而组织内阁，以对华经济发展为一大政纲，以期实现中日经济之提携，因此该内阁存立中，帝国所获之权利，远过前代，乃于对华关系上画一新纪元。（同前）

这就是说，当时的"经济开发"或"中日经济提携"帮助"帝国"从我们中国携去空前的权利，它的侵害中国并不下于"暴露的二十一条件"。

当然，这是过去了的事实，不过它能很讽喻地显示出：相隔二十年以后（！），即在1935年，日本帝国主义在加紧军事侵略之中，忽然又唱起"中日经济提携"的调子来，到底是怀了怎样的心愿呢？它可能产生的真实结果又是什么呢？两者前后虽然相隔二十年，但在许多方面确有类似的地方。

现在就来让我们看看这新的"中日经济提携"是怎样诞生下来的吧。

我们晓得，自1931年日本帝国主义在东北发动"九一八"的激变，揭开军事侵略的序幕以后，它的铁蹄曾继续蹂躏上海，并进而霸占热河和长城各口，直到1933年5月"塘沽协定"签订以后，才告了一个相当的段落。固然，自"塘沽协定"以后，日本帝国主义为了侵占华北并未完全放弃它的军事行动，不过和"九一八"时代相比，在许多场合毕竟只是一种威逼利诱的陪衬手段了。比如1934年下半年为了华北的通车通邮问题（实际等于承认"满洲国"并将华北的一部分主权割让给日本的生死问题），日兵在北宁路沿线的出动确是非常频繁和紧张，但是日本帝国主义用来达到最后目的的手段，在当时毕竟是着重在与中国当局的"外交谈判"。我们认为"塘沽协定"签订以后，日本侵华政策这样地转变（即只以军队作后盾，以战争相威胁，与中国当局进行外交交涉，使后者屈服其要求），可以作为"中日经济提携"方案的先声和基础，因为"中日经济提携"将如后面所说，不是别的，正是日本帝国主义这种新侵略政策的具体表现罢了。

"中日经济提携"正式出现于中日外交的议事日程上，是在1935年一二月间。我们知道，日本帝国主义当时换上这副"亲善"的面貌，实际并不是放弃或和缓对华的侵略，恰恰相反，是为了加强对华的侵略或使侵略本身更能生效。这从当时的三种客观情势推断就可以明白。现在分述于后：

第一种情势是属于国际方面的——我们晓得自1931年—1933年间，日本对华的军事侵略也和过去的二十一条一样，在国际间曾激起极大的反感，太平洋彼岸的美国尤其反对得厉害，前美国国务卿斯汀生就是主张联合国联,对日制裁的健将。不过法国特别是英国,在当时却暗中支持日本的暴行,反使美国陷入孤立;所以日本在当时的国际关系上还感觉不到1915年的那种威胁。可是自日本帝国主义继续向长城以南侵入以后,这种有利于日本的局面就渐起变化。因为英法两国,过去在实际上同意于日本侵占东北,主要是希望他以东北为进攻苏联的根据地,而不希望他再向南侵入。现在的日本既然避实就虚,专向好欺的中国乘势推进,他们当然要踌躇起来了。1934年日本外务省的天羽声明,以东亚主人翁自居,排斥任何国家投资中国,自然更刺痛了英帝国主义的心。固然,大英帝国并没有因此而即放弃它的联日以制美的传统政策,但是国内反对的呼声确比以前高昂。例如1934年11月斯默兹将军(南非联邦首领)在皇家国际协会的公开的演辞中,就坚决指明"在我们大英帝国的未来政策中,对美国关系一定要比对世界任何集团为密切",并说"自治殖民地亲美的倾向更甚于亲英"。同月东乡勋爵(Lord Lothian)也说:"如果日本领袖采取军阀的政策,那美国与大英帝国的联合以抗日是绝对当然的事,这不过是一个时间问题罢了。"美国是不用说了,他对日作战的准备是一天积极一天,美国的军事专家密采尔团长同年十月在联邦航空委员会演说:"日本是我们最危险的敌人,我们的飞机应当准备去攻击它!"在这种新的局势之下,日本帝国主义虽然不曾放弃田中奏折所规定的大陆政策的迷梦,但是在口头上总不得不对英美一再宣说"日本对华北绝无领土野心",事实上也不得不稍稍缓和华北方面的军事侵略。1935年初,日本帝国主义所以要宣扬"共存共荣的中日经济提携",一部分也就是为了缓和国际间的反日空气,使它侵略中国可以少受些窒碍,这和1915年以后,日本寺内内阁策动中日经济同盟相类似。不过同时我们还得注意:1934年美国的白银政策已在远东作祟，1935年上半年美国的经济考察团又在福勒斯的领导下遍游中国，英国的哈蒙德将军，又替他的祖国巡视中国一条一条的铁路，国际大借款问题又重新提到远东的议事日程上来，这一切证明英美资本的魔掌，都在向中国大起作用。所以日本帝国主义于1935年初提出它的"中日经济提携"方案，在经济战略上还有对抗英美资本，以独占中国经济资源的积极作用。

第二种情势是属于中国国内的——日本帝国主义虽然横蛮，但是它的脑袋毕竟清醒。过去的二十一条件激成中国民众以每年的5月9日为抗日的宣传节，"九一八"以来的军事行动又促进东北健儿、十九路军、海外华侨以及各地民众的反日战争的运动。这些事实，日本帝国主义在心底里是牢牢记住的。它晓得中华民族是不可侮的，而暴露的军事侵略容易引起中国民众的普遍反感，而且还有一个最坏的结果，即使他不能利用"以华制华"的毒计和阴谋。因为在众目昭彰的军事侵略之下，在全国民众愤起反抗的情势之下，中国的军政当局一般地会远离日本而走向英美集团甚至苏联方面去，反而使中国能够停止自相残杀和自相猜忌，而结成一条巩固的抗敌阵线，使"以华制华"政策只好原封退回日本外务省的公文柜里去！然而"以华制华"政策却是现阶段日本帝国主义侵略中国的骨干，所以它必须仿效过去的寺内内阁，相当变更"九一八"以来的军事暴行，使亲日分子有继续发挥作用的机会，使灭亡中国的大陆政策更易实现，于是"中日经济提携"的新方案就从霞关广播出来了！记得周宪文先生在《申报》上曾经发表过一篇论中日关系的长文，其中说欧美各国是以买办的资格看待中国，日本却以茶房的地位看待中国，因此中国仇视日本的心理就特别猛烈。日本帝国主义于1935年初倡导"中日经济提携"，不是为了别的，就是想使中国的少数的亲日分子可以在"买办"的拥护之下，多做一些出卖民族利益的工作。同时自称为黄帝子孙的中国人，在当时也有不少自愿为日本帝国主义当"买办"，并迫切希望日本帝国主义把自己从"茶房"升格为"买办"，也是"中日经济提携"得以提出的一个条件。这点是千真万确的，日本外务省有名的"四一七"声明的起草者天羽英二，在其所著日支关系的调整一文中，就明白提到少数黄帝的子孙"业已相信：救济中国目下经济的破绽之道，除了即时停止自杀的排外运动，使与支那在经济上最有密切关系者的援助与协力变为可能，就没有别法了。因此该国的识者遂停止排日运动，要求与日本再行展开正常的经济关系。"（译文见《世界知识》2卷1期）要晓得，过去两年间，假使没有天羽口中的这群"识者"，"中日经济提携"是不可能替日本帝国主义从中国夺去许多战利品的呀！

第三种情势是属于日本本身的——这种情势是寺内内阁时代的日本所感觉不到的，可以分为三方面来说明：

（一）日本帝国主义在主观力量上不可能再继续庞大的军事行动，而必需来一个转变。我们晓得自"九一八"事变爆发以来，日本对华的军事行动差不多继续了两年，镇压东北义勇军军事行动直到现在不曾片刻停止。这频繁的战争当然需要庞大的军费，这对于日本的财政的打击已万分严重。日本的财政当局为了应付这庞大的军费，除掉增加租税和增发公债而外，当然没有更好的办法，不过就是这两种办法，在1934—1935年间亦已迫近绝境。比如据1934年调查所得，日本国民平均收入每人仅50.4元，而每户一般所负担的租税，农村里已达到56.7元，城市里竟达111元，所以人民大众早已"民不聊生"，怨声载道。已发的公债在当时亦早已充塞各银行、各保险公司的准备库，超过全国储蓄银行存款总额约一、二万万元，这表示民间的财富多半已为公债所吸取。所以慢说日本军部与财阀之间有矛盾，日本的统治阶级与人民大众之间有对立,单是这种脆弱的财政基础已足使日本军阀要放胆地对华再来一次"九·一八"或"一二·八",就不能不大费周章了。日本松室少将在对关东军的秘密情报中,关于侵华政策部分曾经这样说;"滇勿以实力粉碎各实力派之力量,以免遭不必要的损失。"这就是日本主观力量薄弱的反映,同时也就是日本帝国主义改弦易辙,侧重"中日经济提携"的这种侵略方式的原因。

（二）日本帝国主义的改变态度,又是由于他发觉过去三年来武力侵占东北的结果,有许多地方是失算和失望的。东北的义勇军在当地农民和中国爱国民众的拥护之下,一天一天地扩大,1935年二月间日军南总司令自己也不得不承认义勇军有五万之众（实际当时已在十万以上）,证明东北的民众跟汉奸截然不同,绝非武力所能征服。因此日本帝国主义对东北的殖民政策一部分是惨败了,因为在过去三四年间,向东北移殖的日人,并不是从事耕地务农,而是从事武装反对附近的农民的暴动,日本国内的金融资本家也不愿积极地投资东北。有一次"日满经济同盟"的设计者,前关东军参谋长小矶少将,从东北反抵东京时对一位新闻记者说:"日本资本家对于对满投资的冷淡,完全由于他们没有认识环境,或者是由于缺乏企业精神的缘故。"哪知这位记者正是代表日本银行家的,他就辩护说:"如果满洲的秩序不能恢复,资本家不能在那里赚取高过于内地的利润,那么他们决不愿意把自己的资本投向满洲去。"这就是说,日本帝国主义虽然历年支出庞大的开拓费（即剿灭义勇军的军事费）,但是东北的资源对它还是可望而不可即,东北并不如日本军阀所想像那样容易,立刻会变成"帝国"发展的"生存线"。这个教训使他们在"塘沽协定"以后不再专信武力侵略政策的万能,因而到1935年初他们也看中了"中日经济提携"的新方案。

（三）日本帝国主义要采取这种新方案，同时也是由于它本身的必要。因为第一，为了准备第二次世界大战和进一步吞并中国，军需工业与军需原料必需充分自给，然而这是小小的日本办不到的，同时东北又未如期地满足"帝国"的要求。苏联的中国通 A.Kantervich 在日本经营满洲的若干总结一文中说："事实上在日本统治的这三年半中间……满洲在日本进口贸易中的比例，由 11% 减至 8%……。就一些重要的原料言，过去几年业已惨败了。棉花未有发展，矿物资源依旧不够，日本资本主义的矛盾业已显著暴露。因为这一矛盾的缘故，满洲任何原料事业的发展却遇着了日本国内有利害关系的资本家和出口商的反对。"所以"帝国"非向中国另觅更好的资源不可！第二，日本帝国主义靠了"九一八"这一枚强心针，国内的经济恐慌在表面上确实好了一些，即主要靠了军事工业的发展，和德、意、英、美列强一样，走入特种景气的阶段。但是危险的信号还是到处存在，最明显的就是日本资本家在虚幻景气的引诱之下，竭力扩张生产设备，形成更严重的生产过剩。其中最厉害的要推人造丝、棉纱等纤维工业，以及洋灰业和肥料业。它们的股票市价 1935 年比 1934 年约低三成。这就是说过去的军事侵略并没有替日本帝国主义解决了市场问题。"帝国"还得继续向广大的华北市场努力。这样，我们就能见到"中日经济提携"本身对于"帝国"是如何地需要了。

综合上列三点，我们不难看出"中日经济提携"这个方案对于日本本身而言，还有部分地修正过去法西斯军阀的穷兵黩武主义和调和军部与财阀之间的矛盾的作用。不过我们绝对不要以为"中日经济提携"这个方案的提出，是表示日本法西斯军阀的没落和金融财阀的胜利，对中日外交或有真正"调整"作用；因为利用"提携"的美名来掠夺中国（主要为华北）的富源与市场，完成日本战时经济的准备，以便将来进一步并吞全中国，也是现阶段日本法西斯军阀的要求。换句话说，"中日经济提携"对日本帝国主义形成一般的需要，对我们中国是全面的横祸。

把前述国际方面和中国国内和日本本身的三种客观情势综合起来，我们就可以明明白白地见到：日本帝国主义倡导"中日经济提携"一方面为了缓和英美列强和中国人民对它的反感，但是绝对不是缓和对华的侵略，而是使侵略本身在和善的假面具下，可以顺利地推进。另一方面是因为它本身力量的薄弱和矛盾，过去的军事侵略又得不偿失；但是"中日经济提携"绝不是日本帝国主义对中华民族的忏悔的呼声，恰恰相反，它是紧急关头的一块"跳板"，使日本帝国主义可以进一步掠夺中华民族，屠杀中华人民！所以日本帝国主义过去对华的军事侵略，还只是灭亡中华民族的单面开口的利刃，而"中日经济提携"反是一把两面锋利的快刀呀！

二 日方怎样实现"提携"

1. 方案的提出和各方的反响
2. "中日经济提携"在枪刺上
3. 华北经济协定的签订

"中日经济提携"，按它诞生时期的国际条件和中日间的各种情势看来，确确实实地已是一块可怕的有毒的饴糖；不过我们愿意多提供一些事实，看它怎样成长，在成长过程中又发生了一些什么现象。

方案的提出和各方的反响

1935年一开幕，正当关东军在察东掀起战事，占领沽源、东栅子、独石口等要塞地带，使华北问题十分严重的时候，广田外相在 1 月 22 日贵族院的会议席上却发表了一篇温和可亲的演说。他说："帝国政府对于东亚各国，决以和睦亲善视为极其重要……是以帝国政府甚望中国及早恢复安定，对于东方大局有所觉醒，而与帝国之真诚相符合。"接着广田更具体地说到：中国政府如能将排日及抵货运动完全停止，则日本政府将第一步予中国以精神上的援助，第二步予中国以人材和物质上的援助，第三步日本方面力求仰给原料于中国，同时把日本输出的精制品按照过去输出至各国比例，与中国实行比例分配制度的通商。这就是"中日经济提携"的发端。1 月 29 日使有吉明就奉命携带中日亲善的方案晋京，和中国当局磋商具体的进行办法。于是日本对华侵略的新方式就告初步的成功。中国当时可说已由国联对华技术合作的对象变成中日经济提携的对象，中国在经济外交上从那时起开始有孤立的趋向。

2 月 15 日，日本外务省第一次会商中日经济提携以后，事态便更加具体化。据当时《平津报》载，具体的方案是：

（一）使中日两国的经济团体和实业家，感情更能融洽起见，奖励派遣赴华经济考察团。

（二）使中国经济财政都能彻底改造达到"自力更生"起见，日本有实行下列几种对华援助之意：

（a）日本愿在农业方面，给中国以经济的及技术的援助；

（b）奖励中国大量植棉，完成中日经济调整的基础，同时图谋增加中国农民的购买力；

（c）为使中国的产业，实现合理的经营起见，必要时日本愿给中国以经济的和技术的援助；

（d）中日贸易关系，实行比率输入制，以增加两国商品的输入。

（三）日本希望中国改善币制，整理和统一银行钞票以期挽回危局。

（四）日本政府愿在上海设立一特殊银行，资金约两亿日元。借以救济中国金融产业界的穷困。二亿元的信用机关，既可使中日贸易关系在金融周转上灵活，尤使中国关税收入可因此增加。

（五）但是这里有一个绝对必要的条件，就是要求中国严密取缔排日，尤其是彻底取缔排日教育。

（六）对于关税，尤须中国反省，此后不仅不再提高，而且要对日特别减低。

上述中日经济提携的方案至少包含这些意义：第一，是消灭中国人民抗日运动，迫令中国脱离英美的势力；第二，垄断全中国的市场，扩大日货的销路；第三，使中国成为日本所统治下的原料供应地，补救日本帝国主义的先天不足症；第四，中国接受并且实行了这方案以后，那么无异加入日"满"经济集团，结成日满华布洛克而与英美尤其是苏联对立，专供日本驱策。所以经济提携实际上就是"不战而胜"地陷中国为日本的殖民地。

所以上述方案发表以后，就引起整个世界巨大的震动，就日本经济界而言，如东京大阪工商会以及其他经济团体，都纷纷讨论，各有表示。日本财阀们自然是兴高采烈地欢迎这个不费本钱的收获；而且外交上还可减省它们对华军事侵略的经济上的重担。至于军部方面，因为中日经济提携，在目前也是实际征服中国的有效方法，当然也表赞成。在国际方面，英国是大大着急起来，英国驻美大使就匆促地访谒美国国务卿，商议远东问题，议会里甚至讨论中日妥协是否违反华盛顿协定。然而这种着急却并不曾发生几多效力，美国在继续旅行白银政策中，所以几乎不曾报以热烈的同情，英国自然只好含着敌意而静待时变了。

但是更重要的是中国自己。中国究竟怎样呢？2月20日

(即"提携"的方案提出后数日）汪前行政院长在中政会上发表对中日关系的报告中说："我们现在坦白地诚恳地声明：我们愿意以满腔诚意，以和平的方法，正常的步调，来解决中日间之一切纠纷，务使互相猜忌之心理，与夫互相排挤互相妨害之言论及行动，一天天消除"；当年七月间，他在南京对日本记者的谈话中，又说："中日两国不仅在地理上人种上有其密切的关系，就是在经济上也有合作的必要，因为用日本的技术来开发中国的富源，是与中日两国都有利益的工作。"从汪氏的这些谈话看来，"中日经济提携"这个方案，原则上似乎已为中国当局所接受了。

在中国人民中间，日本帝国主义也能发现他们的同道者。和日本保有密切的利害关系的买办们，与尚未感到亡国之痛的金融家，显然愿意为日本的经济提携效劳。有少数学者也跟日本外交官一鼻孔出气，大唱中日经济提携的有利。有的假装慈悲地说："中国产业落后，正需要东西友邦高度的技术和资金的帮助，只要日本能够放弃军事的侵略，中日的经济合作和共存共荣是一定能够实现的。"有的说得更加直爽，竟像律师辩护的口吻，他说："欧美各国可以站在两利的原则上投资中国，促进中国经济发展，日本为什么不可能"？自然这是并不奇怪的，因为经济恐慌和侵略战争的打击，使他们丧失了民族的意识，而存下侥幸的幻想；他们等候对日关税的减低，来增进贩卖日货的利润，特别是1934年严重的通货收缩的金融恐慌，使他们热望着日本二亿元的信用放款会解救他们的厄运。不过这毕竟是少数人的意见，当时整个社会舆论都反对这种卖身的提携。比如民族实业家穆藕初先生，他就提醒我们注意："中日经济调整问题是一个极严重而不可忽略的政治问题，而且是关系中国存亡的重大问题。"他更痛切指出，中日"满"集团经济，"就是要使中国和伪组织同样的受日本支配"。"附和中日经济调整，无异自愿加入日本的中日

'满'集团经济，而受日本肆意的支配"。无疑的，日本化装的侵略，只能收买想由"茶房荣升买办"的买办官僚学者，可是必然会遭到中国广大人民的反对。

"中日经济提携"在枪刺上

就日本帝国主义本身说，他要全面地开发中国经济，是没有那样的力量的。所以"中日经济提携"，主要的目的不在向中国作大规模的投资，而是向中国掠夺一些资源和经济上的特权。我们记得，当"中日经济提携"方案在原则上为中国所接受之后，日本曾经在上海召开总领事会议，日使也仆仆于京沪道上，力催方案的实现。可是日本财阀也和他们不敢大量地投资伪"满"一样，他们并不敢向中国作大规模的投资，二亿信用放款也只是"空谷好音"，所以尽管啄木鸟外交是那样厉害，当时"中日经济提携"所能努力而且真正在努力的只能有两点：第一就是要求彻底禁止排日排货运动，第二就是要求继着1934年7月的海关新税则，再来一次更"亲善"的减价。同时日本军阀已经等得不耐烦，又磨刀霍霍地以武力来促进"中日经济提携"的实现了！

这样1935年5月便发生了河北事件，接着又发生察哈尔事件，傀儡戏的导演专家土肥原将军在二月里周游中国，高唱"中日经济提携"的醉人曲子，当时又在华北导演自治国的丑剧。华北事件的发生，我们固然可以说是蛮干的军部跟外部斗智斗力的勾当，然而中日亲善和军部的征服政策，无疑地是有相互配合的作用。我们所以要这样说，是想提醒一般跟日本打交情的官僚学者，要他们注意，事实上决不是"只要日本能够放弃军事的侵略，中日经济合作和共存共荣是一定能够实现"，而我们的愿意"中日亲善"不仅是与虎谋皮，而且是自欺欺人罢了。

无疑的，"中日经济提携"这个方案，当时经日本军阀们枪杆一拨，就进到更实践更具体的阶段，"提携"的总目标现在集中到华北经济的开发上。当时的天津的《大公报》更能体味彼方的进行步调，它在社评中说："吾人以为，关于提携之范围，在原则上应包括五省（华北），然在进行程序上，却应从关系较密之冀察入手试办。盖万里之行，始于一步！从这里，我们更可看出不久冀东伪府和冀察政委会的设立，对于日本开发华北经济，又有如何的关联和帮助。

当华北问题初步解决，华北特殊地带已成雏形之后，7月3日日本就通过日"满"两国经济共同委员会条约案，15日又与伪组织正式签订经济协定，设立经济共同委员会，这表示日资本统治东北势力的加强，并进而侵入华北的一种准备。另一方面，搁置二月的中日经济提携的声浪就重新热闹起来。7月17日召开华北武官会议。便是讨论如何积极开发华北经济，日本外务海军陆军大藏（财政）四省，又会商开发华北经济的具体方案。当时驻华日本外交官的活动，对于推动"中日经济提携"乃至开发华北经济，其功是颇足道的。

于是接着五月间政友会考察团之后，7月16日日本实业考察团又从沈阳来北平，中日双方实业家在天津讨论经济提携方案，八月初满铁会社就决定在华设立兴中公司，专任开发华北经济的"伟业"，满铁和关东军合组的华北经济考察团也于19日至北平，同年十月间经过关东军天津驻屯军及满铁三大侵略本部的决定，复经大连武官会商和中央军部代表的协议，兴中公司遂正式成立，以满铁理事十河为董事长，资本1000万元，到了那时，日本军部支持下的所谓开发华北经济，就逐渐具体化了。在这里，我们还得特别提一提我国经济巨头对于日本军部开发华北经济的态度。自从九月起北平政友会取消华北更进一步"自治化"以后，当时中国一部分官僚和工商家，集在日本经济提携和开发华北经济的周围歌舞升平的气象，真是难以笔述。高凌霨等在天津组织救济华北经济会，据说资本全由日本国际有限公司供给，天津商会也组织东亚通惠贸易公司，接着华北金融业领袖和平津商会合组的河北经济协会也告成立，明白宣称该会的目的在于从事调查研究，以便利中日经济提携。在南方上海金融实业界的一部分领袖，也应日本之邀，组织考察团东渡扶桑，该团抵日时所受日本朝野的欢迎和尊敬，远过于我国的外交官吏。所以团长吴鼎昌氏在神户欢迎席上的演讲，态度也特别诚恳："本团此次考察，乃负有提携使命，故为两国经济之共同发展起见，诸待各方之援助。"结果该团毕竟满足五月间广田外相的由中日双方实业家合组中日通商评议会的提议，决定与日人共同组织中日贸易协会。"中日经济提携"过去能有很多成绩，他们的努力是很重要的！

不过正当中日双方对于开发华北经济玩得很有劲的当儿，大英帝国的财政顾问罗斯爵士来华了。英国对于日本在华北双管齐下的行动，当然是倍感威胁和不快，特别是日本有扣留华北关税的企图，这更使大英帝国分外难以忍耐。因此，罗斯爵士曾经两渡东京，企图说服过去的同盟者，实现英日两国共同对华投资，而不要由一方独占。这不但日本军部不能同意今天的英国还有资格和他在中国并驾齐驱，就是日本财阀也不愿和英国共同对华投资，因为假使这样做，日本一定赶不上金融力量雄厚的英国。这样，罗斯对日的希望断绝了。为了防御起见，为了显示自己的反攻力量起见，罗斯就策动中国实行新货币制度，美国也对日示威，与中国当局缔结中美售银协定。于是"中日经济提携"，在当时就受了相当的挫折。但是日本帝国主义的金融力量虽赶不上英美，然而示弱终非帝国的光荣，于是日本帝国主义就用经济以外的行动来答复了。他首先促使冀东伪组织成立和冀察政委会出现，同时更增兵华北和策动空前的走私。这些都可以证明：所谓"中日经济提携"原是挂在日本军阀枪杆上的玩意，是中华民族的悲惨的血祭！

华北经济协定的签订

不过也正因为如此，继着华北的政治激变和走私的猖獗，以及中国各地救亡运动的挺进，"中日经济提携"这种名不符实的方案，在1936年上半年不觉消沉了一些，因为以前愿意效力的人现在不觉有点碍于耳目。可是自日本驻华新大使川越负着新的使命来华，高唱调整中日邦交以后，情势又起了一大转变，"中日经济提携"又进到一个更具体的阶段，即订结华北经济协定。

川越在来华途上就说："打开中日国交，首应开发华北之经济，此意即指现在之华北最适于着手经济提携。"他在天津曾向众宣称："以目前言，经济提携乃调整国交之中心问题。"他对宋哲元所说的话更为直爽："今日已非讨论此问题之时期，而应早日求其实现。"当时日方所规定的计划以下列五项为开发华北经济的前提：（一）筑津石路；（二）筑塘沽大沽西港；（三）改善海河水利；（四）开发农村，改良棉产，奖励羊毛；（五）恢复龙烟铁矿。同时传说照日本军部方面的计划，要分六大部门来开发华北经济：（一）铁道；（二）矿山；（三）港湾；（四）棉产；（五）芦盐；（六）电气。等到成都北海上海诸案制造成功以后，日本一方面竭力压迫南京的中日谈判，一方面积极推进华北的经济开发工作，借以"促成既成事实"。自从丰台事件在极度耻辱中解决以后，宋哲元氏便有天津之行，和田氏几次会晤，传已签订"华北经济提携"协定，规定四大原则，八大具体项目。宋哲元向田氏表示，在"平等互惠共存共荣"的大原则底下，一切可以进行，于是虽因王克敏辞职而一度停顿的开发华北经济，便再趋活跃。李思浩便荣任经委会主席，而曹汝霖、陆宗舆等著名卖国人物，也成为开发华北经济中的冀察新贵了。

这以后，开发华北经济所以没有像预期那样迅速进行，完全是因为：（一）全国民众和二十九军士兵，不容许华北完全成为日本控制的"安全地带"，同时日本军部的冒险行动，仍使日本资本不敢流入，中国资本不敢效劳。（二）日本资本因为入超的增大预算膨胀与公债增发结果，剩余资本对华北的输出能力异常薄弱。（三）日本资本家和军部在意见上的龃龉。日本资本家以为开发华北经济应先设法"救济"农村开展日本商品的销路，但是军部方面却以军需要求为开发的标准，所以主张首先开发矿产和建筑铁路。（四）是关东军和华北驻屯军之间意见上的冲突，前者要使其指挥下的兴中公司为开发华北的主体，而后者则不愿那样做法，因之兴中和华北日军便遇事扞格。所以侵略者本身对于开发华北经济步骤不一致，和资本力量的薄弱，使日本在经济开发所能获得的成就远在他们所已获得的特权之下。

把以上各节所述综合起来，我们觉得前章所得出的结论，是完全正确的。日本当局所提出的方案本身就充满掠夺的内容，日本帝国主义进行的这种"提携"，对于中国国民经济是双重的迫害。现在我们再来回头看看：在过去两年间，我们的敌人从"中日经济提携"身上，已经从中国抢去一些什么，对于中国国民经济的摧残究竟严重到了什么地步。

三 "提携"的惨痛成绩

1. 中日"提携"中的贸易
2. 中日"提携"中的工业

3. 中日"提携"中的金融

4. 中日"提携"下的华北经济

为了周密地检查过去两年间的"中日经济提携"究竟完成了一些什么结果,我们且分成中国全国和华北一部分这样两个方面来叙述,因为该项提携的方案,一面固然有关全国,一面又以华北为中心。同时分别叙述以后,我们又可借用华北的现状,作为全国今后的殷鉴。中国全国部分,我们可以分成贸易、工业和金融三方面来说:

中日"提携"中的贸易

日本在他所提出的方案中(见前章),特别着重的是中日贸易上的"提携"。比如要用日本工业品来交换中国的农产品(即建立中日间的以物易物制),并要求中国当局,以彻底禁绝"排日"排货运动为条件。不幸得很,这些有毒的香饵,在过去一两年间竟能获得大体上的成功。我们姑以中国海关报告册为根据,观察日本对华贸易的增进:

最近四年来日本在中国进口贸易中所占的百分比:

	1933	1934	1935	1936
进口	11.39%	13.87%	15.91%	16.91%

注:前表除日本外,并包括台湾、朝鲜两地数字。

上面的数字已经明白地告诉我们,从提倡中日经济提携以后,日本对华进口已大大的增加,这就是说,"中日经济提携"方案要求努力取缔排货,可说已有很大的成就。我们假使再估计到最近一年半以来日本在华公开的走私,那末日货在中国市场上的横行就更可惊了。据正确的估计,日本私货侵入中国,其数已达二亿元到三亿元,这是多么惊人的数目!日方走私货物类多棉纱、人造丝、糖、纸、电气用具、毒物和枪械,它们不仅打击民族工业，摧残中国正规的商业，而且毒害人民，制造内乱，这种情形正跟目下日伪间的贸易差不多。

中日"提携"中的工业

在这里，我们且择几个重要的部门说说：（一）矿业："九一八"以后曾告停顿的大冶铁砂的对日输出，到1935年又复活了，1935年输出共15万吨，1936年更增至20万吨以上。1935年全国铁矿砂输出4809809元，1936年增至5007871元，几乎全部都是输到日本及日本所统治的关东州租借地。同时这些铁砂输出，都是根据不平等条约而强迫提供的，所以他决不是"经济提携"而是"原料强劫"。前年台湾总督府人员代替福建省府开采安溪铁矿，也是"原料强劫"的一个实例。其他如湖南的锑矿，日本曾抗议英商安利洋行的售锑合同，广西的锰，日本也竭力图谋独占。至于关东军协助泰记公司独占柳江煤矿，野蛮横暴，竟使拥护提携的国人也为之寒心。（二）纱业：日本对华原棉垄断的步步完成，棉花输日的年年增多，已经逐渐危及华商纱厂的生命，它的最后结果，又岂仅华北纱业的全部覆灭呢！譬如上海，自从1935年8月为了"中日经济提携"而开拍日纱以来，到现在华商交易所的市场，几乎已被日本纱厂垄断了。假使这种情势再因"提携"而发展下去，民族工业的中坚——华商纱业，还能生存下去吗？（三）火柴业：自从"中日经济提携"的口号喊出以后，中日两国火柴厂主活动得最有力，中日火柴联营社不久即告成立。为了中国大厂主和日本厂主的利益，这个联营社用法律和资本力量来消灭华商小厂家。从这里我们可以见到：日本帝国透过"经济提携"，在经济上实行"以华制华"的妙法！难怪山东全省火柴厂家要起而呼吁，使"提携"的真实作用暴露出来！

中日"提携"中的金融

日本在中国金融上的势力,实在是很小的,所以他在这方面只能做破坏的工作。比如1934年10月中国政府禁银出口后,日本便拼命策动鲜台浪人,由平津和闽台两路,武装贩银出口。当新货币制度颁行以后,日本破坏得更是积极,除了一面用武装力量禁止华北存银南运,另一面上海日商银行又拒绝交出存银以外,后来还一再想在上海发行日本纸币。试问在这种情况下,还说得上设置二万万元信用,以利中国金融市场的灵活周转吗?同时在财政方面,日本一方面竭力阻止英美借款给中国,甚至不惜以武力作梗;另一方面,又竭力破坏中国的财政收入,如空前的走私和冀东扣留关税、统税与盐税,使中国政府不得不向它退让乞援,这儿又哪里有什么真正提携的形影?

以上所说三点,是属于全国方面的,现在我们要进而看看"中日经济提携"在华北方面所造成的结果,使大家明白了它比前面所说的还更可怕和惨痛。

目前华北的经济可以说已经是日本的资本和枪杆的独霸园地。参加开发的虽然有河北省经济协会等大团体,可是他们全是陪衬之陪衬,实际上一切都操纵在兴中公司手里。它是直接在关东军、华北军和满铁的主持之下,因此,它决不是一个纯粹经济投资的机关。过去因为资本太少(1000万元),他的活动范围也很小,社长十河增资1亿元的计划,虽然已告失败,5000万元社债的发行,虽然也不很顺手,但是兴中公司扩大的计划,是势在必行的,我们切不必因为日本军阀和财阀间有些矛盾而过分安心,何况日本帝国主义还晓得利用一部分的土著资本,而后者又极愿为之效劳呢!1936年年底关东军、华北军和满铁三方妥协,决定用"步步为营"的办法来实现开发华北的计划，其中重要项目之一就是用更强硬的态度，来压迫冀察经委会筹集民资。所以今后以少数日资强迫动员多数中国民间资本，从事开发华北经济的这种方式一定会发展起来，这真是迫令中国人用自己的刀自杀的行为。现在我们再按着金融、矿业、交通和工业四种部门，来观察日资在华北的经济开发工作：

金 融

日本在华北金融市场上本来就有雄厚的势力，横滨正金银行在天津、北平、青岛，正隆银行和朝鲜银行在天津、青岛，天津银行在天津和北平，济南银行在青岛和济南，都设有分店和支店，其中以正金、朝鲜为最大。此外，东洋拓殖会社也可说是日本控制华北金融市场的要角。它们随着私货和日本在华北的一般经济势力的增进，都有了新的扩充和发展。它们对于吸收中国的游资，特别是亲日官僚的巨款，可说无微不至。大概再经相当发展以后，它们对于当地华商银行的控制作用，一定可以达到目下正金、朝鲜等行支配伪满中央银行的程度了。

矿 业

日本军部方面对于开发华北产业所最着重的是军事性的矿业。因为假使能以井陉和保晋的煤，来炼龙烟的铁矿，那末，日本军队不但在华北可以造成一个独立自给的军械库，以供北取外蒙，南下晋豫之用，而且还可帮助建筑华北军事交通。所以龙烟铁矿是日本军部所必取的。龙烟铁储藏量占关内铁藏量29%，平均含铁达50%，为中国最良的铁矿区域。去年11月间，该矿以为冀察建委会收为国营，实际是代日本完成第一步手续。过去日方因为开办费2000万元没有着落，不能实行开采。可是自从日本内部妥协，决定旧债不还，尽先恢复铁矿和汤山炼钢厂，并规定以1400万元开办以后，龙烟宝藏之被开发，已在亲日要人陆宗舆等奔走之下，逐渐实现了。其次日本军部所着重的是煤。山西的煤，是日本人顶眼红的，前年下半年就盛传日人和阎锡山接洽，开发山西煤业的消息，不过到了今日，晋绥当局决心守土抗敌，此项消息当难变为事实。目下冀察境内的华商煤矿，除临城怡立已被日资统制，柳江已被关东军强占，剩下来的只有井陉等少数煤矿，而且日本资本家也已在图谋并吞了！日本对于华北盐产的掠夺，其重要性决不下于龙烟铁矿。日本因为近年来军需化学工业发达的结果，工业用盐的需要大增，每年不足食盐约达一百余万公吨。日本为着战时自己起见，除了向关东州和伪满取给，并根据所谓山东协定独占青岛盐产以外，其余的50％就靠长芦盐的掠夺弥补。去年日本强迫购去的芦盐达7万吨，今年起至少要强购20万吨到30万吨，并且预备直接向滩场盐商接洽，不再经过我国官府。此外日本还要促使"冀东伪政府"恢复昌黎废盐，由兴中公司加以技术援助，自晒自售，供给日方应用。这样，不但民食要受重大影响，就是中央财政也会大受打击。

交　通

日本军部认定：发展华北的交通，是开发华北经济的骨干。通车通邮和设关等问题早已成功，用不着再说，最近其他方面的成绩也颇可观。第一，关于铁道方面：津石路早已决定修筑，中间曾因资力关系搁置了一年，现在日方已经决定改变办法，移用关外铁路局的旧存材料和车辆，作为津石路的投资与贷款，以促成该路的完工。此外日方并要求修筑聊济路等十线。铁道方面最重要的损失，还是四大干线全部日本控制的问题。我们都记得：伪组织成立，就截取北宁线的新榆段，在唐山成立"北宁新榆段监理处"，中国方面后来虽则破格地以每月贴补伪组织10万元为取消该处的条件，可是该段日下依旧成为调动日军和运输私货的利器。津浦、平汉、平绥三线，自华北增兵后，车务行政早受日军掣肘，车辆也不准南下。丰台事件后，前述三线事实上已为日军占领。一旦津石聊济等线先后完成之后，日军赁借华北的铁道即可进而控制长江一带，其为害决不止于华北。第二，关于航空方面：伪满航空线的延至华北，据说是塘沽协定所附条件之一，到去年11月17日，中日更合办惠通公司正式履行前约。惠通公司总计资本350万元，中日各半，飞机及技术人员全由日方供给，经营北平锦州线，天津大连线，天津承德线，天津张北线，天津张家口线，实际上等于日本军部的附设机关。冀察当局本来希望公司成立后，日本军用飞机得在华北停止飞行，可是结果适得其反，飞行得更加猖獗了！第三，关于航运方面：伪组织成立后，塘沽、大沽、北戴河和秦皇岛各口都归伪组织控制，冀察当局无权过问。日方原拟开辟塘沽为一大吞吐港。以大沽副之，由日海军出资3000万元兴筑，同时还要根本改善海河水利，使大型军舰可以直达天津。全部工程需款七八千万元，工事需时五六年。现在已经计划缩小，将工事费减至2700万元至3100万元，以便早日完工。至于华北各港至大连、营口间的航业，也早为日商所垄断，资本50万元的华北航业公司，也于去年被日商兼并。华北与中国其他口岸的航业，大连大阪两汽船会社，也有共定的势力。此外，冀东境内的电信事业，已被伪组织强迫接收，且与伪满电话电信会社订立合同。冀察境内的公路，日人也可随便强占营业。所以总括起来说，华北的交通事业到现在差不多都是日本的私产了，这就是"中日经济提携不难循着共存共荣的途径迈进"的结果！

工　业

日本对于华北的工业，因为财阀不赞同兴中公司的垄断投资，不放心华北的政治局面，投入的资本还不十分雄厚。不过目下日方所已完成和已在计划中的成绩已是足够惊人了。假使我们再考虑到开滦公司、中国启新洋灰公司和耀华玻璃公司，这几个巨大企业，现在都因冀东伪组织成立而落入日本的势力范围，那末我们所受的损失就更大了。现在再详细地分述于后：

（A）纺织业：这里已经形成日资的独占局势。去年天津华商裕大、裕元、宝成、华新四厂，先后卖给日商，日商所设的新厂也有上海、裕丰、福岛等厂。目下天津日厂的新旧纱锭全部完成以后，能有53万枚，织机1万架，而当地华商纱锭不过6万枚。青岛方面今年日厂将有纱锭60万枚，织机22000架。津青两地合计，日厂共有纱锭100万枚以上。所以它们不仅可以席卷华北市场，而且可以深入长江流域。这样如果华商纱厂不再急起抵抗，还能幸存吗？

（B）电气业：天津市政府已经承认与兴中公司合办中日电气股份公司，资本800万元（已收一半），中国部分也由兴中公司借出。兴中公司并进而与北平电灯公司接洽，预备合组北平电气公司，统制北平的电气事业，计划非常宏大。现在东京五大电力会社业已合组华北电力兴业会社，资本800万元，于1936年12月8日开成立大会，企图垄断华北的电业。

（C）造纸业：在计划中的有东洋制纸株式会社天津支店，预定资本1000万元，厂址设在塘沽；另一为大阪合同制会社，厂址设在石河，资本500万元。上述两厂都已获得日本军部的同意，即可动工，同时据说三菱公司也有在天津设立东京造纸厂的消息。

（D）面粉业：在天津和济南两地，日本预备设立两个大面粉厂，资本各300万元。本年2月14日东京来电，已谓三井、日本制粉、高桥三大公司所共同经营的三吉面粉厂，最近已在济南购地，创设济南制粉工厂，最近就要开始业务。此外，东亚烟草株式会社也准备以200万元资本在通州附近设立一个烟草公司，以垄断华北卷烟业，这也是值得注意的。

农　业

日本对华北的农业野心很大的，这不仅是为了安定农村以推广日货的销路，也不仅是为了统治粮食以供军用，主要在于垄断原棉，使日本纺织业在战时不会闹原棉不足的恐慌。华北冀晋鲁三省皮棉占全中国产量三分之一，就美棉产量而论，更占38%，所以是中国最有希望的植棉区。自从开发华北经济的口号喊出以后，植棉工作便十分积极，日方决定从改良棉种、统制产户着手。天津日总领事馆且在天津设立华北农业试验所，在南开八里台设场植棉，伪组织业已指定通县、丰润、玉田、迁安、滦县、香河、遵化、抚宁、昌黎等县，为兴中公司试验植棉的农场，现在已经成立华北棉花会社，并在通县设立棉花试验所。日方还借助东亚棉花协会等民间团体以及冀察经委会，促进华北各地的棉花合作社。同时六家日本纱商又成立华北棉花协会，试行统制华北棉产；天津、青岛又成立棉花交易所，控制华北的棉市场。如果日本陆外拓三省与兴中公司所确定的华北植棉五年计划一一实行起来，恐怕五年之后，华北棉产全非我有了。

至于毛产方面，因为日本对察绥两省的全部占领，已经受到打击，所以要一时进行大规模的开发，恐怕不易实行。不过日本调查团对于毛产的注意，是很明显的（如去年六月初拓务省农林课和殖产课派员赴察调查察省羊毛）。同时日钟纺织会社也已投资30万元，拟在张家口设立洗毛厂，收买内蒙的羊毛了。

我们根据事实和数字，将两年来的"中日经济提携"在全国，特别是华北所形成的结果，加以周密的检讨以后，我们不能否认"中日经济提携"这个方案，的确是一把两面锋利的快刀，它不仅破坏中国国民经济的建设运动，而且还要促使中国经济加速地殖民地化，帮助日本帝国主义对华的军事侵略，过去以为中日经济提携可以调整中日的外交，或者以为中国既予日本以经济上的利益，那末日本对华的军事侵略就可适可而止，因而使中国得有喘息的余暇，来从事经济建设和收复失地的准备工作。凡是抱着这种见解的人士，到现在实在应该好好地反省一下！因为两年来铁一般的事实实在不容许我们再作天真的乐观论调，以为中日经济提携和华北经济开发，的确是中日经济共存共荣和两利主义的办法。不过最不幸的，是目下还有少数人士被敌人的诡计迷住自己的心灵，相信日本真能变为我们的友人！对于他们，光是指出以往的成绩如何惨痛，或者还是不够的；因为他们很可能还在做着未来的美梦呢！对于他们，我们还有探讨未来的必要。现在我们就再陪伴他们巡游一趟吧。

四　今后的展望

1．林首相演说辞的分析
2．新的经济恐慌在日本
3．中国将更成为"提携"的牺牲对象

日本帝国主义对于"中日经济提携"这个方案，今后的态度，将朝着怎样的方向演变，看了前列三章以后，大概是很少问题的了。不过恰巧最近日本政局本身起了一个激变：广田内阁解体和林铣十郎继起组阁，倡言经济外交，因而国内人士对于日本的对华政策，难免又有了一番神经过敏的估计，而以为"中日经济提携"好像也要随之变质一般。所以谈到"中日经济提携"的今后，我们对于林内阁的使命就有密切注意的必要。

日本自"二・二六"政变以后，法西斯军阀的势力一天一天抬头，因而政党财阀的不满也就随之增进，广田内阁的解体就是因为"吃不消"做两方的折中人。我们晓得,政治上的不左不右是极难维持的,继起的林内阁必然要比广田更加法西斯化。就其对华政策而言,法西斯军阀决不容许林内阁不比广田更为"积极"。"中日经济提携"会不会和以往相反,变成真正的提携,或是更趋于掠夺化,在前述的前提下,差不多已是用不着再加探讨的问题了。

不过我们愿意多提供一些论点,作为大家的参考。我们认为日本帝国主义今后对于"中日经济提携",一定不惜用更大的压力来促进,是不仅因为林内阁的出现将更重视法西斯军阀的军需要求,同时更有"帝国经济上"的一般根据。钱俊瑞先生在4卷8期《世界知识》上曾经发表1937年资本主义世界经济的展望一文,说到"资本主义世界并没有整个地脱离了恐慌的深渊,正相反,在资本主义经济不平衡的发展之下,新的世界经济恐慌却可能在年内爆发起来";同时他更说:"这个新的恐慌最可能首先爆发的国家就是近年以来工业生产增加最快,而且是第一个脱离这次恐慌最低点的日本。"他的论据是:

"我们的东邻日本一方面因为五年多来对于中国的肆行侵略,攫夺我原料,霸占我市场,而另一方面军事工业的大加扩充,使得国内工业突飞猛进,1936年的工业生产指数竟增到150(以1929年为100),占资本主义各国的首位。然而日本毕竟是一个先天不足的国家,他的经济力量毕竟不能胜任长期的军备扩充,而且财政危机的加深,对外贸易的不振(最近入超极大),随时使得日本的经济有重新坠入恐慌的可能。在1936年日本的工业生产的增加差不多已经完全停止,而重要工业部门纺织业的生产简直已经大大低落了。日本这种重新爆发恐慌的危机,正因为它对于中国的军事进攻不断地加紧,战备的负担不断地加重,同时它跟别国在政治和经济利益上的冲突格外加深,正在一天天尖锐起来。"

因此钱先生更进而预断"日本在1937年一定会向中国表示更大的'善意',在军事和政治上实行'共同防共',在经济上实行'中日提携'"。换句话说,日本的军阀财阀一定要加强榨取中华民族的脂膏,和侵占中国的资源和市场,来挽救国内新的经济恐慌的爆发。我们认为这些估计,在整个趋势上是非常正确的。所以"中日经济提携"今后将更为日本帝国的利益效劳,是据有多方面的论据,是谁也不能否认的预定事实。

不过林内阁登台以后,中日之间又好像散布着一种相反的即和睦可亲的空气。本月15日,日本议会重开,林首相以兼外相的资格,发表对华政策的重要演说。关于这项演说的内容,据中央社记者从东京传来的消息,"林氏演说,措辞颇值注意,盖其与以前各外相所发表者不同,尤以广田有田三原则,林氏只字未提,林氏外交报告称:'在此时机,培植中日两国友好情感及改善两国关系,相互合作,以期实现东亚之安定,实为当务之急'一节,表示对中国较前已有新观念,林氏又称:'故中日两国应理解彼此之立场,不特政府如此,即两国人民亦应有密切之接触,以便中日提携及互助获得具体之成功'等语,亦足显示日本朝野最近心理之一斑也"。(见16日上海各大报,傍点引者加)现在我们应该仔细研究一下,林氏的这番演说,对于广田的三原则"只字未提"是不是就真如中央社记者所评:表示日本对于中国"较前已有新观念呢"?因为这决不是文字上的游戏,而是有关中国的对外政策和中华民族的生存。我们且先引历史上的一段评语来做参考。1935年1月22日波兰《克拉科时报》,评论日本的对外政策说:

日本的对外政策有着两个面孔。第一个面孔便是每年国会开会时,外相在第一次会议上的演说,这演说是一种传统的蜂蜜。不论谁做外相……差不多都有获得诺贝尔和平奖金的资格,都是和平的战士,都是酷爱和平的安琪儿。……日本外交要员每年的演说,总是要对中国洒点同情之泪,你假使信以为真的话,那末便可以看出日本再没有比安定中国政局和对这个不幸的国家的统一那末关心了。但是事实上中国过去连年不息的内战,都是日本阴谋指使和资助的,而在内战快要结束的时候,日本军舰便来轰击中国的海港了。……

日本的第二个面孔便是实际工作,这实际工作也有两种,即仰赖强者和压迫弱者。……日本的政策有一个固定不移的目标:侵略中国和最低限度不许中国强盛。日人知道当四万万人口的中国成了正常的国家的时候,就是日本在世界政治上和远东的作用告终的日子。……(译文见2卷1期《世界知识》,傍点引者加)。

这段评论是对前广田外相说的,不过也同样可以用来评论前面林首相的演辞。波兰《克拉科时报》的记者晓得日本的对外政策有两个面孔,和一个固定不移的目标——侵略中国。林首相这次老戏新唱,是骗不过我们的耳目的。不过这是过去的时事评论,同时该报记者总是局外人,那末我们就把视线调转来吧!

林首相15日在日本议会中的演说,还有最重要的一点为我们的中央社记者所未经报道,但是日本的同盟社却坦坦白白地从东京来电告诉我们:

林兼外务大臣在首相演词后,以外相资格继续演说如左:余现以外务大臣之资格,陈述所见,政府以国际正义为重,确保东亚之安定,实现万邦共荣为目的;以实行举国一致之外交国策而期国际关系之明朗。因此与'满洲国'为亲善不可分离之关系,益须使臻巩固。至于对华对苏,尤须加意调整其关系,日本之对华,历来与中国努力,共图确保东亚安定为念,但中国方面尚未充分理解帝国之真意,以致两国间发生各种问题,诚堪遗憾。是以两国民众,应自此融和感情,企图国交关系之明朗化,互相携手,以期实现东亚之安定,最为紧要者也。因此之故,彼此努力理解两国之立场非仅政府如此,尤须刺激民间之接触,以发扬日华提携协助之实绩。同时苟有阻害者,即当进而排除之,以此项觉悟,而决心企图两国国交之调整耳。……(转录16日上海各大报,傍点引者加。)

这节电文里面,有好几句话已能显出日本今后对华政策的另外一个面孔:第一,日本与"满洲国"有不可分离的关系,以后须使之更形巩固,这就是说不许中国收复失地;第二,过去两国间发生各种问题(大概就是成都事件、绥远抗战以及各地人民的反日表现),都是由于中国方面未能理解日本帝国的真意,这就是说中国应该听凭日本帝国主义宰割;第三,为了发扬中日提携协助的实绩,如果遇到阻害,日本就要进而排除,这就是说,日本依然要用枪杆来强迫中国和他"共存共荣"。这就难怪《申报》要说林内阁的对华政策,是"表面亲善,暗中积极";《立报》要更明白地说他仍"含强硬的侵略方针"了(见17日两报记者所加报道)。所以对于林首相的这次外交演说,我们假使不断章取义地作浮面的研究,我们就会认清:日本对华并没有显著的"新观念";就是有什么新观念,也不会有什么新政策,有之,那一定是加紧对中国的侵略。前面我们预断日本的军阀和财阀今后更将积极推进"中日经济提携",独占中国的资料和市场,挽救他们国内的新的经济恐慌,这些在林首相的外交演说中也可得到充分的反映!

林内阁登台到现在,虽然为时甚暂,但是已有相当的事实,足证日本对华经济侵略的积极。譬如16日天津来电，说"北平日驻军部第二课长池田，已衔田代命返国报告，兼请示中日经济提携意旨，18日左右返津复命"。同日天津、北平来电，又说冀察经委会主席李思浩正在天津与日总领崛内商量一切"经济提携"问题，且已有进展。同时芦盐的对日输出，龙烟铁矿的采掘计划，津石路的建筑等问题，又在具体展开。李思浩近日在天津和崛内的谈话内容，我们所能想到的，主要大概就是希望盐价提高一点，开采龙烟铁矿的资本，表面上最好不要表现为日资独占……此外，中日消息界近日还传说日本新任的结城藏相，正拟与中国一部分金融家取得联络，派遣财界要人来华，以便通过他们的手来实现经济上的以及其他方面的阴谋。所有这些事实与消息，都是证明日本帝国主义今后将更利用过去"中日经济提携"这把两面锋利的快刀，它非促进中国经济的沦亡来挽救"帝国"的没落不可!

　　同时我们还得注意，从当前的国际关系讲，日本也不得不如此。第一，英国自近来对华贸易日趋衰落，特别自私货猖獗以来，对于中国经济的控制也力图挣扎。去年10月英国对华贷放出口1000万镑，英国出口信用担保局驻华代表柏特利克又兼程来华，目下正在沪大施活动，为的就是要恢复乃至扩大英国在华的市场。第二，德国自1935年以后，在中国进口贸易中的地位突飞猛进，去年几乎超过日本，也是日本所大忌的。固然，自日德防共协定订立以后，他们在远东政治军事上的关系是比较密切了，同时德国对华经济上的"援助"在实质上也会有利于日德对华的联合进攻，但是经济上的矛盾仍无法排解。所以从对英对德（对美当然一样）关系上说，日本亦非加强利用"中日经济提携"这把武器，与英德争霸不可。在这儿，我们还得继续注意：日本这样反攻以后，英德至少在经济战术上也不会退让，结果中国就更会变成各帝国主义的靶子，打得一个不堪收拾！

把前面所说的各点综合起来，"中日经济提携"是我们应该誓死反对的方案，因为它的为害，中国不特今后仍和以往一样，而且还要厉害百倍。所以在目前主张利用日资，来建设中国国民经济，实在是天大的荒谬！要晓得这正中了敌人的诡计和阴谋，把中华民族快点趋入地狱！何况日本目下正在大闹财政恐慌，和他谈经济提携，又是百分之一百的失算呢！

不过中日经济的真正提携，也不是绝对不可能的！换句话说，假使我们和日本国内被压迫的人民大众联合起来，使日本的政治机构"脱胎换骨"，那末，中日经济的真正提携就会很快地实现在我们眼前，同时所谓东亚和平才能真正地确定下来，人类才能踏上真正幸福的阶梯。中日两国的人民，现在就在朝着这个目标前进。

（1937年2月18日脱稿）

速起扑灭汉奸[*]

这几天汪逆精卫，正在西尾寿造导演之下，扮演傀儡剧，丑态百出，令人发噱。伪中政会议三十名代表，全是"货真价实"的汉奸。这且不去管他，而我们所感觉最重要的，乃是汪逆在过去十六个月中，拼命诱惑的结果，所得的不过是几个"政氓"。有识之士，都反对他，痛恨他。这批丑类，我们要集中力量去扑灭。这一群汉奸，作敌人的工具，敌人何尝不知道这一群汉奸，是我们举国所唾弃的丑类，不能成事，但是，他们在过去所真正要勾结诱惑的人们，没有一个甘受利用的，才把汪逆运到南京，令他扮演这一出丑剧。汪逆本是一个富于冲动而缺乏理性的，敏于投机而毫无信念的政客，甘心作敌人的工具，不是一件意外之事。我们可断定这一幕丑剧，必然有两个结果，而无可改变的。并且这两个结果速则半年，迟到一年，一定要发生的。第一，敌人对于汪逆这一汉奸，本来是不相信的。他们文治派，不用说，是根本瞧不起汪逆的，就是军部中的一部分，也感到汪逆是无能

---

[*] 本文原载安徽屯溪1940年3月22日出版的《徽州日报》第一版。这是作者应报社特邀而主持写的一篇社论。现存于屯溪市安徽徽州地区档案馆。

力的。所以过去半年中，迟疑观望，原因在此。我们可以断言，汪逆在过去，用尽花言巧语，所勾引的，不过几个最无聊的政氓。于黑幕揭开之后，卖国阴谋，举国皆知，不但无人再受诱惑，而且已被蒙蔽的，也要和高宗武、陶希圣一样，跳出火坑。这一幕丑剧，是无从演得成的。板垣影佐，以他们无用，当然立刻会把他一脚踢开的。这时期是很快的。第二，汪逆集团，是投机买卖的结合，彼此都是以发一笔"卖国财"为目的的，分赃稍有不公，立刻就会破裂。在未演出之前，已经有了许多利禄斗争的丑态，于出演之后，斗争的进行，当然更趋猛烈。他们既然出卖祖宗，出卖子孙，可图的只有一个"利"字。汪逆也不肯抛弃"卖国专利"的。大汉奸与大汉奸争，小汉奸与小汉奸争，大汉奸又与小汉奸争，小汉奸也与大汉奸争，争来争去，必至头破血流，而鸟兽散。这是必然的结果，无可避免的。这幕丑剧，出演之后，当然还有许多丑事毕露出来，这虽然不是我们所愿意看的，而有不能看的痛恶。汪逆既然扮演这幕丑剧，我们举国民众，目极愤慨，人人欲得而诛之。汪逆在敌人掩护之下，侈言如何如何，但终要受国家制裁的。只要每个国民，抱着与汪逆不共戴天的情绪，他是无法幸免的。我们速起扑灭这一群汉奸。

盐阜区两年来的货币斗争[*]

（根据对全区财经扩大会议的货币
问题报告提纲改作而成）

新四军渡江北上和八路军长途南下，共同开创盐阜敌后抗日民主根据地，到现在已有三年多的历史了！在这三年多当中，货币斗争展开较晚，但至少也有将近两年的历史了，从摸索中我们也得到不少经验教训，并值得作为史料记述下来。

一　史的概述

大概在1941年初，新四军军部准备发行江淮银行流通券，同年初夏即在旧盐城县城正式成立江淮银行，嗣以大"扫荡"影响及其他关系，流通券未能展开发行，江淮银行业务也就暂告停顿。当时军部准备发行流通券和正式成立江淮银行的目的不仅在解决辅币困难和调节社会金融，主要还是为了要及早建立起一个金融堡垒，以便以后可较主动地来对付敌伪的金融侵略。这事未能及时完成，对以后盐阜区对敌的货币战确为一大损失。

1941年9月以后，盐阜区适应新情况正式成为一个战略单

---

[*] 本文原载于苏北盐阜区抗日民主根据地1944年3月出版的《新知识》月刊。

位,行署创立,各项斗争皆有新部署,当时货币斗争曾被提到议事日程上来(9月间行署第一次行政会议),但从大扫荡之后环境动荡,社会抗日秩序不宁,未有具体决定。到10月、11月间,行署曾颁布"殷实商号发行辅币券办法"一种,推动各地殷实商号发行辅币券。该办法规定因发行辅币券而支出的制票费或竹筹费,暂由商号垫付,以后即从所发行的辅币作为货款贷出而获得来的利息当中拨还。同时所发行的辅币并非全部贷出,仍要保留一部分(兑换为法币)作为以后承兑法币的准备金。这准备金不交政府保管,仍由商人所组织的保管委员会保管,政府仅保留监督检查之权。这办法颁布并经发动后,仅东沟、益林发行了五六万元竹筹(一角二角两种),东坎发行了五角辅币券5万元,又八滩3万元,建阳某区政府也曾仿效发行了数千元(牛皮纸油印的一角二角辅币券)。换言之,这办法在盐阜区的货币斗争史上尚未发生显著的作用。这办法虽然很顾到商人的利益(如发行费之拨还)和顾虑(如准备金仍交商人保管),但处在敌后,正当商人也是怕发行纸币的(怕假冒怕收拾残局等等),这也是上述办法不能发生力量的一个重要原因。对于这一点,行署在颁布该项办法时虽然也估计到,但在程度上是不够的。所幸行署当时提出该项办法,并非作为整个货币斗争的对策提出来的,也不过是用以适当解决当时辅币缺乏的困难而已。

1941年12月日寇占领上海公共租界,没收中外各大银行以后,华中法币(也可说是全中国)环境起了极大的变化。在这以前,由于中、中、交、农四行(中央银行、中国银行、交通银行、农业银行)放弃对法币外汇市场的支持(即法币一般不能换购外汇),法币在上海和长江下游的通货地位已经降低和有了限制,但由于上海公共租界的存在,法币在长江下游终还保有最后的同时也还是优越的堡垒,它可以有力地来调剂和捍卫法币在华中内地和敌后的流通。上海公共租界中外各大银行被敌伪没收以后，法币在长江下游和华中敌后就完全失掉了依凭。这变化很快就反映到我盐阜区根据地内来。当时（即1941年残冬）东坎渐渐讲究起法币票色的新旧：有的好用，有的不好用；有的按票面十足用，有的要暗中打点折扣。而且不久就从东坎影响到益林，其范围一天天扩大，法币的通货地位大起动摇，而且无法抑制改变。这是为什么呢？这就是因为上海已无中、中、交、农等银行为华中各地商人承兑各种法币和破旧法币了。假使上海仍有这样的承兑机关，那末，任凭何种法币或怎样破旧的法币，敌伪即使想尽方法要歧视它也是歧视不掉的。当时这一突变使我们不得不严重注意法币的发展前途究将怎样？盐阜根据地在金融上将何以独立自救？我们该如何对待当前的法币问题？货币问题在1942年春占据着我们的重要议程，当时召开的华中局扩大会议也有专门小组讨论该项问题，并有对策草案经大会原则通过。盐阜区较有计划地积极展开对敌的货币战，对法币问题的处理有较明确的方针是从1942年春开始的。

当时初步对策如次：(1)成立盐阜银行，发行盐阜券（当年4月），目的还仅在逐渐代替一小部分法币，使法币通货地位的动摇及讲究票色好坏的麻烦对人民的影响可减少一些；(2)对法币基本上还是继续采取"听其自流"的态度：即也不设法要人民全面承用法币，不分票色新旧，同时也不促进讲究法币票色新旧的趋势。如果对于以往要更深刻地回忆，并说得更恰当一点，则应该是这样：即在1942年4月以前，行署还多少是偏向于想使较旧法币也该一样流通的对策，因为当时法币情况刚刚变动（即讲究票色），人民颇为不习惯和感到苦痛。4月以后，讲究法币票色新旧的趋势越来越显著，限用法币的对策在主观上也渐渐成熟，行署特别是下层税收执行机关逐渐偏向于"也讲究法币票色新旧"的对策了。

1942年6月，汪逆宣布废除法币和禁用法币，用自己大量发行的伪币（中储票）来代替，由上海而逐渐扩大到苏浙皖其他各敌伪据点。汪逆的这一罪行，比起日寇占领上海公共租界来，自然是更严重地打击了法币在长江下游以至整个华中的生存。法币不特没有可靠的依凭，甚至连自己最后的立锥之地也难保留了！当时华中敌后各地人民所受的震动和损失是十分重大的，"小牛票"隔夜即成"废纸"，不能流通。对于这一突变，行署并不是完全没有预见到，因此事变前也不是完全没有准备，只是在时间上估计不足，以为汪逆废除法币的期限可能再迟一些，再加以敌后物质条件的限制，遂使我们应付事变的准备工作（主要即为积极增发"抗币"，代替一部分法币，来抵制伪币。）未能如期完成到足够的程度。这时我们断然采取了下列三大政策：（1）将票面一元的新抗币（当时拟即发行）作为法币五元发行，从此确定抗币与法币之比为"一比五"，使抗币的发行量可突增五倍。开始时人民对此略有怀疑和不习惯，但经过商会动员解释，不到三五天即顺利流通了。（2）成立盐阜区贸易管理局和东坎、益林、钦工三个分局，并会同原有各地税务局，严格管理豆油、豆饼等十三种大宗出口土产，限令出口销售以后仍须采购相等价值的货物回来，以防止汪逆将法币排斥到我地区来抢购物资，使我地区通货加倍恶性膨胀，物价加倍飞涨，使人民受害。（3）停用中农票，对其他法币采用明确的限用政策（亦即有条件的扶持政策），以免法币过于膨胀和过分动摇。这些都是在6月中旬和7月初旬相继实行的。至于对于伪币，自然是严格抵制禁用，即在接近敌区如盐城、盐东，开始时对伪币也是禁用和没收的。以上各种对策一直推行到1942年11月至12月。

以后，情况变化，日寇对我苏北地区准备残酷"扫荡"，淮海区 11 月间即行开始，我们整个进入反"扫荡"的准备中和动员中，金融自然不会是例外。行署一面通令各县准备法币准备金，以应付抗币可能到来的挤兑和军政经费的支付，一面尽可能设法将法币使用标准（即票色新旧）降低一些。因为行署估计"扫荡"与反"扫荡"的军事斗争一开始，抗币威信难免于动摇，如不适当承兑，特别是部队支付时如仍强用抗币，抗币威信必更难支持，同时抗币威信动摇时，抗币流通必受窒碍，如不尽可能使较旧一点的法币也能适当行使市面，伪币必更易乘虚而入，占领我地区，遗害我人民，因此行署当时有以上两项决定和布置。

大"扫荡"于今年 2 月中旬开始，至 3 月中旬结束，历时约有一月。自 3 月至 7 月，我们的货币对策如下：(1) 运用各种方法，如收税时尽先要求商人付抗币；催索到期的各种贷款（如秋粮贷款、小本贷款、纺织贷款等），并要求付还抗币；提早准备上忙（夏季）土地税的征收工作，引起人民搜存抗币的需要（因人民从去秋经验已深知缴土地税最好是缴抗币）等等，来迅速恢复抗币的威信。(2) 对法币仍继续采取降低法币票色的政策，5 月间行署还出了一个布告，重提这一措施，不过当时法币使用标准在若干地区已逐渐回转提高，因此这布告的精神并未全面贯彻下去。(3) 对伪币猛烈反击。在准备反"扫荡"期间，行署一方面为了应付特种需要（如到敌伪据点采购物资），一方面因盐城、盐东、射阳若干接近敌伪地区，敌伪币日渐充斥，人民向我交税，没有法币备感困难，因此曾规定上述若干地区的征收机关于万不得已时可酌收伪币。反"扫荡"胜利结束后，我们一方面缩小征收机关酌收伪币的范围（如射阳县即完全停止），一方面又降低伪币法币的比值，如由一元合一元四角，降为一元合一元，最后降为一元合五角（7 月间），用这样的方法来组织对伪币的反击。

上述三种对策，第一种对策是顺利完成的，抗币又成为人民所最爱好的通货，6月以后，抗币又增发了一部分。第二种对策，五月布告，未能贯彻，而且行使结果，害多利少，因此到8月初旬，行署决定全区法币分等使用，即将去年4月以后特别是7月以后严格限用法币的对策，同准备反"扫荡"期间和五月布告所表示的降低法币使用标准的对策综合起来，新的法币可按票面十足流通，较旧的法币也可按票面八折流通。第三种反击伪币的对策，在盐城、盐东皆有成效。不过六七月间汪逆在日寇的扶持之下，以半购半抢的方式，掠夺了全上海厂商所存储的棉布棉纱，一方面藉以更进一步对我实行物资封锁，一方面又可利用这掠夺来的物资暂时稳定和刺激伪币的购买力，提高伪币对法币的比价，挽救其财政危机和金融危机。因此七八月后，伪币有回涨之势，我们原先规定伪币一元合法币五角，现在有改订之必要了。最近行署已授权盐城、盐东在万不得已时，为顾及人民困难，必须酌收伪币的地区，可将比价提高为伪币一元合法币六角至七角，这基本上自然仍是抵制伪币。

以上为盐阜区两年来货币斗争之史的概述。从这概述中，根据客观情况的变化和货币斗争本身的演进，我们可将两年来的斗争史大体划分为下列五个时期：(1)日寇未占领上海公共租界以前（即1941年12月以前）为第一时期，货币斗争尚未展开，只在议程上被提到。(2)日寇占领上海公共租界至汪逆废除法币之前（即1941年12月至1942年5月）为第二时期，货币斗争展开了，对法币抗币的政策逐渐形成和确定。(3)同年6月至11月为第三时期，是前一时期的生长和发展，我们有了较主动和较成熟的货币对策和实践。(4)准备反"扫荡"与反"扫荡"期间为第四时期。(1942年12月至1943年3月)，其特点为我在货币斗争的战略上改取防御的战术。(5)反"扫荡"胜利结束后至现在（即今年3月至11月）为第五时期，其过程是由恢复抗币威信到适当增发抗币，由继续降低法币使用标准到法币分等使用，由对折抵制伪币到七折抵制伪币（在盐城、盐东二县），所以这一时期如果严格分析起来又不妨分为前后两段。盐阜区两年来的货币斗争如此划分，与两年来整个财经工作的演进大体上也是吻合的。

二 我们的货币政策

在过去两年的货币斗争中，因主客观情况的演变，我们的货币对策曾有一些变动，但就其本身而言，基本上是前后一贯的。这一贯的政策在去年春季华中局扩大会议中已经提出，不过直到去年6月以后才明确地成为有意识的行动方案。今从抗币、伪币、法币三方面来说明我们的这一政策。

（一）抗币政策

在敌后进行抗日的武装斗争必须有自己直辖的部队，和这一样，要在敌后进行对敌的货币战，我们也就必须有自主的货币发行权，即我们必须发行抗币。为什么呢？因为：

1. 敌我现在所行使的并非金银硬币制度，而是不兑现的纸币制度，大家都是用印刷机印刷钞票，要人民使用。（在问题的本质上，敌我当然是完全不同的。）纸币之所以能够代替金银硬币，在市场流通，能有购买力，能有力量，一方面固然是依靠政治上的强制力，另一方面（是更基本的）也是因为一个市场（一国一省或一县一区一乡）总需要有中间媒介物（货币）来沟通货物的买卖，在这一中介关系上，硬币可以，代替硬币的纸币也是可以的。但是一个市场在一定时期所需要的中间媒介物（货币）

的数量是有限度的，如果作为中间媒介物的纸币发行额超出了限度，纸币毕竟不是金银，它就会跌价（购买力降低）。发行额超出越多，纸币贬值就越贬得厉害。这就是普通所称的通货膨胀的表现。因此敌我今日的货币战，其最中心和最后的内容就是：敌伪要强制敌伪区（首先）和我根据地（第二步）内的人民使用他们的纸币（伪币），而不使用我们的纸币（抗币与法币），使其金融地盘扩大，财政可更有回旋之地。我们则正相反，一方面，（首先）要抵制伪币的侵入，要在我根据地内禁用伪币，另一方面（第二步）再促使敌伪区的人民少用、不用伪币。使敌伪的金融财政更少出路，更难挣扎，中国人民也可少受伪币膨胀垮台的灾难。因此我们就不难了解：要对敌进行货币战，我们就不能不发行抗币来保卫我们自己的市场（即充分供应市场的通货需要）。否则，伪币就可能乘虚而入，塞满我们的市场，种下无比的祸根。

2. 至此或者有人要问：敌伪区也好，敌后抗日根据地也好，原来都是使用法币的，今日在盐阜区根据地内法币仍为主要通货，我们要抵制伪币侵入，则全力来支持法币，不另发行抗币，不是更直截了当和更为有效吗？不过问题又不如此简单：第一，因为法币独力抵制伪币，在华中敌后今日已有困难，我们虽然欲全力支持，但已有我力难以全用之苦；第二，因为法币本身的膨胀也已到了有害民生的程度，如果不适当地加以限制，在另一方面也会产生恶果（详细见以后论法币对策），所以我们仍有发行抗币的必要。

以上证明我们应该发行抗币来抵制伪币。下面再分成两点来说明我们的抗币政策：

第一，我们发行抗币的主要目的在抵抗伪币，但不是独立来抵制。在这里我们是采取联合法币并仍以法币为主，来抵制伪币。

第二，我们发行抗币的次要目的（这与前者是分不开的）在调剂社会金融，特别是协助广大工农群众进行生产，改善生活。我们发行抗币，没有一点是为了财政上的需要，我们是坚决反对财政发行和通货膨胀的。过去发行的抗币十分之九以上是用于举办各种贷款，发动纺织，即为证明。

对于第一点，曾有同志采取反对的意见，以为这样的抗币政策有些右倾。他们主张多发行一些抗币，与法币平分秋色。为了加强抵制伪币，为了进一步防范法币过分膨胀的恶影响，他们甚至主张将抗币发展为盐阜区的主要通货。使盐阜金融与盐阜军事并驾齐驱，不要像现在这样落在后面。这样的主张确是十分热情的积极的，但可惜不够理智和不够现实，因而我们也就不能采取。为什么呢？因为：

（1）盐阜根据地开辟较晚，基础尚未最后巩固；

（2）金融不能完全和军事一样打游击，金融形势稍稍落后一点，为稳妥计，是必要的；

（3）汪逆大量发行伪币，且控制住上海及长江下游各大城市，金融上对我威胁甚大；

（4）我发行抗币甚晚（迟于汪逆），比起法币来是很小的一支力量，而法币在华中的潜伏力量，比起华北来又是较雄厚的，因湘、鄂、皖、浙的沦陷地区尚有不少是与国民党地区直接毗连的。

因此种种，我们在华中一般就不能采取同华北一样的抗币（华北称边币）政策。为稳妥计，我们只能联合法币并以法币为主来对抗伪币。作为根据地内的流通工具看，抗币与法币的关系目前亦应如此。去冬准备反"扫荡"期间，抗币曾一度挤兑（虽然一部分是由于我们主观上的疏忽），在今春反"扫荡"期间，抗币币值几乎跌落一半，法币几乎成为惟一的流通工具，抵御着伪币，这些事实证明我们的抗币政策是完全正确的。在这里看问题要看全面，不仅只看到少发行抗币即减少自己在货币斗争过程的主动权，而且还要看到抗币发行多了以后在"扫荡"前后和"扫荡"期间所可能引起的其他种种困难。不错，经过今春大"扫荡"的锻炼，抗币的基础已较前稳固了一些，但在目前还不足以作为变更上述政策的根据，这是我们应该辨别清楚的。

（二）伪币对策

对于伪币，我们一般是禁用和抵制的，这是始终一贯的。在具体执行时，我们曾有下列各种规定：

1. 在我们中心地区，伪币是一律严格没收的，对于黑市，只要可能，也加取缔。

2. 在边区和游击区开始时也严格没收，以后因伪币渐渐侵入（这是不可避免的），对于小额的暂不没收。为了照顾边区游击区人民的困难，我们并不机械执行没收政策。在那些敌伪占优势的地区（特别是在贸易关系上），我们对于伪币也有仅仅采取抵制限制政策的。

3. 一方面为了解除边区游击区人民向我缴纳粮税的困难，另一方面为了吸收一些伪币作为对外支付手段，我们也贬值比其实值低一些而征收一些伪币。这一对策是今年一二月间才开始运用。

4. 以伪制伪的对策：即预先吸收相当数量的伪币在手，当伪币上涨或商人需要伪币较多时，我们即将伪币抛售出去，使伪币不能"行时"；当伪币跌价时，我即牺牲一点公款，将手头的伪币一齐挤出去，使伪币威信更快低落。（以上自然是指边区游击区而言）这一对策我们尚未采用过，因为它需要相当的财力和相当的组织条件，是较难实施的。

(三) 法币对策

在过去两年的货币斗争中，法币问题是最复杂的问题，同时又为斗争的中心环节，直到1942年4月以后，我们才完全确定了法币的政策。

对于抗币，特别是对于伪币，我们应采取何种态度，这是比较单纯的，但是对于法币我们却不能只采取单面的政策。法币是国民党银行发行的，对于重庆国民政府的战时财政，以及对于抵制伪币打击伪币，皆具有重大作用，同时又为中国人民（无论国民党区域或敌后根据地甚至华中各敌伪据点）一般财富的代表，与中国人民有莫大的利害关系。从这一方面看，我们对于法币应全力支持和全力加以保卫。但是"今日"的法币和"敌后的"（这是很重要的条件）法币又有两点是使我们在规定法币对策时所不能不考虑的，这两点就是：

1. 由于国民党政治的倒退和财政经济政策的倒退，法币发行已日益走上恶性通货膨胀的穷途，大资产阶级大地主大银行家从法币不断贬值当中发了巨大的"国难财"，但是一般人民却为高昂的物价所勒死，大后方人民的饥馑暴动就是最尖锐的反映。法币这样恶性膨胀，其祸患自然也会很快地传播到敌后各根据地内来，因此为人民谋福利的敌后民主政府就不能不起而防范。

2. 目前年12月日寇占领上海公共租界以后，法币在长江下游特别是华中敌后已无承兑机关。汪逆禁用法币固使我们备受威胁，他唆使商行，操纵市场，拒用破旧法币或无端打折流通，也使我们无法应付。本来破旧法币问题是可以解决的，但是法币发行机关远在大后方，不易输送新法币来收回旧法币，同时由于国民党当权派在政治上的反动，他们根本就不考虑如何会同或授权敌后民主政府来收兑破旧法币，粉碎汪逆的诡计。这样使敌后的我们就无法来全力支持法币。

根据以上两点，我们一方面应全力支持法币，一方面又不应（同时也不可能）作全力的支持。从矛盾中求统一，我们对于法币就采取了"限用政策"，就是票色尚好的法币与抗币一样流通，破旧的就不支持其流通（去年7月以后），或者按票面贬值使用（今年8月起）。这一限用政策的目的仅在防止破旧法币充斥我根据地，以免人民过分遭受损失。因为破旧法币限制掉，本区法币流通量就相对收缩，法币膨胀的程度就可较大后方略低一些，在物价关系上人民即可少受一点压力。我们限用的目的不是要以抗币来代替法币，同时今日限用的程度还是不高的，所以法币在本区仍被作为根据地内的主要通货。这一限用政策执行时虽不无困难，同时使民间也会多些纠纷和损失，但比较起来，终是利多害少，且能各方面兼顾，因此，在现有情况下，是惟一妥善的对策。

但是我们的同志间，也有认为这样对待法币是不对的，我在前面已经指出抗币问题上的左倾的错误观点，实际也就是对法币问题之"左"的观点。与这相对立，有些同志对法币问题则又抱着真正是右倾的见解，他们的立论是：

（1）法币为国币，在国际上又有英美背景，为了政治上联合国民党与英美，我们不应在金融上限用法币。

（2）战时通货膨胀与物价上涨为不可避免的事实，我们处在敌后更不能除外，因此我们只好听其自流。

（3）法币将来会有光明前途，目前大后方法币不可能流入敌后，因此至战争结束为止，敌后法币币值将不会有大的变动，因此我们也不用过虑法币膨胀。

（4）敌后限用法币将使市场呆滞，生产窒塞（因流通人为减少），其害更大于通货膨胀。

（5）法币由新而旧为自然之趋势，今限用破旧法币，结果必使根据地人民特别是农民遭受损失，故为顾全人民利益计，对法币实在不应限用。

这五点好像有理由，其实是极端错误的：第一点，将"联合"绝对化了，忘记联合是有条件的，对反动的金融政策我们是应该防止的；第二点，轻视我们主观的力量，见不到适当限制通货膨胀在我们是完全可能的；第三点，判断敌后法币以后不可能如何膨胀，这是完全没有根据的，而且是违背客观事实的；关于法币的最后前途究竟光明与否，对当前问题是没有现实意义的，即使完全光明，也无补于当前的货币斗争；第四点，是完全错误的，因为我们不是停用法币，只是适当限用，决不会有碍市场和生产；第五点，一半是对的，但问题要看全面，假使我们不加限制，人民所受的损失不是会更大吗？

所以反对限用法币，主张法币不分新旧、一律通用，可称为金融上的右倾观点（抱这样主张的同志，发展起来，就会反对发行抗币，是一点也不奇怪的），与前述那种"左"的论调是同样要不得的。

两年来，我们的货币政策具体表现在抗币、伪币、法币三方面的，大体说来，就是如此。

三　斗争的总结

摸索二年，固然也得到许多成绩，但也犯过错误，这自然是难免的。总结起来，可分述如次：

(一) 关于抗币的发行和保卫

对于抗币的发行，我们自始至终都是极审慎的，并坚决防范走上财政发行的道路。不过在去年四五月间开始发行抗币的时候，我们有些过于审慎，对于人民之迫切信任抗币，需要抗币，尚估计不足，这多少影响了当时的抗币发行量与发行速度，不过我们很快就克服过来。

在发行技术上，我们有两点是很成功的。第一，为了顺利发行抗币，我们是有意利用上下忙土地税的征收期间，把近千万元的抗币发行出去，抗币威信仍不断高涨。同时，1942年7月以后，我们对于法币不得不被迫限用，当时我们即将法币的限用与抗币的发行很好地结合起来，使抗币发行格外顺利，同时抗币也有力地配合了法币来抵制伪币。第二，我们处在敌后，物资缺乏，技术条件很差，发行最怕冒假，在这儿我们遵照华中局扩大会议的决定，充分利用土法，制造特别的土纸来印刷钞票，票版虽极简单（不过五元票也用双色套版），但土纸奥妙，不易仿造，因此盐阜抗币两年来未曾受过假冒的威胁。假票是出现过的，但为数不多，且很快即被识破，内有一种（即五元版）是在上海或从上海带材料来伪造的，结果也不生效。我们的游击战制服了日本帝国主义的洋枪大炮，我们的土著钞票也抵挡了近代的假冒，这可称为盐阜区货币斗争史上的一段佳话。

如果在"扫荡"前后与"扫荡"期间保卫抗币是具有生死意义的重大课题。盐阜抗币在去冬和今春曾经经历过这样的考验，这在前面已经约略说过，其中有两点是特别值得我们注意的。

1. 保卫抗币必须党政军民全体注意，而且很小的地方也得注意。去年12月准备反"扫荡"时，关于如何保卫抗币，我们曾经作了全面的动员，但是不够深刻和切实，结果出了这样的毛病：某部队转移地区时，其上级供给机关照以往习惯（即大家皆爱抗币）发给大批抗币。该部队因要暂离盐阜区，后来就只好携抗币到附近益林市面上去兑换法币。又有机关疏散人员时（有许多是离盐阜区的），也是发的抗币，结果他们后来又只好到附近东坎市面上去兑换法币，结果就无端引起东、益二市商民的惊疑和恐慌，抗币挤兑风潮于是发生。幸亏当时盐阜银行准备充分，及时派员携带大批法币前往应兑，同时又拨动存粮出售，吸收民间抗币，不到三日，风潮即全部平息。这毛病即由于各方配合不够和对小事不够注意。

2. 在"扫荡"与反"扫荡"的武装斗争正在进行期间，抗币的暂时动摇是不可避免的，在这时，即使有力量应兑也往往不能应兑（环境不许可）。因此这时保卫抗币的主要方法只能是：(1) 所有党政军民工作人员一律不用抗币向老百姓买东西，并利用这一行动来对人民宣传；(2) 民运同志和民兵分乡分庄，随时随刻宣传敌人的"扫荡"不能长久不能胜利，抗日部队不会走，"扫荡"一过去，抗币会立即恢复其原有的威信，以及银行现在为什么不能来应兑的理由等等。前者我们今年春间是大体做到的，后者则配合不够。一般说，在"扫荡"期间，我们不宜用军事政治力量来强制人民使用抗币，这是会引来相反的结果的。假使群众基础好，法币准备与粮食准备又充足普遍的话，则也不妨利用"扫荡"空隙（即敌人未到前或已去后）进行小额兑换，这倒是应该尽力争取的。

（二）关于禁用伪币与抵制伪币

盐阜区处在日寇华北派遣军与华中派遣军夹击之间，他们所扶植的南北汉奸组织在金融上还未完全合流，华北为伪联合准备银行，发行所谓"联票"，华中为伪中央准备银行，发行所谓

"中储票"。"联票"发行虽然较早，但对盐阜区尚无积极侵入的企图。"中储票"虽发行不久（汪逆于去年6月废除法币时才大量发行），但一开始对盐阜区即有压力。所以盐阜区禁用伪币和抵制伪币的斗争，直到去年7月以后才列为行动的纲领，同时所谓伪币，指的也就是汪逆的"中储票"。

按盐阜区敌我地区的对敌和进出口贸易关系而言，伪币可能侵入和首先要侵入的地区是盐城和盐东以及自上冈至合德的射阳地区，一开始我们即在那一带禁用伪币与没收伪币，这样继续了五六个月，前两三个月尚无问题，后来，就渐渐觉得有些机械和行不通。盐东和盐城去年10月以后，就经常来信报告，说那边抗币甚少（带去发行的数十万元抗币，不久也流回阜宁），法币也不多，特别是较新的法币，因为伪币侵入的机会甚多，事实上也正是一天多似一天。这样政府的征收机关，就处在日益显著的矛盾中：收受伪币不行，但不收受也不行。对于这一矛盾，我们因为缺乏经验，同时对于伪币情况又未经深刻地调查和研究，因此一时也就提不出有效的对策，形成一种"拖"的局面，这是过去两年货币斗争史的一大弱点。

当时盐城、盐东（射阳的接敌区也是一样）为什么出现伪币日增和法币日少的现象呢？我们怎样才能改变这一局势呢？当时同志们的答案是不一致的，或者说都是不成熟的。有的说这是抗币在盐城、盐东发行不多的结果，因此主张增发抗币来抵制伪币，是的，增发抗币是能抵制伪币的，但是盐城、盐东在伪币日益增多之前，是有足够的法币流通的，法币为什么又少下去呢？它为什么也要让给伪币呢？由此可见变动的原因尚另有所在，至于行署当时未在盐城、盐东多发抗币的原因，除掉印刷关系而外，主要还在我们的发行政策与汪逆不同，即我们不愿任意滥发纸币。今天用以收购人民的物资，明天就使人民受通货贬值之苦，何况我们处在敌后，当时又不能多多收购物资来充当发行的准备。

又有人说，法币日少的原因，是法币没有了来源。盐东的同志曾说盐东的物资交换有两大巨流，一是运棉花去山东，再从山东运大盐和生油回来，一是运大小盐西行而带粮食回来，是具有原始物资交换的性质，故法币不会增多。其实这种说法，也是极不完全极不妥当的。

根据我们现在所了解的，盐东、盐城当时伪币日增法币日少的原因有三：第一，敌据城市和占有工业品，在物资交流上自然胜于农村，伪币乘机从盐城县城及南洋岸等据点渐渐侵入我之边区及敌占区，原是一种必然的趋势；第二，当时正是伪币大显威风和法币开始倒霉的时候。同时除上海之外，我周围敌伪据点尚承兑法币和行使法币，于是法币出去，伪币换回，多少也是一时风气；第三，我们当时一味禁用伪币，而实际伪币则日益成为半公开的流通工具，它与法币的比价，在我名为禁用，实则等于听其自流的情况下，一般人民又承认了汪逆的一与二之比，实际伪币比值是没有这样高的，这多少也促使伪币向我地区流入。因此我区当时在盐城等地区，对于伪币除了禁用没收政策外，在不得不行使伪币的地区，实在还应更成熟地有策略地来领导人民"贬值承用"伪币，以达到适当抵制伪币的目的。

去年12月以后，一方面为了应付反"扫荡"，一方面开始见到以上的伪币对策过于单纯，于是才在盐城、盐东、射阳等部分地区改为"贬值承用"伪币的对策。可是当时仍因情况了解不够，和囿于人民一时的利害反映，我们所定伪币的比价仍在其实值之上（开始为一元四角，后下降为一元一角），同时再加个别税所吸收之故，伪币遂更充斥，这错误到今春反"扫荡"胜利后才纠正过来，而且不久即显出成绩，伪币减少下去。

七月间，我们得到一些情报，谓附近敌伪据点内的伪币比值只能一元合五六角了，伪币有不断下跌之势。因此我们遂决定盐城等游击区，将伪币按票面对折流通。这决定贯彻下去不久（也就是立即的）即发现商铺关门或将物价提高一倍的现象，这证明我们的这一决定有了错误。今据苏中工作的同志见告，当时苏中亦发生相同现象。考其原因是这样的：六七月间确为伪币狂跌之际，跌到将近五六角也是事实，可是就在这时，汪逆以半抢半购的方式，掠夺上海所有厂商的存纱、存布的强盗行为也开始了。这刺激着伪币的购买力，使之上涨，其过程如次：汪逆强迫收买存纱、存布，是按其"官价"而非市价，两者相差大概总有四分之一上下，同时又只先付三分之一现款，其余三分之二要分两年偿付，如此，纱布业者的损失自然是足够惊人了！因此他们就尽可能预先贬价抛售存纱、存布，伪币就交到厄运上涨了一些（对法币亦是如此）。而我们则适逢其会，反贬低伪币，相对抬高法币（要一元法币买二元伪币的东西），这样，盐城、盐东的商铺，不是关门相拒，就只好抬价相迎了（因盐城、盐东皆按伪币标价），否则，他们回到敌伪区去办货，就将对折亏本。

自规定伪币对折使用以来，盐城、盐东又显现出伪币日少和法币、抗币日多的现象。同时因抗币、法币不能南下购货的关系，伪币反有更受人民欢迎之势，这自然是上述变化的发展结果。这一方面是好的，因为抗币、法币替代了伪币；但另一方面亦须再加调整，因为在盐东特别是城盐，贸易上的对外支付是经常的，这必须用伪币。今法币（包括抗币）与伪币的比价相差过巨（法币便宜伪币吃亏），伪币必难吸收，我们也就不可能有伪币来应付商人当对外支付时携抗币前来兑换的要求（除非我们不怕巨大损失，长期赔补这兑换上的差额）。因此为了使法币尤其是抗币能在盐城、盐东持久坚持，我们有适当依照客观情况，改计伪币、法币的比价的必要。根据历次经验，这事应交盐城、盐东二县政府机动处理，原则是：在接敌区不是完全禁用伪币，而是适当的贬值承用，其贬值程度不宜过低，例如目前大约为伪币一元合法币八角，我们则定为六角或七角。盐东已经这样修改了，结果还不错。

这一年来的伪币斗争，使我们老练不少。我们深深觉得伪币斗争也正和敌伪军工作一样是极端复杂的，而了解敌情尤为胜利之道。过去一年我们吃了不少"主观主义"的亏，这是值得今后整风过程中引为教训的！

（三）关于限用法币

限用法币，是我们的法币对策，但在去年4月以前我们还没有明确采取，当时我们还是犹豫的。为什么呢？因为我们当时顾虑限用以后：（1）携有较旧法币的人员会受损失，他们会不满政府的措施；（2）较旧的法币既不能顺畅流通，市场通货收缩，将会影响商业。到4月以后，汪逆破坏法币的罪行一天天厉害，东、益等市场拒用旧法币或对旧法币购货时将货价抬高等现象一天天普遍和严重起来，政府征收机关为了保证财政支出，也就不得不采取明确限用的办法了。当时我们已经见到两点：（1）在汪逆的正面破坏之下，国民党又置我敌后金融困难于不顾（即不授权民主政府烧毁破旧法币或运送新票来承兑），我们是无法挽救人民的一时损失的，而且不忍痛一时来限制的话，盐阜区可能成为破法币的汪洋大海，人民的灾难更会深重；（2）盐阜区有大批食盐西运（为鄂皖所必需），对流回来的一般不是货物，而是法币，同时因国民党的发行机关在西边，东来的法币在我们的限用政策的影响下，可能是全部新的，因此所谓"通货紧缩"对我方的影响是不会如何大的，以后的事实也证明了这一点。因此从现在看来，当时提早确定限用对策倒是更好的。

去年6月，汪逆废除法币，给我们很大的威胁。前面说过，当时有同志认为法币在华中敌后会很快垮台，因而主张不择手段，多多发行抗币，代替法币，我们也愈快停用法币就愈好，以免汪逆将那即将成为废纸的法币排斥到我根据地内抢购我物资，使我人民受害。对于这主张，我们未全部采用，因为我们了解汪逆对法币的破坏虽较数年前华北伪政权更为猛烈，但华中法币基础也胜于华北，所以法币不会一下子就垮台下来。不过另一方面，我们当时对于伪币前途的估计仍是低了一点，以为它的力量将很快地被削弱。所幸当时这种估计上的偏差并未造成行动上的任何错误。对于伪币当时曾计划收购一部分以作为对外支付之准备外（这点后来也做得很少），基本上仍是采取彻底禁用的对策（详细见前）；对于法币，我们当时也不过一方面更严格一点来限用，另一方面即实行贸易管理，堵止汪逆破坏法币排斥法币的阴谋。此外，我们当时还计划提早发行盐阜银行的本票来收兑法币（因抗币票面太小），并将这法币贷给商人到根据地外去购货回来，以抵制汪逆排斥法币的阴谋。结果因这办法有些"主观主义"，并未实行。

去年12月以后，为了准备反"扫荡"，我们曾将法币的使用标准略微降低，这是完全正确的。可是到今年5月，行署又重新布告凡"号码齐全、版纹清晰、不破不补"的中、中、交法币，皆应流通市面，从现在看来，确是害多于利和不够策略的。大"扫荡"之后，抗币尚未完全稳定，同时敌后据点增加，伪币侵入的机会和孔道增多，继续维持去年12月降低法币使用标准的规定固然也有必要。例如淮安南部两三个区，原为韩德勤部驻地，大"扫荡"后变为敌我对峙的地区，那儿原来所流通的就有很多较旧的法币，如果没有五月布告的影响，伪币是会很快侵入的。同时，大"扫荡"之后，民间较旧法币比以前增多，假使当时法币使用标准让它提高，人民会受很大影响，这也是产生五月布告的原因。在这方面，政府也的确给予人民一些帮助和便利，特别是七月间人民缴纳土地税时。但是五月布告终是害多利少的，收进来的3000万元土地税内有八九百万元较旧的法币是要八折才能使用出去，政府财政颇受损失。尤其是五月间法币使用标准已局部提高，今出了布告，自然使政府以后处理法币问题时，减少了机动性，这是不够策略的地方。五月布告的产生，一是由于看问题还不够全面，二是由于对客观事物的推移和趋势估计不足，这也是值得今日整风过程中引为教训的！

根据去年7月以后和今年五月布告以后的经验教训，以及我周围敌伪据点禁用法币和法币按票色新旧的程度打各种折扣使用的事实，以及我根据地内对于较旧法币因受敌伪影响，实际上也在或明或暗地折扣使用或者拒用，我们遂于8月初旬决定法币公开分等使用，即"不缺口、不毛边、不剪边、不油污、不洗刷"的中、中、交法币按票面十足流通，不合上述标准但"号码齐全、版纹清晰，不破不补"的较旧法币则按票面八折使用。我们这样决定的理由是：(1)使不会如去年7月以后那样只有新的法币好流通，以免法币过于收缩；(2)较旧法币虽然也可流通（一如五月前后），但承受者可不再吃亏或用不出去。这样对于抵制伪币侵入和"扫荡"前后特殊情况的应付，皆有帮助。当然，这办法也和其他限用法币的办法一样有缺点的，例如票色界限难以划分，容易引起人民纠纷，政府征收机关容易发生贪污流弊等等；因此曾有不少同志反对或怀疑这一办法。其实他们不了解如不采用这一对策，缺点和窒碍可能会更多些。今天我们处在敌后，国民党反动派对于敌后法币问题又不负责处理，我们是没有十全的方法来解决破旧的法币问题的。

这分等办法实施之初,一因动员宣传解释工作做得不够深入普遍,二因票样未统一发至各区各乡,三因陕甘宁边区问题发生不久,人民怀疑政府此举与国内政治问题有关,政府第二步或将完全不用法币,因此种种原因,就是原来可十足流通的法币也为人民所不乐用,人民几乎全要抗币。同时对于八折票有乐于吸收的,也有不愿吸收的,持有八折票的有愿意八折用出的,也有不愿意的,市场曾一时混乱,物价上涨,交易双方亦多纠纷并影响交易,贪污投机的行为一时当然难免。不过所有这些不是发展的,而是日渐减少的。今市面上新票日多,旧票日少,前者可照票面流通,后者可八折流通,渐渐成为习惯,物价也平定下来。盐阜区人民自去年7月以来,即有"照票"经验(即看票子能否十足使用),今则更行普遍。现在留下来的主要问题有下面两个:一是军民之间尚有纠纷;二是十足和八折法币的标准,市面上皆较政府规定为高(今市面几乎只行使中央银行30年后版的10元新票一种)。对于这两个问题,我们准备由盐阜银行组织流通兑换处普遍赶集市,按规定用抗币来承兑十足票和八折票,使两者皆能顺利流通(区政府和分派所也配合做)。兑回来的法币即作为抗币的发行准备金,到"扫荡"发生时又可用这些法币来稳定抗币,以后我们对内支付(如军政机关人员购买办公用品等)尽量做到使用抗币与十足法币,对外支付(如购置大批西药材料等)则尽量使用八折法币与伪币。我们应该用这样的方法来调节今后的货币市场,这在过去是做得不够的。

法币分等使用以后,还发生下面两种现象:一是有人在益林专门收买八折票,带到南边去做票子生意,而不买货出去,故一时会影响我豆饼、豆油等土产的出口,现在这现象已减少下来。二是有一种中间法币,十足够不上,八折又不舍得,于是市面上遂出现"九折交易",今仍存在。这两种现象也是情理中事,且与我根据地的货币斗争无害，所以政府不加干涉。

八折票南流的原因，据说很多，主要为：(1) 我们的八折票色或比南边敌伪据点的法币市场高一点，此中有差利可图；(2) 我苏中根据地及我盐城、盐东二县税收法币标准较低，商人可以用这边的八折票去十足缴税；(3) 当时长江下游谣传日寇将撤退武汉，中央军要东征（这与谷荻三次诱降或有联系），人民因而有收藏法币的。诸如此类的原因，都是没有持久性的（偶然性很大），因此，八折票南流现在也少了一些。

关于法币分等使用，现在亦有同志为了想避免分等的麻烦和纠纷，主张仍如去年7月以后一样，干脆只使用十足的法币，政府不收八折的，听民间自流（实际促使较旧法币更不能流通）。如要这样改变，我们认为必须注意下列两大条件：(1) 要本区经常有足够的新法币供应市场流通；(2) 改变以后，人民和市场所感到的困难要不比现在多。可是这两点现在还是不够成熟的，因而我们当前的任务还是继续贯彻法币分等使用的办法。

四　关于配合作战问题

在过去两年的货币斗争中，盐阜区与附近兄弟地区（主要为苏中与淮海）是没有联系的，也可说是孤军作战。与淮海虽有一度联系，但也不过通汇关系而已，在作战方针与作战步调上仍是各干各的，而且不久就连通汇关系也终止了（因淮海遭"扫荡"之故）。这一缺点大概华中各抗日民主根据地都是同样存在的，但是这缺点并非平常的小缺点，而是有严重影响的，因此我建议军部以后应注意领导华中各战略单位在进行对敌货币战时，应取得方针上和步调上的基本一致。

这里我举出几件事情来说明相互不一致的害处。

（1）苏中的江淮票开始亦按一与五之比发行（即江淮票一元合法币五元），以后涨至七元，现在为九元，盐阜区则基本照旧，因此在抗币政策上两者是不一致的。孰好孰坏，相互情况不同，尚难论断。但盐阜区抗币不涨价，多少会使苏中抗币的涨价受些影响（特别在毗邻地区），减少它对伪币的压力。

（2）当我们将伪币与抗币的比价从二元降为一元四角和一元二角的时候，苏中似已降为一元比一元，这显出我们给予伪币的打击是不一致的，火力是不够集中的。

（3）我们对法币采取限用政策，今体现在分等使用，据淮北来信，那边颇受我们这一政策的影响，法币问题亦复杂起来，难以应付，这就是相互配合不够的结果。

不过处在今日敌后的条件下，华中各战略单位在货币斗争上要取得完全的一致，那也是不可能和不妥当的，我认为对抗币适当增发，全力支持，对法币限用与支持同时兼顾，对伪币则全力排斥或禁用，这三点是各地应该一致的。至于如何实行这三点，即可各有各的机动性，但事前或事后相互应以通讯联络，免得过分分歧。关于这配合作战问题，因过去注意不够，我只能提出以上一点意见，以供各地同志参考。

（1943 年 12 月）

盐阜区农村的巨变[*]

苏北盐阜区自抗日民主政府建立以来，贫农、中农、富农所有土地逐渐增加，农民不是相继破产为贫农和农村无产阶级，而是相继上升为中农与富农。地主、高利贷者及商业资本家的土地兼并现象是被停止了，甚至他们原来所集中操纵的土地也逐渐分散。他们在农村经济中的地位和比重是低落下来了，这是盐阜区农村的空前巨变。

根据1944年春间阜东5县431个乡（内旱田约占十分之八九）的土地和户口调查，以及将这调查所得的统计材料，与国民党在抗战前（在1932年前后）所调查的陕西、河北、江苏、广东、广西等五省的有关材料作一对比，我们即可明白看出这一历史巨变的大概轮廓。

下表告诉我们，在民主政府统治下：（一）贫农户是减少了（他们已部分地上升为中农），但其土地却反增多。（二）中农户及其土地均呈显著增加。（三）地主的户口及土地数呈显著低落。

---

[*] 本文原载苏北盐阜区抗日民主根据地《盐阜报》，转刊于延安《解放日报》1945年4月19日第3版。

其次,我们再用涟东县1942年与1944年的对比材料来研究,该县在1942年春,依照全区布置曾进行全县土地和人口调查,当时被调查的户口为34296户,被调查的田亩为783422亩,至去年(1944)春该县又依照全区布置,作全县土地和人口重新调查,被调查的户口为32891户,被调查的田亩为75860亩,其范围与1942年相差无几(该县1944年户口及田亩数较1942年为少的原因,乃该县有若干乡当时已划归淮海县建制),两次调查的结果如次:

时 期	阶 层	户 数（百分比）	所有土地（百分比）
国民党	贫 农	70.1	19.4
	中 农	19.0	17.8
	富 农	6.4	18.0
	地 主	4.5	45.8
	其 他		
民主政府	贫 农	62.3	22.0
	中 农	27.7	28.9
	富 农	6.1	14.3
	地 主	2.1	28.0
	其 他	1.8	6.8

涟东县近二年各阶层户口及其田亩增减比较表:

时 期	阶 层	户 数	所有土地
一九四四年	赤贫农	10.1	1.3
	中贫农	18.8	6.9
	上贫农	18.4	10.0
	中 农	24.4	27.2
	富中农	24.6	20.8
	富 农	8.5	18.3
	大富农小地主	2.5	8.6
	中、小地主	1.56	9.4
	大、中地主	0.14	3.59

（续）

时期	阶层	户 数	所有土地
一九四二年	赤贫农	14.0	1.3
	中贫农	24.0	7.1
	上贫农	18.0	10.1
	中 农	21.5	22.1
	富中农	13.0	20.7
	富 农	6.5	20.1
	大富农小地主	1.6	7.2
	中、小地主	1.22	7.7
	大、中地主	0.18	3.7

根据上表看来，我们当不难指出该县近二年来各阶层土地分配关系演变之趋向及其进度。兹分述如下：

十亩以下的贫农，近两年来户数减少9.1%，但其土地仅减少0.2%，这说明一部分贫农已上升为上贫农或中贫了，留下的原有贫农其所有土地则是相对增加的。

中农和富农的户数近二年来是增加的，其田亩数则反稍有减少，这方面的矛盾现象，乃由以下事实形成，即：原有贫农、中贫农相继上升，则中农与富农户数显然增加，但由贫农和中农刚上升为新中农和新富农，其所有田亩，自不易赶上已上升为富农和大富农的老中农和老富农之原有田亩水平，因此田亩百分比就稍有下降，所以实际两者并不矛盾，皆为原有贫农、中农上升之结果。

相反，从地主阶层来看则是这样的规律存在，即：自大地主向小地主乃至大富农推移，是很明显地呈现着相继向下的趋势，大中地主的户口数及田亩数近二年来是缩小的。至于中小地主户口及田亩百分数之增长，是不能作为地主阶层上升的象征的，而且正相反，是原有大地主下降为中地主，原有中地主又下降为小地主。这个下降过程的反证即是：前例大富农和小地主这一阶层户数与田亩数之增加，大部分是原有小地主下降的结果。

　　以上这些变化，也同样证明前述的历史巨变。这些巨变的根本原因，即在抗日民主政府是接受共产党的领导的。它坚决与全边区广大人民站在一起，实行了减租减息，展开了生产运动及推行了累进税等合理的土地政策，使平均地权主张得以真正实现。这对于中国新民主主义经济的建设，是具有决定关系的。

　　不过由于解放区建设的时间短促，以及由于社会经济改造工作的艰巨，盐阜区的全户口中仍是 62% 为贫农，他们占有全土地 22%，他们的生活不能足食，这问题要进一步解决，还有待于我们继续贯彻减租减息法令，以及各项民主建设，特别是大生产运动。

新区初期的部队供给工作[*]

本文尚未经前委审查，兹先付印，以供同志们业务研究之参考

一 新区初期部队供给工作的特点及其基本任务

（一）特点

下列特点是我们必须注意和掌握的：

1. 无政权依靠，无后方支援，一切要自筹自给，而且要爱惜新区，长期打算，将新解放区和革命家务建设起来（发展观点）。在这初期，部队供给工作，不仅为领发分配工作，而且要兼负地方政权的财经工作，筹粮筹款，对人民利害，有更进一步的直接关系（群众观点）。因此对于党的政策，就更要多方学习和注意。

---

[*] 本文载于中国人民解放军华东野战军后勤部《新区财经供给工作（参考文件）》（1948年5月编印）。现存江苏省盐城市国民革命军新编第四军纪念馆。

2．取之于敌，以战养战，成为更直接更重要的供给来源和方法（战争观点），因此"一切缴获要归公"的纪律，必须毫无折扣地贯彻，过去那种浪费破坏不缴公的恶劣现象，必须坚决纠正过来。我们应从零乱走向有组织，由盲目走向有计划，有计算，组织新区一切经济力量，结成整体，支援空前大规模的人民解放战争。

3．由下而上的分筹和由上而下的统支，成为保证新区供给的决定关键（统一观点）。这必须每个同志自觉地遵行。在这方面，我们要反对两种偏向：一是下对上的本位主义，不尊重上级的统一调度，一是上对下的官僚主义，不了解下面的困难，机械强调制度。

4．战斗频繁，情况紧张，一切工作皆要极敏捷地进行，善于掌握时间因素，并要分工合作密切配合，做到全党当家（合作观点）。例如各级军政负责干部，今后在部署战斗时，就应周密地考虑到吃饭、缴获等问题，帮助财供机关预作布置，政治和民运机关与财供工作的互相配合等。

（二）基本任务

1．保证部队的粮食、菜金（给养），这主要靠向新区人民筹借；

2．保证鞋子的补充，这将以团为单位，沿途分期相继补充，方法是利用缴获的废物及粮食等向人民交换；

3．保证擦枪油；

4．保证最低限度的敷料（棉花纱布）与电料的补充，这主要靠缴获；

5．供给标准中所规定的其他供给，则看情形办理，停发或减发。

对于以上供给任务之保证及供给标准之执行，我们今后应特别注意下列三个问题之正确处理：

1. 供给标准的兑现问题——财政或分筹困难时，即公开说明情况和理由，减发或停发，而不要主观地强制压低物价，以免上下级在物价上扯皮，妨碍团结。

2. 苦乐均衡问题——在各部分筹自给的方针之下，必然要产生苦乐不均的流弊，故各部必须服从统一调度，"抽肥补瘦"，但是要做到随时随地皆绝对均衡也是不可能的，故一面要反对本位主义，一面也要反对绝对平均主义。

3. 局部需要与整体需要的矛盾问题——各部分筹自给有余的部分，调剂出来，帮助其他兄弟部队，这是容易做到的。但有时（今后会经常遇到此种情形），在你团也不够，但其他部队更不够，在此情形下，当仍要从你分筹所得项下，拿出一部分来调剂全盘需要，这时就困难了，反对本位主义与照顾整体利益的党性考验，主要是在这样的关头，这是我们今后要共同注意和努力的。

为了有助于以上问题之处理，我们建议以后要将革命家务——财政收支状况，作有计划的公开报道（利用会议、团报或专门出版物），做到经济民主，全党当家。

二 豫皖苏初期解决给养问题的检讨

对于豫皖苏初期的部队给养工作，今不作全面检讨。现在只检讨其中最重要的部分——如何解决给养问题。

首先，讲一讲我军去年八月间向黄河南，向陇海路，向豫皖苏新区进军时的情况。当时由于时间仓促，各项准备工作都做得很差，供给部门亦然。一是表现在"物资准备"上，当时尚有少数战士未发齐单衣，其他如米袋、夹被、炸弹袋、子弹袋等装具，亦很不齐全，经费不特不充分，而且全是本币。其次，是表现在"思想政策的准备"上，这是关系以后工作更大的问题。当时各级领导对于进入新区以后，应如何筹给养，其政策与具体方法应该怎样，可能发生哪些偏向，要预先注意防止等等，皆是很少准备，甚至没有准备的。

由于上述两种情况，特别是后一种情况，故在豫皖苏初期工作中就发生了许多严重缺点和偏向，不过同时亦有其成绩的，今分别检讨如次：

（一）成绩

首先说成绩。由于我们搜集的材料极不完全，只是一些零星典型材料，故不能作全面统计总结，因此不能说提到名的，就是有成绩或其成绩大；没有提到名的，就是没有成绩或其成绩小，这是要申明的，我下面列举成绩皆是带有全兵团性的，各纵皆有一份，个别举例只是为了便于说明问题。

主要成绩有四：

1. 物资上自筹自给的成绩。南下以来，部队没有饿饭，全部粮草皆部队自筹自借，这是很大的成绩，同时自给经费亦约有一个月。南下后，冬衣、鞋子等虽仍赖河北前运供给，但各纵自己也从缴获没收中解决了一部分。例如：四纵十二师在涡阳曾以缴获之粮食，调换一部分棉花装被子；六纵十七师四十九团南下以后，自己解决棉花2500斤，鞋子2双（一双用旧衣找群众换的；一双集体筹粮解决的），子弹袋130条，被子61条等，这样的例子各纵师团皆是有的。一纵在许昌四十一天当中，收得税款（烟业运销税）65000万元（合蒋币150万万元），解决了许多问题。该纵当时尚为野供解决了2100万元的物资，四纵2900万元现款及 3000 件衬衣，八纵 3000 把洋锹和 8000 副绑带。

2. 政策认识与工作经验提高了一步，这是最大和最宝贵的成绩。前面说过，我军在出发时，对新区各项准备工作的政策和经验是没有准备或很少准备的，但经过半年"实践"的锻炼和教育，我们是提高了（虽然还没有完全搞好），今举例说明如次：

（1）农村筹粮方面：我军南下开始时，大多用摊派方式，向人民借粮，致使中农与贫雇农也与地富一样有负担，这是不合政策的。到后一时期，各纵皆有转变，除没收大地主与恶霸的粮食充作军粮外，筹借时则纠正普遍摊派的方法，这可举六纵十七师四十九团机枪连粮秣上士张文斌同志的一段话来表明这一转变，他说：

我在鄢城西某庄（二百余户）筹粮，该庄出来几个办公人员，向我们接洽，我们事前已在旁庄及该庄穷户中初步了解了一些，当时办公人员答应找麦子 2000 斤。支部书记对他们说，只找地主富农筹借。他们含糊答应，不多一会儿，已筹齐堆在办公处，要我们接收。支部书记叫他们将筹借户名册交出来，发觉是摊派的，立即退还原户，另行指定四家富户借到 1200 斤，搞好后召集村民宣传我们的借粮政策，并嘱咐办公人员，以后不许再摊派。

（2）城市工作方面：譬如一纵队开始进砀山、漯河等城市的时候，是很混乱的，违反政策之处甚多，后来进许昌时，情形就有很大进步。主要表现如下：1）注意撤出非城防部队；2）预先即调集干部，准备好公安、财粮等政府形式的组织进城工作，民运部与供给部取得密切配合；3）布告安民，召集商民座谈会，宣传政策，以求秩序之恢复；4）对官僚资本没收很慎重，并注意政策。该纵利用烟业行及转运公司的来往信件及账册，调查出与四大家族有关的烟业，予以没收，是比较好的范例；5）结合没收工作，对其他烟业觅保报税放行推销，既利当时许昌商业的恢复，又收得巨额税款；6) 将各师采办人员集中，统一军需用品之采买，以免抢购混乱。故该纵在许昌的工作，比起该纵在砀山时期，真有很大进步。

3. 制度观念开始树立，本位主义开始下降。部队自进行土改学习以来，对统筹制度逐渐重视，本位主义开始下降，这可从下列事实看出：

1) 小金库缴公。在此休整期间，前委号召各纵师团南下以来从没收缴获等收入中打埋伏在小金库的全部缴公，今已自觉缴来者据初步统计如下：

单位\金额	本币	蒋币	金属	银属
一 纵	23218万元	103865万元	1458两（另金戒165只，金圈2只）	1747两（另银镯银戒377只，银元9330元）
四 纵	2249万元	62617万元	342两（另金戒226只，其他金件24件）	314两（另银元3129元）
六 纵	4027万元	112290万元	198两（另金戒4只）	937两（另银元3351元）
野 直	3049万元	871万元	34两（另金戒10只，金镯3只）	302两（另银件八件，银元5466元）
合 计	32543万元	279643万元	2032两（另金戒445只，其他金件33件）	3300两（另银元21276元，其他银件385件）

不过上表中所统计之本币蒋币，半数以上已经各纵开支了，是转账性质，只有半数及金银实物是真正缴公的资财。

2) 战斗缴获丝毫未动。这次六纵在兰封战斗，其四十九团缴获汽车11辆；载有烟叶、花布、香烟等物，战士等均丝毫未动,并着一营派人送至团供。

其四十六团缴获汽车8辆,装有洋面、行李及部分枪支弹药,部队亦未拿动,团政主任陈励耘同志并即派员押送师供。惟该团第二天又假冒该师首长的决定,说除缴上7辆汽车外,其余皆分给该团。这是本位主义开始动摇而尚未完全克服下去的表现,有其好坏两方面。

4．扩大我党政治影响,启发了群众斗争性。由于我在没收大地主官僚恶霸的财产和粮食的过程中,不特向贫苦群众宣传调查,而且也将没收来的资财,分发群众。例如我在太和县没收敌救济物资,当即拨出面粉6000斤,黄豆5000斤,豆粉6000斤,牛奶1000筒,衣服1000余件,分发群众。在潘寨没收顽师长潘之中（家有田八百余亩）财产时,分给群众粮食250担,衣服10箱又150件,这样的事例是很多的,故新区人民更认识我军的本质,欢迎和盼望我们,并也敢于参加分取地主浮财的斗争。

上述四种成绩的获得,是不容易的。第一,靠全体同志们的势力；第二,靠各级军政负责同志的正确领导,第三,靠各方面的配合,特别是供给部与参谋处,供给部与民运部的配合和互相协助,这是应该指明的。

(二) 缺点与不良现象

以上是成绩,现在来报告缺点和不良现象。

今我党开展三查运动,我们对自己的缺点与错误,更应着重检讨；同时总起来说,我军去秋南下以来,缺点也的确多于成绩,我们违反政策,损害人民利益的不良现象确是十分严重的,我们有深刻警惕和用力纠正的必要,共计有五大缺点和不良现象。我在下面报告这些不良现象时,也要征引一些典型例子,但由于我们的调查是不全面的,故不能说提到名的,就是有毛病或毛病大，未提到名的，就是没有毛病或毛病小，这是要首要申明的，以免误会！今分述如次：

1）乱没收（略）；

2）贪污浪费腐化（略）；

3）无制度（略）；

4）强买抢购（略）；

5）本位主义（略）。

（三）不良现象的根源

前述五大不良现象或严重缺点，在这次休整和三查学习以后，当然会纠正不少，但绝对不要以为以后即不会发生，相反，如果我们不警惕戒备，仍会严重重演。现在有好多单位，伙食过支，经费过支，都准备再出击时乱抓一把来解决，故为了便于今后纠正和防止起见，须要将其根源揭发出来。

1．客观上的原因

（1）物资困难，需要迫切，因而有时就放松对政策的注意；

（2）行动频繁，战斗紧张，因而就增加"检查工作纠正偏向"的困难。

2．主观上的原因（这是更主要的原因）

（1）领导上缺乏明确的具体的政策和方法。例如前委过陇海路时，所发出的筹粮指示，基本上是正确的，但不具体周密，至于对城市官僚资本，则是缺乏明确指示。这样，不正确的思想和政策观点，就必然会在下面代之而起，来指导行动，其内容主要有三：

1）盲目性的左倾冒险主义情绪，以为对大地主官僚资本恶霸等打得过火一点也不妨，由于划分阶级的界限不清，就更助长这一思想行动。

2）以新区为殖民地的观点，并含有错误的报复情绪，引起对新区物力的浪费和破坏，再加当时以为"反攻就将一直反攻过去"的思想，对新区缺乏长期建设的观点。

3）单纯的供给任务观点：服从片面需要，不顾政策。

（2）无健全的组织和周密的制度——到新区没有地方政权，部队供给机关的任务突然加重，但人员依旧，各级地方工作委员会又形同虚设，未能从组织上做到"全党当家"，制度又涣散殆尽。

（3）党内不纯（个人主义与享乐主义）。这是贪污浪费腐化现象普遍生长，成为群众性偏向的主要原因。

以上主客观的各种原因，是我们今后纠正和防止前述五大缺点的努力方向，而以上这些混乱庞杂的思想作法，则是脱离群众不顾大体的，都是同无产阶级领导的人民反帝反封建的新民主主义的经济政策不相容的，也是同新解放区的经济情况与财经任务不相容的。今后我各级党政军机关要加强财经工作的领导，开展批评与自我批评，澄清上述各种庞杂的思想，纠正本位主义倾向，把统一观点、战争观点、群众观点与发展观点这四个观点认真贯彻到新区财经战线上去，使财经工作赶上形势发展的需要，与军事政治方面的伟大胜利！

三　今后供给工作中的若干政策问题

（一）筹粮政策与给养问题

今后新区供给工作中最大的问题，当仍为吃饭问题。我一兵团人马粮草消耗，每天要小麦杂粮约36万斤，草约48万斤，菜金2000万元（按目前160元计算），这巨大的消耗，一进入新区，就要加在新区人民身上，搞得不好，不是部队饿饭，削弱战斗力，就是违反政策，脱离群众。今提出以下意见和方针，以供同志们讨论：

1. 没收大地主问题。在豫皖苏没收大地主是解决了一些问题，是有其成绩的，但也带来更多缺点和毛病，今后应怎样呢？我们认为对大地主及恶霸地主（切勿蔓延到一般中、小地主）的粮食浮财仍应没收，也对没收的目的、主体及条件，均应有明确的规定并纠正以往的偏向。

（1）没收的目的：没收的目的应完全为了发动群众，组织群众，使群众得到实利，而不应如过去那样是为了解决部队给养，甚至是为了私人发洋财，拿地主的红绸被子等，或为了大吃大喝，杀地主的肥猪、鸡、鸭，事实上过去部队打土豪（没收地主），却往往是为了后两种目的，筹粮还在其次，故遂使贪污浪费大大抬头，今明白规定是为了群众，没收的粮食浮财全归群众分配，这样既可免除部队乱没收和贪污腐化现象，同时我军还可更加接近群众。在豫皖苏常有群众这样反映："部队分东西给我们，是因为他们不爱吃杂粮，不喜欢破旧的衣褂。"今后将没收的目的改变，群众当中这种不满和冷漠之声即可消除，至于群众没收的粮食，又适为我军需要吃粮时，则可向其说明，在军民兼顾的原则下，分给部队一部分（部队需出具正式领条），以免部队向该庄其他户筹借，这在群众一定会乐于接受的，关于其他浮财，则一律归群众，这样可堵塞很多流弊。

（2）没收的主体：没收的主体成为当地群众，我们不要过早过急地代替包办，我们只应从旁积极协助领导，消除群众中的"恩赐"观点，不认识其自身的力量。

（3）没收的领导与配合联系：上述没收工作，以后责成团以上政治机关负责协助领导，每一没收工作完毕以后，必须作出专门书面报告，惟组织群众分配果实时，对于其中粮食一项，应主动照顾到部队的需要，与筹粮工作队同志密切联系。

（4）掌握没收的条件与情况：上述没收工作不是随时随地皆可发动进行，而应具备一定条件，看情况由团以上政治机关来指导决定，所谓条件情况，主要即为：

1）敌我军事情况。2）地方党政工作基础。3）群众自身的觉悟程度。一般说来在我过军地区及拉锯战或游击战不稳定的地区，我们不应过急冒险发动群众进行没收斗争，这有以下好处：

1）可暂时麻痹一下敌人。2）可减少对其他地富分子的刺激与粮食的移藏。3）无组织的群众可少受些打击与报复（过早没收，多分得浮财的，往往是二流子、狗腿子，后来受报复的又往往要多搞到真正的贫雇农）至于中心地区或较稳定的游击区或我原来即有地方组织基础的地区，则可发动群众，进行没收斗争。

在不发动群众没收斗争的地区，如有大地主及恶霸地主，他们自应列为我们首先借粮的对象，并可特别多借。

2．预借军粮问题

（1）借粮的方针：解决部队粮草，今后不与没收大地主工作直接联系，一般皆采取预借军粮的方式，说明我军的困难及将来可向民主政权抵缴公粮的保证，以及"预借公粮"的负担办法，这样可大大减少地富阶层的恐惧不安以及粮食的移藏，便利我们解决给养，这里我们应该完全懂得筹粮的策略。

对地主特别是对拟没收而未没收的大地主、恶霸，也出给借据向其借粮，好像"右"了些，未免地富不分，其实只要向其先借多借，我们在阶级政策上，就没有什么错误。因为这些分子，到要用我们出给的"军粮借据"来抵缴公粮时，其土地也要平分了，故"借"与"征发"实际是一样的，我们又何不采用更和平更策略的方式呢？

（2）中农问题：对于中农，各新区皆提"不借"的口号，这点似有再加讨论之必要，我们认为是不能将平分土地的运动中中农土地不动的原则，搬到借粮工作中来混同使用，我们应予区别。因为前者是社会各阶层重新分配农村社会的主要财富（土地）问题，后者是各阶层人民对人民政府、人民军队的负担义务问题，同时根据抗日时期各地区征收公粮的经验，我们在江南苏浙皖山区的经验，以及我们去秋以来，在豫皖苏的经验，都证明像我们这样大的兵团在任何地区活动，如中农不负担军粮，单靠吃地主、富农，即将其全部粮食没收或累进预借完，也无济于事，特别是新区初期，我们还不能从其他县区，调剂粮食过来，部队在某一地区拉锯，则不敷之数更大，甚至连贫农也要被借，所以我们认为我们只能提这样的口号："地主先借多借，富农后借，中农必要时少借先还，贫雇农不借"。

（3）借粮的数额：借粮的方针与原则确定以后，与具体执行最有关系的问题，即阶层如何划分，预借额如何计算规定，这两个问题，如果规定得不明确，交到下面去实行仍会不断违反政策，今提出意见如下：

1）划阶层：这是非常复杂的问题，这里不详说，我们认为为了照顾到新区行军频繁、战斗紧张的特点和营、连干部及基层供给人员群众工作水平较低的特点，我们不能要求他们精通最科学、最完全的划分阶层的方法，而只能要求他们切实注意地亩、租佃，以及人口三个因素，而师以上机关每到一个新的较大的地区（如由旱地区进入水田地区，如由地质好的平原水田区进入地质较差的山岳水田地区等）即作一概况调查，规定每人（更低的要求，即为每户，不计人口因素）有田若干亩者，即大致为某一阶层，使营、连干部战士一查询，即大致可判别其为地主或富农、中农，在这里，亦为简单计，租出田与佃进田皆按每二亩作一亩折算，在江南苏浙皖赣一带，由于土地好，及土地分散及兄弟大多分家的关系，大概可例示如下（租出佃进的田，按折半计算列为其所有田内）：

	每人所有的田亩数约	每户所有的田亩数约
中 农	一亩半——二亩	六亩——十二亩
富 农	三四亩——六七亩	十三四亩——三十亩上下
小地主	六七亩——十亩上下	四十亩——五六十亩
中地主	十二三亩以上	六七十亩以上
大地主	十六七亩以上	八九十亩以上

注：小地主的基本特征，是出租其土地的一部分或全部，故前列小地主地亩数中，包含有二折二的关系在内，其表面所私有的田亩数则不止此数，中大地主同。

以上是最粗略的阶层划分方法，且为示例性质，倘条件许可，我们就需领导与教育营连干部乃至战士，作更精细的调查与划分。

2）预借额——各阶层每亩田（租进佃出的田二折一）一般能预借军粮若干斤呢？这由师以上机关掌握下列的负担率，调查所到达的新区之平均出产量，规定出一个数额，交下面执行预借。譬如假定江南每亩田（非山岳水田）能收大米300斤，则其各阶层每亩预借额大致如此：

	负担率（约数）%	预借额（约数）（斤）
中 农	5	15
富 农	10	30
小地主	15	45
中地主	25	75
大地主	35	105

上面两个问题解决以后，实际预借时，一面要看部队需要多少，其次还应了解对方实际存粮状况，亦不能机械硬照定额预借。对于地主，一面应提高警惕，注意其粮食有无分散移藏，同时如果他确有各种理由实在存粮已不多，我们亦应尽可能使其保有与当时当地中农相等的口粮。

3）借粮的若干具体规定：以上是预借军粮的政策问题，下列各点是我们实行预借时要特别注意的一些具体规定：

①如地主不在家管业，则可请其佃户代缴预借之军粮，在借据上加以注明。

②祠堂庙产按地主土地预借。

③如有地方公共积谷，以先借用，如为国民党公仓、公粮，则予没收。如果吃不完而我军又要撤走的话，除开仓济贫一部分外，应尽可能转运至其他地区，并可采用人民运一担得分若干斤"军民兼顾"的办法来鼓励，如能变卖现款，亦可变卖一部。

④预借军粮，要避免完全交与保甲长去办，以防他们转嫁摊派，但对旧保甲长是可以利用的，特别是群众条件差与时间急促之际。

⑤在战斗中或行军过分疲劳时，可先就近借一些粮，然后再按前述办法借来归还。

⑥预借军粮，可由伙食单位分头在驻村执行，但团营要经常派人检查纠偏。休停三天以上，团即应负责组织集体筹借，师要负责划分地区，并加以调剂。

⑦借粮必须付给借粮收据，该收据为二联，粮食种类及数量皆固定印好，等于粮票，可免贪污，为了及时够用，必要时授权各团财经工作队与供给处负责印刷发行，方法极便利：一块刻好字的木板另附若干粮草斤数的木刻活字，带着纸与青莲或油墨，要哪一类借据即可印出哪一类借据。

这类借据的印行，团委要负责经常检查，并督促他们将发行数按时上报。

⑧机关部队饲养员多的，要组织他们于进入宿营地后，即集体向老百姓借马料马草，因为他们最容易违反群纪，须特别注意。

⑨建议以后各级作宿营报告时，要增列借粮情况的报告，以利统一调剂。

⑩草随粮借，地主草不多时，可向富农多借些，进到山区，部队应自己伐柴解决，但不要损害山主利益。

⑪进城市吃粮，如无缴获，可通过原商会长、镇、保长筹借，并尽可能防止其随便摊派，如有粮行，可向先借，但要筹还，如发觉有逃亡地主的粮食，可按预借军粮原则，尽先借用。

3．菜金问题

（1）在行使本币很不利的条件下（如过军地区与边沿拉锯地区或在军事不利的情况下）而又无蒋币代替，则动用随带之银元，但何时可动用，每日每人发若干，皆须由兵团部队或授权纵队通过财经部决定通知。

（2）如何使用本币，亦应以团为单位，由团财经工作队员负责设法利用缴获物资收兑用出之本币。

（3）在过军地区，如粮食充足，必要时亦可由师纵队负责决定，临时以粮代菜金若干日，过期再以粮换菜，即为犯法。在此以粮代菜金的若干日内，禁止以粮换猪吃。那时借粮时如能同时交涉如借油、盐、菜若干，折给粮食若干，付给借粮证，则更好。

(二) 没收官僚资本问题

我党在现阶段对一般工商业资本财产是采取保护和发展的政策，仅对下列两种始予分别没收：

1．官僚资本

（1）官僚资本的两个特征：所谓官僚资本并非指国民党官员或与这些官员有关系的人所经营的工商企业而言，这不能算官僚资本。我们在界首涡阳等地所了解的和所做的是错误的，它乃是指以蒋、宋、孔、陈四大家族为首的大资产大工商业而言，它有两个很显著的特征：一是从其产生到发展，经常利用经济以外的政治力量和军事关系，来加强对人民及中小资本家的经济剥削与压制操纵；二是从其产生到发展，常盗窃国家的公共财富，转为其私人集团所有（例如日寇投降后在华日资纺织厂，大多皆转入中纺公司为宋子文系所占有），来扩大其经济努力，以压倒中小资本家，操纵国计民生。故官僚资本严格的称呼是垄断的国家资本。

(2) 没收官僚资本的目的：我们要没收这种官僚资本的目的，是在解除它的加在人民及中小资本头上的压迫，而不是为了要破坏其生产力，更不是为了瓜分其工厂，以满足我军一时之需，我们应首先弄清此种没收目的。这样的官僚资本体系，在大城市如上海、天津、汉口、广州（全国性的）及长沙、济南（一省的），等地，则有其直接的剥削机构（如银行、仓库、工厂等），在中等城市如许昌、无为、屯溪等地，在经济上一般能控制十数个县以上，又往往与水陆交通及大宗外销土产（如烟叶、茶叶等）有密切关系，在这样的中等城市，官僚资本亦常有其直接代理人，如银行的分支行，大的转运公司及操纵大宗土产的行商等，但亦常与其他工商家混合在一起。在这样的中等城市，官僚资本一般不采取工业资本形态，而常采取商业资本形态，这与它的"买办性"有关。至于在一般的小城市如涡阳、亳州等，官僚资本本身一般是不直接存在的，所以我们今后进入一般小城市，不必设想它有什么官僚资本，这样就可减少下面的许多错误。至于进入中等城市，我们也要特别审慎，谨防错没收，同时总起来说，官僚资本在这样的城市里，其所占比重（从商行户数来说）也是极少的，我们应谨防扩大。

2. 战犯等所经营的工商业

(1) 战犯财产的区分及没收范围：战犯、汉奸、特务、国民党的贪官污吏等所经营的工商业，根据刘少奇同志对石家庄工作的指示，是可以分别没收的，但并不是将它们作为官僚资本（即非从该工商业之经济关系出发）来没收的，而是因为该工商业的所有人在政治上有罪恶为群众所痛恨，这是我们应该分别清楚的。这样的工商业在中小城市也不是很多的，我们不应随便扩大其范围。兹将刘少奇同志的指示摘引如下，他说：

工商中常常牵连到敌伪物资及汉奸、战犯、特务、保甲长等的财产处理问题。现在有些同志总觉贫民应斗一斗，分一点东西，但又要服从保护工商业的政策，于是都找到汉奸、特务，沾到一点边，就把工厂、铺子封了。

属于敌伪的物资及汉奸、战犯、特务、贪官、污吏的财产是可以清理没收的，但并不是说，凡是这些人员，不分轻重，不分青红皂白，一律的要加以没收，这样做就错了。

一般国民党及敌伪小职员的财产，不应没收，保甲长的财产，看他鱼肉人民的轻重，贪污的轻重而定，轻的可以不动，重的动一部分，但不要弄光，不要把范围搞得太大了，不要弄错了。现在有些同志将汉奸、特务扩大化了，什么叫汉奸、战犯、官僚、特务，什么人的该没收，一定要弄清楚。

敌伪军一般官僚不能算战犯，他们只是奉命令作战的，是正常的战斗行为。战犯是指援助战争，决定战争有关的人（如国民党军委会委员、国府委员、立法委员、举手赞成内战政策的国民代表等）及宣传煽惑内战的分子，在正常的作战之外，杀人的敌军军官（如虐杀俘虏及染上无辜人民鲜血的）也可以战犯看待。

所谓汉奸是指帮助民族敌人，决奸献计或在敌人掩护下屠杀抗日人员及坚决反对抗战的分子,在敌伪机关中做事的小职员及受敌伪雇用的工人不是汉奸,不能把凡在敌伪方面做过事的人都看成汉奸,对于特务,也要把敌伪特务组织中的人员加以区别,看他坚决反对过解放军没有,不能把在敌伪机关中做过事的人都看成特务。

关于贪污官吏,国民党的官员中,不贪污的很少,所以应把压榨人民鱼肉人民较严重的和一般的官吏区分开来。

所以对于战犯、特务等的工商业财产,及前述之官僚资本,我们事先皆应周密调查,不能随便扩大没收范围。

(2) "得财用财"要继续生产发动群众:对于上述两种工商业资本的没收,皆应先查封登记,然后接收处理,如属工厂,一般皆应尽可能采用各种方式(如公私合办或与工人分红合办),继续生产,不能随便乱分掉,以缩小社会生产力。如属战犯、贪官污吏等的商店财产,没收后应全部或大部分分给当地群众。接管以上工厂时,原有技术人员及一般职员,我们可加使用,以利初期工作。没收后应出详实的布告。可否没收,应由师以上机关决定。

(3) 坚持五不没收的原则:由于上述没收工作一有差错,即会严重影响新区城市的工商业前途,尤其今后的新区工商经济比较发达,是中国民族工商资本家集中的地区,他们很注意我党的实际工商业政策究竟怎样,我们对城市的工商业的一举一动,皆关系这一阶层人士对我的向背,故我们对上述两种工商业的没收,尤应审慎处理。在这里我们认为应坚持下列五不没收的原则:

1) 对方情况不清楚,不没收。

2) 时间来不及,不没收(因处理工商业没收事宜,非三五日所能济事)。

3) 接管的条件不具备，不没收（这主要是对于工厂，以免破坏生产力）。

4) 经济上不合算不没收（譬如漯河的电灯厂，不论它是否已为交通银行收买，我们皆不必没收）。

5) 群众条件不具备，不没收（尤其是没收贪官恶霸等的财产）。

（三）筹款与征税问题

1. 筹款的策略形式和对象

过去红军时代打土豪，收土豪本人或其子并扣押在部队，限期要他送款来赎，这种筹款方法，今天不宜再用，因为我们今天已为全国性的正规军，再这样做有碍我们的政治影响。同时由于蒋币不值钱，地主也不会过多的储存蒋币，他们也实难多交，这可以从以下实例中看出：四十九团在阮寨，带了一位地主名叫程广福，他开始怕死，答应家中可以筹款来，但结果一直带到阜阳，仍无下落，后来送师部将他放掉了。

六纵在界首向商会财委会委员蔡仲品家（开有铁货店）筹款6000万元，迫使该户临时拍卖货物，方筹起6000万元（6000万蒋币折合抗战前币制不过200余元）。

在城市中，一般与其筹款，倒不如征税为更好。十七师黄政委说："他们在阜阳向二三十家商号筹款11000万元，引起商家的恐慌躲避，得不偿失，反不如征税。"这是从实际中体会出来的，因为征税（例如货物税或营业税）自始即有一定边际，商民又有负担的习惯，容易推行。

不过在来不及征税，部队又急需要补充经费时，则亦可酌量用正式借的形式，保证以后可以抵税款。向中等以上的商户，特别是有官僚资本嫌疑的商号，或前述战犯嫌疑等的商号商借现款和军需用品,但必须团以上机关方有权告借,并须出具正式借据。

2. 征税的两种方式及应注意之点

征税有两种方式:

(1) 是以团为单位,将征税人员配属在团财经工作队,随军行动,遇到船只货车即作宣传,征收货物税。

(2) 是部队进城,由师财经工作处专设税务机关,征收货物税与营业税。

营业税之征收,可采取民主摊派方式。货物税不征内地摊贩及内地行销的土产,营业税征收小商贩,税率皆应低于国民党,使一般工商业能负担得起。税不重收,收税必须给正式税票,税率由纵队以上财经部规定。

(四) 缴获与城市管理问题

1. 对于以缴获保证供给的几点建议

缴获为新区解决供给问题的主要方法之一,建议各级负责同志,今后必须保证以下各点:

(1) 部署战斗时,必须同时部署缴获工作,使财供部门有依靠并使之具有相当的预见性,同时还得再作队前交代,列为战斗任务的组成部分之一,使战士们亦知配合协助。

(2) 估计缴获大时,尤应有临时统一的专门的缴获工作队组织,代表上一级来统率各部的缴获工作,以免慌乱脱节,缴获特别大时,最好有一军政负责同志留下指挥。

(3) 坚决保证"一切缴获都缴公"的纪律之彻底执行,为了使这一缴公制度,更易见效,对缴获品之分配,主攻部队和直接经手者可有优先分配权,但不得超过供给标准的范围,缴获特别有功者可酌给奖励,为了免除下级战士说怪话,一切的缴获品的上缴及分配处理情形，皆应及时公布。

2. 对于城市缴获管理工作的几点建议

为了使城市缴获工作（攻城战之后）作得更好，我们建议下列各点：

（1）组织财供人员在二线部队位置。前面战斗一结束，即协助其进城，给予一定的武装。

（2）除城防部外，其余部队立即撤出。

（3）对城市实行两三天的军事管理，必要时应限制民工及农民拥挤入城。

（4）要规定城防部队的工作守则，如何配合与协助缴获接收工作。

建国一年来华东区财政经济建设的成就[*]

伟大的中华人民共和国诞生已经一周年了,而且在战胜各种困难中变得更坚强了,这是值得我们特别欢欣和纪念的!

我现在就华东的财经情况,向本刊读者作些介绍,首先让我来回忆一下一年前的情况:

在这一年之前,我们已将华东江南广大新解放区的大、中、小城市和庞大的官僚资本企业都接管下来了。例如在上海,各种公私企业几乎很快就恢复生产。新区的广大农民也出公粮、出人力,支援解放大军迅速前进,追歼残敌。这是华东各界人民和各级工作人员在中央和华东党政的正确领导之下,努力得来的成绩。山东、苏北等老解放区由于战事结束,并实行了土地改革,广大农民得以安心恢复生产。这些是我们迎接中华人民共和国的诞生,在华东开始新的财经建设工作的有利条件。但是,人民的新中国是在4000多年来的封建统治,百余年来的帝国主义侵略,以及20多年来的官僚资本主义的榨取下的残破基础上建立的。同时外强中干的美帝国主义和企图死灰复燃的蒋匪残余又千方百

---

[*] 原载政务院华东区财经委员会《财政与经济》1950年第4期。

计地破坏我们。去年（1949年）6月，美帝国主义者唆使蒋匪残余对我实施封锁和轰炸，想从经济上窒死我们；今年2月他们更进一步轰炸我上海电力设备，想使这全国工商业的中心瘫痪。去年皖北、山东、苏北等地水灾及其他灾情甚为严重，仅就水灾一项统计，全区受淹田亩即达5300余万亩，直接受灾人口达1600余万人，估计农业损失达77亿斤，农村经济遭受严重的破坏。在金融物价方面，去年一年前后曾波动四次，10月下半月到11月是最后和最严重的一次，是带有全国性的，上涨幅度平均达二倍半以上。各地人民都迫切期待自己的政府能拿出办法来稳定12年来从未稳定的物价，使他们能过安定的经济生活，这些是我们胜利进程中的困难。

以上就是中华人民共和国诞生初期，华东财经方面的主要情况。当时对我们抱有敌意的人觉得可以高兴一下；意志不坚定的人颇为当时的困难所迷惑；还有一些短视的人以为仍可安度他们过去那种投机倒把的生活。然而绝大多数人民知道只是暂时的困难和阻碍，而蕴蓄在新老解放区的无限的新生力量，是完全足以保证新中国的胜利前进的！建国一年来华东的财经建设情况所证明的就正是这样。这一年来，华东在财经建设方面有三件大事，也就是说，有三个巨大的成绩：

首先是在中央统一的领导下，配合全国统一财经工作的管理，争取财政平衡和稳定金融物价，这是新民主主义经济建设的起点。中央人民政府去年11月即积极准备和计划这一巨大措施，今年2月即相继公布整理城市税收，发行胜利折实公债，清查国家仓库物资，统一现金管理，严格金库制度等具体措施。华东各省、区、市在中央和华东的统一领导下，坚决地贯彻了上述各项措施，并积极调运大批粮棉供应市场需要，在全国一致努力之下，不到两个月，全国财政就接近平衡，物价也转为稳定，这会引起帝国主义者的惶惑，使他们也开始认识到横暴的封锁和轰炸，是不能阻止中国经济建设胜利前进的！

中央人民政府成立不到半年，全国物价即告稳定，这好像是一个奇迹；但实际上这就是人民中国和人民政府真实本质的表现。全国人民12年来已被敌伪统治下的恶性通货膨胀政策吸尽骨髓，他们迫切要求物价的稳定，所以人民政府就必须下决心用各种办法来首先完成这一任务；而全国人民对于自己政府所作的施政要求自然也是全力以赴的。譬如对于胜利折实公债，各地人民都自觉地踊跃争购，在华东到5月底止，已认购4895万份，超过中央分配任务8.7%；其中有少数尚未交款的，最近因工商业好转也都自动集款补交。就是由于人民政府领导着人民这样同心同德地努力，新中国经济建设史上的第一页就出现了前述的"奇迹"，这是十分自然的。

6月以后，中央人民政府又在巩固统一财政收支平衡和巩固物价稳定的前提下，调整粮税负担，其中如农业税，今年可比去年减轻70%上下，货物税减少课税品目达778种。这对于恢复生产将有很大作用。

一年来华东财经建设上的第二件大事，是遵照中央指示，着手开始调整工商业，使新中国的五种经济统筹兼顾，各得其所，以克服当前的困难。在四五月间，曾有不少工商业者埋怨人民政府发行公债、整理税收等措施，错误地以为他们当时所遭受的特别困难是这些措施带来的。其实当时工商业的严重困难，除掉受美帝国主义封锁轰炸的影响外，主要是由于他们本身还保留着过去的缺陷，还只习惯于在投机市场的空气中呼吸，现在社会的虚伪购买力因物价稳定而突然消失，再加上他们原来的生产又有不少不适合大众的需要，他们原有的管理制度、经营方法及内部的组织机构又欠合理，因此他们一时就显得难以照旧经营。这是整个旧的经济体系开始向新民主主义经济转变期间所必然要发生的现象。人民政府调整这旧有的工商业，使能在新鲜的正常的空气中生长，首先采取的步骤是着重调整公私关系，按照公私兼顾的原则，用加工、定货、收购、贷款等等办法，来推动和帮助私营企业改造自己和克服困难。例如我们在上海，4—8月曾委托私营纺织染厂加工纱96986件，布132万余匹，染布108万余匹，向私营电器、机械、铜铁等工厂定货2660万折实单位，贷款（包括公私合营银行在内）累计34318亿元，上海国营百货与贸易信托公司单在四、五两月即收购私营工厂存货1860余亿元。此外，我们又在调整国营零售商店的经营范围，批发与零售价格，地区与地区间差价以及降低银行贷款利息等等方面，使正当的私营工商业有积极发展的机会。

由于以上各种措施，以及劳资关系的改进和私营企业本身的整顿，再加秋后农村购买力逐渐恢复的显著影响，华东各地工商业已开始好转。例如上海申请歇业的工厂，2月份为161件，5月份增至520件，6月份开始下降为158件，8月份仅62件；申请复业的工厂，2—5月一共不过11家。到6月份即有29家，8月份为93家。同时各主要工业品的产销数量，5月以后亦有显著增加，例如上海棉纱产量，8月份比4月份增加12%，棉纱销量8月份比4月份增加44%。上海自纺一件纱，一般已可获利50个单位。上海私营纱厂每周开工班数已由8班增至10班，最近还拟使之增至12班。华东其他城市的工商业亦同样呈现好转，如山东济南、青岛、徐州三市工商业，5月份开业的为506户，歇业的为1574户；到7月份开业的为555户，歇业的仅313户；到8月份，开业的更比歇业的多590户，浙江全省5月份开业的工商户为435家，歇业的为1149家；到7月份开业的增为609家，歇业的减为190家。不过这种好转的现象还不是巩固的，我们必须防止盲目乐观和盲目地扩大生产。今后在调整工商业方面，除掉应继续进行调整公私关系外，主要应着重调整城乡关系和产销关系，促进城乡物资交流，防止谷贱伤农，调剂原料供应，使整个工商业作进一步的好转。

一年来华东在财经建设方面的第三件大事，是大力兴修水利和积极恢复农业生产。全区1950年的水利工程，主要有长江复堤、淮河复堤与支流疏浚、运河修复堤坝、苏浙海塘修复、沂沭治导等五大工程，共计19670万余公方，动员河工300余万人，可使2300余万亩土地避免或减轻水患，此外新收益的田亩可达932万亩。除上述大的水利工程外，各省区还兴修了许多农田水利，如山东打井22万眼，苏北修造风车水车3.6万架，苏南改装民营抽水机3000余台等，共可受益的田亩达1300余万亩。以上的成绩是很巨大的。再加银行举办农贷，帮助农民增施肥料和加工耕作；人民政府又带领农民防治病虫害，例如单就浙江一省防治螟虫一项的初步统计，共采卵1.37多亿块，捕蛾1.87多亿只，动员农民120余万。在山东，人民政府又为耕牛注射防疫，举办耕牛保险。所有这些措施，大大地鼓励了并切实地帮助了农民积极恢复生产。所以1950年除皖北淮河地区及其他个别地区遭受灾荒外，华东各地一般都是丰收或接近丰收。估计粮食总产量可达560亿斤，较去年增产约二成；棉花总产量可达360万担以上，较去年增产一倍以上。华东今年茶茧等特产的收成也很好，例如春茧，原估计不过30万担，实际竟达42万担，茧价在国营中蚕公司的维持下，又很相宜，蚕农得到很大的利益。现在华东财委会又切实督促各地国营贸易公司必须注意结合正当私商，及时收购粮棉等农产防止谷贱伤农，使今年丰收的有利条件能继续恢复农村生产、扩大国内市场，起着有力的推进作用。

今年青黄不接期间，华东的灾情是发展得相当严重的，美帝国主义者及蒋匪残余都以为我们无力克服；但是由于毛主席领导的正确，各地人民政府和人民自救的办法，我们终于胜利地克服了灾荒，坚持着生产，到现在并获得了丰收的果实，证明中国人民的力量是无限伟大的！

学习苏联经济建设的经验*

一 关于经济建设的重点问题

（一）苏联为什么以重工业为建设重点

根据苏联历次五年计划的经验，在确定各该计划时期政治上和经济上的总任务以后，首先要解决的问题，就是如何正确规定经济建设的重点或中心环节，这对于整个建设有极大的关系。要建设，自然要使各方面都有发展；但这并不等于说，对建设就可以齐头并进，平均使用力量。如果这样做，我们就不能解决建设期间的主要问题，就不能推动整个建设前进。列宁经常教导我们说：领导革命，指导工作，必须善于在每个时机找出并抓住整个工作链条上的主要环节，来有力地带动整个链条、整个工作前进。苏联在准备制订第一个五年计划时，一方面要使本国能有独立强大的国防，免受帝国主义的侵略和危害；另方面要使国内落后的经济迅速赶上资本主义国家，使农业迅速地提高，保证社会主义的胜利。为要达到这个要求，首先必须着重发展重工业；因

---

* 1952年12月24日上海人民广播电台广播；《学习》杂志1953年第3期转载。

此当时就确定以建设重工业为当时整个建设的重点。斯大林同志在1926年《论苏联经济形势与党的政策》的报告中，对此曾有明确的指示，他说："有些同志以为工业化一般地就是各种工业的发展。……当然，这是不正确的。不是工业之任何发展都算做工业化。工业的中心，其基础，是在于重工业（燃料、五金等）的发展，归根结底，是生产资料生产之发展，是在于本国的机器制造业之发展。工业化不仅以下列一点为自己的任务，即把我们的整个国民经济引导到它中间工业比例之增加，而且还有一个任务，就是在这种发展中保证被资本主义国家所包围的我国有经济的独立性，防止把它变为世界资本主义的附庸。处于资本主义包围中的无产阶级专政国家，如果它自己在自己国家中不能生产工具和生产资料，如果它搁浅在这种发展阶段上——它必须依系于那些制造并输出生产工具和生产资料的资本主义先进国家，以维持国民经济，它便不可能成为一个经济上独立的国家。"从斯大林同志以上的指示中，我们就可以完全了解苏联当时为什么以重工业为建设重点。同时必须指出，这不仅在当时，就是在现在，苏联建设的重点也还是放在重工业上面，这可以从马林科夫同志的报告中明白看出。根据马林科夫同志所报告的材料，苏联战后第一个五年计划期间，工业中生产资料的产量发展得特别快，如以1940年的工业总产量为100 1950年增加到173，其中生产资料的产量增加到205，消费资料的产量只增加到123。为什么生产资料的产量发展得特别快呢？这是由于在第二次世界大战中，苏联虽然胜利了，但世界上还有两个阵营的对立，尤其是美帝国主义随时想挑起侵略战争，危害和平民主阵营的建设；同时苏联国内还要不断提高生产，使从社会主义更进到共产主义，使人民过更幸福的生活，其首要关键就在继续加速发展生产资料的生产，即钢铁，煤电、石油、机器等等的生产，使苏联在国防上有更强大的物质基础,使工农业生产有更好的装备,使劳动能更高度的机械化、自动化,达到轻便愉快,使劳动生产率大大提高,生产资料的生产可更加丰富。以上就是苏联自开始大规模经济建设以来,生产资料的生产为什么一直比生活资料的生产发展得更快的原因。

(二)苏联建设初期对"重点"问题的两种错误意见

对于以上所说"苏联建设必须以重工业为重点"的理由,现在看来,大家都很容易理解,都认为是惟一正确的。可是苏联在准备开始第一个五年计划的时候,对这问题是曾有争论的。譬如当时苏联曾有反对派认为:重工业虽要建设,但为了更快积累资金,应先着重发展轻工业。这种意见是片面的,错误的。建设轻工业确较建设重工业易于在短时期内开始生产和盈利,这是不错的;但如果过于重视这一方面,就要走上资本主义走过的道路。大家知道,资本主义生产是为了追求眼前的最高利润,所以过去各资本主义国家的建设主要都是从轻工业建设开始。但是苏联的条件(我们中国也一样)与资本主义国家不同,不应也不可能这样做。因为如果首先着重发展轻工业,立即就要大批机器装备,这在自己还没有先打下重工业基础的条件下,就等于驱使自己去依赖帝国主义,这就等于帮助敌人来毁灭自己。苏联当时的反对派除了提出上述的错误意见外,还因当时(1926年前后)苏联轻工业的恢复和发展一时不够满足城乡市场对生活资料的需要,曾有所谓商品缺乏的缺点,于是反对派就起来攻击以重工业为建设重点的方针。斯大林同志1927年在《社会主义建设的成绩与苏联的内部情形》这一报告中,对于反对派的这一错误论点,曾加以批判说:"我们现在还有商品饥荒的成分。这是我们经济中的缺点。不过缺点现在还是不可免的。因为我们重工业发展的速度比轻工业还要快——这件事实的本身已使商品饥荒的成分在最近几年之中还是要存在的。但我们如果要努力地使我们国家的工业化向前进展，那我们没有别的法子，就只好这样做。有些人，例如我们的反对派，尽量地在投机商人的尾巴后面搜集他们理论上的材料，高叫商品饥荒，要求'超工业化'。但是同志们，这完全是无稽之谈。只有糊涂人才会说这样的话，我们绝不能也绝不应该因为要发展轻工业而缩小重工业。而且不加速发展重工业，也就不能充分地发展轻工业。"斯大林同志以上的指示十分清楚地告诉我们：建设必须按客观情况，按总的政治经济任务，分别轻重缓急，有计划有次序地来进行，不能"胡须眉毛一把抓"，"又要西瓜、又要芝麻"。

谁都知道：十月革命是为了使劳动人民的生活日益改善和提高，这当然要有充裕的生活资料，要有足够的轻工业，这一切，苏联共产党当然知道得很清楚。所以苏联在恢复改造时期，在开始第一个五年计划时期，是一直注意轻工业的发展的。但不能因此就片面地只注意群众眼前一时的利益，用全力或主力来先发展轻工业，企图将"商品饥荒"问题一下子就解决好。如前所述，这样的企图是不能实现的，是要遭受失败的。惟一正确的办法，就是在建设之初，适当照顾而又适当约束群众眼前的生活需要，以便集中主力先建设重工业。只有如此，才能有效建设社会主义社会，改善人民的生活，因而是最能符合人民的长远利益和最大利益。苏联历次五年计划的伟大成就证明了这一点。苏联经济建设的这一条经验是值得我们现在特别加以学习的。苏联经过几个五年计划的建设，不特早已有了强大的重工业和国防，而且已有了自己装备的日益发展的轻工业，来不断提高广大人民的物质文化生活。在马林科夫同志的报告中，也有完整的统计资料足以说明这一事实，例如自战后第一个五年计划到战后第二个五年计划，工业生产中生产资料与生活资料的发展比例就有显著的不同。以1950年与1940年比较，工业总产量增加73%，其中生产资料产量增加105%，消费资料产量只增加23%；但在战后第二个五年计划中，到1955年工业总产量将比1950年提高70%左右，其中生产资料的产量增加80%，消费资料的产量亦将增加65%。从以上数字中，显然可以看出：在战后第二个五年计划中，生活资料生产的增长速度是大大提高了，为什么呢？这是由于苏联在战后制订第一个五年计划时，一方面国内受到战争的严重破坏，亟待恢复与新建，同时美帝国主义在第二次世界大战后紧接着就准备进行新的侵略战争，威胁和平民主阵营，所以在此计划时期，苏联对重工业生产就要特别迅速地加以发展，对轻工业生产只能作适当的发展。经过战后第一个五年计划在重工业方面的重大发展以后，苏联国防的物质基础是更加强大巩固了，同时有更多崭新的机器可以用来装备大批新的轻工业工厂。这就是说，苏联现在可用更多的力量来发展轻工业，使人民生活能够得到更大的提高。但是正如斯大林同志在《苏联社会主义经济问题》中所指出的，在由社会主义过渡到共产主义时，生产资料生产的增长仍"要占优先地位"。

（三）我们如何保证贯彻重点建设的方针

现在我们国家已经开始大规模的经济建设，大家一致认识到：为了国防的巩固和国家的工业化，必须学习苏联的经验，首先以发展重工业为重点，这在理论上自然不会再有什么争论了，但是在实践中，仍遇到有这样的情况，即所谓"原则拥护，实际不通"。譬如目前中央需要大量集中资金，保证国家建设，大家在原则上都一致拥护；可是有些部门和有些地区另一方面又要求在本年度内多列基本建设项目，即使不是必需的，也想争取能在明年施工，希望明年度本单位的基本建设多一些，这必然会分散国家的资金，这就叫做"实际不通"。又如陈云主任在中央财经委员会会议上曾指出："目前基本建设中的工作人员，主要是从生产方面抽调"，同时又指出："有人认为从生产方面抽调人员以后，生产就会垮台，这种看法是不对的。"大家亦认为陈云主任的这些指示是正确的，但是遇到了要从本部门、本单位抽调一部分工作人员和技术人员去支援全国的重点建设的时候，就又犹豫起来，而不能做到愉快地、迅速地、全部地将任务接受下来。又如不少厂矿对于自己上缴的利润和折旧金，总希望上面拨回来作为本厂扩建之用。从这些事例中可以看出：要深入贯彻重点建设这一方针是不简单的，必须经过内部适当的思想斗争和政策教育，才能有所保证，其关键在于正确解决局部利益与整体利益、目前利益和长远利益的矛盾。因为个别部门、个别地区往往会被眼前的、局部的需要所支配与限制，总觉得本部门、本地区的这一建设重要，那一建设也重要，而对国家整个的长远的建设任务就容易一时看不清楚，所以上述的各种事例是带有很大的盲目性的。因此，我们今后必须不断提高自己的思想认识和政策水平，来保证自己不仅能学会苏联重点建设的经验，而且能够把它变为我们自己的实践。

二　关于经济建设的速度问题

（一）苏联为什么要用极高的速度来建设

建设的速度问题，自苏联开始第一个五年计划直至现在，始终是一个关系革命彻底胜利的根本问题。十月革命胜利后，苏联是处在资本主义包围之中；第二次世界大战以后，虽然中欧和东南欧的几个国家已经脱离了资本主义体系，建立了人民民主制度,而且伟大的中国也已获得了历史性的胜利,给世界帝国主义体系以严重的打击;但帝国主义和战争的威胁依然存在。因此苏联必须不断地以飞快、而不是平常的速度来坚决地发展工业,才能摆脱落后而成为一个先进的工业国家,巩固国防与经济上的独立自主,并从发展社会主义经济进一步向共产主义过渡。这个速度问题,在苏联开始大规模建设之初,自然是格外重要的。斯大林同志1928年在苏联共产党中央全体会议上的演说《论国家工业化与联共党内的右倾》一文中,曾强调指出苏联的工业化必须用非常的速度来紧张地进行,他说这种"计划的紧张"并不是由于苏联共产党中央政治局和人民委员会委员们的"性急",而是由于国内外环境使得不得不这样做,正如列宁所说的"灭亡,或者开足马力向前进"。由于正确地执行了列宁和斯大林的这些指示,苏联经过战前三个五年计划的建设,工业高速度地发展了,终于经历了第二次世界大战的严重考验,击溃了强大的德国法西斯强盗。战后又开始了高速度的恢复和建设,如马林科夫同志在其报告中所说:"最重要的工业部门的产量每年的增加率,近年来也比战前时期快得多。例如:在1949年到1951年这最近3年中(这个时期不但恢复了而且超过了战前的工业生产水平),铣铁产量增加了800万吨,钢1300万吨,压延金属1000万吨;而在战前,要增加这样大的产量,铣铁需要8年,钢需要9年,压延金属需要12年。煤的采掘量在这3年中增加了7400万吨,石油1300万吨;而在战前,要增加这样大的产量,煤需要6年,石油需要10年。电力产量在这3年中增加了370亿千瓦时;而在战前,电力产量增加这样大,需要9年。"重要工业生产这种高速度的发展正是为了增加保卫和平的力量,制止帝国主义的战争阴谋,正是为了向共产主义迈进所必需,是一刻也不能松懈的。

(二) 苏联为什么能够以极高的速度来建设

苏联社会主义经济建设之所以能够这样突飞猛进，除了是因为苏联所采取的工业化的方法，是首先着重发展重工业，因而从根本上保证了工业化的速度外，最重要的因素就是苏联人民忘我的劳动积极性和无限的创造性。他们在斯大林同志、苏联共产党、苏维埃政府和工会组织的教育和鼓舞之下，是把完成并超额完成国家的生产任务和建设任务作为自己的第一天职，不论有什么困难，都能努力加以克服。不过，苏联在开始大规模经济建设之初期曾有人看不见社会主义社会的这种优越性，因而带着一种资本主义的保守观点来估量苏联工业的发展速度。1926年苏联共产党代表会议的一个决议中，曾经指出这种错误观点是由于没有看到苏联社会主义经济制度与资本主义经济制度有根本的区别，首先就在于它消灭了主要生产资料的私有制及对整个经济实行有计划的领导。正是由于这一根本区别，苏联经济的发展速度就能大大超过资本主义经济的发展速度。我们必须了解，一个国家经济发展速度的快慢绝不是孤立的、偶然的，而是其整个社会经济制度好坏的最集中的表现。在资本主义社会里，生产资料为少数资本家所私有，生产的果实都为他们所剥夺，广大劳动人民怎么会努力生产呢？那么生产又怎么会飞速地发展呢？再加上资本主义生产，是在各个资本家为着追逐各自的最高利润，互相竞争，互相排挤，根本不可能自觉地按各地区、各部门的供产销的相互需要和一定的比例关系，来进行有计划的生产，这就必然经常发生脱节、阻碍和浪费。特别是生产品为少数资本家所私有，劳动大众日益贫穷，购买力日益降低，资本主义社会的生产就必然要经常因生产过剩而发生经济恐慌。那么资本主义社会的生产又怎么能不遭受极大的破坏呢？它的发展速度又怎么能不大大降低呢？社会主义经济制度，如上所述，与资本主义经济制度正相反，生产资料和生产出来的财富属于劳动人民所有，又完全可以按照客观经济的一定比例关系来进行有计划的生产，因此，社会主义经济就自然可与资本主义经济相反，不断地、无限地、飞速地发展，这就是社会主义经济制度的优越性的显著表现。

为了帮助大家具体了解起见，我再介绍一个实际的例子。在不久前，我们华东曾有纺织工人代表团参观过苏联依凡诺伐城的纺织工厂，其中有一个以列宁夫人克鲁普斯卡娅命名的老纺织厂，今年1—9月都超额完成各个月的生产计划，都逐月得到表扬，但10月却未完成计划，所有工人都非常难过，都感觉到紧张。在苏联经过国家批准的计划就是法律，人民都自觉地视为神圣不可侵犯，只许完成，不许不完成。当我们的工人代表团去参观这个工厂的时候，该厂工人都向我们的代表叙说上面这件事，但他们并不表示懊丧和灰心，他们都在热烈地讨论和研究，为什么10月份不能完成计划呢？原因何在呢？如何迅速地加以有效地克服呢？该厂曾有工人说，这与10月份国家所分配的原棉质量较差或有关系，但极大多数工人都不同意这种说法，认为即使配棉质量较差，问题仍在于事前自己检验不够周密，特别是没有及时发挥足够的主观能动性，想各种办法来补救和克服这一薄弱环节。因此他们都极度严肃地、满怀信心地向我们的代表团表示：他们11月一定能争取重得超额完成任务的胜利和光荣。苏联建设为什么那样飞速地发展？我们可以从这个工厂得到极简明、同时也是极深刻的解答。

（三）如何正确掌握发展速度

根据苏联经济建设的经验，对于经济发展速度亦不能盲目冒进，必须实事求是地稳妥地跃进。对于这一方面，斯大林同志曾有很多英明的指示。譬如1926年他在《论苏联经济形势与党的政策》这一报告中，曾这样指示说："我们有些人有时爱制定空想的工业计划，不考虑我们的资源。人们有时忘记了，没有一些最低限度的财力，没有某些最低限度的后备金，既不可能制作任何工业计划，也不能建设这样或那样'广大的'和'包罗一切的'企业。他们忘记了这些，而跑在前面去了……我们是否需要这样呢？同志们，不，我们是不需要这样的。我们既不需要落后于工业发展的进程，也不需要跑在前面。……"斯大林同志的这一具体指示，我们应该很好地记取，因为我们在工作中不是也有像他所指责的那种"空想"的和"跑得太远"的现象吗？

对于如何掌握发展速度问题，斯大林同志在第二个五年计划开始实施时，又根据另一种情况指示说：在第一个五年计划中，苏联共产党根据当时国内外的情况，实行了加紧速度发展工业的政策，党好像是鞭策了国家，督促它向前突飞猛进。但是对于第二个五年计划，在其开始时，由于第一个五年计划顺利完成的结果，在工业、运输业、农业上已创立了现代新技术的基础，建立了成千累万的拥有新式的复杂技术的大工厂与联合制造机。因此，就需要采取较慢的增长速度，用更多的时间来提高工人和工程技术人员的熟练程度，来获得利用新技术和新技能，以保证在第二个五年计划的后半期开始的时候，无论在建设方面或在工业生产的增长方面，都实行一个新的迅速的跑步。从斯大林同志这一具体指示中，我们可更认识到：不顾客观条件，一味追求经济建设的高速度，或是机械平均地掌握各个时期的经济发展速度，都是不对的、错误的。

以上所述苏联经济建设过程中有关发展速度的各种指示和经验，对于我们国家的建设无疑是有极大教益的。

(四) 我们如何努力来加速今后的建设

我们中国解放三年来的恢复改造工作，也是以奇迹式的速度向前行进的，获得了巨大成绩。但是必须指出：我们国家目前的经济状况比苏联开始建设时还落后一些，工业的基础非常薄弱；另一方面，美帝国主义利用蒋介石的残余势力霸占台湾，拒绝朝中方面和平解决朝鲜问题的合理建议，阴谋继续和扩大侵略战争，严重威胁着我们国内的和平建设。这就迫使国防的物质基础迅速地强大和巩固起来，使国内经济很快地工业化起来，以战胜敌人。所以我们过去三年的工作是紧张的。但为了完成今后更艰难的建设任务，我们还应更加紧张地工作。必须认识到全国大规模的经济建设大踏步地展开以后，从某种意义上来说，其紧张、激烈和艰巨的程度是要超过大规模的革命战争的。特别是为了保证建设的胜利，国家对于计划以及财务的要求会越来越严格。我们必须在毛主席领导之下，发扬革命的优良传统，更加努力学习，更加勇敢积极，更加深思熟虑，更加精打细算。总之，我们要更好和更紧张地工作，才能以更快的速度，来完成今后大规模的经济建设任务。对于这一点，我们现在应该及早作充分的思想准备和行动准备。

三 关于经济建设的布局问题

(一) 合理布局的社会条件

什么叫做经济建设的布局问题呢？这就是一个国家建设厂矿、铁路、公路、水利工程等等经济事业，在地区上应如何合理分布和安排的问题。这个问题处理得好，经济建设的成绩、功效就更大和更有保证，所以也是有关建设的根本问题。

在资本主义国家，要做到经济建设的合理布局是不可能的。因为在资本主义国家里，生产和建设都受少数大资本家追求眼前的高利这一狭隘的目的所支配，一切建设上的打算都跳不出这个狭隘的圈子，同时又必然是盲目的；因此各种建设就往往局限在附近资源或现有交通、煤电等条件比较便利的地区，造成工业畸形集中的不合理状态。在社会主义祖国、在苏联（在我们新民主主义国家也一样），情况完全相反，对经济建设可以有计划地作长远的全面的考虑，做到合理地布局，这也是社会主义和新民主主义优越性的具体表现之一。

（二）合理布局的主要原则

根据苏联建设的经验，在考虑经济建设的布局时，应同时注意下列各个原则：

首先要有国防观点，即要考虑到建设事业的安全问题。因为世界上有帝国主义存在，即有侵略战争的威胁存在，如果没有国防观点，对帝国主义失去警惕，国内的经济建设和发展就将没有保障。

其次要符合经济核算的要求，即新建的工厂要接近资源和原料，产区要接近销区，避免长距离的运输和相向运输。

第三要保持各地区内部一定的平衡性与独立性。这就是说，在一个较大的经济区域内，要做到经济上适当的自给自足，这对经济核算与国防都有必要。

第四要广泛地开展和使用各地的资源，克服各地区之间的不平衡状态，即克服工业畸形地集中于少数地区，大多数地区则长期地陷在落后的状态之中。

所以经济建设的合理布局问题，不仅仅是为了巩固国防，充分利用各地的资源，贯彻经济核算制度，同时也是为了消除城乡对立，加强各民族之间的团结，是含有高度的经济意义和政治意义的。

（三）苏联经济建设在合理布局方面的成绩

旧俄在沙皇统治时期，不但经济落后，工业不发达，而且全国工业的分布也很不合理，几个重要工业如石油、铁矿、机器制造等，都畸形地集中在旧俄的南部和中部。十月革命后到第一个五年计划时期，对于这样一种不合理的分布状况就注意加以改变；特别是到了第二个五年计划开始以后，正如莫洛托夫同志1934年在其《第二个五年计划的任务》报告中所强调指出的，既"第二个五年计划建设纲领中，具有重大意义的，就是建设工程在我国领土上的新布置。建设工程的这种新布置，是要实现两个任务：第一，在过去是极端落后而今后应形成为工业发展的新地区的那些地区，要以全力加强对我国天然富源的利用；第二，要加速发展各落后民族共和国和省份的经济和文化，因为从它们的落后状况中，至今还能看到沙皇殖民制度的遗迹。"这样，苏联经过第二个五年计划的建设，就在东部各地已发现的蕴藏着大量天然富源的地区，创立起新的有力量的工业化基地。第二个五年计划为发展东部新工业化基地所投的资金是巨大的，单就乌拉尔——库兹涅茨克联合工厂的投资便为苏联国民经济基本建设基金的1/4；又全国投入重工业新建设的基本建设总投资，约有一半是用于苏联东部各地（乌拉尔、西伯利亚、巴什基里亚、远东边区、哈萨克斯坦、中亚、南高加索）。因此，在这些地方，就迅速地建立起冶金工业、煤炭工业、石油工业、机器制造业和电气建设等等，在中亚细亚和西伯利亚产棉区，还建立起大批新的纺织工厂。

苏联工业从南部、中部向东部扩展，使东部成为一个新的工业化基地,并且有了发展。这远大的合理部署,在卫国战争中发挥了巨大的作用。由于东部工业基础的稳固,不但保证了工业原料的供应,而且保证了军需,使卫国战争取得了胜利。苏联战后的第一个五年计划,对于苏联经济建设的合理布局问题,也同样是十分注意的,而且获得了更大的成绩。马林科夫同志在其报告中曾总结说:"工业发展的一个重要成果是苏联东部的工业在这个时期中有了飞速的发展,结果我国工业的分布状况大大地改变了。我国东部——伏尔加河流域、乌拉尔、西伯利亚、远东、哈萨克苏维埃社会主义共和国和中亚细亚的各加盟共和国——已经建立起我国强大的工业基地。到1952年,这些地区的工业总产量已比1940年增加两倍。1951年,东部地区的工业产量占苏联全部工业产量的1/3左右,钢和压延金属占一半以上,煤和石油几乎占一半,电力占40%以上。"

从以上事实中,可以看出苏联对于合理布局并贯彻重点建设这一方针是十分坚决的,是值得我们认真学习的。

(四) 我们如何来达到合理布局

目前我们中国已经开始大规模的经济建设,对于布局问题,必预加强注意。特别是我国过去是一个半殖民地国家,原有的一些工业基础都是为了适应帝国主义的要求,便于他们对我国进行侵略和掠夺而建立的。因此就造成畸形地集中于东南沿海地区,远离原料供应与消费地区,并且暴露在国防的前哨站上(这对于帝国主义当然是有利的)。中国原有工业这种极端不合理的分布状况,在过去三年恢复和改造期间,已经初步加以注意,但必须在今后大规模的经济建设过程中才能逐步改变过来。为了在今后经济建设中很好做到合理布局起见,必须:

第一,克服地方本位主义,服从全国的工业布置。即要从全面来考虑问题，克服各地的盲目建设。例如纺织工业，在华东虽有发展基础和需要，但在目前条件下，从全国范围来考虑，发展纺织业就应在其他产棉区，而不应再在华东地区扩大棉纺织业。

第二，要加强资源勘察工作。因为要合理布局，就必须详细了解全国资源的分布状况。在最近召开的全国地质工作计划会议上，陈云主任曾指示："地质事业在国家经济建设中已成了一项最重要的事业了"，"明年地质工作的工作量，比今年要增加十倍至二三十倍，……后年的任务比明年更多，1955年比1954年还会多。"所以他号召全国地质工作者应充分发挥其技术力量，并使这种技术力量迅速增长起来。现在全国地质工作人才为数甚少，绝不宜分散使用。我们必须坚决拥护陈云主任的号召，将各省的地质人才集中到大区和中央去集中使用，以解决主要问题。

第三，要有长期计划的观点。所谓大规模经济建设的布局问题，绝不是孤立的一个厂两个厂的问题，也不是一年两年的问题，而是关联到全国各地和几十年至几百年的大事情。因此要做到经济建设的合理布局，就必须要有长期计划的观点，即必须有一个五年、十年以上以至更长久的远景计划，作为每年年度计划的根据。例如1953年，华东本拟在山东沭河上流安码头这个地方修一个水库，后因考虑到该地地下蕴藏着大量铁矿，将来一定要开采的，就将水库的位置改变了；不然的话，就要造成日后的不合理和浪费。过去三年，我们在实际工作中只接触了季度计划和年度计划，对远景计划还缺乏经验。现在全国大规模的经济建设已经开始，国家计划委员会一定会向我们提出远景计划的要求，我们各省和各部门应即进行各种准备工作。

四　关于经济建设的资金问题

关于这个问题，我在这里只提出下面两点来研究：

(一) 我们的资金来源和节约制度

要进行经济建设，就必须要有大量的资金，这资金从何而来呢？斯大林同志曾经告诉我们说：历史上英国的工业化是靠掠夺殖民地，从殖民地收集了"附加"资本，投入自己的工业，加速了自己的工业化。德国是在19世纪70年代打败了法国，从法国取得50万万赔款，投入自己的工业化。但这两种掠夺的和侵略的方法都是苏联（我们也一样）所不能采用的。还有旧的俄国是靠对英法出让经济权益，取得奴役性的借款（外债），使自己逐渐工业化起来。这条路也是苏联和我们（我们向苏联借款属另一种性质，不可与此混为一谈）所不能采用的，因为这将驱使苏联和我们去当帝国主义的附庸。那么我们是不是就没有资金来源以供应经济建设之用呢？不，我们有我们的资金来源。关于这点，斯大林同志曾有完整的指示，他列举出在自己的国家内部的各种资金来源，如国营工业的利润、折旧金，国营贸易的利润，国家银行所吸收的一部分存款，以及国家预算收入（税收等）的结余等等。事实证明，苏联历次五年计划的巨大建设工程及其巨大成绩，就是靠这些内部资金来源建立起来的。但问题的关键不仅在于指出这些资金的来源，更重要在于对这些资金来源要加以正当的、合理的使用，要有严格的节约制度，使其对国家建设发生最大的作用。关于这点，斯大林同志曾作过极深刻的指示，他说：

"不过事情不限于也不能限于积累而已。还要善于合理地、有计算地支出积累起来的后备金，不要白白花掉人民财力的任何一文,要使积累基本上用于满足我国工业化的重要需要。没有这些条件,我们就要遭受浪费所积累的财力之危险,遭受把这些财力分散于既与发展工业又与推进整个国民经济毫无关系的各种大大小小支出的危险。善于合理地、有计算地支出财力——这是一件最重要的艺术,这种艺术是不能一下子成功的。不能说,我们苏维埃以及合作社的机关,在这一点上,是十分精通了。相反地,所有材料都说明,我们在这方面还差得很远。同志们,承认这是痛苦的,但这是一件不能用任何决议案掩盖的事实,有时,我们的管理机关宛如一个农民,他积累了少量的钱,他不用这些钱去修理犁头,革新自己的经营,却买了一架大留声机,……花光了。我更不用提这些直接浪费积累的后备金的事实,我们国家机关各种机构中大吃大喝的事实,盗窃的事实等等了。"①

斯大林同志在 20 多年前所作的这一指示,对我们今天仍有莫大的教益。我们自遵照毛主席的指示,在机关和国营厂矿企业开展"三反"运动以来,反对贪污浪费行为获得了巨大的成绩,为今后的经济建设奠定了有力的基础。但必须指出:这个成绩还有待我们继续加以巩固和扩大,特别是各种厂矿企业的经营管理方面以及基本建设的计划和设计方面,仍不能合理地和精打细算地来使用资金和管理资金,在继续造成巨大的浪费,负责经办的人员当中甚至还有一些人毫无"痛苦"之感,这些难道不是事实吗?马林科夫同志在其报告中曾说:"我们党过去和现在一直非常注意实行最严格的节约,把节约制度当作创造经济的内部积累和正确利用积累资金的极重要的条件。"接着他指出苏联的行政机关、国营厂矿企业、交通运输部门以及国营农场等等,在厉行

---

① 斯大林:《论苏联经济形势与党的政策》,《论社会主义经济建设》(下册),解放社 1950 年版,第 64 页。

节约这一方面，至今仍有一些缺点，因此他号召大家必须"制止经济方面的负责人员和党组织对于管理不善和浪费现象漠不关心的态度"，"必须根除一切浪费物力、人力和财力的现象。"不用说，这在我们这里，就更有加倍的需要，因为我们现在的浪费现象比马林科夫同志所指责的真不知要严重多少倍。所以我们应该紧接着民主改革运动、"三反"运动和生产改革运动之后，在各种厂矿企业中迅速地推行计划管理制度和经济核算制度，厉行节约，来迎接和保证大规模经济建设的胜利。

（二）什么是我们当前厉行节约的重点

由于我们在生产建设方面的浪费很普遍、很严重，因此我们今天要抓紧从各个环节去厉行节约，这是迫不及待的；同时我们也必须掌握住节约的重点。这里我们提出下列三点，与同志们共同研究。

第一，是原有设备，即原有固定资产的充分利用问题。苏联在开始第一个五年计划之前，对原有设备的利用就已经比较深入和充分。因此当时非待第一个五年计划新建设的工厂参加生产，全国工业生产的发展速度就不能显著前进。我们现在开始大规模经济建设了，但情况与苏联当时尚有不同。我们现有的机器设备（特别是机器制造业和轻工业）还远未达到充分利用的程度，这在我们华东是更为显著的。可是一谈到发展工业，我们很多同志就会立刻联系到建立新的工业，这当然是必要的，而且将来会越来越重要；不过我们现在（特别是现有设备利用率低的部门和单位）尚应特别注意对现有设备的充分利用。在这一方面，我们也必须向苏联学习。苏联在历次五年计划中，都注意将现有生产设备加以改进修建，以充分发挥其作用。例如根据前述华东纺织工人代表团的报告，苏联伊凡诺伐城这一老纱织工业中心以列宁夫人克鲁普斯卡娅命名的那一个老纺织厂（其他老纺织厂也一样），现在运用的机器设备中还有许多是老的机器，但是整个设备经过历年来的不断修配、改进与提高，实质上已经成为一个新型的工厂了，生产效率也非常高。这就是苏联在大规模建设中又同时充分利用并改进现有设备来提高生产能力，加速工业发展速度的一个实例。最近上海国营虬江机器厂在苏联专家的帮助之下，严格查定机器生产能力，改善劳动组织和生产管理，使全厂生产能力可提高3—4倍，这等于节省了三四个虬江机器厂的新建投资。所以充分利用现有设备是我们目前厉行节约的最重要的环节之一。可是我们现在却有不少同志对新建工厂往往过分热心，对充分利用现有设备则缺乏兴趣。我们也有一些工厂常提修建计划，但其中有些是以修建为名，好请上级"上马"，实际上是新投资要比老工厂大许多倍，是企图借此另建新厂。这些都是应当纠正的。

第二，是加强财务管理，消灭流动资金大量积压的浪费现象。华东财委清产核资检查小组下厂工作，发现多数国营工厂对自己库存的物资及财产是心中无数的，对原材料的进出和领发没有一定的管理制度，特别是对生产经营管理具有很大的盲目性和缺乏精打细算。譬如有些工厂不问市场上哪些东西好销，哪些东西不好销，平均主义地生产各种花式的产品，因此造成好销的不足，不好销的过剩。又如对于原材料的消耗量应如何降低，产品的质量应如何提高等等，也不大注意；往往只问产量，不问质量，不问成本。这样，就自然要使成本太高，货色不好，东西推销不出去，物资和资金就要大量积压起来，不能充分发挥扩大再生产的作用，形成极大的浪费。为什么会如此呢？这一方面是由于我们对管理工厂生产缺乏经验，但主要的还是由于我们"重生产、轻财务"的观点在作祟。其实一个工厂的生产与财务，原是统一不可分的，只是由于我们自己工作不深入，不耐心做精打细算的工作，不坚持"搞好生产"这一中心任务，才将它们生硬地割裂开来，使生产遭受损失，使资金遭受浪费。现在华东各国营厂矿都在进行生产改革，我认为为了消灭流动资金的大量积压，节省出大批资金供国家建设之用，从加强工厂财务管理方面切切实实地补上一课，是十分有必要的。

第三，是健全设计工作，克服返工和消灭浪费。我们华东在过去一年多的基本建设工作中，最大的浪费是表现在单凭一时一地的需要和建设热情，盲目地将"财力分散于既与发展工业又与推进整个国民经济毫无关系的各种大大小小的建设"上去，其中有的甚至是不可能建设成功的，或建设好了一时还没有用途的。现在这一毛病已基本上克服过来了。华东基本建设工作中的最大浪费已由"盲目建设"转到"草率设计"这一环节上来。过去由于草率设计甚至没有设计就开始施工，因而造成返工、追工和不断地临时增添项目的各种浪费，为数也是很巨大的。可是直到现在，这点还没有引起我们应有的注意。譬如以1953年的基本建设年度计划为例吧，我们已发现有不少列入年度施工的工程，其年度计划是臆造的，或仅以极不完整的设计文件为根据，这样使得明年就必然要重蹈覆辙，继续制造浪费。为什么会如此呢？人们会回答说："这是由于我们设计力量不足呀！"但是，设计力量既然不足，又为什么要勉强争取多施工呢？又为什么自己不积极地设法多组织、多培养设计力量呢？归根到底，还是由于我们自己对基本建设设计工作的重要性和艰巨性认识不足，对爱惜国家资金、贯彻节约制度的责任心不够强烈的缘故。所以在基本建设工作方面，我们必须在反对盲目建设的基础上，继续开展反对草率设计的思想斗争，来制止基本建设中的巨大浪费。

在目前，为了合理地正确地使用资金，克服浪费，贯彻节约，我们应注意的方面是很多的，以上三点是目前节约的三个重要环节，特提出来以供同志们研究参考。

五　关于经济建设的计划问题

前面指出：苏联社会主义经济和我们新民主主义经济能够进行有计划的建设，能够使整个国民经济计划化，平衡地、有节奏地、顺利地迅速发展，这是社会主义和新民主主义经济制度的巨大优越性。不过使这种优越性充分地发挥出来，还有待于我们主观上的不断努力。

前面曾经指出：我们过去3年工作中只接触到季度计划和年度计划，尚未接触到五年、十年的长期计划，而从1953年起，长期计划就要求列在重要的议事日程上了。同时过去3年国家对于各地区、各部门的计划要求还是很低的，今后的要求将越来越严格，我们对此必须好好努力。

我们怎样来做好这个工作呢？这是一个很新的问题，我在这里只提出下列三点来与同志们共同研究。

（一）要做好计划工作，必须全党动员，大家配合

根据苏联的经验，对计划的统一性和全面性是十分重视的。因为国民经济在客观上是一个极复杂的庞大体系，是密切关联和不可分的。例如农业和工业，生产与商品流转以及运输，经济与财政，生产资料与生活资料生产，生产与消费以及积累，生产与再生产等等之间都必须同时加以计划，使一环扣一环地相互连接起来，才能发挥计划经济的优越性。否则，依然要发生互相脱节、互相抵触、盲目发展等现象。由此可见，要做好计划工作，不但要全党从思想上加以重视，而且要有一套完整的组织，自中

央到地方、到各部门、到各厂矿企业单位，都要有专门的计划机构，而且必须有各个专门的业务机构来配合。如在一个工厂里，除掉有计划科外，还必须有劳动科、财务科、材料科等等专业科来分担劳动、财务以及物资供应等等的计划工作。应当指出：我们过去有些计划是极不完整的，有头无尾的，有此无彼的。例如编好了基本建设的施工计划，但缺乏施工所需要的砖瓦、木材、水泥等物资供应计划；又如编好了商品流转计划，但与工农业商品生产量的计划衔接不起来。为什么会如此呢？这一方面是由于各级和各部门的计划机构很不健全，但应着重指出的，还是由于多数部门和单位未真正做到重视计划工作，没有将现有的人员力量组织起来，经常注意计划工作，因而使计划工作成为应付上级计划报表的突击性的工作，成为少数计划工作人员的案头工作。因而使本部门、本地区的计划工作落后于其他部门、其他地区，妨碍全国的综合，妨碍新民主主义经济优越性的发挥。所以现在是我们及早改变这种情况的时候了，国家大规模的经济建设任务已不容许我们再有迟延了。

（二）要做好计划工作，必须掌握平均先进定额

在马林科夫同志的报告中，大家都还看到苏联在战后第一个五年计划（亦即苏联第四个五年计划）时期内，"政府的许多部是依据生产中的'薄弱环节'来确定企业生产能力的。在计算生产能力的时候，常常采用过低的设备利用率；在确定制成品劳动量定额时，并没有把先进的技术和改进了的劳动组织方法考虑在内。……某些经济工作领导者只顾狭隘的本位的利益，而不顾及国家利益，用提高材料消耗定额以及毫无根据地提高制成品劳动量指标等方法，在降低产品成本的计划中人为地造成'后备力量'……"由此可见，克服保守思想，克服本位主义，克服资本

主义的残余影响，编制先进的计划，提高先进的定额，是一个长期的艰苦的斗争过程，绝不是一下子就能轻易完成的。必须指出：我们计划中的各种定额，距离苏联平均先进的标准，还很远很远，必须好好努力，才能逐渐赶上。

在苏联，计划机关与业务部门经常处在矛盾统一的关系中，即计划机关经常要督促业务部门为提高计划和超额完成计划而奋斗。但这并不是说，计划机关可以高高在上，骑在业务部门的头上，专说风凉话和空话。如果这样，计划机关就会变成十足的官僚机关，为人民所唾弃。计划机关要正确地担负起国家所赋予它们的监督业务部门的职责，除掉应作其他各种努力外，必须运用各种方法，深入地联系实际，联系群众，研究各种平均先进定额（如劳动定额、原材料消耗定额、设备利用定额、产量质量定额、降低成本定额等等）是如何产生的？如何加以推广？因为平均先进定额是生产建设的科学基础，是计划工作的灵魂，必须很好加以掌握。可是在这方面，我们的某些计划工作同志还接触得很浅，为了做好今后的计划工作，我们必须努力学习各种先进定额的各种知识。

（三）做好计划工作，必须要有完整的统计资料做根据

计划是预算或预先安排未来（譬如说一年或五年）的事情，这主要要靠马克思列宁主义的科学理论，根据这个理论来预测和掌握未来的事变和进程。经济计划主要是靠马克思列宁主义的政治经济学，来预测和掌握未来的经济发展过程。但是只凭马克思列宁主义政治经济学还不能编制经济计划和指导经济计划的实施。除掉其他必要的条件不说外，还必须要有过去各年度的经验统计资料，作为分析现有经济发展水平和今后发展趋势等等情况的根据，并从而提出未来计划时期各种经济的发展指标，由重点到全面，由概略到详细，直到制成完整的国民经济计划。同时，在计划实施过程中，由于最完整的计划也不可能做到与客观实际完全符合，所以还必须随时统计计划的实绩，依靠这最新的统计资料来及时发现已订的计划有何缺点、有何问题，并及时加以修订和补救。所以斯大林同志说：计划离开统计是不可想像的。

根据苏联的经验，在一定条件下，有两种估量的方法，常用来初步拟订国民经济计划的控制数字。一种是"固定平衡比较法"。例如根据上一年度的统计资料，基本建设的总工作量中，建筑安装的工作量占65%，因此如下年度基本建设的总工作量假定为2万亿元，即可初步拟定下年度建筑安装工作量的控制数字为1.3万亿元；我们还可以用同样的方法及有关统计资料，拟定出下年度所需砖瓦材料的控制数字。另一种方法叫做"动态关系法"。例如根据统计资料，过去五年劳动生产率每年平均增加10%，如果今后五年条件相近，即可初步拟定今后五年每年劳动生产率上涨的控制数字为10%上下。当然，这两种计划方法必须对已有的统计资料及今后计划时期的条件作缜密的分析，否则机械搬用也会犯严重错误的。但是根据苏联的经验，只要运用得当，是有很大作用的。我们过去在计划工作中亦常使用这种方法，只是我们的统计资料太少，运用得不够正确。由此可见，统计资料的完备与否和正确与否，对计划工作的开展有非常直接的关系。可是我们现在的统计工作也和计划工作一样，尚未引起大家足够的重视，机构组织也还很不健全，统计工作本身的业务建设比计划工作还更差一些。这些都需要迅速地加以改进。

我国过渡时期基本经济规律问题[*]

近一年来，我国出版界对我国过渡时期有无基本经济规律——如果有的话，又是怎样一个规律和起怎样的作用等问题，曾以王学文、苏星、徐禾等同志的几篇文章为起点，展开了一场热烈的争论。按现在已发表的文章看来，争论中意见分歧较大、同时又有研究价值的问题大概只有五个：（1）关于"主要经济规律"和"基本经济规律"的区分；（2）关于过渡社会有无或有什么基本经济规律；（3）关于"追求最大利润"的规律对我国过渡时期的资本主义经济是否适用；（4）关于我国过渡时期的个体经济的规律问题；（5）关于我国过渡时期的半社会主义性质的合作经济的规律问题。《经济研究》杂志约我对以上争论发表意见，我现在先就业已争论到的问题——并先就前述第一、第二问题分别提出我的认识和意见如下。

---

[*] 原载《经济研究》1955 年第 1 期。

一 关于"主要经济规律"和"基本经济规律"的区分

这是王学文同志提出的，他在前后发表的几篇文章中，对"主要经济规律"和"基本经济规律"这两个概念曾有明确的区分，他说：

> ……我所说的"主要的"经济规律并不是"基本的"经济规律。有的同志不顾这种区别，硬要把主要经济规律说成基本经济规律，这是不符合事实的。那么，主要经济规律与基本经济规律有什么区别呢？基本经济规律是决定一个独立的划时代的经济底一切主要方面与主要过程的规律，我所说的主要经济规律，则是决定社会中某一经济成分主要方面与主要过程的规律，也即某一种经济的生产规律与分配规律的综合。①

他以后又**解释**说：

> 在我的文章中，主要经济规律与基本经济规律有着明显的区别，就是从"新建设"上那篇文章的小标题也能看得出来。主要经济规律是说一个经济成分的规律，而基本经济规律则是一个社会经济的规律，这两个规律是不能混为一谈的。但是徐禾同志却看不到这种区别，那是很奇怪的。②

什么叫做"独立的划时代的"经济？什么叫做"一个社会"经济？这无疑是要再加解释，才能完全明白。王学文同志曾作了以下说明：

---

① 《学习》1954 年第 7 期，第 36 页。
② 《学习》1954 年第 11 期，第 36 页。

徐禾同志还指责"独立的划时代的经济"一语"不确切"。马克思说过:"在大体的轮廓上,亚细亚的,古典的,封建的及近代有产者的生产方法是可以表识为经济的社会结构之进展的各个时代",这是我说"独立的划时代的经济"的根据。从马克思这段话,"独立的划时代的经济"的意思是完全可以明瞭的,这对于区别"划时代的经济"与"某一经济成分",因而区别"基本经济规律"与"主要经济规律"是有好处的。①

从以上几段引文中,我所得的认识如下:

1. 王学文同志所称的"主要经济规律"是一种经济成分的规律,但不是该种经济成分的任何规律(因为一种经济成分,包括最简单的经济成分在内,都不会只有一个经济规律,而是该种经济的这一规律——它能决定该种经济的主要方面和主要过程,即决定其实质。它之所以只是"主要经济规律",是因为它所依存的那种经济成分还只是一般的经济成分,还不是决定一个"独立的划时代的"社会形态的那一种经济成分。

2. 王学文同志所称的"基本经济规律",则不仅仅是决定那种一般的经济,而是决定上述那种能决定一个"独立的划时代"的社会形态的经济的一切主要方面、主要过程(即其实质)的规律。

所以,王学文同志所说的"主要经济规律"与"基本经济规律"的惟一区别,是在于和由于它们所依存的那种经济对社会形态起何种作用,简言之:能起到决定一个"独立的划时代的"社会形态的作用,才是基本经济规律;否则,就只是"主要经济规律"。

---

① 《学习》1954年第11期,第37页。

王学文同志这样解释"基本经济规律"并这样区分出"主要经济规律",到底对不对呢?我认为是不对的。甚至我还认为,这可能是由于他还没有完全看清楚斯大林所著《苏联社会主义经济问题》一书的有关章节,因而不去沿用斯大林已经提出的科学术语和解释,并错误地另立了新名词。现将我的认识和理由说明如次:

何谓基本经济规律——这个问题,在斯大林所著《苏联社会主义经济问题》一书中,是已经解答了的问题,他已经替我们下了明确的定义。这个定义是在他论述资本主义的基本经济规律时特地提出的,他说:

> 资本主义的基本经济规律是不是存在呢?是的,是存在的。这规律是什么呢?它的特点何在呢?资本主义的基本经济规律是这样一种规律,它不是决定资本主义生产发展的某一个别方面或某些个别过程,而是决定资本主义生产发展的一切主要方面和一切主要过程,因而是决定资本主义生产的实质、决定资本主义生产的本质的。①

接着斯大林就解释价值规律、竞争和生产无政府状态的规律等等,虽然都是资本主义经济(生产)所含有的规律,但都不是它的基本经济规律。接着斯大林就指出剩余价值规律是资本主义的基本经济规律;同时为了使垄断资本主义(即现代资本主义)的基本经济规律,同垄断前资本主义(即自由竞争时代的资本主义)的基本经济规律有所区别,斯大林又特地提出关于现代资本主义基本经济规律的著名公式,它是剩余价值规律(资本主义一般的基本经济规律)进一步的发展和具体化,而不是同剩余价值规律相对立的。

---

① 斯大林:《苏联社会主义经济问题》第33页,人民出版社1952年第1版。

从斯大林以上的著述中,我们可以明白看出:资本主义经济有许多经济规律,但只有其中的一个——剩余价值规律是它的基本经济规律。因为只有这个剩余价值规律起着决定资本主义生产的一切主要方面和主要过程、它的实质或本质的作用。

对斯大林的以上著述,本文要特别加以研究的只有一个问题:斯大林在上述著作中,只讲到资本主义经济的基本规律和社会主义经济的基本规律,而这两种经济恰巧都是所谓"独立的划时代的"经济。前者是资本主义社会的主要经济基础,后者是目前苏联社会主义社会的惟一经济基础。那么,这是否就是表示:斯大林只认为决定"独立的划时代的"经济的实质的规律可被称为基本经济规律,决定非"独立的划时代的"经济(例如资本主义社会中的个体经济;我国目前过渡社会中的各种经济——包括社会主义和资本主义这两种经济)的实质的规律就不能被称为基本经济规律呢?我认为,斯大林的以上著述是没有这种文外之意的。我认为,从斯大林的以上著述中,关于基本经济规律所能得出的一般定义,简单说来,只是:决定一种经济的实质的规律。因此,一个社会内,如有几种不同实质的经济,就自然会相应地有几个分别决定其实质的基本经济规律;决不能说,只有其中某一个可被称为基本经济规律,其余的只能被称为什么"主要经济规律"。

说到这里,我要着重指出一点:在一个社会内虽然有几种经济就有同该几种经济相对应的几个基本经济规律,但决定该社会的实质、作为该社会的基本经济规律的,只是上述那几个基本经济规律中的一个,其余的就都不是该社会的基本经济规律。因为作为一种经济的基本规律同作为一个社会的基本经济规律,是不相同的两个概念,是不能混为一谈的(对这一点,王学文同志亦是明白见到的)。不过它们对其所依存的经济来说,仍然可称为各该种经济的基本规律;我们绝对不能因此就取消了它们被称为各该种经济的基本规律的资格,将它们改称为什么"主要经济规律",这是既无根据,又无必要的。我现在引证斯大林的另一段教言如下:

> 当人们谈到某一社会形态的基本经济规律时,他们通常是从下列这点出发的:社会形态不能有几个基本经济规律,它只能有某一个基本经济规律(重点是引者加的)来作为基本规律,要不然的话,每个社会形态就会有几个基本经济规律,而这是与基本规律的概念本身相矛盾的。①

为什么斯大林在这里说到社会形态的基本经济规律时,要说只能有某一个基本经济规律为其基本规律呢?那就是因为人类社会的经济基础(除掉原始共产社会与社会主义社会),都不是由一种经济、而是由两种以上的经济构成的,因此它就包括有两个以上的、分别决定那两种以上的经济的实质的基本经济规律,不过其中能作为该社会的基本经济规律的,那只是其中的某一个基本经济规律。所以从斯大林的这一段引文中,我们也可明白看出:决定一种经济的实质或本质的那一种规律,是完全可以被称为该种经济的基本规律,丝毫用不着将它改称为什么"主要经济规律";否则,斯大林在以上著作中,于"基本经济规律"这一概念之前,添上一个形容词——"某一个",就会变成画蛇添足和不可理解了。

说到这里,我还要着重再指出一点:斯大林曾教导我们,每个社会形态只能有一个基本经济规律,否则就同基本经济规律这一概念相矛盾(见前);接着,他并严厉地批评雅罗申柯同志说:

> ……然而,雅罗申柯同志并不同意这点。他认为,社会主义的基本经济规律可以不是一个,而是几个。这是难于相

---

① 斯大林:《苏联社会主义经济问题》第66页,人民出版社1952年第1版。

信的，但这是事实。①

斯大林的这一段批评是很尖锐严厉的，给读者的印象是很深刻的；如果有人不去细心阅读，那也会得出误解，以至不敢说：在一个社会内，有几种经济就可相应地有几个基本经济规律；错误地以为这样说了，就是同基本经济规律这一概念相矛盾的，就是重犯雅罗申柯同志的错误。其实，这是完全不相干的两回事。雅罗申柯同志为什么错误呢？这是因为他列举了社会主义经济的三个基本规律，这同一种经济只能有一个本质或实质、从而只能有一个基本经济规律的原理当然是矛盾的。再者，社会主义社会本来只有一种经济，根本不会像存有多种经济的社会那样发生下列问题——即以其中那一种经济的基本规律，即以其中"某一个基本经济规律"为其基本规律？可是由于雅罗申柯同志错误地说社会主义经济有三个基本规律，因而作为社会主义社会的基本经济规律也就同时有三个而不是一个了，这同一个社会只能有一个基本经济规律的原理当然也是矛盾的。所以斯大林要严厉地批评他。但是，我以上是说：在一个社会内，有几种经济就可相应地有几个基本经济规律；至于作为该社会的基本经济规律的只是其中的某一个基本经济规律。这种说法同基本经济规律的概念又有何矛盾呢？又有什么不清楚呢？又何用将决定某一种一般经济的实质的规律不称为它的基本经济规律、而改称为什么"主要经济规律"呢？

因此，我说：王学文同志那样解释"基本经济规律"，并还分出那样一个"主要经济规律"的概念来，是不必要的，是不对的，甚至我还认为，这可能是由于他还没有完全看清楚斯大林的

---

① 斯大林：《苏联社会主义经济问题》，第66页，人民出版社1952年11月第1版。

以上著述，等等。

此外，我又认为：苏星、徐禾等同志对王学文同志的"主要经济规律"和"基本经济规律"所提出的批评，是文不对题的，而且是以错误去批评错误（请参阅本文第二节）。我认为，这是由于他们也未完全看清楚斯大林的以上著述，同时又未看清楚王学文同志的文章。譬如徐禾同志因为王学文同志列举了我国过渡时期好几种经济的好几个"主要经济规律"，而他所举的我国过渡时期国营经济的"主要经济规律"的内容，又跟社会主义经济的基本规律完全相同（这当然是相同的，因为王学文同志所说的某种经济的"主要经济规律"，正确地说，本来就是决定该种经济的实质的"基本经济规律"），于是就推断王学文同志是说我国过渡社会有好几个基本经济规律（预先指出一下，王学文同志在他的文章中，不仅没有说我国过渡社会的基本经济规律有好几个，而且是说我国过渡社会还不具备有基本经济规律），说他违反了斯大林的教言（即对雅罗申柯的批评）。很明显，徐禾等同志的这一批评是犯了"张冠李戴"的错误，因为他将作为一种经济的基本经济规律和作为一个社会的基本经济规律混为一谈了；也就是说，他将王学文同志所称的"主要经济规律"和他所称的"基本经济规律"混为一谈了。这就难怪王学文同志要批评徐禾同志没有分清他所提出的"主要经济规律"和"基本经济规律"这两个概念的含义。

二　我国过渡时期有无和有什么基本经济规律

在争论中，这个问题的含义是：我国当前的社会是一个过渡社会，它是否也像资本主义社会或社会主义社会那样，有它的基本经济规律？如果有的话，又是怎样一个规律？所以这个问题的讨论对象是一个社会的基本经济规律，而不是某一种经济的基本规律。

在争论中，我认为对这问题曾有不少错误的或混乱的答案，其中值得提出批评的为以下三种答案：

第一种答案，认为我国当前的过渡社会即又称为新民主主义社会，这个过渡时期的经济即又称为新民主主义经济，这就表明这个社会有其独自的新民主主义的基本经济规律。不过抱有（或曾经抱有）这种见解的人从未具体说出它到底是怎样一个规律。这是不足为怪的。因为所谓"新民主主义经济"，并不像资本主义经济、社会主义经济等等那样，是有其独自存在的一种经济，它只是指由这三种基本经济——社会主义经济、资本主义经济和小商品生产者经济在一定的历史条件下所结成的一定的经济关系，一定的经济体系而言。因此，寻找作为一种独自存在的新民主主义经济的运动规律，以及所谓"新民主主义的基本经济规律"，自然会像从客观上本不存在的东西去寻找它的运动规律一样，除掉扑空以外，决不会有其他任何结果。这种错误的意见，现在已经没有人主张了。对于曾经抱有这种见解的人，我们也不要以为他们真有什么唯心的观点，实际只是由于他们缺乏基本的理论知识，没有认真学习毛主席的《新民主主义论》，因而对所谓"新民主主义经济"有所误解而已。

第二种答案，认为我国当前这个过渡社会是有它的基本经济规律的，而且也是认为它另有独自的基本经济规律。这种见解与前述第一种见解不同的地方，在于它不从过渡时期所存在的各种经济之外去找什么"新民主主义的基本经济规律"，而是要从过渡时期的各种经济之间去找这个独自的基本经济规律。实际上，这第二种见解是前述第一种见解的变形。我认为刘丹岩同志就是

抱着这种见解的代表人,他说:

> 过渡时期的基本经济规律,必然存在于这个时期整个经济运动之中,即必然存在于这个时期的各种经济成分的相互联系、相互斗争及其发展变化之中。因此就必须周密地分析这个过渡时期前后内外的全部经济情况及其全部发展过程,经过科学的分析综合,然后才能从其中寻找出它的基本经济规律来。①

接着,他还指出这一基本经济规律的内容如下:

> ……这样,按照斯大林对于基本经济规律的提法,就可以得出这样一个公式来,即:从资本主义到社会主义这个过渡时期的基本经济规律,它的主要特点和要求,可以大致表述如下:用建立和发展社会主义经济在全部国民经济中的领导作用和改造作用的办法,用使社会主义经济迅速增长和不断扩大的办法,来保证社会主义经济彻底战胜资本主义经济并把全部国民经济建成为单一的社会主义经济。②

刘丹岩同志的这种见解是否正确呢?我认为是不正确的。因为:第一,他错误地将我们党根据过渡时期各种经济的实质或本质,根据它们的运动规律,根据过渡时期的基本经济规律等等所制订出来的经济政策,作为过渡时期的基本经济规律(请研阅他所表述的那个基本经济规律);第二,过渡时期的各种经济当然不是孤立的,我们要了解它们和掌握它们,当然不能机械地将它们割裂开来,单凭它们各自本身的规律去了解、去掌握,而必须同时从其相互影响、相互作用中去了解、去掌握。但是问题的基

---

① 《关于我国过渡时期的经济规律问题讨论专辑》,载《学习》1954年11月,第38页。
② 《关于我国过渡时期的经济规律问题讨论专辑》,载《学习》1954年11月,第39页。

点仍然在于先把握住过渡时期各种经济本身的规律,并进而分清哪种经济在力量对比上处于支配地位,并且认清哪种经济的基本规律是该时期整个社会的基本经济规律,然后才有可能把握住它们相互之间的关系和整个社会的发展变化等等。

由此可知:要寻找过渡时期的基本经济规律,惟一正确的途径,同时也是最简单明了的途径,就是分析研究过渡时期存在有哪些不同的经济成分,它们本身各有什么规律和基本规律,哪种经济占支配或统治地位,这样,就可进而辨别清楚过渡时期的基本经济规律是其中的哪一个规律。

第三种答案,认为过渡时期还不具备有其基本经济规律的条件,因而它还没有所谓基本经济规律。明白提出这种意见的是王学文同志,所以对王学文同志来说,问题不是我国过渡时期有好几个基本经济规律,而是一个也没有。同时我认为,在这个问题上,徐禾同志和苏星同志也跟王学文同志一样,是抱着相同的见解。

我着重说明如下:

我国目前还处在过渡时期,还是一个过渡社会,还不是一个"独立的划时代的"社会,还不是一个已经形成的社会主义社会。它基本上包含着三种经济:国营经济——社会主义经济;资本主义经济;个体经济。这三种经济都有它们各自的基本经济规律(王学文同志称之为"主要经济规律")。由于在这三种经济之中国营经济是最强大的(不仅是指它在国民经济中所占的比重而言),它占着支配或主导的地位,因此社会主义基本经济规律就成为(不是将成为而是已经成为)我国过渡社会的基本经济规律。王学文同志也很了解上述国营经济的主导地位和主导作用,但他仍然认为决定国营经济的实质的那一规律只是它本身的"主要经济规律"(即其本身的基本经济规律),还不是他所说的"基本经济规律",即还不是一个社会的基本经济规律,因为这种经

济在目前阶段还不能起到决定一个"独立的划时代的"社会形态的作用。对这问题,王学文同志还有以下解释,他说:

> 由于我国过渡时期经济的复杂性过渡性,"目前还不是一个独立的社会形态",所以,目前还不可能形成"决定某一社会形态生产发展的一切主要方面与主要过程"的基本经济规律。同时,我国经济中有社会主义因素存在,也即有了社会主义基本经济规律作用的场所(也就是适用社会主义的基本经济规律)。我们应该了解:社会主义基本经济规律的作用场所,并不能解释为它就是目前我国决定社会生产发展的一切主要方面与一切主要过程的基本经济规律。因为这是抹杀我国目前社会的过渡性质,看不到"目前还不是一个独立的社会形态",看不到我国现实存在的多种经济成分。这些经济成分具有各不相同的经济条件,它们"生产的目的"与"为达到这一目的所采取的手段"并不完全为社会主义基本经济规律所决定,我们对非社会主义的经济还要逐步进行社会主义的改造,才能扩大社会主义基本经济规律的作用范围。①

王学文同志在这段文章中,在许多文句上特地加了引号,这是不是表示他不同意这些讲法呢?当然不是的。他特地加引号来引用这些文句(即徐禾同志的著作②)是含有加强他的论点的意思,藉以表明就是跟他持有相反意见的徐禾同志也承认基本经济规律是决定一个"独立的划时代的"社会形态的那一种经济的基本规律。

从以上引文中,我们可以明白看出:促使王学文同志否认社

---

① 《学习》1954 年第 11 期,第 37 页。
② 《学习》1954 年第 9 期。

会主义基本经济规律已是我国当前过渡社会的基本经济规律的原因，是他自己对"何谓一个社会的基本经济规律"设下了不正确的界说和要求。兹分成两点说明如次：

第一点说明——在历史上，除原始共产社会为单一经济外，只有苏联目前的社会主义社会为单一经济，即只有社会主义经济（分全民所有制和集体所有制等两种形式），因此决定这一种经济、这一种生产的一切主要方面的基本经济规律，同时也就是决定整个社会生产的一切主要方面的基本经济规律。但绝对不能因此就说：其他含有多种经济的社会（例如资本主义社会）的基本经济规律（例如剩余价值规律），亦是一样地能决定该社会所有各种经济、各种生产（按以上的例，即包括除资本主义生产以外的小商品生产和其他生产）的"一切主要方面"，它的"生产目的"和"所采取的手段"等等。如果这样理解，那就等于将不同社会的基本经济规律的作用情况、作用程度混为一谈了；如果这样理解，那就等于将一种经济的基本经济规律对该种经济的作用，跟作为一个社会的基本经济规律对该社会各种经济的作用混为一谈了。应当指出：斯大林在其所著《苏联社会主义经济问题》一书第32页和35页（中译本）上，当解释资本主义的基本经济规律时，说它是"决定资本主义生产发展的一切主要方面和一切主要过程"的规律，这很明显只是就该基本规律对资本主义经济本身说的（必须分清"资本主义经济或生产"和"资本主义社会的经济或生产"是"内涵和外延"各不相同的两个概念）；因此，当然不能根据斯大林的这一解释错误地引申说：资本主义的基本经济规律亦是一样地能决定资本主义社会的其他种经济，其他种生产的一切主要方面，它的"生产目的"和"所采取的手段"等等。那末，在含有多种经济的社会内，作为该社会的基本经济规律的那一种经济的基本规律，对该社会的各种经济来说，又应起到何种作用呢？我认为：该一规律不但应该对该种经济本身的一切主要方面起决定作用，而且必须是使其他各种经济亦从属于这一基本经济规律而深受其影响（当然要通过相互间的各种形式的斗争）；但它们在未被消灭或改造以前，它们本身的经济规律不可能是完全没有作用的。虽然如此，前述那一种经济的基本规律当仍不失为该社会的基本经济规律。可是王学文同志却不是这样理解的。如果按他的解释，不仅社会主义基本经济规律不能成为我国当前和苏联过去的过渡社会的基本经济规律，就是资本主义基本经济规律也不能——正确地说，而且是更不能——成为资本主义社会的基本经济规律了。因为在资本主义社会内，除资本主义经济外，也还有其他种经济，资本主义基本经济规律对它们虽有支配作用或有深刻的影响，但也不是完全绝对的，而且其程度还弱于社会主义基本经济规律对过渡时期其他种经济的作用或影响。

第二点说明——在多种经济的社会内，只要各该种经济不是势均力敌的，就会而且必然会出现该社会的基本经济规律，这个规律不是别的，它就是其中最强的、占主导或支配地位的那一种经济的基本规律（即王学文同志所说的该种经济的"主要经济规律"）。至于含有该多种经济的社会究竟是"独立的划时代的"——即已形成的社会，还是过渡性的——即还未形成，还不是"独立的划时代的"社会，则是属于另一问题。王学文同志认为"基本经济规律"必须是"独立的划时代的经济"的规律，实在是将两件不相干的事拉在一起。现加解释如下：

在资本主义社会的多种经济中，超支配作用的为资本主义经济，因此，资本主义基本经济规律就成为该社会的基本经济规律。在我国当前过渡社会的多种经济中，起支配作用的为国营经济，因此，社会主义基本经济规律就成为该社会的基本经济规律。而且还可以这样说，后者的依据比前者还更坚固有力。那末，为什么前者已是"独立的划时代的"即已形成的社会，后者为什么还不是"独立的划时代的"社会，即还不能称为社会主义社会而只能称为过渡社会呢？换言之，为什么一定要到后者所包含的其他各种非社会主义经济消灭或改造完了以后，才能成为社会主义社会，才能称为也是一个"独立的划时代的"社会形态呢？这当然不是因为社会主义基本经济规律对过渡社会来说，还起不到基本经济规律的作用（像历史上奴隶制社会、封建社会、资本主义社会所各具有的基本经济规律所起到的作用那样），而是因为社会主义社会的存在条件跟过去任何形式的阶级社会不同，它不能建立在同时有公有制又有各种私有制的多种经济的基础之上，换言之，它必须建立在单一的公有制的基础之上。所以在过渡时期，虽然社会主义经济诞生了，而且日益强大了，它的基本规律已成为整个社会的基本经济规律了，但在各种非社会主义经济基本上还未被消灭或者未被改造完以前，仍然只是一个过渡社会。（我国出版界解释过渡社会时，常只论到它还含有多种经济，我认为这是不够正确的；因为我们不能说，多种经济的社会就都是过渡社会。特此附注一下）。

应当指出：社会主义基本经济规律在过渡时期的作用，并不是一成不变的，而是日益强大、日益发展的，不过同它在社会主义社会所起的作用相比，当然要小得多；因为社会主义社会，社会主义经济不仅变得更强大、更巩固，而且变为惟一的一种经济了，其他非社会主义经济成分那时已被消灭或改造完了。但是，绝对不能因此就说；只有到那时，社会主义基本经济规律才配称为一个社会的基本经济规律。同时，必须指出：社会主义基本经济规律在社会主义社会的整个历史阶段——从形成社会主义社会到进入共产主义社会，也不是起着相同程度的作用。这是因为：

第一，它仍留有资本主义的残余影响，需要继续加以克服；第二，社会主义基本经济规律在集体所有制的社会主义经济中还是不能得到全面贯彻的。否则，就会把社会主义社会的整个经济看做没有矛盾，把它的建设和发展看成不需要斗争。如果这样理解，那当然是错误的。

根据以上所述，我认为：王学文同志之所以否认社会主义基本经济规律为过渡社会的基本经济规律，同时他又那样深思苦虑地提出一个"主要经济规律"的新概念，主要是由于他对"何谓一个社会的基本经济规律"自有一套错误的解释，并为这套错误的解释堵塞住自己再作进一步研究的去路。同时，我又认为，苏星同志也同王学文同志一样错误地认为："过渡时期不是一个独立的社会形态，因此，也不可能存在一个决定全部社会生产一切主要方面和一切主要过程的基本经济规律。"[①] 徐禾同志对于社会主义基本经济规律是否已成为过渡时期社会的基本经济规律，也缺乏明确的解答，在认识上也是含糊的，因而在这一点上，也是接近王学文同志的论点的[②]。

把以上所说的小结一下：第一种和第二种意见，认为我国过渡时期有基本经济规律，但错误地从过渡时期多种经济"之外"或"之间"来寻找这一规律，因此终于找不到。第三种意见知道以上两种意见不对，认为基本经济规律必须是客观存在的某一种经济的某一规律，但对基本经济规律设下了错误的界说和要求，因此，虽然接触到了这一规律，但终于将它抛掉、否认掉。所以按照这三种意见走去，就会有一个共同的结果：我国过渡时期没有基本经济规律，我们在过渡时期的一切政治经济活动，就变成

---

① 《学习》1954年第4期，第14页。
② 《学习》1954年第9期，第39页。

没有一个基本经济规律在指导。这自然是一种十分危险的错误认识。但是所幸的是这次参加争论的同志，不论他们主张前述哪一种意见，在实践上大概又另有一个共同点，就是他们都深深感到，而且都在服从社会主义基本经济规律是我国过渡时期的基本经济规律。因此，我认为，这一次关于我国过渡时期基本经济规律的讨论的任务之一，是先在概念上澄清以上各种混乱的、错误的说法，并将社会主义基本经济规律已是过渡社会的基本经济规律的道理解释清楚，以便更顺利地进一步研究我国过渡时期其他各种经济的运动规律，以及上述基本经济规律和这些规律之间的相互关系，使理论同实践更好地结合起来而为实践服务。

最后，必须说明：我提出以上意见时，当然不能不是肯定的，但绝对不是说，我认为它们都是正确的。由于我的理论水平很低，以上意见很可能是不成熟或错误的，希望能在以后的学习和讨论中得到改正！

厉行节约是胜利完成我国第一个五年计划的重要条件*

一

我国发展国民经济的第一个五年计划（1953—1957年）已经由第一届全国人民代表大会第二次会议通过，它是继中华人民共和国宪法之后的又一历史性的重要文件。它是全国人民建设社会主义的伟大的行动纲领。这个计划的基本任务有三：（1）建立我国社会主义工业化的初步基础；（2）建立对农业和手工业的社会主义改造的初步基础；（3）建立对私营工商业的社会主义改造的基础。这三个任务是互相结合的，其主体是为国家社会主义工业化建立初步基础。

为了建立我国社会主义工业化的初步基础，计划规定必须集中主要力量进行以苏联帮助我国建设的156个建设单位为中心的、由限额以上的694个建设单位组成的工业建设；同时为了配合这个工业建设，计划规定还必须相应地在交通运输、城市建设、农林水利等方面进行许多重大的建设。不用说，为完成这样

---

* 原载《学习》1955年第8期。

大规模的基本建设任务，是需要先投下大量的资金的（计划规定为427.4亿元），而且要在很长时期以后才能收回这批投资。因为以上重大建设工程大多为重工业工厂、矿山、铁路、大型水库等等，每一建设工程的投资动辄数千万元以至十数亿元。同时，每个工程从勘察设计到施工建成；至少需要3—5年以上的时间，从开始投入生产，到全部投资通过折旧和积累的形式收回来，又要10年或20年以上的时间。因此，我国第一个五年计划所列的以上重大建设工程所需的大量资金（按其实物形态说，则为建设所需的机器设备、钢筋、水泥、木材等等，以及参加建设的千百万职工所需的生活资料），在五年计划期内几乎是一笔纯支出（即只有支出，没有收回），它只有当我国全部工业和农业在五年计划期内所生产出来的财富，除去补偿在生产过程中消耗掉的生产资料和供应全国人民的和国家机关的各种消费以外，还有大量的结余——即积累，才能得到平衡和解决。否则，前述为我国社会主义工业化建立初步基础的156项或694项的工业建设以及其他等等，就会落空，我国第一个五年计划就有不能实现的危险。所以，这个资金问题、这个积累问题，我们全国人民必须用大力来解决。特别是我国经济目前还是以小农经济为主，生产率不是很高的，因此就更需要用大力来解决这个积累问题。

二

怎样解决呢？基本方法是靠我们自己动手，厉行节约：一是用节约办法来增加生产，二是用节约办法来适当减少消费。这两者都可以使积累增多起来；因为生产、消费和积累之间是有互为消长的比例关系的。

增加生产不同于扩大生产设备，它是在原有的生产设备规模上实现的。譬如原来为一个煤井，从事生产的工人为1000人，年产煤50万吨（以上数字是假定的）；现在增为两个煤井，从事生产的工人为2000人，煤的年产量为100万吨，这种现象是扩大生产设备，它当然会相应地扩大积累而有助于建设；但它本身是以已有一定量的积累并已变成新的固定资产（煤井等等）为前提的，而这正是我们前面所提出的和要解决的问题。因此，在第一个五年计划期内，要解决前面所提出的资金问题、积累问题，当然不可能寄托于新的厂矿建成以后的扩大生产，基本上只有从现有的生产基础出发，用改进生产技术、改善劳动组织、提高工人的文化和技术水平、加强计划管理等办法，来提高现有工人的劳动生产率和现有设备的利用率，提高产品质量，减少原材料消耗，降低成本……总之，就是必须在生产中、在交通运输中，以及在基本建设中和商品流转中，通过以上各种办法，厉行节约，做到用较少的人力物力来完成原来同样多的生产、建筑等任务；或用原来同样多的人力物力来完成更多的生产、建筑等任务。社会主义企业不同于资本主义企业，它是最节约的；因此，我们现有的国营企业是应该而且有可能用节约的办法，为国家积累更多的资金，用来建设新的煤矿、电站、钢铁厂、拖拉机厂等等。

消费（不包括生产性的消费），有属于个人的消费，如衣、食、住、行；有属于公共性的消费，如国家为人民修建街道、卫生设备、医院、电影院和托儿所等等，这些都是为人民的消费服务的。我们生产的目的是为了消费；我们建设工厂，实行社会主义工业化，其目的就是为了扩大生产，提高人民的物质和文化生活水平，即为了过美满的社会主义生活。但必须等到生产提高了，社会主义工业化实现了，我们才有可能实现这美满的社会主义生活。如果我们不先在个人消费和公共消费方面厉行节约，以扩大积累，而将仅有的一点积累也都花费掉，那就不可能有美满的将来。苏联人民现在已过着幸福的社会主义生活，当然是很令人羡慕的；但是必须记住，苏联人民在为实现国家工业化而斗争的时期，曾经"甘愿担受牺牲，在各方面实行极端节省，节省饮食、节省教育经费、节省布匹，以求积累创立工业所必要的资金"①，并没有在那时就讲究什么"现代化"的生活水平或社会主义的生活标准。我们必须记取苏联社会主义建设的这一经验，我们必须发扬中国共产党艰苦奋斗的革命传统，一面要在生产增长的基础上，逐步改善人民的生活，一面必须动员人民厉行节约，适当减少消费，以便多买公债多储蓄，为国家扩大积累和加速社会主义工业化。这既照顾到人民眼前的利益，同时也符合人民长远的利益。

我们的国家机关是为组织和保卫社会主义建设所必需的，但其一切开支本身，包括人员的工薪、办公费用等等，都是非生产的消费，都要从每年工业、农业生产出来的财富中扣除出去，所以这种消费愈大，积累就愈少。毛泽东同志早在1950年就指示我们说，要使中国经济根本好转和有计划地进行经济建设，需要三个条件，其中之一就是要大量节减国家机构所需的经费②。这就是说，我们必须节减这种非生产的消费，才能扩大积累的比例，才能有更多的钱来建设重工业。当然，所谓大量节减国家机构的经费决不是不保证最低限度必需的经费；同时，节减的方法，主要是严禁铺张浪费和削减不必要的杂支，以及精简上层的多余的行政人员去加强基层的行政机构，或者转到工矿企业中去参加生产，绝不是一减了之。

---

① 斯大林：《在克里姆林宫举行的红军学院学生毕业典礼大会上的演说》，人民出版社1953年版，第2页。

② 参看毛泽东《为争取国家财政经济状况的基本好转而斗争》，人民出版社1953年版，第5页。

以上就是我们解决资金问题的根本方法。

三

现在要问：用厉行节约的办法，来增加生产，适当减少消费，扩大积累，并从而解决我国第一个五年计划所需的大量建设资金，究竟能否实现呢？我们根据过去两年的事实，深信只要我们很好努力，那是完全可以实现的。据初步统计，过去两年已完成五年基本建设计划的32％，加上1955年的计划任务，就有可能达到57％，而且每年的财政收入除保证以上建设外，还有结余。这证明我们可以用自己节约的办法，来动员和扩大我国内部的积累，来保证我国第一个五年基本建设计划的实现。

为什么我们能够用节约的办法来解决积累和资金问题呢？这是因为社会制度改变了，我们已处在向社会主义过渡的时期；过去为帝国主义和地主、买办阶级所掠夺的劳动果实现在都归劳动人民所有了，劳动人民都为他们自己的利益而生产了，他们有巨大的创造性和积极性，会想各种办法来提高劳动生产率和设备利用率，提高产品质量，减少原材料消耗，降低成本；他们会自觉地将厉行节约作为重要的制度来遵守，同一切浪费的罪恶行为作斗争。同时，在过渡时期，社会主义经济已占据领导地位，国民经济有计划发展的规律已通过长期的和年度的国民经济计划而发生巨大的作用，这就创造出比以往一切生产方式都更加节约生产资料和劳动的可能性。因此，节约制度就成为我们发展生产、扩大积累的重要杠杆。在生活消费方面，劳动人民和全国人民由于政治觉悟日益提高，也深刻认识到眼前的利益应该服从长远的利益，局部的利益应该服从整体的利益，这就是国家的积累得以对照着消费的合理节约而日益增长的可靠基础。

不过同时也应指出：过去两年多来，也有许多违背节约原则和严重浪费的现象，近来各地报纸已经不断地加以揭发。归纳起来，这类严重的浪费现象如下：（1）在基本建设方面，主要表现在非生产性的建筑如办公大楼、礼堂、剧院、车站、宿舍等，有许多是标准过高和豪华不适用的；此外又表现在工业等生产性的建设——特别是重点建设工程中常常有大量的窝工、返工以及积压大量的建筑材料和设备的现象。（2）在经济企业方面，主要表现在原材料消耗过多，优材劣用，大材小用；废品次品率高，质量低劣；以及非生产人员和杂费开支过多。（3）在国家机关方面，主要表现在人员过多，工作效率不高，以及有些生活标准（如汽车、宿舍、地毯、沙发的使用和分配）定得过高。以上严重浪费的现象正在破坏我国内部积累的源泉，增加资金不足的困难，如果不及时加以克服，那就可能使我国第一个五年计划有完不成的危险。

为什么两年多来又有那许多严重的浪费现象呢？首先是由于实际负责领导经济、生产工作、基本建设工作、国家机关工作、群众团体工作的干部中，曾有一部分人为全国革命的胜利冲昏头脑，为过去三年经济恢复和二年经济建设的成绩所迷惑，忘记我国目前在经济上还是很落后的，积累的比例还是很小的，家底并不大；他们错误地以为同重要厂矿有关的非生产性的建设如宿舍、饭堂、礼堂、托儿所以及城市建设等等，也都可以而且应该同重要厂矿本身一样讲究现代化和向苏联今日的社会主义标准看齐（对重要厂矿建设本身是可以而且应该这样要求的）。这不仅严重地浪费国家资金，而且严重地脱离群众，严重地有碍工农联盟。其次，由于在以上干部中还有不少人缺乏经济观点，他们只注意完成任务、完成工作（这是好的），但不注意花了多少人力、物力和财力。这就是说，他们对节约制度的重要性，对节约制度和社会主义建设有鱼水一般的密切关系，还认识得极其不足。他们没有认识到节约制度是我们必须贯彻的经营管理方法。而浪费是我们绝对不能容许的。因此，他们对厉行节约，反对浪费，就错误地以为自己可以积极，亦可以不积极；可以抓紧，亦可以放松。不用说，节约是不能光凭空喊的，节约是要有具体的措施和具体的规定的：例如我们目前要提高机械厂的现有设备利用率，就得设法克服试制新种类产品的技术困难；我们要减少工业生产和建筑安装中的原材料消耗，就得根据本国的实际资料，定出先进的和可行的消耗定额；我们要克服基本建设中的窝工、返工现象，就得预先检查出从设计到施工这整个过程中的薄弱环节，并定出具体的克服办法，以及其他等等。同时，不用说，要做到这一切，负责领导生产、基本建设工作的干部本身必须有相当的经验，这当然不是一下子就能完全得到的，因此，有些浪费现象也就难以立即克服下来。但是目前的问题不在这一方面，而在于不少负责领导生产、基本建设工作的干部对厉行节约，克服浪费，还没有认真地行动起来，还没有把它作为自己的重要职责之一，而只是随便地响应一下或应付一下。他们甚至还庇护浪费，说浪费一点是"小事情"；或者本位保守，对国家多要钱，少缴款。不用说，在这样的想法和做法之下，浪费现象自然会发展起来。此外，在国营企业中、在国家机关中，还有一些干部受到资产阶级思想的侵蚀：他们或者讲究排场，贪图享乐；或者贪污腐化，丧失革命立场，这亦是浪费现象得以趁机滋长的一个原因。

所以，我们一方面是可以完全有信心用自己动手和厉行节约的办法来解决建设资金问题；同时我们在工作中也是有浪费的漏洞和缺点的。我们必须展开反浪费的斗争，来巩固我们积累的源泉。

四

浪费同社会主义是水火不相容的。毛泽东同志曾称浪费为"旧社会遗留下来的污毒"[①]。三年前全国进行"三反"运动时，它曾被全党和全国人民狠狠地整了一下，可是这两年来它又复活和滋长起来，而且还侵蚀到了基本建设的事业中来，这是非常值得警惕的。现在党中央和国务院已向我们发出号召，要求我们开展全面的深入的节约运动，来克服目前的各种浪费现象，为国家积累更多的资金，保证我国第一个五年计划的胜利实现。这是一个光荣的迫切的政治任务，我们必须采取各种办法和运用各种力量来完成这一任务。

鉴于浪费的滋长是很容易的，节约的贯彻是很困难的；同时又鉴于这一次的节约和反浪费运动，除掉涉及个人生活和机关生活以外，主要是以基本建设、工业生产以及其他经济、文化事业为对象，因此，领导上指示，这次为了推动节约，制止浪费，除掉加强政治动员和政治责任心外，同时还必须有具体的规定和持久的办法。现在各地和各部门已经在开始根据领导上的指示，拟订具体的有效的节约方案。在这里，我认为，强调指出经济核算制度和财政监督制度，以及它们同节约制度的关系，是有十分必要的。

经济核算制度的意义在于：每个实行经济核算制度的企业（包括建筑安装企业）有它自己的固定资产和流动资金，有一定的计划，在经济上有相当的独立性。计划完成得不好，其负责人

---

① 参看毛泽东主席在中央人民政府1952年元旦团拜时的祝词，载《新华月报》1952年1月号。

要受到国家一定的批评甚或法律制裁；计划完成得好，其负责人和整个企业可以得到国家一定的鼓励和奖金。这样，每个企业不但会从政治上，而且还会从经济上、物质利益上来自觉地厉行节约，反对浪费。所以经济核算制度是贯彻节约制度的强大杠杆。

财政监督制度的意义在于：每个国营企业通过它的生产财务计划，都同国家预算和银行信贷发生一定的法律关系，即每年要分季分月上缴积累（利润）给国家预算和从国家预算得到某种拨款的关系，以及可从银行得到若干贷款和到期必须归还贷款的关系。这些关系必须由各该企业按月按季完成计划（这个计划当然要按节约的精神来编制）才能顺利进行；否则，各该企业或者会因为得不到计划所列的拨款或贷款而备感困难，或者还会因为不能按时缴款或归还贷款而受到处罚，以致进法院。必须这样，财政部门和银行才可以对国营企业实行预算监督和信贷监督，总称为财政监督（苏联又称为卢布监督，意思是指通过货币关系或形式来进行的一种监督）。这样的财政监督制度又是促使每个企业贯彻经济核算制度的强大杠杆，从而也是贯彻节约制度的强大杠杆。

我国目前多数国营企业（包括中央国营在内）尚未认真贯彻经济核算制度，许多企业的负责人对国家的关系还是过去的"供给制"关系（这在过去是有贡献和正确的）或"半供给制"关系。换言之，即单凭政治责任心来管企业（这是很重要和仍然必需的，但对管理现代化的社会主义大企业是远远不够的）；至于在经济上，完成计划则有奖，完不成计划则仅批评了之或不了了之，这是"半截头"的经济核算制。财政监督制度在我国目前就贯彻得更差：所有国营企业，除掉一小部分基本建设单位外，几乎全部受不到财政监督。而且还有若干财政制度（如现行利润上缴和分成办法）和若干信贷制度（如国营企业间目前可以互有商业信用）对财政监督制度的推行还有妨碍。目前还有这样一种观点，说我国国营企业还不具备认真实施经济核算制度和财政监督制度的条件，在经营管理上只好"自由放任"一些或"仁慈"一些。这种观点，当然是留恋过去的落后、保守观点。我们必须反对这种观点，我们必须积极设法改变以上情况，使经济核算制度和财政监督制度能够有步骤地和真正地贯彻下去。

节约制度、经济核算制度和财政监督制度，是社会主义经营管理的一套重要方法，它们是相辅而行的，它们是扩大社会主义积累的一组有力的杠杆。苏联曾经有效地利用了这一套方法，再加上其他措施，克服了它建设初期以及后来几个五年计划期间的资金困难。我国第一个五年计划需要大量的建设资金，这是一个极其艰巨的积累任务。我们应该努力学习苏联建设社会主义的经验，学习它的这一套方法，并把这一套方法积极地贯彻到实践中去，为扩大内部积累，保证我国第一个五年计划的胜利实现而奋斗。

关于唯物史观的一个经典公式的研究[*]

一　问题

1884年，恩格斯发表他的名著《家庭、私有制和国家的起源》；那是他为执行马克思的遗言而写的。在该书第一版的序言中，恩格斯对他们二人所创立的历史唯物主义[①]理论，曾作了一个经典公式的说明如下：

> 依据唯物主义的理解，历史上的决定要素，归根结蒂，乃是直接生活底生产与再生产。不过，生产本身又是两重性的：一方面是生活资料食、衣、住及为此所必需的工具底生产；另一方面是人类自身底生产，即种底蕃衍。一定历史时代及一定地区内的人们生活于其下的社会制度，是由两种生产所制约的：即一方面是劳动底发展阶段，另一方面是家庭底发展阶段。劳动愈不发展，其生产品底数量、从而社会底

---

[*] 原载《哲学研究》1957年第5期。
[①] 我国过去译为"唯物史观"，也很恰切；俄国普列汉诺夫当初为对付沙皇的检查官，曾称为"一元论历史观"。

财富愈有限制,则血统纽结对于社会制度底支配影响便显得愈强烈。然而,在以血统纽结为基础的社会底这种肢分中,劳动底生产率却愈来愈发展起来,随之私有制与交换……的新的社会成分也愈来愈发展起来;这些新的社会成分在几世代中竭力使旧的社会体制适应于新的情势,……新的社会便取它而代之,并组织成为国家,这种国家底基层结合已不再是血统的结合,而是地域的结合了,在这种社会里面,家庭制度已经完全地服从于所有权关系了,……①

这个公式的意思是说:在原始社会阶段,社会制度是由两方面条件决定的:即一方面既由物质资料的生产条件所决定,另一方面也由人本身的生产条件——人口的繁殖条件来决定。

恩格斯的这本名著,我国在1930年就有一个译本②;在这以前,我曾看到日本经济学家河上肇教授对上述公式的批评,他说:

> 由上面一文(引者注,即前引的序言)看来,恩格斯所谓真实生命③的生产,是指维持人类的生命,又所谓复生产④,是指人类生命的复生产,就是子孙的生殖。这样看来,所谓左右历史的根本条件,虽然仍旧概括在"生产"一语里面,——在表面上还维持着一元论的体裁,其实所谓生产的意义,比所谓物质的生活资料的生产,广漠得多了。所

---

① 恩格斯:《家庭、私有制和国家的起源》,人民出版社1954年版,第5—6页。

② 最早系统介绍他这本书的内容的著作,据我所知,是我党早期领导者之一蔡和森同志所编写的《社会进化史》(未涉及上述序言),该书对北伐时期的中国青年很有影响和帮助。

③ 即"直接生活"一语的另一译法。它是指人类的物质生活而言,以与派生的或第二义的精神生活相对待。

④ 现在译作"再生产"。

以马克思的史观的特征——就是他的一元的性质,算是完全破坏了。

接着,河上肇教授又说:

马克思所认为历史之一元的动力的生产力,是否如恩格斯所主张,包含有人类"生命之复生产"即子孙之生殖一层,这是关于生产意义上的最后的疑问。我以为……他所认为历史之一元的动力的,则明明是指着物质的生产力。……人类本身的生产(即人口的繁殖),当然不含在里面,这大概是没有疑义的。①

那时,我对这些评述还是非难辨;现在认为:说"物质生产"或"物质生活资料的生产"不包括"人类本身的生产"在内,这不但是"大概"无疑,而且是确实无疑的;至于说恩格斯的以上论点已经破坏了马克思的"一元论历史观",那倒是大有问题的(详本文第二节)。

1943年,苏联经济学者列昂诺夫同志在《在马克思主义旗帜下》(七八两期合刊)所发表的《关于讲授政治经济学的几个问题》一文中,对恩格斯的以上论点,也提出类似的批评,说它是错误的;这是我在全国解放后才看见的。他说:

……恩格斯在《家族、私有财产及国家之起源》一书序文中的一个著名的意见:这个意见说,在文明之前的时期中,社会制度既由物质生活品的生产条件所决定,同时又由人本身的生产的条件,这就是说由家族的形式来决定的。而实际上,历史唯物论的基本法则,认为人的生产关系是由人们在社会发展的某一特定阶段所支配的各种生产力的特质来

---

① 河上肇:《唯物史观研究》上篇第三章,何蓥龄译,见商务印书馆1926年出版的《唯物史观研究》(这是若干篇译文的汇编),第53—54、60页。

决定的。……

上面所举出的恩格斯的这个错误的意见，和马克思以及恩格斯本人许多非常明显的指示是相矛盾的，这些指示说：生产关系的基础，只是生产力的发展。并且这个错误的意见，丝毫都没有为恩格斯在这本著作中所包含的关于原始社会发展的具体分析所加以证实过。

因此，我们就没有任何理由放弃马克思和恩格斯两人所提出的史的一元论的观点，即使是在原始公社制度的问题上，拿二元论的观点来代替一元论的观点也是错误的。①

按我看来，列昂诺夫同志这一批评也可能是大有问题的。以后，我又看到苏联马克思、恩格斯、列宁研究院为恩格斯上述一书所作的序言（这个序言，可能是1947年或这以前写的），其中也有以下批评：

……必须指出恩格斯在本书第一版序言中一个不精确的地方，这个不精确的地方对于各种物质生活条件在社会发展中的作用的问题可以产生错误的观点。……家庭是不能与劳动、与作为社会发展底决定原因的物质生产相提并论的。显然"人类生产"过程中两性之间的关系，或种底蕃衍，是在这样或那样制约着社会底发展，因为它们构成了社会物质生活底必要条件。但是人们物质生活底主要的、决定性的条件，决定社会整个面貌（也包括两性间的关系，家庭及婚姻底形式在内）的条件，乃是谋得生活资料底方式，人们生存及其种底蕃衍所必需的物质资料底生产方式。……②

---

① 译文见解放社1949年出版的《政治经济学》（干部必读），第410—411页。如果这段译文无误，列昂诺夫同志在这段评论中，把社会生产关系和恩格斯在序言中所说的"社会制度"完全等同起来，应该是概念上的一种混乱。

② 恩格斯：《家庭、私有制和国家的起源》，人民出版社1954年版，第3页。

此外，苏联马克思、恩格斯、列宁研究院在《马克思恩格斯文选》（两卷集）中对恩格斯上述一书所加的一个"编者注"（这个注可能是1952年或这以前写的），又提到以上批评，并且说在"《家庭、私有制和国家的起源》一书的本文中，恩格斯根据具体材料的分析，表明了物质生产方式是决定社会及社会制度发展的主要因素"①。这两个批评在内容上是一样的，而与列昂诺夫同志的批评的不同之处，是反驳的理由有不同，但是都肯定恩格斯的上述论点"不精确"，换言之，即有毛病或错误；又肯定恩格斯在家庭、私有制和国家的起源"一书的本文中并没有论证他的论点。据我看来，这两个批评也可能是有问题的。

以上著作和评论（河上肇的除外）在我国已传播很广，是值得我们重视和仔细研究的。我现在不辞浅薄和冒昧，把以上问题提出来，并谈谈自己的认识。

二　我的理解

对马克思主义的唯物史观理论，本文不能、同时也不需要作较完整的阐述；我认为，只需要着重说明所谓唯物史观的"唯物"这一范畴的含义，并澄清其中的两种误解，就足以解决问题。

大家知道，历史是有理性、意识和意志的人们自己创造的，人类思想对历史的创造有很大的能动作用。历史唯物主义从不否认或轻视思想在历史中的作用，而且只有历史唯物主义者才真正自觉地发挥了人类思想在历史发展过程中的巨大作用。历史唯物主义和历史唯心主义的真正的区别，在于对人类历史发展过程中

---

① 《马克思恩格斯文选》第2卷，人民出版社1958年版，第170页。

为什么有各种不同的思想、意志和要求，从而创造出各种不同的社会制度等问题，两者有截然不同的看法或认识。历史唯物主义认为，人类的思想、意志等等是以客观事物（社会存在）为依据，前者是后者的反映（随着社会发展程度的不同，这种反映当然有本能的、半自觉的和自觉的等等区别），而不是无根无据地凭空产生出来的，故称唯物史观。历史唯心主义则相反，它认为历史决定于历史人物、英雄、帝王的"自由意志"和活动，否认人们的思想、意志对社会存在的从属关系，故称唯心史观。马克思曾用极简明的公式来区别它们：即凡承认社会存在决定社会意识的，就是历史唯物主义；相反，凡主张社会意识决定社会存在的，就是历史唯心主义。

对以上道理，现在大家都很明白了。本文要着重说明的问题是：所谓唯物史观的"物"，即决定社会意识的社会存在，到底是何内容？是怎样一些客观事物？它们内在的相互关系又怎样？大家知道，在马克思主义文献中，上述客观事物——社会存在，又常常被表述为"物质生活关系"或"社会物质生活条件"。讲到"社会物质生活条件"时，人们就会联想到社会生产力和生产关系。这是有道理的，因为它是人类历史的主轴。但是有些人就联想到此为止，以为"社会物质生活条件"就只是社会生产力和生产关系。这就不完全恰当了，就带有若干片面性了。这是我们要防止或澄清的第一种误解。如果唯物史观的所谓"物"的含义仅仅如此，那么它就不是唯物史观，而多少会像反马克思主义者所曲解的那样，变成"经济史观"或"经济唯物史观"了（详本文第三节）。

对上述"社会物质生活条件"（社会存在），斯大林在他的通俗著作《辩证唯物主义和历史唯物主义》一文中，曾有相当完整的解释。他先发问说："从历史唯物主义观点看来，究应把归根到底决定社会面貌、社会思想、观点和政治制度等等的'社会物质生活条件'，了解为什么东西呢？"接着，他就指出："环绕着社会的自然界，即地理环境……是社会物质生活所必要的和经济的条件之一，而且无疑是影响到社会底发展。"同时他又指出人口的增长，居民密度的高低，当然也包含在"社会物质生活条件"这一概念中，并指出它也能"影响到社会底发展，促进或延缓社会底发展"。① 这就是说，所谓唯物史观的"物"，是既包括物质资料生产的因素——生产力和生产关系，也包括社会的自然环境、人口增殖（即人类本身的生产——人种的繁衍）等因素。历史唯物主义者对历史作唯物的观察和分析时，原来是应该和必须考虑到各种有关的社会物质生活条件，而不应和不能以"生产力和生产关系"为限的；虽然生产力和生产关系同其他社会物质生活条件相比，始终是其中主要的决定的条件（特别是在原始社会解体以后）。这里应该特别说明一下：上述社会物质生活资料的生产，是不能被误认为就是社会物质生活条件的别称，因为它只是后者的一个最重要的构成部分。我认为，分清上述"唯物"的含义，并消除以上片面性的误解，是正确理解恩格斯的上述公式的第一个关键。

其次一个关键，我认为是更加重要的，那就是我们必须十分确切地分清：人类本身的生产（即种的繁衍）对原始社会的作用和对以后各种社会的作用，特别是对原始社会的家庭制度（务请注意，不是整个原始社会制度②）的发展变化的作用。对这个问题，本文要特别着重说明一下。

---

① 参阅斯大林《列宁主义问题》，人民出版社1955年版，第705—706页。
② 因为原始社会制度还包括像原始社会公有土地和平均分配生活资料的制度，这些不是由人类本身的生产（种的蕃衍）决定的，而是由当时物质生产领域的生产力状况决定的。详后。

所谓人类自身的生产，当然不是物质生活资料的生产，它的"产品"为人本身，它直接关系到人口增减的变化和体质强弱的变化（即种的繁衍）。影响这一生产的因素有属于社会的，亦有属于自然或生理的。例如我国全国解放以来，由于社会生产关系的改变和生产的发展以及生活的安定、文化卫生的提高等原因，人口增值率比国民党反动统治时期有所提高，这就是社会经济因素对人类本身的生产的影响。同时，子女的生育和他们体质的强弱，很明显也受他们的父母辈的交配关系的制约。这就是说，如果我们人类一直和我们原始时代的远祖们那样群体杂交（最先甚至不分老幼辈），那么我们人种就一定不可能繁衍和进化到后来和现在的样子（其他生物、动物亦然；首先从科学上阐明这一问题，是达尔文的功劳）。这就是人类本身的生产同时也受自然因素、生理因素的支配。人类自进入对偶婚和一夫一妻制以后，影响人本身的生产的因素，主要为社会因素。但是这也不是说，自然生理因素就完全不起作用了；这只是说实行一夫一妻制以后，自然生理因素的作用已经发挥得差不多了，但是仍有作用，它至少与社会道德因素一起，制约着我们不能开倒车。而且我们还很可以这样预想：将来全世界革命成功和随着统一的国际语言的逐渐形成，现在各国的民族那时可以更频繁和更方便地往来了，人类的体质和天资，一定会随着那时在扩大的人种基础上的新的一夫一妻生活的实现，而出现一个新的高涨时期。

以下再讲人本身的生产对社会发展和社会制度的关系。人是社会的基本生产力，所以斯大林说："人口底增长当然影响到社会的发展，促进或延缓社会底发展。"（见前）这种影响是对任何社会都存在的；它对原始社会表现得更强烈一些，因为那时的社会的另一生产力（生产工具）非常落后。斯大林说：人口增殖"对于社会发展的影响不能是决定的影响，因为人口底增长并不能给我们说明为什么某个社会制度恰巧要由一定的新制度来替代，而不是由其他某一个制度来替代；为什么原始公社制度恰巧是由奴隶制度所替代，奴隶制度恰巧是由封建制度所替代，封建制度恰巧是由资产阶级制度所替代，而不是由其他某一制度所替代。"所以，"人口的增长不是，而且不能是在社会发展过程中决定社会制度性质，决定社会面貌的主要力量"。① 斯大林的这些话对不对呢？我认为是对的，而且是对马克思主义唯物史观的很好的阐述。那末，我们能不能够根据斯大林的这一段话，来批驳恩格斯的那个论点、那个公式呢？我认为，这是不能够的。因为，它们很明显各有主题，各有范围，是讲两个不相同的问题，因而是不矛盾的，我们不能把它们混为一谈；这是我们要防止或澄清的第二种误解。必须了解，斯大林在上面那段话中，是对人类社会的发展作总的概括的分析，人本身的生产当然不可能是决定人类社会（包括原始社会）的面貌、变化的主要力量。恩格斯在《家庭、私有制和国家的起源》这一著作中，是要进而专门说明：（1）在人类原始社会这个阶段内，社会制度（主要即为氏族制度）如何发展变化；（2）后来私有的奴隶制社会，一夫一妻制的家庭以及站在社会头上的国家，如何从原始社会脱胎出来。恩格斯对这些问题，当然是根据社会物质生活条件（社会存在）来分析，因而必须指出人类本身的生产这一物质因素的应有作用，并驳斥以宗教和上帝为基础的各种谬论，借以完成马克思的遗志，更进一步地丰富和证实他们两人所创立的唯物史观学说。

现再具体说明如下：

在原始社会阶段，人们为什么会公有土地？为什么会合在一起共同劳动？为什么会平均分配公有的生活资料？即为什么出现

---

① 参阅斯大林《列宁主义问题》，人民出版社1955年版，第706—707页。

原始的公有制度？这当然不是因为我们的祖先当时先有什么原始共产主义思想，同时也不是"人类本身的生产"会驱使人们这样做，而是由于当时生产力太薄弱，人们在经济上非本能地和半有意识地发生那样的公有关系不可；否则就无法同大自然和猛兽斗争，就无法生存。从而在两性关系上，我们的祖先开始也只能本能地度群体的杂交生活，不能出现一夫一妻制。否则，就会妨碍和破坏原始的人群同自然界的斗争。

在原始社会阶段，氏族组织单位同时也就是社会经济组织单位，两者是分不开的。原始社会组织——氏族制度的出现及其发展变化，当然也和后来的社会组织制度一样，是受生产力和生产关系的发展变化决定的；但是它另有特点，就是它同时又受人类本身的生产的客观规律所支配。读了恩格斯的《家庭、私有制和国家的起源》一书的第二章（家庭）以后，我认为这实在是不难理解的；因为他叙述得和论证得很清楚。我们知道，在原始社会阶段，人类最早的两性关系，如上所述，只能是群体杂交和不分老幼辈，以后才相继进步，经过以下三种家庭形式：

1. 血缘家庭，即分辈群交，凡祖父母辈的男女都互为夫妻，父母辈的男女亦然，再下一辈的男女亦然；但上辈男女不能与下辈男女互为夫妻，这比群体杂交进了一步。

2. "普那路亚"家庭，这比前者又进一步，即先排斥同胞（以母为准）的姊妹兄弟互为夫妻，继而排斥旁系的姊妹兄弟（即同胞兄弟姊妹的子女、孙子女、曾孙子女）互为夫妻；此外的同辈男女仍可以互为夫妻。这样，母权氏族（当时因群交关系，氏族只能以母为准）就随着逐渐分立开来。恩格斯说："照摩尔根说，这一进步可以作为'自然选择原则是在怎样发生作用底最好例解'。不容置疑，凡血族相奸因这个进步而被限制的部落，其发展一定要比那些依然把兄弟姊妹间的结婚当做惯例和义务的部落更加迅速，更加完全。这个进步底影响有多么强大，可由氏族底设立来作证明。"①

3. 对偶家庭，即一对一对的配偶在或长或短期间内的某种同居，这比前面的第二种家庭又进了一步。它和后来的一夫一妻制的区别，除经济基础不同和男女平等与不平等的区别以外，就在于它很不固定。恩格斯说："……在对偶共居中，群已经减缩到它的最后单位，仅由两个原子而成的分子，即一男与一女。自然选择是通过对共同婚姻的日益扩大的禁止而进行的；在这一方面，它再也没有要做的事了。因之，如果没有新的社会动力发生作用，那便没有可以从对偶共居中发生新的家庭形式的原因了。但是这种动力毕竟开始发生作用了。"② 恩格斯这里所说的新的社会动力，就是随着生产力的继续发展，在原始社会的氏族内出现了剩余生产物和私有制，人在自然界中也可以分开活动；这样就使平等的母权转为不平等的父权，使不稳定的对偶婚姻转为一夫一妻制，同时，国家也产生了。过去的社会组织——母权氏族组织，是以血统为纽结的，现在具有国家权力机关的社会组织，就不是按血统、而是按地域来结合和划分了。

从以上简略的介绍③，我们可知：原始社会解体后的一夫一妻制家庭，并不是由于什么人有灵感，觉得原始社会的各种婚制太粗野、不文明而发明出来的；同时也不是客观的血统的自然选择作用的结果。它是适应私有制经济的要求而产生的。这就是说，从私有制产生以后，"家庭制度已经完全地服从于所有权关

---

① 恩格斯：《家庭、私有制和国家的起源》，人民出版社1954年版，第37—38页。
② 恩格斯：《家庭、私有制和国家的起源》，人民出版社1954年版，第51页。
③ 详细请阅恩格斯的《家庭、私有制和国家的起源》一书的第2章，人民出版社1954年版。

系了"。我们马克思主义者对任何社会现象、社会变革，都坚持客观的唯物的分析和论证，对家庭制度当然也是一样。对上述一夫一妻制的产生，我们只能说它是导源于社会经济因素，不能扯到其他物质因素上去（如血统的自然选择作用）。这固然不违背、同时也不削弱唯物史观学说，这是问题的一个方面。另一方面，对于原始社会阶段内的家庭制度、氏族制度，我们作了客观的唯物的考察以后，那就必须承认和指出它是受两种生产因素制约的。第一，如前所述，群体杂交是因为原始社会生产力太薄弱，它只能容许人们本能地用这种群体杂交来适应。以后从群体杂交到血缘家庭、"普那路亚"家庭以至到对偶家庭的发展变化，虽然不是直接由生产力和生产关系的发展变化所引起；但是生产力较前发展一些（如从开始用火、粗石器到利用弓矢、新石器以至陶器和饲养、种植等），总是群体杂交范围得以逐渐缩小的一个条件①。第二，上述家庭制度的发展变化的根本动力，固然不能唯心地从什么原始宗教观念中去寻求；同时也不能勉强地、片面地从物质生产因素中去寻求，因为它们是不可能从上述火、粗石器到弓矢、新石器以至陶器的技术发展来说明的。谁能说，火、弓矢和新石器的采用，就引起血缘家庭和"普那路亚"家庭呢？这只有恩格斯才辩证地、全面地从历史事实本身出发，把那主要的血统的自然选择因素（它通过人类本身的生产——种的繁衍而显示作用）发掘出来，并做出完整的科学的说明如上。这违背了唯物史观的原理吗？一点也不违背。这破坏了唯物史观的一元性吗？一点也不破坏。因为所谓"一元论历史观"，其本意只是说：对人类的历史活动，对社会制度的发展变化，不能以社会意识为

---

① 我在前面阐述时，说"种的繁衍"在这方面还起主要作用；我认为，这是符合恩格斯的原文精神的。

第一性来说明和掌握，而只能以社会存在（社会的物质生活条件）为第一性来说明和掌握。这后者的构成因素原是很复杂的，客观上有几个物质因素起作用就是几个物质因素起作用，我们既不能人为地增加，也不能人为地减少；而且不管为数多少，丝毫也不与"一元论历史观"相矛盾。因为所谓"一元论历史观"，并不是什么"一物论历史观"；同时，通常所谓"二元论"者（例如康德的二元论），并不是说它主张有"二个心"或"二个物"，而是说它主张心和物、主观和客观、思维和存在，是形而上学地平行着的两个不相干的世界（实际上，它还是归结到唯心的一元论）。再者，马克思主义的唯物史观，把生产力和生产关系这一物质因素，从其他社会物质生活条件中区分开来和突出出来，一般地把它作为人类历史的决定因素，这并不排除血统的自然选择和种的繁衍，可以对原始社会的家庭制度（不是以后社会的家庭制度）的演变起决定作用，——这两者是不矛盾的；因而也扯不到什么"二物平行"的"二元论"。

根据以上的理解和分析，回头来看本文开端所引的恩格斯的那一段序言，我们就绝对不能说它是错误的或不精确的。我们首先应该注意：恩格斯关于唯物史观的这一公式，是写在《家庭、私有制和国家的起源》一书的序言中，这绝不是偶然的。恩格斯在其他著作中讲到唯物史观学说时，——例如他在当时7年前写的《反杜林论》中①和10年后分别为梅林格和施塔尔肯堡二人解释唯物史观的书信中②，他都不是这样讲的。这就是因为他在上述一书中，才更专门地涉及人类史前和原始社会氏族制度的发

---

① 参阅《反杜林论》，人民出版社1956年版，第279—280页。
② 参阅《马克思恩格斯文选》第2卷，人民出版社1958年版，第497、504页。

展变化，并且要在这个方面论证和充实马克思主义的唯物史观学说，这是马克思和他二人早想进行的一项工作。在涉及这个史前问题的范围内，他自然应该唯物地做出上述公式[①]。同时，这个公式本身也表明它是专指原始社会的氏族制度而言的（请参阅本文开端的引文）；它不但是正确的，而且是不可少的补充。我认为，只要我们认真地体会该书和该序言的全部实质和精神，我们就绝对不会把恩格斯所说的"人类本身的生产对社会的作用"误解为是全称的与"物质生活资料的生产"一样，对任何社会阶段的任何社会制度，都发生决定作用。如果是这样说法，那当然是错误的；但是，很明显，恩格斯的上述公式并不含有这样的错误观点。

因此，我认为：（1）像河上肇教授和列昂诺夫同志那样，说上述公式含有"二元论"的错误这一批评本身，才是真正错误的；（2）像苏联马克思、恩格斯、列宁研究院那样，不分恩格斯对他的论点所加的限制，说他把"人类生产"（种的繁衍）因素和"物质生产"（生产资料和生活资料的生产）因素相提并论是不精确的这一批评本身，才是真正不精确的；（3）列昂诺夫同志和苏联马克思、恩格斯、列宁研究院，都说恩格斯并没有在书的本文中论证他在序言中所提出的公式，也很明显是与事实不符的。我这三点批评，也很有可能是幼稚和错误的；总之，我是本着向前辈虚心学习的精神提出来的，以便有机会把怀念多年的这个理论问题彻底搞清楚。

---

① 参阅《家庭、私有制和国家的起源》，人民出版社1954年版，第22—23页。

三 列宁的提示和解答

最后，我想介绍一下列宁对恩格斯的上述公式的看法。

列宁对恩格斯的《家庭、私有制和国家的起源》一书是十分推崇的，例如他说："这是现代社会主义主要著作之一，其中每一句话都是可以相信的，每一句话都不是凭空说出，而都是根据大量的历史和政治材料写成的。"① 列宁的以上评语，当然包括该书的序言和上述公式在内。我们应该相信，列宁作判断是决不马虎的；他决不会用牺牲真理来为前辈护短。然而人们也可以说，这总是间接性的推断；可是巧得很，列宁对这个专门问题，也为我们留下了一个直接的评断。

1890年，俄国有一批自命为"人民之友"的反动学者和政客，他们掀起一股反马克思主义理论的逆流。列宁开始参加革命时（24岁），就天才地对他们进行有力的反击。当时有一位米海洛夫斯基先生，对马克思主义的唯物史观学说提出许多恶意的攻击和混淆人们视听的歪曲，其中有一点正说到恩格斯的上述公式；他认为，这是马克思主义者因为发现史前时代没有阶级斗争，便对唯物主义历史观的公式加上这样一个"更正"：在劳动生产率极低的原始时代，起头等作用的人本身的生产即子女生产，是和物质生产并列的决定要素②。他还极尽讽刺之能事地说：

> ……"人本身的生产"这一名词，即子女生产，使人有点可笑，而恩格斯却抓住这个名词以便至少在字面上保持它

---

① 《列宁全集》第20卷，人民出版社1956年7月第1版，第431页。
② 见《列宁全集》第1卷，人民出版社1955年12月第1版，第128页。

与经济唯物主义基本公式的联系。可是，恩格斯不得不承认，人类的生活在许多世纪内都不是按照这个公式形成的。①

其实，可笑的并不是恩格斯的公式，而是这位先生自己对唯物史观学说的一窍不通和妄加曲解。我们且仔细倾听列宁当时的有力回击吧，他说：

……这一理论（引者注，即唯物史观理论）是说，为了"阐明"历史，不要在思想的社会关系中而要在物质的社会关系中去寻找基础。由于实际材料不够，过去没有可能把这个方法用来分析欧洲上古史的某些极重要的现象，例如氏族制度，因此，这个制度仍然是一个谜。后来，摩尔根在美洲搜集了丰富的材料，遂有可能分析氏族制度的实质，并得出如下的结论：对氏族制度的说明，不要在思想关系（例如法律关系或宗教关系）中而要在物质关系中去寻找。显然，这件事实只不过光辉地证实了唯物主义方法而已。所以，……我们只能惊异于人们是多么不会辨别什么东西在给自己辩护，什么东西在无情地打击自己。其次，我们的哲学家说，子女生产并不是经济因素。可是，你究竟在马克思或恩格斯的什么著作中看到他们确实谈到经济唯物主义呢？他们在说明自己的世界观时，只是把它叫做唯物主义而已。他们的基本思想（在摘自马克思著作的上述引文［引者注，即马克思《政治经济学批判序言》中的那个著名公式］中就已表达得十分明确的思想）是把社会关系分成物质关系和思想关系。思想关系只是不以人们的意志和意识为转移而形成的物质关系的上层建筑，是人们维持生存的活动的形式（结果）。马

---

① 《列宁全集》第1卷，人民出版社1955年12月第1版，第130页。

克思在上述引文中说,对政治法律形式的说明要在"物质生活关系中"去寻找。怎么,难道米海洛夫斯基先生以为子女生产关系是一种思想关系吗?……①

列宁的这段反驳是十分清楚的,我们从此可知:

1. 唯物史观原来就不是片面的"经济史观"或"物质资料生产史观",马克思主义者根据子女生产关系这一物质因素来分析和阐明原始社会的氏族制度,原是这一理论或方法的具体运用和光辉例证,那又从何扯得上什么"更正"或"修正"呢?那又从何扯得上是想从"搬弄文字",通过"子女生产"这一范畴中的"生产"一词,去和"物质资料生产"勉强"挂钩"以弥补理论上的什么漏洞呢?这当中又有什么"二元论"的错误呢?

2. 恩格斯在上述序言中,提出"人类本身的生产"对历史、对社会制度也有决定性的制约作用,列宁认为无须解释(所以他未加解释),就可知道恩格斯是指原始社会的氏族制度而言,并肯定这个公式是正确的;这就直接证明了它"是可以相信的",它"不是凭空说出,而都是根据大量的历史和政治材料写成的。"

此外,我还要附带说一下马克思在《政治经济学批判》序言中的那个著名公式,这是凡学习和介绍唯物史观学说的人都会注意到的;而列宁的上面那段话无疑地会帮助我们去加深认识或消除至今尚存的误解。因为马克思的上述公式,曾相当普遍地被人认为他所创立的唯物史观就是"经济史观"或"物质生产史观";前引日本河上肇教授的评语就是一例。这种误解,我认为是由两重疏忽产生的(恶意的歪曲在外)。马克思在那个序言中说:"……法律关系,也像政治形式一样,不能用它们本身来解释清楚,也不能用所谓人类精神的一般发展来解释清楚;恰恰相反,

---

① 《列宁全集》第1卷,人民出版社1955年12月第1版,第130—131页。

它们根源于物质生活关系,黑格尔照18世纪英法作家的先例曾把这些关系的总和称为'市民社会'。对于市民社会的解剖,应当在政治经济学中去寻求。……"① 接下去(引文从略),马克思就叙述他研究政治经济学所得到的一般结论,提出:生产力决定生产关系以及社会经济基础决定社会上层建筑的著名公式。对马克思的这段序言,我们必须分清两点(即应防止两重疏忽):(1)"物质生活关系"——即列宁说的"物质的社会关系"(见前),有时也被表述为"社会存在"或"社会物质生活条件";但是它不等于"物质生活资料生产关系"(经济关系)。因为如前所述,后者只是前者的一个最重要的构成部分;而前者还可包括"人类本身的生产即种的蕃衍"等其他物质关系在内。(2)马克思的这段序言,开始是全称地讲社会存在和社会意识的因果关系;接着(引文从略),他就进而特称地讲到社会存在(社会物质生活)的最根本和最有决定意义的部分,即前述的生产力和生产关系,——这样,马克思就革命地使唯物的历史观进到一个彻底科学的新阶段;但是我们仍然不能因此就说唯物史观的内容只限于这个主要部分。这种从全称转到特称的逻辑关系,如果不很好地去体会,那是容易被忽视的。列宁在他那段反驳的文章中就曾注意到了这种关系,所以他提出有力的反驳,指出物质生活资料的生产关系,固然包括在马克思的这段序言开端所说的"物质生活关系"之内;此外,就是子女生产关系又何尝不是"物质生活关系"而亦包括在它之内呢?我认为,分清马克思的这段序言的以上逻辑,对正确分析恩格斯的那段序言,也是很有帮助的。

---

① 为说明方便,这段译文,是采用《列宁全集》第1卷,第118页(人民出版社1955年12月第1版)所转引的译文,它和马克思《政治经济学批判》第1页(人民出版社1955年版)的原译文是一致的。

我们从此更可明白：这两位伟大的马克思主义创始人，他们前后相隔25年，在这两个著名的序言中对历史唯物主义所作的经典说明，原是一致的；后者并不同前者相矛盾，而且是应有的补充，但是绝对不像米海洛夫基斯所胡说八道的那样，是什么"更正"或"修正"！

编后记：此文发表后，《人民日报》1957年12月5日《学术动态》栏刊出了一篇评论短文，现转载如下：

恩格斯在其《家庭、私有制和国家的起源》一书的序言中提出过一个唯物史观的著名公式，即人类种族蕃衍和生活资料生产同样是决定社会及社会制度发展的原因。理论界一些人认为恩格斯的这个公式是"不确切的"、"不精确的"，甚至是"拿二元论的观点来代替一元论的观点"，"破坏了一元论历史观"等等。但也有人认为对恩格斯这个公式的这种论断是不对的。最近，骆耕漠在《哲学研究》第五期上，以"关于唯物史观的一个经典公式的研究"为题发表了文章，对这个原理作了探讨。

骆耕漠认为要理解这个公式的正确性，首先应该对唯物史观的"唯物"这一范畴的含义有正确的理解。他认为不能把"社会存在"、"物质生活关系"、"社会物质生活条件"，仅仅理解为社会生产力和生产关系。他说："历史唯物主义者对思想、对历史作唯物的观察和分析时，原来是应该和必须考虑到各种有关的社会物质关系，原来不应该和不能以生产力和生产关系为限，虽然它同其他社会物质生活条件相比，始终是主要的一环（特别是在原始社会解体以后）"。所以"社会物质生活资料的生产，不能被误认为就是社会物质生活条件的别称。因为它只是后者的一个最重要的构成部分"而已。

他说，至于人类自身的生产、种族的蕃衍，当然也不是物质生活资料的生产。人是社会的基本生产力，所以斯大林说："人口的增长当然影响到社会的发展，促进或延缓社会底发展"。这种影响是对任何社会都存在的，它对原始社会则表现得更强烈一些，因为那时生产工具非常落后。至于斯大林说，人口不能是决定社会制度性质和社会面貌的主要力量，这当然是正确的，但是这和恩格斯的论点并不矛盾。因为斯大林这话是对人类社会的发展作总的概括的分析，而恩格斯是要通过他的著作进而专门说明下列问题：在人类原始社会这个阶段内，社会制度（主要即为氏族制度）如何发展变化？后来私有的奴隶制社会、一夫一妻制的家庭和站在社会头上的国家，如何从原始社会脱胎出来？

骆耕漠认为，在原始社会阶段，氏族组织单位同时也就是社会经济组织单位，两者是分不开的。氏族制度的出现，当然也是受生产力和生产关系发展变化决定的，但是同时又受人类本身的生产的客观规律所支配。这在恩格斯此书的第二章论证得很清楚。骆耕漠说："客观上有几个物质因素起作用，就是几个物质因素起作用，我们既不能人为地增加，也不能人为地减少。"恩格斯是根据对当时的社会物质生活条件（社会存在）的分析，证明其中人类自身的生产这一物质因素有特殊作用。"也只有恩格斯才能那样辩证地、全面地从历史事实本身出发，把那主要的血统的自然选择因素发掘出来，并做出完整的科学的说明"。骆耕漠认为，这一点也没有违背历史唯物主义的原理，和二元论也毫无共同之点；恰好相反，这个专指原始社会氏族制度而言的公式，对于唯物史观来说，不但是正确的，而且是不可少的补充。

读了《关于进一步改进管理工业和建设的组织工作》以后＊

读了赫鲁晓夫同志《关于进一步改进管理工业和建设的组织工作》的报告提纲（以下简称《报告》）以后，觉得内容非常丰富，问题甚为重要，而且含有许多重大理论课题，值得人们深切体会。

苏联在二十次党代表大会以前，即在 1955 年，对工业和建设的组织工作已经随着客观形势的发展，作了不少改进，例如"苏联的部和主管部门直接管理的许多经济部门的大量企业，已转交给加盟共和国的联盟兼共和国的部和共和国的部管理；国家计划工作和对各加盟共和国经济拨款的制度和程序都有改进和变更"等等①。又如同年 12 月苏联第四届最高苏维埃第四次常会通过了修改和补充苏联宪法的法令，其中规定把原来的国家计划委员会分为长期和短期等两个计划委员会，以加强计划指导等等。现在根据上述报告提纲看来，苏联对管理工业和建设的组织

＊ 原载 1957 年 9 月 21 日《大公报》，署笔名沙一禾。
① 大体内容可参阅《经济译丛》1956 年第 2 期雅·卡达耶夫的《社会主义国民经济计划领导和地方上增产的主动性》一文。

工作所将作出的改进，无疑地将十倍于1955年所作的那一些改进，它们的实施无疑地将如《报告》中所说那样"能给全面发展我们社会主义的祖国提供新的可能条件和无限宽广的前途。"

我国近数年来的工业和建设的组织工作，在苏联专家的帮助之下，有不少是采用苏联的先进经验，同时亦注意结合本国的情况；不过因为历时不久，还未"成套"，有不少方面还在摸索，而且大家认识上还有分歧，这是完全合乎事物的发展规律的。去年下半年，我国曾仿效苏联，把国家计划委员会亦分为长期和短期等两个委员会，以及设置国家技术委员会等等；现在看来，苏联不久又很可能取消国家经济委员会（就是将它的工作又并入国家计划委员会），而且要把中央各经济部门所管理的工业和建设都交给地方，同我国过去数年把地方上较大的企业集中到中央来的过程完全相反。因此，这个《报告》一定会很自然地引起我国的经济、计划工作同志和经济理论工作同志的极大注意，而且一定还会启发出各种不同意见，可供领导上参考，现在，我就来谈谈我个人的若干读后感和极粗浅的意见。

一 "进一步改进"的中心内容和它的原因

从《报告》中，我们可以明白看出，苏联这一次对工业和建设的组织工作所拟采取的"进一步改进"的中心内容，就是将中央各经济部门（我国俗称为"条条"）所属的工厂和基建工程统统分别交给地方（加盟共和国等，我国俗称为"块块"）去负责管理，其他所将采取的一切改变都是从这一点派生出去的。

苏联过去对工业和建设的管理，比较着重于中央集中管理，那是因为"从解决恢复时期的任务转向实现社会主义工业化的伟大计划，必须在短时期内建立若干新的工业部门，同时也必须有新的管理经济建设的组织形式"，否则，就不易集中党和国家的力量来建设具有决定意义的重工业部门和培养出管理大规模工业生产的高度熟练的工程技术干部和生产组织者。这种必要性在苏联一直存在到战后时期，因为那时"新技术的发展、技术进步的任务和新的科学成就"所引起的"现代工业生产组织中的巨大质变"，它迫切要求由国家来集中"建立更新的工业部门和建设部门，更进一步实行专业化"。可是目前客观情况已经变了，苏联目前已经"共有20余万个国营工业企业和10余万个建设工地，它们分布在辽阔祖国的各个地区"；中央的部和局很难对它们"实行具体而有效的领导"，而且还有碍"充分利用社会主义经济体系内部的潜力"；特别是苏联目前"每个加盟共和国和自治共和国都造就出了熟练的工人阶级干部和工程技术知识分子"。所以《报告》中说。我们可以而且应当更加扩大加盟共和国和自治共和国在领导经济建设方面的职权，以利国民经济的发展"。由此可知：苏联共产党中央委员会和苏联部长会议这次提出建议把中央各经济部门所直接管理的工厂和工地统统"下放"给各共和国去管理，是过去30年社会主义建设的发展成果，它一方面表明可以不由中央来集中管理了，另一方面又表明地方上已有能力来接替管理了；同时分开管理还可以更加发掘潜力和克服一些缺点。

目前，似有一种议论，说苏联过去重由中央来集中管理工业和建设是一种错误，而且说这样的管理方法还必然会产生和助长官僚主义，这当然是一种恶意的曲解或攻击。《报告》曾明白地指出："目前提出根本改革工业和建设的领导工作的问题，并不是因为我们在执行国民经济发展计划当中发现了什么毛病。苏联的工业过去和现在都稳步地向前发展，关于国民经济计划执行情况的资料完全可以证明这一点"，"改革管理工作的组织形式，首先是为了使我国的生产力有更广阔的发展余地；……另一个极重要的原因，就是要更合理地利用专门人才和更广泛地吸收广大的地方工作干部参加对工业和工地的领导工作。"不错，《报告》亦曾讲到中央各经济部门（"条条"）集中管理所产生的许多缺点，如各部的本位主义，相互不协作，各自都要"搞一套"和"万事不求人"，机构重叠和"积压干部"等等（以上有一些是用我国通用的术语来说）。但是所有这些缺点，第一是整个国民经济发展到上述"20余万个国营工业企业和10余万个建设工地"的情况之下才突出起来的；第二，它们总是过去集中建设的巨大成绩中的部分缺点；第三，苏联共产党和苏维埃政权正有无限的生命力来及时加以克服，那么，又哪里谈得到产生和助长官僚主义的必然性呢？要知道，对工业和建设比较集中由中央来管理或比较分散由地方去管理，原是一个具体历史问题和随时应该由客观情况来调整的问题，它们都是在各自的条件之下同样体现列宁所教导的民主集中制的原则和社会主义统一计划的要求的。

根据以上所述，我以为，苏联目前所拟采取的中心措施——即将中央各经济部门所直辖的工厂和工地都分别下放到地方，在我国还是将来的事情，我们当然不能机械仿效；不过我国目前亦应注意两个问题：第一，由于第一个五年计划期间国家已经建立起不少新的工业，过去数年由地方集中到中央来的工厂也有一部分应该及时交给地方去管理。这是中央已定的方针，它对中央和地方都有利；但是这"两利"的事，目前还待人们去做许多切实的工作（例如根据领导上已定的原则，把全国工厂排个队，确定上述的那"一部分"到底是那些工厂）才能实现。第二，根据马克思列宁主义辩证法的原理，凡事总有两重性，例如为了有效地贯彻重点建设的方针，国家比较集中地来管理工厂和工地，像《报告》中所说的那些缺点，多少也是一开始就难尽免的，我国目前就有此种缺点。我们当然不能因噎废食，现在就不强调必要的集中管理；不过我们也不能因此就让这些缺点长此"难免"下去。正确的态度，应该是更加警惕这种"难免"的缺点而努力加以克服，使必要的集中管理获得更好的成效。

二 几种矛盾及其克服办法

如前所述，我国目前虽然不必、也还不能采取苏联所将采取的工业和建设的管理办法，但是《报告》中所讲到的对采取新管理办法以后可能产生的新矛盾及其预防办法，我认为有一些也是非常值得我们注意的。我且提出以下四个问题来谈谈：

第一，国家的两重任务问题：《报告》曾经引用列宁的话，讲到国家的两重任务，一是作为行政管理机关，对被推翻的统治阶级执行统治和镇压的任务；一是作为社会经济的组织者，对社会主义建设工作和共产主义建设工作进行组织和领导。前者，"在彻底粉碎剥削者的反抗以后，在劳动者学会组织社会主义生产以后，——这种原来意义下的、狭义的管理机关，旧有国家机关必归死亡"；同时，在这阶段，后者，例如"最高国民经济委员会这种类型的机关，必然增长、发展和巩固起来，囊括有组织的社会的一切最主要的活动"。斯大林在苏联建成社会主义社会以后，在苏共第十八次代表大会的政治报告中，亦曾讲到社会主义国家的两重任务问题，以及当时将转到以前述后一任务为重心的问题。《报告》这次根据列宁的这一指示和苏联目前由社会主义逐渐向共产主义过渡的新情况，一般是特别强调提高经济工作机构的职权；而为了进一步改进工业和建设的组织工作，尤其特别强调"把工业和建设的日常领导重心移到地方"，以新成立加盟共和国和自治共和国的国民经济委员会（等于共和国的一个综合性的"大部")来接替中央各经济部门直接管理各该共和国内原属中央的全部工厂和工地（即把"条条"变为"块块"）。《报告》中所提到的加强经济工作机构的那些具体建议，当然是就苏联目前的具体情况说的，当然不适用于我国现阶段。但是他那种强调国家的经济组织机能以及采取相应的组织措施的精神，无疑地是值得我们重视的。我们党在"八大"关于政治报告的决议中亦已指出，社会主义改造基本完成以后，"我们国内的主要矛盾，已经是人民对于建立先进的工业国的要求同落后的农业国的现实之间的矛盾"；并指出今后人民民主专政的任务就是"团结全国最广大的人民来共同建设社会主义，并且同社会主义的敌人作斗争"。今年初，国务院又提出精简上层机构和充实下层机构的指示。所以我国现在亦是适应着社会主义建设初期的胜利形势，朝着加强国家和地方的经济组织工作这一方向走的，看来好像还有更进一步切实加强的必要。

第二，"计划和行政"的统一问题：这是我国1952年以来的一个老问题，即国家和地方的计划职能机构是否只管计划的编制和检查其执行？有关经济行政上不单独属于某一个部的问题是否另由其他的政权机构来办理？数年来的经验似乎是：采取"统一论"的办法来解决，计划职能机构"吃不消"；采取"分立论"的办法来解决，计划职能机构"很空闲"，看来非进一步用更好的辩证办法来解决不可。《报告》中曾经谈到苏联中央部及其总管理局等机构同国家计划委员会的关系："像现有的各部一样，这些机关的工作与国家计划委员会有关专业部门的工作将会重复，它们将会浪费许多力量和时间，占用很多熟练工作人员来同国家计划委员会接洽商讨各种问题。"他又说，"在年度计划和五年计划执行中会产生各种实际问题，而这些问题应有一个机关来解决。……然而这些问题只有交国家计划委员会研究才合适，因为没有国家计划委员会的参加，任何一个其他平行的机关还是无法解决这些问题，不能让这些问题不经过国家计划委员会和国家经济委员会径自处理。"因此，《报告》中就特别强调"必须改变国家计划委员会的机构"；并且还指出"国家计划委员会各主要司的领导人员，就其素养与经验来说，应具备现任部长的水平"，以至吸收他们"参加苏联部长会议"。这些建议当然是针对苏联的情况提的，而且是以取消中央各有关经济部门和把它们所管理的工厂和工地下放到共和国、交由新成立的共和国国民经济委员会去直接管理为前提，自然不适用于我国目前情况；但是其中强调克服机构重复的现象和加强"计划和行政"的统一性以及加强计划职能机构的精神，无疑地是值得我们注意的。我国目前的计划机构，在中央是分长短期的，看来如果要发挥"计划和行政"适当统一的功效，它们需要进一步地加强则是十分明显和迫切的。同时要获得以上功效，还必须下放一部分建设、特别是一部分工厂到地方上去，并以同样或更大的注意力来加强地方的计划职能机构。否则，仍然难免"头重脚轻"之病。

第三，中央和地方、地方和地方的结合问题：这个矛盾，在未来共产主义社会没有国家组织以后也是同样存在的。目前，不论侧重于集中也好，或是侧重于分散也好，这个矛盾当然也都存在，不过各有表现形式。《报告》中曾经指出，在苏联目前比较集中管理工业和建设的情况之下，中央各经济部门曾有那些本位主义的表现；同时又指出，"由于对工业和建设的领导将由地方负责进行，各经济行政区可能会出现闭关自守的倾向和在地区内部故步自封地建设经济的企图"；并且指出"在同这类现象进行斗争时，除了政治领导手段以外，必须充分利用掌握在国家手中的各种有力的杠杆，如统一的国民经济计划、集中的财政和全国性的统计等。"《报告》还举出了许多应该注意的具体事项和办法。我认为,报告的这些部分,对我国目前也是很有用的。

第四,分配物资的供销问题:在《报告》中引人注意的各种问题之一,就是非常强调分配物资(生产资料)的供销工作;因为它是掌握和体现国家统一计划的重要关键。《报告》中曾提到"在国民经济的供应工作中,要做到使没有列入国民经济计划的产品的主要部分直接由各国民经济委员会进行分配。看来,应当集中分配的只是那些数量有限的真正极其缺乏的产品"。我认为,这一条对改进我国目前的物资分配工作也是有用的。目前我国物资分配工作还处在开始阶段,一方面不是分配的物资种类过多而是过少;另一方面在我国目前情况下,集中分配的条件又很差,所以就宜于将应分配而未列入分配的一部分生产资料分别由有关主管部或地方去分配,国家计划机关进行组织和监督。其次,《报告》中还讲到"应当把供应和销售这两种职能合而为一";应当"发展供货企业和消费企业之间的直接联系";应当"在现有的小型供应办事处的基础上建立各地区的统一的属于国民经济委员会的大规模的部门间专业供销基地"。我认为,这几点亦可作为我国改进和加强物资分配工作的方向。我国目前的问题是各部门和各地区分配物资的供销机构既有重复和交叉不清的现象(这是次要的),又有脱节和机构极不健全的现象(这是主要的);所以看来我国目前主要还是要大大加强分配物资的供销机构,多建立便于各主要地区基层企业的供销基地,来逐渐达到上述各点的要求。

三 其他重要问题

最后,我再来谈谈《报告》中对另一些问题所提出的重要建议。我认为,这些建议也是我们应该注意和努力实行的。我提出以下四个问题：

第一，赢利性或积累率问题：《报告》中曾说，"必须认真地加强经济核算制，扩大各企业和经济机关领导人员的权限。除产量和劳动生产率之外，赢利和生产基金利用情况也应当规定为计划和考核企业、建设单位活动的主要指标"。这是十分重要的建议。苏联和我国现行计划制度中反映赢利和生产基金利用情况的指标是有的，前者（即利润指标）且为考核和提取企业奖金的依据之一；不过存在很多缺点，例如对节省使用生产基金、特别是其中的固定基金就缺乏应有的压力和督促作用，以及其他等等。《报告》中的这一建议的具体办法如何，很值得我们探询和学习；因为在社会主义制度下，这还是一个极其复杂和未完全解决的新问题。在资本主义制度下，生产是可以自由竞争的，生产基金可以在各生产部门自由进出，因此就有所谓平均利润率的"鞭子"在盲目地鞭策着资本家及其经理人，迫使他们要为平均以上的利润而竞争；但是这是我们不能采取的。在社会主义制度下，没有上述的平均利润规律，不同生产条件和不同积累率的企业，在一定情况下，都是合理和应该经营的；因此就要按一个一个的具体企业来核算其赢利性（即积累率和能实现多少利润）及其生产基金的利用情况。这样核算，固然是根本的、必需的和公道的，但是往往工作量很大和极其纷繁，而且不能综合地经常起预先督促的作用。因此，另有补充办法就更好。我在《谈谈社会主义生产节约的动力问题》一文中[①]曾经提出这个矛盾问题，其中所提出的将企业分为若干类型和按资金在三、五年内定一个较固定的利润率来考核各该企业的成绩，只不过是一种极初步的设想，问题还很多。现在从赫鲁晓夫同志的报告看来，这无疑地是一个值

---

① 《人民日报》1957年1月4日。

得研究的问题；至于今后在计划指标中应该更多地反映赢利因素，看来已是一种势在必行的改革了。

第二，"收支结合"问题：《报告》中曾说，"必须提高各企业和经济机关对完成本单位财务计划的责任心。应该采取措施，使企业自有流动资金、基本建设拨款、干部培养费和其他费用的大部分，都靠企业利润来解决。"简单说，这就叫做"自食其力"或"自力更生"；表现在财务制度上，这就是"收支结合"。关于这一方面，我国目前的情况是很成问题的。我国目前的财务制度有以下两种情况：一种可以叫做"收支隔离"，这就是说，每个企业、每个管理局的利润上缴凭其实绩有多少缴多少；它们的各项用款则另凭预算向国家支拨。因此，它们即使完不成上缴，仍可照样安然地支拨用款。以上收支即使有些结合，其收支纪律也最极不严格的，有单纯凭"革命良心"办事的味道，不习惯于建立应有的社会主义经济法制。第二种情况可以叫做"收支包干"或"以收抵支"，这就是说，国家将某项收入不论多少地划给你去支配，同时相应地将某项支出也不论多少地划给你去负责。这种办法在某种意义下还比前者（"收支隔离"）好一些，在过去各个老解放区的财政工作中还起过很积极的作用；现在要强调统一计划和重点使用建设资金，这个办法就呈现出它的落后性，必须改为前述统一计划下的"收支结合"办法，好比过去军工厂的"供给制"现在必须改为"经济核算制"一样。看来，上述后两种情况是亟待改革的。

第三，国民收入的统一分配问题：《报告》中曾说，"鉴于在国民收入分配中和居民货币收支平衡表中必须保持正确的比例关系，工资、农业原料价格和零售价格的调整应当统一进行"。这本来是理所当然的，苏联今天还这样专门提出，足见从理论到实践、从决定方针到贯彻执行的艰巨性和重要性。我国近年来在这方面亦有问题，第一是国家的物价计划工作本身还不够统一和全面，中央和地方的物价工作机构还不健全；第二是物价与工资的调整往往有不够协同的地方。所以这一建议在我国也很值得注意。

第四，统计的"马后炮"问题：《报告》中还谈到以下问题，我认为也很值得我们注意："中央统计局各机关所应收集、编制和分析的，不应局限于说明各国民经济委员会和经济联合组织工作结果的资料，而且还应当有反映尚未利用的潜力、揭露统一国民经济计划所定任务完成得不好的事实的资料。"这就是说，应该加强统计部门的分析能力和预见性，对计划的执行起监督作用。用下象棋来作比，就是不要把统计这一工具专门当做"马后炮"来使用，而应该多当做"马前炮"去开拓道路，以发挥较大的火力。我国统计工作的基础比苏联差得多，因此，"年报出得晚"，"公布的统计资料少"等缺点，也是有很多客观原因的；不过《报告》中所讲到的上述各点，看来我们在第二个五年计划期间亦有迎头赶上的必要。

以上所提各点，正如本文开端所说那样，只是我个人的一些读后感，而且是极粗浅的意见，写出来是为了便于同志们参考和指正。

在实践中正确应用马克思列宁主义就是对它创造性的发展[*]

中国哲学会和中国科学院哲学研究所召集在京的哲学工作者举行座谈会,纪念毛主席《关于正确处理人民内部矛盾问题》一书发表一周年,把我也邀在内。我对哲学,是有雍和宫的大佛像之感的;但是毛主席底哲学著作是我们敢于亲近的,而且相信有领会的希望,只要自己肯用心去学、去想。对马克思列宁主义哲学和毛主席底哲学著作,我平时学得很少很差,今天只能谈一点肤浅的感想。

毛主席经常教导我们"要有目的去研究马克思列宁主义的理论,要使马克思列宁主义的理论和中国革命的实际运动结合起来";但是我们总是经常在前人所提出的一般原理上兜圈子,不能联系中国实际而有所发展。用哲学上的话来说,这是叫做不能用自己的思维去不断深入地反映客观和改造客观,把它变为自己底世界。

毛主席是伟大的马克思列宁主义者,他一生总是紧随着中国

---

[*] 原载《哲学研究》1958年第3期,原题目为《在实践中正确应用马克思主义就是创造性发展马克思主义》。

革命底发展,把马克思列宁主义的普遍真理活用在中国革命底各个阶段、各个方面以至每个细小环节上,从而他就在我们这一代创造性地发展了马克思列宁主义。过去在建党、建军和指导民族、民主革命中,他是这样做了;近几年来在建国和社会主义革命中,他也这样做了,从而他就把我们从胜利领导到更大的胜利。在《关于正确处理人民内部矛盾问题》一书中,毛主席曾经说到:"对于革命我们开始也没有经验,翻了筋斗,取得了经验,然后才有全国的胜利"。接着,毛主席就向我们提出这样的问题:"我们要求在取得经济建设方面的经验,比较取得革命经验的时间要缩短一些,同时不要花费那么高的代价"。现在,使全国人民无限兴奋的是:在毛主席和党中央底领导下,我国经过8年来的建设,已经开始摸到一条切合本身情况的社会主义建设总路线,那就是鼓足干劲,力争上游,多快好省地把我国建设成为一个有现代工业、现代农业和现代科学文化的伟大的社会主义国家。对这条路线,现在有些人觉得它很平凡似的,还有些人觉得它不大像一条社会主义建设的总路线。其实,它是继承苏联过去、特别是总结我国8年来建设上的许多经验,并且经过反保守、反教条主义和反形而上学的片面做法等斗争,才创造出来的。它从我国6亿人口和"一穷二白"的特点出发,敏锐地把握住了全国人民现阶段的迫切要求和巨大潜力,充满了放手发动群众去改造世界的伟大革命精神。借用毛主席在《实践论》中的一个公式来说,这条路线就是"实践、认识、再实践、再认识"的高度总结;它好像东升的太阳,已经光芒万丈地显现在我国底地平线上了!

以下,我想按我个人底初浅体会,从一二侧面,来谈一下这条路线底哲学意义和创造精神。

毛主席在《关于正确处理人民内部矛盾的问题》一书中,曾经指出，"在社会主义社会中，基本的矛盾仍然是生产关系和生产力之间的矛盾，上层建筑和经济基础之间的矛盾"。同时，毛主席又指出我国目前在以上两方面都有"相适应又相矛盾的情况"和"今后必须按照具体的情况，继续解决上述的各种矛盾"。可是，我们平时对生产资料公有和私有之间的矛盾以及政权中的统治和被统治之间的矛盾，是比较注意和比较熟悉的；至于对社会主义生产关系和民主集中制度本身在不同的时空条件下有怎样的具体表现和矛盾，我们平时的研究则是很不够的。其实，在社会主义三大改造基本完成以后，我们要搞好社会主义建设，就必须随时注意社会主义内部的以上矛盾并及时加以调整。问题在于我们常常不能从现实的具体问题中去揭示以上矛盾，从而不能及时把它们提高到本质上来作根本性的解决。为了举例说明，我们不妨指出这些矛盾或问题：例如重工业、轻工业和农业的发展关系问题以及大、中、小型工业的相互关系问题，就是涉及社会主义内部（包括全民公有制和集团公有制之间、中央和地方之间以及先进地区和落后地区之间等方面）的具体生产关系如何安排、如何调整的重大问题。又如中央和地方在经济管理上的集权和分权问题，它是有二重性的：由于社会主义国家本身是全民所有制经济的中枢，以上问题一方面就是全民内部的生产关系问题的具体表现；另一方面，它是作为上层建筑的民主集中制度问题的重要侧面之一。我们研究社会主义经济科学的人，如果不深入探讨这些具体问题，又怎样丰富和发展这一门科学底内容呢？同时，对以上一类的具体问题，如果不把它们提高为（实际是还原为）社会主义制度下的生产力和生产关系的矛盾问题以及基础和上层建筑的矛盾问题，我们在处理上也就跳不出头痛医头、脚痛医脚的经验主义的狭隘圈子。

毛主席和党中央对我国当前的以上两类矛盾，都是紧紧抓住实践中的具体问题和重大问题来研究，并把它们提高到本质上来解决。例如对前面所说的三个重大问题，毛主席和党中央根据各部门、特别是各地区所提供的现实资料和情况，并参考苏联和东欧各社会主义国家底建设经验，经过反复研究，在探明它们内在的具体规律以后，就定出完整的解决办法，扼要说来，就是：采取在优先发展重工业的条件下，发展工业和发展农业同时并举的方针，解决重工业、轻工业和农业的发展关系问题；采取大、中、小型工业密切结合和目前以发展中、小型工业为主的方针，解决大、中、小型工业的相互关系问题，以及采取大权独揽，小权分散，工业下放，中央和地方双重领导和充分发挥地方积极性的方针，解决中央和地方的经济权限问题和关系问题，这样，就把全国6亿人口底力量和各种积极因素都充分调动起来了。

事实表明：毛主席和党中央所提出的工农业同时并举的方针，大、中、小相结合和以地方中、小型工业为主的方针，以及工业下放、双重领导的方针，是如何正确地体现了我国当前的社会主义生产关系，使它更加适应我国当前的生产力状况；以及如何正确地调整了上层建筑和经济基础之间的关系，使它们更加融洽。这些方针或办法都是我国上述社会主义建设总路线底构成部分和具体内容。有人觉得这些方针和办法也好像是很一般的道理，没有什么新东西；这是由于他们不了解实际和历史，或不了解什么叫做新东西。过去，我们从事科学研究工作的同志和参加实际建设工作的同志，也知道轻重工业和农业必须相应发展，大、中、小型工业不能偏废，以及地方底积极性应该重视等道理，但是不明确、不深刻，特别是认识是一回事，实践起来又是一回事。应该承认，我们过去的认识是不够完备的，而且有形而上学的地方，例如因侧重发展重工业就对农业的重要性注意不够；此外，对中、小型工业有忽视的倾向；对地方和内地底巨大潜力看不清楚等等。

在《关于正确处理人民内部矛盾的问题》一书中，毛主席曾经说到，对立统一"这个规律，在我国，懂得的人逐渐多起来了。但是，对于许多人说来，承认这个规律是一回事，应用这个规律去观察问题和处理问题又是一回事"。这表明应用理论比懂得理论要难得多。我们过去对经济建设没有完全免去以上缺点，就是一个证明。我们过去有以上缺点的原因是很多的，现在根据领导上的分析，大概主要可以归纳为以下三点：（1）没有深入实际，没有真正把握住我国底特点，例如它有6亿人口，他们有勤劳耐苦的优良传统，是很大的生产力；中国原有的经济很落后，农业和小型工业是我们起步的重要据点。（2）政治上不够远见，只见物不见人，不能及时看出新的情况，例如社会主义三大改造基本完成和反右派斗争胜利以后，人民群众有无限的社会主义积极性，他们可以排山倒海似地克服一切困难，创造奇迹。（3）思想不够灵活，不敢大胆地根据第一个五年计划的建设经验，及时修订各种不合适的规章制度，调整中央和地方以及各经济部门之间的关系。所以，毛主席和党中央这次提出工农业同时并举的方针和其他方针，以及规划出一条切合我国情况的社会主义建设总路线，对我们是具有深刻教育意义的，它是马克思列宁主义的一般原理与中国革命实际相结合的又一范例。

最后，我想再谈一下破除经济科学规律底神秘性问题。现在有些经济学者把经济科学规律神秘化，好像只有具备高深学问的人才能对它有所作为，吓得读书不多的人不敢大胆地想问题和提出自己底不同意见。其实，经济科学规律不过就是我们日常经济生活中底内在的必然联系，其中有较复杂的规律，也有较简单的规律；有很概括的规律，也有很具体的规律；有大规律，也有小规律；有万年通用的规律，也有一时一地有效的规律，它们是互相联系和互相补充的。在大规律或概括的规律（一般原理）已经发掘出来以后，重要的就是进一步去发掘小的或具体的规律作补充，使它能够成为行动的指针，而不流为空洞的教条。譬如对社会主义生产关系，我们已经知道它是生产者公有生产资料的关系，是生产者互助合作的关系，是按劳分配的关系。但是以上关系会因不同民族、不同国家、不同外部条件、不同历史经验而呈现大同小异的多种样式；同时，按一个社会主义国家来说，也不是一成不变的。因此，在懂得前述社会主义生产关系的一般规律以后，重要的就是进一步去具体分析研究它们。例如对生产资料的全民公有制，就要研究在我国目前的生产力状况下，中央和地方该如何分别公有，还是多集中一些，还是多分散一些；又如对按劳分配，我国在恢复时期，根据当时的生产力状况和"包下来"的政策，就指出"四个人的饭五个人吃"的原则；对于工资标准，我国目前采取有等级差别、但是高低两头不悬殊过大、以免脱离群众的原则，这些就是按劳取酬规律的具体化。所以，凡是深入接触实际经济生活的人，只要具有马克思列宁主义的基本知识，自己肯用心去想，边干边学，就有可能揭示出或大或小的经济规律，为丰富马克思列宁主义的经济学说做出相应的贡献，它并不神秘。我们这样说，当然不是忽视深入钻研前人所揭示的经济规律和经济理论的重要性，也不是否认从经济现象到经济规律（本质）的道路是崎岖的和不平坦的，我们只是说：不要迷信经济规律，而要敢于向经济科学进军！

关于我国工农业产品等价交换的几个理论问题*

一 工农联盟和等价交换

在从资本主义到社会主义的过渡时期内和社会主义社会基本建成以后的一个很长的历史时期内，社会主义经济都不能不有两种形式：一是全民所有制经济，它的主体是工人阶级；一是集体所有制经济，它的主体是合作起来的农民。在集体所有制经济改变成为全民所有制经济之前，社会主义社会是建立在这两种经济的密切合作和互相支援的基础之上的。要建成社会主义并进一步向共产主义过渡，必须在无产阶级领导之下，加强和巩固工农联盟。

工农联盟的内容是多方面的，从经济上说，其中最重要的一项是采取交换产品的方式来互相联系和支援。关于这个问题，斯大林根据列宁的著作，在《苏联社会主义经济问题》一书中，曾作了经典性的说明和补充。他说："为了城市和乡村、工业和农业的经济结合，要在一定时期内保持商品生产（通过买卖的交

---

* 原载《大公报》1961年6月5日。

换）这个为农民惟一可以接受的与城市进行经济联系的形式，并且要以全力开展苏维埃贸易，即国营贸易和合作社——集体农庄贸易，把所有一切资本家从商品流通中排挤出去。"这是就合作化完成之前的情况说的。在合作化完成以后，斯大林指出商品交换仍然是两者之间的必要的联系形式。他解释说："在国家企业中，生产资料和产品是全民的财产。在集体农庄的企业中，虽然生产资料（土地、机器）也属于国家，可是产品却是各个集体农庄的财产，……这种情况就使得国家所能支配的只是国家企业的产品，至于集体农庄的产品，只有集体农庄才能作为自己的财产来支配。然而，集体农庄只愿把自己的产品当做商品让出去，愿意以这种商品换得它们所需要的商品。现时，除了经过商品的联系，除了通过买卖的交换以外，与城市的其他经济联系，都是集体农庄所不接受的。"我国目前正处在上述的第二种情况之下，因此，也同样必须继续保持互相交换产品的形式来巩固和发展工农之间的经济联系。再就我国农村人民公社这种集体所有制经济而论，它在现阶段实行的是以生产大队为基础的三级所有制，因此，除了有国家和公社之间、公社和公社之间互相交换产品的联系之外，还必须有公社内部各生产大队之间、各生产队之间以及它们上下之间互相交换产品的联系（至于与公社社员个人经济有关的交换问题，本文不详论）。在这些互相交换产品的联系中，都必须正确贯彻等价交换的原则，才能巩固工农联盟和发展公社经济。为什么必须贯彻等价交换的原则呢？这按以上各种交换关系说，是因为产品属于不同的所有者，它们既然要交换才愿让出自己的产品，那自然要按照等价交换的原则来进行，否则就会有一方的产品为另一方所无偿占有，这就会破坏它们之间的交换关系，影响工农联盟，影响公社经济的发展。所以，认真贯彻等价交换原则，是我国现阶段重要的经济问题之一，也是贯彻党关于农村人民公社一系列政策的一个重要方面。根据目前有些文章的论述来看，我觉得在阐述这个问题时，有两点值得提出来研究，并应当分别清楚：

第一点是，目前人们谈论等价交换问题时，常常有两重意思：一是说公社、生产大队、生产队以及社员相互之间在需要调用劳动力和各种财物时，必须等价（价格）交换，不能无偿取用。通俗地说，就是一切都得计价，付钱，不能白白地占用别人的劳动力和财物。二是更进一层，不仅要价格相等，而且要价格与产品的价值（即生产该产品所耗去的社会平均必要劳动量）相等。严格地说，"等价交换"是指后一种含义而言，即指按相等价值交换的意思。

第二点是，对于上述那几种交换都必须按等价原则进行的问题，应该作更进一步的分析，把国家和公社之间，与公社和公社等等之间，应该如何贯彻等价交换原则的问题适当地区分开来。这是非常必要的，因为它们的关系和运动规律并不完全相同。这可以简单地说明如下：（1）公社和公社是两个互相独立的集体所有制经济单位，它们之间如果不按相等价值交换，除了会因此而发生本身的劳动果实的再分配关系外，一般不会再有其他形式的再分配关系（它们之间互相捐助、救济等特殊情况自然在外）。目前生产大队之间的关系以及生产队之间的关系，在交接方面也和公社之间的关系相同。（2）国家和公社的关系，则与以上所说的关系不同。社会主义国家是代表全民的，它和公社的关系是全民和集体的关系，它是为工人阶级的利益，也是为集体农民的利益服务的。因此，在国家和公社之间，除了如果不按相等价值交换而会发生再分配关系外，同时还会有其他多种形式的再分配关系，我们必须将它们与商品交换关系一并考虑。

国家和公社之间的交换关系，与公社内部及其相互之间的交换关系既然不完全相同，我们对国家和公社之间的交换，一方面固然必须明确地指出，它也同样需要按照相等价格进行，不能无偿取用；同时，必须全面地阐明，在一定条件下和一定范围内，国家不但可以而且应该使一些工业品的价格适当地高于价值，一些农产品的价格适当地低于价值；换言之，就是使工农业产品保持一部分差价。（在差价之中，也有工业品的价格低于价值，农产品的价格高于价值，但这是比较个别的，同时是另一方面的问题，这里不论。）原因就在于前面所说的国家和公社的关系是全民和集体的关系，它们之间不能不有多重的再分配关系存在着和交叉着，国家对公社往往要这一头先分配进来，另一头又再分配出去。下面就来着重谈谈社会主义制度下工农业产品的合理差价问题。

二 等价交换和工农业产品的合理差价

大家知道，在资本主义制度下，由于私有制和生产无政府状态，市场价格是盲目波动的。而在社会主义制度下，由于最主要的生产资料属于全民（以无产阶级国家为代表）所有，另一部分生产资料属于集体所有，只有极小一部分生产资料属于集体农民个人所有，后两者又都在强大的无产阶级国家和全民所有制经济的直接领导之下，它们的利害是基本一致的；因此，国家对整个社会生产可能自觉地按照客观规律来计划，对各种工农业产品的价格也可能自觉地按照客观规律来规定，任何生产单位（不论它属于哪一种公有制）都不能像资本主义社会中资本家那样玩弄价格。当然，这不是说无产阶级国家可以任意规定价格，并强制人们去奉行，而是说无产阶级国家有可能自觉地按照客观规律，用计划来规定属于它所有的或属于它所领导的那些集体经济组织所有的产品的价格,作为交换的依据。

再者,在资本主义制度下,有一种非常显著的现象,那就是工业品和农产品的价格与价值很不相等。工业品对农产品而言,价格一般都大大地高于价值;农产品对工业品而言,价格一般都大大地低于价值。我们通常把这种现象称为工农业产品价格的"剪刀差"。我国在解放前,由于帝国主义、封建主义和官僚资本主义这三个吸血鬼残酷地榨取广大农民,工业品和农产品价格的"剪刀差"是很大的。中国人民革命的胜利,打倒了三大敌人,从而也就消灭了作为它们的吸血器的"剪刀差"。解放以后,由于社会主义公有制经济的确立,工农业产品的价格已经可能由国家根据客观情况和规律来规定,而且一般都定得合理和正确,有利于发展生产和巩固工农联盟。对于建国以来工农业产品价格的变化,李先念同志1959年在《中华人民共和国十年财政的伟大成就》一文中,曾经作了概括的总结。他说:"十年来我国零售物价指数是稳定的,而农产品收购价格却有所提高,这样,由于工业品和农产品的差价的缩小,农民从价格方面得到不少的好处。"过去的工农业产品的差价已经缩小,这是一种量的变化;同时,至今还保持着的那一部分差价已经完全改变了性质,它只是在外表上类似"剪刀差"。这一部分差价的暂时存在,是完全合理的和必要的。

为了说明这个问题,我们应当先分析人民政府的各项财政支出的内容和性质,以及它的财政来源。

人民政府的财政支出,主要有以下几项:(1)人民民主政权机构的经费,这是为保卫工农利益所必需,它在国家支出中所占的比例很小,并且在逐渐减少。(2)举办为工农服务的文化教育事业和其他社会福利事业,它在国家支出中所占的比例是不断增加的。(3)基本建设基金和储备基金,这是为实现社会主义工业化和扩大社会再生产所必需，是国家的主要的财政支出；它既有利于工人阶级，也有利于农民，是为全民的长远利益服务的。例如国家使用巨额款项兴修大型水库，建设拖拉机厂，等等，就是为了发展农业生产。（4）专门拨款救济灾区，贷款或投资给公社，特别是给较贫的社、队，帮助它们克服灾荒所带来的困难，帮助它们逐渐赶上富社、富队，这些支出更是直接地为了农民。以上所有的支出，当然要由工人阶级和农民自己来负担。但是国家对二者所采取的方法是不同的：在全民所有制经济方面，凡是工人每年劳动所创造出来的财富，除了作为工资的那一部分发给他们以外，统统采取上缴税款和上缴利润的形式归国家统一分配；对于集体农民每年劳动所创造出来的财富，国家就不能采取相同的方法来分配，而只能采用农业税（包括其他一些税款，下同）这一种形式。国家对农业税还采取稳定负担的政策，农业税在农业产值中所占的比重越来越小，1952年占11%，1959年只占8.55%，远比工人（全民所有制经济）上缴给国家的税款和利润在工业产值中所占的百分比为低。因此，国家就必须在经济上以一部分工农业产品的差价收入来补充和平衡，使农民和工人都同样合理地负担国家的各项开支。这是解放以后我国还保持着一部分工农业产品差价的原因。从这里就可以看出，国家从集体所有制经济集中一部分差价收入，正是一头先分配进来，一头又再分配出去，是取之于民，又用之于民。所以这一部分差价是完全合理的和必要的。它具有完全新的性质和作用，根本不同于旧中国的"剪刀差"。我们应该全面地教育广大人民懂得这当中的道理，把他们的认识提高到应有的社会主义水平上来。

这里，还有一个问题是需要进一步去阐明的，那就是：既然征收农业税和保持工农业产品的部分差价只是两种不同的形式，而本质是相同的，那么，为什么不能简化为一种形式呢？为什不能使工农业产品的价格都等于或大体上等于价值，以便核算价值和投资的经济效果，而将国家借助工农业产品的差价所集中的收入都并在农业税项下来集中呢？这是一个复杂的问题，原因很多。我初步研究的结果，认为主要是由于：（1）问题涉及集体所有制经济，即涉及广大的农民群众，要对他们改变上述再分配形式，不像在全民所有制经济内部那样比较容易进行。（2）从历史上因袭下来的形式原有两种，如果不是为了调整收入和负担，而只是为了并成农业税一种形式，便于核算价值，这就不能不考虑这种变革的繁复的工作量和它的必要性如何。特别是（3）工业劳动生产率的增长速度，在革命胜利后的一个相当长的历史时期内，一般是更快于农业劳动生产率的增长速度；因为农业的机械化要以工业的现代化为前提，在实现机械化以前，它的劳动生产率虽然也有提高，但是不可能有很大的提高。这就是说，在此期间，工业品的单位产品价值量的下降将更大于农产品的单位产品价值量的下降。工业品超过农产品所下降的这一部分价值量，大体说，不外两个用途：一部分用来改善工人和农民的生活，通常表现为将工业品（生活资料）的价格适当降低一些（不完全与下降的价值量相等），另一部分则集中起来作为积累基金或其他公共开支。这后一部分用什么方法来集中呢？一种方法就是将单位产品的价格少降，不完全按价值的下降而下降，这样，国家就可以从出售工业品的价格中集中一笔新的收入；同时，农民也可以得到工业品部分降价的好处。按照这种方法，即使原来的工农业产品没有差价，也会因此而产生出一部分差价，即工业品的价格必将部分地高于它的新的价值水平，还有一种方法是，一方面将工业品的价格全按价值的下降而下降，使集体所有制经济可以从全民所有制经济得到工业品下降的价值量的全部好处（这里所说的"全部"，是指用农产品所换去的那一部分工业品而言）；另一方面，国家为了保留工人更多地提高劳动生产率所做出的贡献，把下降的价值量收回一部分，用来扩大积累，又相应地对集体所有制经济增加农业税。后面这种做法，除了可以使价格等于新的价值水平外，总起来说，是弊多利少的，因为它要引起价格和农业税税率的双重变化，而且不易为农民群众所接受。因此，这种方法不如前一种方法适宜和易于推行。我认为这是保持工农业产品的部分差价的重要原因。

三　工农业产品的合理差价和按劳分配

以上两节只是说明，为了巩固工农联盟，在交换方面必须贯彻等价交换的原则，同时在一定条件下和一定范围内，又仍然有保持工农业产品的部分差价的必要；但是还没有分析到，在怎样的条件下和什么范围内，保持工农业产品的部分差价才是合理的和有助于巩固工农联盟。这是一个非常复杂的问题，必须根据具体情况来解答。本文只能概括地谈谈其中的根本问题。我认为至少有以下四条应当作为考察这个问题的前提或界限，这四条是：(1) 必须农业生产发展，公社的总收入增加，国家才有可能用差价从农村人民公社集中一部分收入。这就是要有资源，才能利用的道理。如果不管农业生产状况如何，只考虑用差价从公社吸收资金的片面需要，那一定会影响工农联盟。(2) 必须使农业生产能够保本，并有适当的盈余。为了平衡负担，国家可以将一些农产品的价格定得低于价值（理由见前），但是不能过低，即不能低到公社不能保本和没有一些盈余的程度。如果定得过低，那必须会破坏农业生产，对整个社会不利。(3) 必须适当使用国家所积累的资金，使农民除了能够得到长远利益以外，还能够得到一部分眼前的实际利益。前面已经说过，不论是农业税或差价，国家从公社方面取来以后，归根到底都是用来为公社、为农民服务。但是，如果安排不当，比如说，如果大型的重工业建设一时搞得过多，影响建设应有的、可以很快就为农业生产和农民生活服务的生产事业，不能使农民及时看到他们在"差价"中所做出的贡献已经部分地转回来为他们服务，那就会影响"差价"的合理性，不利于巩固工农联盟。所以，我们必须同时注意"差价"收入的正确使用问题。（4）必须使农村人民公社有相当的消费基金，使公社社员和城市工人在按劳分配上保持不悬殊的标准。对于这一条，要详细地说一下。

大家知道，按劳分配是社会主义的分配原则。按照这个原则，凡同工者基本上就应同酬，多劳者就应多得。工人的劳动一般较农民的劳动为复杂，因而工人的劳动报酬自然应该多一些。其次，对于工农的劳动报酬不能孤立地、简单地只比较他们的工资收入，因为城市居民有些支出（如房租和水电费等）是农村居民所不负担的，两者的生活水平和条件不同；又因为公社社员有些收入（如自留地收入）是城市工人所不能有的。因此，即就同等的劳动质量而言，国营企业工人的劳动收入也应该适当地高于农村公社社员的劳动收入。以上两种差额，不能算作工农劳动收入悬殊的现象和不同工同酬；因为它们是应有的差额。

再者，所谓按劳分配，并不是说工人和农民所创造出来的财富都分给他们去消费，而是说先扣除社会的公共需要（例如前面第二节所说的那四项用途），然后再按他们劳动的数量和质量进行分配。这里有两个问题需要注意：一是消费和积累的比例必须恰当，不能只顾扩大积累而不重视改善他们的生活，同时，也不能只重视改善生活而不顾积累。目前就公社内部而言，必须注意"少扣多分"的原则。这个问题本文不拟详论。二是在作了以上扣除以后，工农的劳动所得是否按比例和合理。我们知道，在全民所有制经济和在集体所有制经济中，扣除和分配的方式有所不同。在农村人民公社，是先扣除公积金、公益金等等和上缴给国家的农业税，然后再按工分分配给社员（由于农业收成是每年不同的，工分的分值是不固定的）。国营企业则是按固定的工资标准发工资给工人，其余全部归国家支配，其中小部分是采取税款形式上缴国家，大部分是采取利润形式上缴国家。上述扣除和分配方式的不同，并不妨碍我们去分析和比较公社社员和国营企业工人的劳动所得大体上是否符合同工同酬的按劳分配原则。这里要着重指出：公社社员的劳动所得究竟为数多少，除了受上面那些直接扣除的制约之外，还要受工农业产品的部分差价的间接扣除的制约。这就是说，如果农产品的价格低一些，公社的收入和分给社员的部分就会少一些；相反，就会多一些。所以，工农业产品差价怎样才是合理，最后可以归结为：公社作了以上直接扣除和差价扣除以后，社员所得到的劳动报酬与国营企业工人是否大体平衡或接近。如果相差过大，工人的劳动所得过多地超过社员所得，那就不合理，其原因不是由于公社内部的公积金、公益金等等扣除过多，就是由于国家的农业税和工农业产品的差价的扣除过多。从工农联盟的关系说，我们应当特别注意农业税和工农业产品差价这两项扣除是否过多，在这两项当中，更应当注意工农业产品差价的扣除是否合理，因为我国的农业税已经稳定多年，一般不成问题了。

  我国在解放以后所保持的工农业产品的部分差价，历年都有调整，它基本上是合理的，既有利于国家积累建设资金，同时又照顾到公社（1958年以前为合作社）的生产需要和社员生活的改善，工农的劳动所得大体上也是适应的。不过，另一方面，我们也应当看到：工农业的生产状况和劳动生产率是不断变化的，特别是公社化以来农业生产成本因素的构成起了一些变化，两年来的自然灾害对农村经济又有不小的影响，加以工农业产品价格的制订也是一个复杂的问题。因此，为了使整个国民经济的消费和积累的比例安排得更恰当，为了使工农双方的劳动所得更加按比例和合理，使按劳分配、等价交换的原则在国家和公社之间以及在公社内部得到全面地、正确地贯彻，以巩固工农联盟和发展工农业生产，我们必须经常进行调查研究。以便及时对工农业产品价格继续作必要的调整。工农业产品价格，是我们正确安排全民所有制经济和集体所有制经济之间的消费和积累的比例关系的重要杠杆之一，我们必须根据眼前利益和长远利益、局部利益和整体利益、个人利益和国家利益相结合的原则来合理地使用这个杠杆，使它成为促进工农业生产全面发展、工农生活普遍富裕的有力工具。

关于生产力二要素或三要素问题[*]

在前面《关于生产关系的几个理论问题》一文中，我对其中的"所有制问题"、"生产关系总和问题"以及"生产关系和经济基础问题"，提出了自己的粗浅认识。本文拟继续就马克思主义学者有争论的"生产力二要素或三要素问题"作一些研究和讨论。

大家知道，人们为获得所需的生活资料而进行生产活动时，必须具备三个要素，那就是：(1) 人们本身的劳动力；(2) 劳动资料或称劳动手段，其中最主要的为劳动工具，此外还包括劳动所需要的场所——土地、工场等等；(3) 劳动对象，如木工所加工的木料，矿工所采掘的地下蕴藏——这后一类劳动对象是纯粹的自然物，即自然资源。以上三要素，通称生产三要素，这是马克思主义经济学者的一致说法。至于这三个要素，从另一角度看，是否就是生产力的三要素，那还有争论：有些人主张生产力只包括劳动力和劳动手段，不包括劳动对象；有些人主张把人们加工过的原材料这部分劳动对象包括在内；有些人则主张将已作

---

[*] 原载《江汉学报》1962年第3期。

为劳动对象的自然资源也包括在内。这就是生产力二要素或三要素的争论。这个争论，一般是结合着生产关系所需适合的生产力应为二要素或三要素而争论，这是一个有重大实践意义的问题。我是主张"三要素论"的。以下为便于说明问题和我自己的观点，我先介绍一下"二要素论"的一些论点。

一　生产力"二要素论"

1950年2月出版的《学习》杂志（第1卷第6期）载有君麟同志《关于社会底生产力》一文，他主张二要素论，反驳三要素论。君麟同志最重要的论据是在解答为什么要把"社会底生产力"定义为"生产工具和生产者两方面的因素"这一问题时提出的，他说："人们为着生存，就要有生存所必需的食物、衣着、燃料、房屋等等生活资料，而为着要有这些生活资料，彼此间有着一定的联系和关系的人们，就要和自然界作斗争和利用自然界物质和自然界力量来生产物质资料。换句话说，就要在生产中和自然界发生关系。在生产中人与自然间的这种关系，在人类社会发展的各个历史阶段上是各不相同的。"接着，他就举了一些例子来说明这种不同，并进一步提出"这种关系是依据什么东西的变化而变化，换句话说，决定这种关系有哪些要素"的问题。为解答这个问题，他讲到"劳动或生产，可以看做是二个对立方面的斗争，掌握和发动着生产工具的人们是对立的一方面，而对立的另一方面则是被利用来进行生产的自然界物质和自然界力量"。他说，前者"在人类历史的发展中是变化得很快的"，后者"则是消极的，受动的，它们的变化是极其小的。所以人与自然界两者间的关系就几乎完全取决于人们使用的是怎样的工具，取决于进行生产的是怎样的一些人们，他们的生产经验与劳动技能如何。"由于君麟同志从此出发，即从"人们与自然界物质和自然界力量间的关系"，是以充分地由生产工具以及生产者这两方面的关系来表明这一论据出发，他就得出生产力应该是以上二要素，而不能把劳动对象也包括在内。至于他的反驳，撇开其中一些枝节问题不说，我看最主要的仍然只是从反面把以上论证复述或演绎一下。因为他说："也许人们会这样说：'土地肥沃的程度，矿山埋储量，森林水利的状况等等是各处不一样的。同样的生产者，使用同样的生产工具，但由于……劳动对象的条件好，生产量就高；劳动对象条件差，生产量就低。……所以劳动对象应该包括在社会底生产力这一概念之内。'对这说法我们底答复是：这种说法表面上似乎很有理由，但仔细考察起来是和我们上述对社会底生产力这一概念基本的了解不相符的。……①所以，君麟同志的二要素论，可以简括如下：

1. 引起和决定人们在生产中与自然界之间的关系（以及相应的人们之间的关系——生产关系）的变化的，只是劳动工具和劳动力，因此，生产力或社会生产力只应包括这两个要素。这里，我要预先指出：君麟同志已经把生产力一般这个概念缩小为这样特定的生产力，即能决定由一种生产关系变为另一种生产关系的生产力。这是一个有关如何全面理解马克思主义的历史唯物主义理论的问题。

2. 他不同意把像"矿山埋藏量"那样的自然生产力要素也列在生产力的概念之中，就是因为它数千年来始终未变（或只有很小很小的变化），不是引起和决定社会生产关系变革的原因，换言之，也就是不符合他所了解、他所定义的那个生产力。这是普通的三段论法，实在是无需"仔细考察"就可推出来的。

---

① 以上引文，见《学习》杂志第1卷第6期，第7—8页。

所以，对君麟同志的那篇文章和论点，是非的关键在于：从马克思主义的整个历史唯物主义出发，能否像他那样特定地限制生产力的内涵或范围。张鱼同志对君麟同志的二要素论的批评，在我看来，由于未紧紧地抓住这一点并结合历史事实来展开，就自然不能完全解决问题（见他所写的《对于生产力问题的商榷》一文，载《学习》杂志第二卷第七期，本文不详论）。

此外，在马克思主义学者中间，还有一些同志不仅与君麟同志所说的相同，认为自然界所提供的、没有受到人的任何作用而存在的劳动对象，如土地所蕴藏的矿产、煤、石油，水中的鱼，林中的树木，等等，都不能成为衡量社会生产力发展水平的尺度，不能成为衡量社会进步的尺度，从而不能列在生产力的范畴之内，而且还把"三要素论"一概当做"地理环境决定论"来批判。我认为，"三要素论"，将如本文下面要分析到的，不一定就是"地理环境决定论"，这取决于它如何论述自然资源这第三个生产力要素在人类社会经济生活中的作用。还有一些同志所持的，是"两个半要素论"，实际仍然是"二要素论"。因为他们说，作为生产力要素的劳动对象，并不是自然生产力，不是沉眠在海底、深山或隐藏在大气中的自然财富，而是用来发动机器的石油和用来生产原子能的铀，同时，劳动对象和劳动工具在社会发展中的作用远非相同的，劳动工具发展的水平，是生产发展和社会控制自然界的尺度；但是这不是说，劳动对象的发展，其中包括制造生产工具的材料的变化，不是衡量生产力和技术进步水平的重要指标，不是表明人们对自然力控制程度的重要指标，因此，在给生产力下定义时，应该采用比劳动手段更广的概念，即采用生产资料这一概念。根据这些同志的这些说法，我认为他们是"两个半要素论"，因为他们不把作为采掘对象的地下煤、铁、石油等自然劳动对象列入生产力范畴，只将已经采掘出来作为生产原料的煤、铁、石油等列入生产力范畴。但是，按其实质说，我认为他们仍然是"二要素论"，这是因为：第一，他们仍然是从是否为"社会控制自然界的尺度"、是否为"经济上的时期"的划分标帜的角度，来规定哪个是生产力要素，或哪个不是生产力要素；第二，他们又说，那些钢、煤、石油、煤气、铀等产品之被用来作为原材料（劳动对象），虽然是一个国家经济发展水平的极重要的指标之一，但是它是第二序列的问题，是社会的劳动经验和劳动工具已经发展到能够把它们从地下采掘出来的结果。因此，他们的"两个半要素论"仍然不能不还原为"二要素论"。

以上是扼要介绍马克思主义学者中间关于生产力二要素或两个半要素的一些重要论点。主张"二要素论"的同志，大多根据斯大林的一段著作——《辩证唯物主义和历史唯物主义》第三节甲项。他们有的直接讲到是阐述斯大林的论点；有的虽未直接引证斯大林，实际是有思想联系的。为了作学术上的研究，我觉得在这个问题上，应该将斯大林的那段著作仔细学习一下，我认为，如果把他那段著作全面地思索一下，那就可以看出他不一定就是"生产力二要素论"。

斯大林在《辩证唯物主义和历史唯物主义》一文中，当讲到马克思主义的历史唯物主义基本理论时，他提出的问题是："从历史唯物主义观点看来，到底把归根到底决定社会面貌、社会思想、观点和政治制度等等的社会物质生活条件，了解为什么东西呢？换言之，就是：在社会物质生活条件体系中，究竟什么是决定社会面貌，决定社会制度性质，决定社会由这一制度发展为另一制度主要的力量呢？"对这个问题，斯大林的解答是："这样的力量，据历史唯物主义看来，便是人们生存所必需的生活资料谋得方式，便是社会生活和发展所必需的食品、衣服、靴鞋、住房、燃料和生产工具等等物质资料生产方式。"对这个生产方式，斯大林是明确地把它分为生产力和生产关系这两个侧面的，并指出社会生产、生产方式的发展和变革，"始终是从生产力底变更和发展上，首先是从生产工具底变更和发展上开始。……然后，人们底生产关系，人们底经济关系也依赖于这些变更并与这些变更相适应而发生变更。"至于这个首先引进生产、生产方式变更和决定生产关系变更，并从而决定社会变更的生产力，斯大林则认为限于生产工具和劳动力；因为它们是不断变更和发展的，是历史上人类社会不断变更和发展的原因。因此，他为解答以上问题，从"社会物质生活条件"这个最广的范畴追溯到"物质资料生产方式"，并再进而追溯到作为"生产方式"的主动方面的"生产力"时，就相应地提到"生产物质资料时所使用的生产工具，以及因有相当生产经验和劳动技能而发动着生产工具并实现物质资料生产的人，——这些要素总合起来，便构成为社会底生产力。"斯大林的这些话，特别是这最后一句话，是被"二要素论"者引为根据的。我认为，斯大林这最后一句话，如果孤立起来看，确是把生产力一般归结为生产工具和劳动力这两个要素。但是从前后文看，从他那段文章所要解答的问题看，他不是要论述生产力一般的内涵，而是要论述对社会面貌、社会性质、社会变革起最后决定作用的这个有特定限制的生产力的内涵。特别是那段话的前面，针对所提出的问题，他讲到社会物质生活条件这一概念时，也"把环绕着社会的自然界，即地理环境包含在内，因为这个环境是社会物质生活所必要的和经常的条件之一，而且无疑是影响到社会底发展"；只是"它的影响并不是决定的影响，因为社会底变更和发展要比地理环境底变更和发展快得不可计量"。斯大林说，"由此就应得出结论：地理环境绝不能成为社会发展底主要原因、决定原因，因为在数万年间似乎仍旧不变的现象,绝不能成为那在几百年间就发生根本变更的现象发展的主要原因"。①

大家知道,上文"作为环绕着社会的自然界"的"地理环境"这一概念,它所指是很广的:其中包括气候(热带、寒带、温带)、地形(沿海或深山),以及各种自然资源。其中有些只对社会日常生活习惯、风俗以及人的生理气质起一些相应的影响作用,研究这些社会问题的人,除了要有基本的社会经济观点和阶级观点以外,也应该注意这些外在地理因素的某些影响。这不是"地理环境决定论",而是把各种客观因素都全面考虑到而又分清主次、分清其不同作用的辩证的历史唯物主义观点。再者,在上述"地理环境"所包括的因素中,如水中的鱼产,山中的果木,地下的矿产等自然资源,在它们可以被利用来作为劳动对象时(这如前所述,不是由它们本身决定的,而是由劳动工具和劳动力的发展程度决定的),还会因为它们的差异而对社会生产,并从而对生产关系和社会上层建筑起一些相应的影响作用。这绝不是说,地下自然资源丰富、气候温暖等条件和地下资源贫乏、气候寒冷等条件,就会产生出不同的社会制度。如果持有这种观点,那就是彻头彻尾和荒谬透顶的"地理环境决定论"。我是说,在相同的社会制度下,不同的自然资源情况被利用来作为劳动对象,可以在一定范围内影响某些生产关系的个别环节,使它们发生一些差异(详后)。我认为,斯大林所提出的"地理环境当然是社会发展的经常必要的条件之一,而且它无疑是能够影响社会的发展,加速或延缓社会发展过程"这一论点,是包含着以上内容的。所以,统观斯大林的整段文章,我认为,他只是不把劳动

---

① 以上引文,见斯大林《列宁主义问题》,人民出版社1955年版,第705—710页。

对象（自然资源）与劳动力和劳动工具并列，也作为决定社会性质、决定生产关系变革的生产力要素之一；但是他并不否认，而且还颇为强调地指出：在另一方面、另一范围内，自然劳动对象（它包括在"地理环境"这一概念内）仍然是对社会的发展有某些影响作用的生产力要素。因此，我认为，不能根据斯大林的以上著作，笼统地说他是生产力二要素论者，或者引用他的话来证明生产力一般不能包含有三个要素。

二 我对生产力应该包含三要素的一些想法

斯大林那段文章究竟该如何理解？我的以上体会是否正确？这可以另作专题继续研究。对生产力为什么应该包含三要素的问题，我是从体会某些实际经济生活，并从生产关系一定要适合生产力的性质这一规律必然是能用来指导分析和处理全部生产关系问题（包括它的量变和质变，它的根本差异和局部差异）的科学规律这一认识出发来考虑的。关于生产力应该为三要素，这也有不同的论证方法。以下专谈我的初步想法：

什么叫生产力呢？通俗地说，就是指生产产品的力量或能力。有些同志以为生产既然是人们依靠运用其劳动力和劳动工具（以下为简化说明，不说劳动手段，只说劳动工具），把劳动对象改造成为所需的产品，因此，只有劳动力和劳动工具才表现为生产力，劳动对象是被动的物，是以上两种生产力所作用的对象，把它也说成是生产力，好像是不通顺的。他们还举例说，不能把劳动对象算作生产力，这与不能把敌军的战斗力算作自己的战斗力，原是一个道理；否则，不是要成为大笑柄吗？其实，这种"二要素论"及其譬喻，只要我们把问题和概念确立清楚，就可以看出它的似是而非。用战争和战斗力来例解生产和生产力，是可以成为恰切的例解的，但是应该按以下关系来理解：战争的目的是要歼灭敌人，好像生产的目的是要生产出产品，这里，"能歼灭多少敌人"的命题等于"能生产多少产品"的命题。前者取决于什么呢？它很显然不仅取决于我军的战斗力，而且也取决于敌军的战斗力（它表现为对我军的抵抗力）。这就是说，在一个战争过程中，能歼灭多少敌人，要由两方面的战斗力来决定，不能说敌军的战斗力不是从另一方面来决定我能歼敌多少的力量因素之一。与这一样，在一个生产过程中，人们能生产或制成多少产品，也要由两方面的力量因素来决定：一方面为劳动力和生产工具所包含的能力，它们是作用于劳动对象的能力，好比我军的战斗力；另一方面为劳动对象所包含的能够构成产品的能力，例如好的棉花比坏的棉花可以使纺纱工人纺出更多的棉纱，富矿比贫矿可以使采掘工人采出更多的铁矿石或煤炭，它们包含着能够被改造成为多少产品的能力，好比敌军的战斗力是从另一方面决定我能歼敌多少（包括能否歼敌）的力量因素之一。由此可见，主张生产力二要素论的同志，引用战争和战斗力的例子来反驳生产力三要素论，听来很像有道理，实际是在暗中改换了问题和概念。因为像前面所说那样，把敌军的战斗力直接说成是我军本身歼敌的战斗力，这当然是荒谬可笑的；但是说敌我双方的战斗力同样是（不过是从不同方面）决定歼敌多少（包括能否歼敌）的力量因素，那就不是荒谬可笑的，而是合乎情理和正确的。我主张生产力为三要素，把劳动对象也列为生产力要素之一，是因为它与其他两个要素（劳动力和劳动工具）一样，都是人们能生产出多少产品的决定因素，不过是从不同方面发生作用而已：一是作用于劳动对象的力量；一是可以被劳动力和劳动工具改造（变形或变质）的力量。在这里，如果把劳动对象也列为前一类的主动的生产力，好像把敌人的战斗力也直接列为自己的战斗力，那当然是不合适的，但是我并非把它列为前面那样的生产力，而只是说劳动对象与劳动力、劳动工具相对待，也包含着一种力量，能够左右产品的数量和质量。因此，对于生产力，我们就不能片面地认为只有劳动力和劳动工具这两个要素，而否认它的第三个要素——劳动对象。对这第三个要素，这里还要着重指出：它除了包括已加工的原材料以外，还包括已经进入社会生产领域的自然力——自然资源在内。

我说，生产力应该包括劳动力、劳动工具和劳动对象这三个要素，如前所述，并非说它们对生产、对历史是起同等的作用。关于这个问题，我也肯定劳动力（包括运用劳动工具的经验）是最基本的生产力；劳动工具是最活跃、最先变化的生产力，人类社会一步一步向更高级的形态发展，每次都是从劳动工具的改进和创造发明开始的，它是从物质生产方面划分社会历史发展阶段的标志。对于社会生产关系的变革来说，劳动对象（以下为了便于把这当中的焦点问题说出来，我只探讨其中的自然资源部分）与劳动工具是完全不能相提并论的。大家知道，社会生产关系是适应生产力的变化而变化的。扼要地说，人类社会至今已经经过四大变化，即从原始公有制社会到奴隶占有制社会、到封建社会、到资本主义社会、到社会主义社会。这些生产关系的变化并非由于作为劳动对象的自然资源本身起了变化（它几乎毫无变化，因为像作为庞大采掘工业的对象的地下煤、铁等资源，可说远在原始社会以前形成以来就一直未变），而是因为劳动工具和相应的劳动经验起了变化。这里还应指出，自然资源成为劳动对象的范围和深度是逐渐扩大的，例如铁矿是到封建时代才开始被利用，大规模的采掘是在资本主义时代。但是这不是自然资源本身的变化，而是它的利用状况起了变化；同时，这种利用状况的变化，是因为在奴隶占有制社会和封建社会末期，劳动工具和相应的劳动经验有了新的发展，它使人们开始能够利用并进而大量采掘地下资源。因此，自然资源利用状况的变化，也是由劳动工具的发展引起的，是后者的结果。于是有些同志认为，即使生产力要素一般应该包括三要素——即应该包括劳动对象、自然资源在内，但是就以上生产力和生产关系的变革以及其中的因果关系问题来说，生产力就只需二要素，而无需三要素，即不必将劳动对象、自然资源包括在内。这是真正的问题所在，是我要进一步探讨和说明的问题。

对生产关系一定要适合生产力的性质这一客观规律，就本文主题而论，我认为至少应该看出它的两个方面或两重意义：一是前后两个历史阶段的生产关系的变革，这如前所述，确是由劳动力特别是由劳动工具这两个生产力要素的发展变化所引起，在此限度内，我们可以不计生产力的第三要素——劳动对象、自然资源。二是以一定的生产力为其前提的同一历史发展阶段的生产关系，例如，同为社会主义生产关系，它在某些方面为什么又有部分的差异，这有时就不是生产力二要素所能说明，而必须推广到用劳动对象——自然资源这第三个生产力要素来说明。对于前一方面，由于我们的前辈讲得较多，我们今天都很熟悉；对于后一方面，在我看来，由于人们对科学遗产有所忽视，或者由于片面地强调前一方面，从而将这后一方面排斥了，至今还是我们有争论的问题。在这里，我认为，回忆一下马克思的一个非常重要的提示，将是十分有益的。他在《资本论》中曾经讲到："同一——就主要条件说同一的——经济基础，仍然可以由无数不同的经验上的事情，自然条件，种族关系，各种由外部发生作用的历史影响等等，而在现象上显示出无穷无尽的变异和等级差别。对于这些，只有由这各种经验上给予的事情的分析来理解。"① 马克思这段话非常深刻地全面地讲到了历史唯物主义理论，它指出：历史上的同一的生产关系（经济基础），会因"自然条件"（这包括作为劳动对象的自然资源）等等而生一些变异和差别，它们是我们必须注意分析的。我认为，这是与"生产力三要素论"有关的一个科学遗产，我们不能把它忘记。下面，我再简单地举两个例子来说明问题：

1. 大家知道，按劳分配是社会主义的分配关系，工资制是社会主义国营企业实现按劳分配的形式。在工资制之中，有计时工资和计件工资之分；计件工资之中又可分单项计件和综合计件。从性质上说，上述单项计件和综合计件，都是计件工资，都是按劳分配。但是除了"按劳分配"和计件工资制这种共同性之外，单项计件毕竟有别于综合计件，这种区别就是它们各自的特殊性，反映出相同的社会主义按劳分配关系之中的相异方面。为什么有此差异？由何决定？何者宜于采用单项计件工资制关系？何者宜于采用综合计件工资制关系？这是社会主义政治经济学（或劳动工资的部门经济学）要解答的具体生产关系问题。我认为这必须结合生产力的第三要素的状况才能解答清楚。例如我国国营煤矿中，露天煤矿对采煤工人一般采用单项计件工资制，这是因为露天采煤，工种交叉少，彼此容易划分；井下煤矿，由于一个"掌子面"有许多工种交叉联合在一起行动，不宜于采用单项计件工资制，一般是采用综合计件工资制。这种具体生产关系的差异，不是由于露天煤矿和井下煤矿采用不同机械化程度的劳动工具，也不是由于生产资料所有制方面有什么不同，主要是由于劳动对象不同，井上劳动条件和井下劳动条件不同。

2. 大家知道，我国煤矿都实行公有制，而且几乎都是全民

---

① 马克思：《资本论》第3卷人民出版社1953年12月第1版，第1033页。

所有制。但是在同是全民所有制中间，在经营管理关系上也还是有一定的差异的。这就是约占总数一半以上的大煤矿为中央直属企业，规模较小的一部分煤矿为省属企业，规模更小的煤矿是县属企业。当然，这里所谓国营、省营、县营企业，只是在中央统一领导下实行分级管理的区别，总的说，无论是中央直接经营管理的，无论中央委托各级地方经营管理的企业，都是统一的全民所有的企业，都要服从国家的统一计划和调配，同时，因为有分级管理的区别，它们在某些具体的生产和分配关系方面的责权，便不能没有一定程度上的差异。例如分属各级地方管理的企业，在供、产、销都服从国家统一计划的前提下，在生产任务的安排、某些物资的分配和利润留成的所得、以及劳动力调度等方面，各地方是有一定的机动余地和调剂权力的。那么，我们为什么要采用这样同中有异的具体的社会主义全民所有制的管理关系呢？何者该采用中央管理关系？何者该采用省管理、县管理关系呢？按上面的事例说，煤矿资源方面的大、中、小的区别，也是决定该属哪级经营管理的重要根据之一。因为如果蕴藏量很小、很分散的煤矿由中央直接管理，这必将不利于发展生产；相反，如果把一些蕴藏量很大、在国民经济中有重要作用的煤矿不适当地下放到由县去管理，县就很难将它管好，便更不利于发展生产。由此可知，为了使社会主义的生产关系，不仅在大的方面，而且在更为具体的每个环节方面，都安排得与生产力的性质相适应，有时（例如在上述场合）就不能不注意分析生产力的第三要素（劳动对象、自然资源）的具体性质或状况，否则，就会在工作中犯粗枝大叶和主观主义的错误。

以上两个例子可以说明：在考察生产关系和生产力之间的关系问题时，由于它不只是前后两个阶段的不同生产关系的变革问题，由于它同时还有同一阶段的生产关系在某些方面的差异问题，我们对生产力仍然不能只有二要素的观点，换言之，我们仍然必须坚持三要素的观点。

论按劳分配的阶级性^{*}

对社会主义按劳分配原则,马克思说过它是资产阶级权利,恩格斯说过它已经"失去道地资产阶级的含义"(即"非资产阶级权利"),列宁说过它是"(半资产阶级的)权利"。这些论点相互间是什么样的关系?它们概括着什么样的社会主义经济实际?表明什么样的客观规律性?这些是我们在新时期的经济理论学习中必须彻底弄通的一个问题。

现在我就上述问题,作些论述。

一 马克思按什么含义说按劳动分配是资产阶级权利

近一年多来,我国经济学界开了四次按劳分配问题讨论会。按我读到的发言文稿说,还没有看见谁明确指出按劳分配是无产阶级权利。我觉得有必要从这个角度,来补充谈谈按劳分配的阶级性问题。不过,这要先阐明:马克思按什么含义把按劳分配列

---

* 原载《光明日报》1979年2月3日。

为资产阶级权利，以及恩格斯、列宁又是按什么含义提出以上另两个提法。

对马克思主义政治经济学，敬爱的周总理1958年曾指示我们必须作"系统地研究"。1977年，邓小平同志还特别指出，对马列主义、毛泽东思想，必须从它的整个体系，完整地、准确地去理解。我觉得，对马克思关于按劳分配是资产阶级权利的论点，尤须特别注意这样去把握。在《哥达纲领批判》中，马克思在讲了共产主义第一阶段只能实行按劳分配的道理之后，进而指出说："在这里平等的权利按照原则仍然是资产阶级的权利"；因为"生产者的权利是和他们提供的劳动成比例的；平等就在于以同一的尺度——劳动——来计量"。马克思紧接着说"但是，一个人在体力或智力上胜过另一个人，因此在同一时间内提供较多的劳动"；"其次，一个劳动者已经结婚，另一个则没有；一个劳动者的子女较多，另一个的子女较少，如此等等"。这样，他们在以同一尺度——劳动为标准的按劳分配关系中，"某一个人事实上所得到的比另一个人多些，也就比另一个人富些"，因而存在着实际生活上的不平等[1]。这些就是马克思把按劳分配列为资产阶级权利的理由。下面我分四层来说明：

第一层说明。列宁说过，"'资产阶级权利'承认生产资料是个人的私有财产。而社会主义则把生产资料变为公有财产。在这个范围内，也只有在这个范围内，'资产阶级权利'才不存在了"[2]。马克思说按劳分配仍然是资产阶级权利，自然不是按"承认生产资料是个人的私有财产"这一含义说的。

---

[1] 马克思：《哥达纲领批判》，人民出版社1970年版，第12—14页。
[2] 列宁：《国家与革命》，人民出版社1949年8月第1版，1964年9月第7版，1971年4月北京市第16次印刷，第84页。

第二层说明。在资本主义制度下，商品交换是受等价交换原则调节的。这原则是资产阶级权利的一个重要部分。马克思说按劳分配是资产阶级权利，就是从"商品等价交换原则"这个角度说的。这里，我们必须注意马克思的原文中有一个极其重要的限制如下：

"显然，这里通行的就是调节商品交换（就它是等价的交换而言）的同一原则。内容和形式都改变了，因为在改变了的环境下，除了自己的劳动，谁都不能提供其他任何东西，另一方面，除了个人的消费资料，没有任何东西可以成为个人的财产。……所以，在这里平等的权利按照原则仍然是资产阶级的权利，虽然原则和实践在这里已不再互相矛盾，而在商品交换中，等价物的交换只存在于平均数中，并不是存在于每个个别场合"①。

关于"按劳分配是资产阶级权利"，后者是按"商品等价交换"这个权利关系说的，这是"四人帮"常常引用的。但是他们却抹煞或曲解马克思紧接着所说的"内容和形式都改变了"这一重要限制，于是他们就把私有制下的商品等价交换关系中的资产阶级权利，和社会主义公有制下的按劳分配所包含的等劳交换关系中的资产阶级权利，完全混为一谈了。所以，我们必须把以上两者的大异小同关系揭示清楚。

第三层说明。对什么是马克思所说的"内容和形式都改变了"这个关键问题，我分两项来解释：

第一，内容方面的改变：马克思所说"在改变了的环境下"，就是指私有制改为社会主义公有制。在此前提下，生产出来的产品都不属于社会成员私有（包括他自身的劳动力亦属社会公有，由社会统一调度），都不能由他拿来自由卖给谁。每个社会成员

---

① 马克思：《哥达纲领批判》，人民出版社1970年版，第13页。

凭劳动所换得的报酬，是社会用来保证他的生活需要，只能归他用来向社会交换生活资料，不能用来交换生产资料。因为生产资料，只供应社会公有生产单位，除非谁违法开后门让他买去搞私营生产。所以，能成为他的个人财产的，只是个人消费资料。这就是说，按照社会主义公有制度和按劳分配制度的内在关系和本性，各人的劳动所得是不会、也不可能像资本原始积累那样形成工商业资本。

自然，在不发达的社会主义阶段，一般都保留有零星的个体手工业和个体农业的残余，它们可以有拿到农村集市去出卖的少量产品。但是，第一，这些不属社会主义按劳分配本身关系内的事情；第二，它们为数有限，受社会主义经济控制，不可能自由泛滥，冲垮社会主义经济，除非像过去林彪、"四人帮"暂时夺了权的地区和部门。再者，在社会主义阶段，总有少数人可能把按劳分配所得，部分地用来搞倒卖和放高利贷等剥削勾当；但是这不是从按劳分配关系本性中产生出来的，而是由于这少数人具有剥削思想，要另搞不劳而获的活动，破坏社会主义。对上述活动，无产阶级国家和社会主义经济，自然不会忘记去限制它、取缔它和消灭它。至于私有制度下的商品交换，那完全是另一种环境。简言之，就是：生产资料以至人的劳动力，也同生活资料一样，都是可以自由买卖的，而且正是以自私自利和剥削为天职。

以上对比分析表明：社会主义按劳分配虽然也通行着像"调节商品交换的同一原则"，但是，确如马克思所说，它的内容是大大地改变了。

第二，"形式"方面的改变：事物的内容总是要通过它的一定形式来表现；事物的表现形式总是由它的内容来决定。对按劳分配中的等劳交换原则的表现形式方面的改变，马克思在《哥达纲领批判》中，明确地指出了三点，其中有一点是："原则和实践在这里已不再互相矛盾,而在商品交换中,等价物的交换只存在于平均数中。"这里,我用比较易懂的这一点形式改变为例作个说明。

大家知道,在商品交换中,由于交换双方为私有者,彼此是无组织的,可以而且必然互相哄抬价格和自由讨价还价,因此,等价交换原则是通过市场价格时而涨到价值水平之上和时而跌到价值水平之下的形式来实现。这就是马克思所说的"等价物的交换只存在于平均数中,并不是存在于每个个别场合"。这是商品等价交换原则的惟一表现形式,它促进商品生产者两极分化,从小商品生产中衍生出资本主义商品生产。在社会主义按劳分配所包含的交换中,交换的比例(产品的计划价格)是能够由社会直接地、统一地按产品的社会劳动耗费量来规定,不是像前面所说那样由买卖双方临时自由讨价还价来确定。因此,在这里,虽然也通行着等劳交换原则,但是它不是通过市场价格自发地忽上忽下的波动、从而使一些人发财和另一些人破产的形式来实现。这就叫做"原则和实践已不再互相矛盾"。所以,社会主义按劳分配的等劳交换形式,按其本性说,也是排除两极分化的。

这里,应该注意分清社会主义经济具体实践中的三个问题:(1)在社会主义阶段,由于过去历史价格"剪刀差"以及其他因素的影响,也有一部分产品的计划价格是在它们的劳动耗费量的水平之上或之下,这同资本主义市场价格必然普遍地、自发地波动于价值水平之上或之下,是完全不同的两种过程和形式,两者不能混为一谈。(2)要把社会公有产品的计划价格定得同产品的劳动耗费量完全吻合,这不仅在社会主义阶段办不到,即使在将来共产主义阶段,也是不易办到的。但是,这是由于人的主观认识不可能随时都符合客观实际的缘故,是同我们这里要区分的两种不同形式毫不相干的问题。(3)在社会主义阶段,由于还存在着阶级和阶级矛盾,无产阶级的敌人总是要千方百计来破坏社会主义经济的公有制度和计划制度,以及由于像我国的社会主义经济体系,是在推翻原先的半封建、半殖民地经济的基础上建立起来的,小农经济习惯势力的影响很大,社会主义社会化大生产的基础很薄弱,又加近十多年来在林彪、"四人帮"极"左"的修正主义路线的干扰下,国家的计划、统计、会计、财务、物价等工作更由原来就相当低的水平上再降低下来,以至出现部分计划价格无人管理,对不少工农业产品的劳动耗费量心中无数,从而也常被迫地像商品经济那样事后由价值规律来调节、来惩罚等不正常现象。但是,这总是一时的局部现象和工作问题,是社会主义经济受到非社会主义和反社会主义的种种因素的破坏,以及无产阶级和广大人民群众未很好地组织起来,去学会自觉地按社会主义经济规律办事,未能把社会主义经济自身的各种优越性都充分发挥出来的缘故,并非社会主义按劳分配和产品的等劳交换原则,注定不能采取马克思所揭示的上述新的表现形式。我们完全可以有信心,随着新时期无产阶级队伍的壮大,它越是能够认识和掌握客观经济规律,和广大人民群众越是在它的领导下组织起来;与此同时,社会主义经济经营管理方式的改进,社会主义社会化大生产更好地组织起来,和更加发挥出对全社会经济的主导作用,马克思所提出的新表现形式,就一定会更有力地去战胜商品等价交换原则的旧表现形式。

第四层说明。前面说过,调节商品交换的等价交换原则,是资产阶级权利的重要部分。现在我们又知道:在社会主义按劳分配的等劳交换关系中,虽然也通行着这个原则,但是它的"内容和形式"已经有了像上述那样脱胎换骨式的改变,因此,按这个范围说,按劳分配就不属"资产阶级权利"。那么,马克思为什么又把它列为资产阶级权利呢?这是因为撇开以上"内容和形式"上的根本区别,按劳分配和过去的商品交换还在另一点上有类同的地方,那就是:两者都"以同一的尺度——劳动——来计量",并因此而都有各自的实际不平等性。商品等价交换原则,按资产阶级的立场说,是最理想的平等权利,它废除了封建人身等级的不平等,废除了封建关卡对商品自由流通的限制,从而谁有商品,谁就可以到市场上去自由竞争。但是,从无产阶级这一方面来看,那就正如列宁所指出:是"百万富翁和穷光蛋,一律平等",是"骗人的东西","我们要争取的平等就是消灭阶级"①。资产阶级是讳言商品等价交换原则的这种不平等的。无产阶级不仅要揭露它,而且要举行暴力革命来消灭它。对比资产阶级所鼓吹的商品等价交换的平等权利说,按劳分配的等劳交换则已消灭了虚伪的平等,实现了真正的平等。

但是,无产阶级是人类社会最进步的和最后的阶级,它是最勇于向前看的。所以,马克思在《哥达纲领批判》中,就同时指出:以同一的劳动为尺度的按劳分配这种平等的权利,对不同等的劳动,对于有已婚和未婚、多子女和少子女等等区别的生产者来说,仍然是不平等的;因为他们每个人的实际生活仍有富裕程度不相等的差别,从而按这个角度说,按劳分配就仍然跟商品等价交换有相同的地方。马克思就是凭这样一点共性,说按劳分配仍然是"资产阶级权利"。这里,我们必须分清这是一个经过广泛抽象而做出的论断:第一层,它舍象了按劳分配中的等劳交换原则和商品等价交换原则的"内容和形式"上的区别;第二层,又舍象了两者以同一的劳动为尺度所包括的"实际不平等"的阶级性上的区别(前者是有产者和无产者之间的阶级不平等,后者

---

① 参阅《列宁全集》第29卷,人民出版社1956年7月第1版,第320—322页。

是劳动人民内部个人生活富裕程度高低一些之间的不平等)。所以，说按劳分配按原则同商品等价交换一样，是"资产阶级权利"，这是撇开它们之间许多重大区别，而仅就它们之间的上述那一点共性而言。对按劳分配原则抽象出上述共性，这是必要的和重要的（详下）；不过，我们必须记住：把按劳分配围绕着这个共性而与商品等价交换根本不相同的其他特性完整地、准确地阐述出来，则是更加重要的；因为它有助于彻底肃清"四人帮"扩散出来的修正主义谬论的流毒。

再者，马克思在《哥达纲领批判》中，为什么要那样强调指出按劳分配是资产阶级权利呢？扼要说，这是因为拉萨尔派在他们起草的《哥达纲领》中，企图把许多右倾机会主义观点塞进德国工人党的党纲中来，其中有"劳动所得应当不折不扣和按照平等的权利属于社会一切成员"的谬论。所以，马克思在批判他们的荒唐的"不折不扣"论之后，又进而着重批判拉萨尔派的"平等的权利"和"公平的分配"的陈词滥调。为此，他先科学地论断无产阶级在夺得政权和消灭私有制之后，只是进到共产主义第一阶段；在生活资料分配方面，只能实行按劳分配；这个分配制度也还有前述那样的"不平等"的"弊病"，从而仍然没有超出资产阶级权利的狭隘眼界。对这个问题，马克思在《哥达纲领批判》第15页有直接的说明，这里就不多作介绍了。

我们学习马克思关于"按劳分配是资产阶级权利"的论点，必须注意分清它的背景和针对性。我国从1958年、特别是从1966年以来，主要不是有像拉萨尔派的人物，借按劳分配来鼓吹像十八、十九世纪西欧资产阶级的"民主主义平等"论和空想社会主义者的"公平分配"论，而是有像张春桥一类的以"革命"面貌出现的反革命修正主义分子，他们从另一端来诋毁按劳分配和破坏社会主义。所以，我们的理论战斗任务，应当侧重宣传：按劳分配是崭新的社会主义分配制度，它有巨大的优越性和长期的必要性。对马克思当年所指出的"按劳分配仍然是资产阶级权利"的论点，我们也要宣传，但是必须阐明那是按什么含义、从什么角度和针对什么说的。

二 恩格斯和列宁从另一个角度的分析

在阐明马克思关于按劳分配是资产阶级权利的论点的特定内容和历史背景之后，我再介绍一下恩格斯和列宁关于按劳分配的阶级性的另一些提法。

恩格斯曾在《一八九一年社会民主党纲领草案批判》一文中，指出该草案绪论部分第十段，应该补充写明，党的斗争是为了"消灭阶级统治和阶级本身"；否则，"消灭阶级统治在经济上就是不可思议的事"，同时还应补充写明，党的斗争是为了"所有人的平等权利和平等义务"，因为"平等义务，对我们来说，是对资产阶级民主的平等权利的一个特别重要的补充，而且使平等权利失去道地资产阶级的含义"[①]。恩格斯建议补充的"消灭阶级本身"，就是指消灭阶级赖以产生和存在的私有制基础；他建议扩充的"平等义务"，就是指在公有制社会里，人人都得劳动。所以，这两条党纲如果实现了，那就是建立起公有制度和按劳分配制度的崭新社会。恩格斯末一句话的意思是：如果不作上述"平等义务"的补充，所谓"所有人的平等权利"，就同资产阶级所鼓吹的"平等权利"一样，只不过是陈词滥调而已；而作了"平等义务"的补充，并经过斗争而实现，那就可以使与之结

---

① 详见《马克思恩格斯全集》第22卷，人民出版社1965年5月第1版，第271、701页。

合的"平等权利""失去道地资产阶级的含义"。这就是说,从按劳分配消灭了资本家和工人之间以及大资本生产和小商品生产之间的等价交换的虚伪平等这一角度看,按劳分配就是"非资产阶级权利"了。这同马克思关于"按劳分配是资产阶级权利"的说法,是毫不矛盾的,因为两者提问题的角度不同。

1917年一二月间,列宁为写《国家与革命》一书作准备,曾仔细阅读马克思的《哥达纲领批判》,并作了许多重要的批注,其中有一些未在《国家与革命》中展开。这里我将有关的部分介绍出来。

列宁先就《哥达纲领批判》关于国家的论述批注说:"资产阶级需要国家"——"在资本主义社会是原来意义上的国家";"无产阶级需要国家"——"过渡(无产阶级专政):过渡型的国家(不是原来意义上的国家)";共产主义社会,"不需要国家"……"让位于'各尽所能,按需分配'的原则"。尔后又写道:

"低级阶段('第一阶段')——消费品的分配是和每个人向社会提供的劳动量'成比例的'。分配的不平等还很严重。'狭隘的资产阶级的权利眼界',还没有完全被超出。注意这一点!!显然,和(半资产阶级的)权利一起,(半资产阶级的)国家也还不能完全消失。注意这一点!!"①。

把列宁的这些批注,同恩格斯上面的文章和马克思论按劳分配是资产阶级权利的文章,连起来一想,我们就不难了解:马克思把按劳分配这种平等权利列为"资产阶级权利",这不是指原来意义的资产阶级权利,而是仅就它同商品等价交换原则还有像本文前面所阐明的那点共性而言。这实际就是说,它是已经"失

---

① 摘自列宁:《马克思主义论国家》,第30—33页。

去道地资产阶级含义"的"半资产阶级权利"。对列宁的这个"半"字的意义,自然不能按"原来意义的资产阶级权利"的二分之一的数学公式去理解。这个"半"字是说:按劳分配是同原来意义的资产阶级权利有大异而仅小同的半资产阶级权利。另外,列宁从按劳分配这个"资产阶级权利"要靠无产阶级国家来"迫使人们遵守"和"保卫"的角度,曾经把无产阶级国家称为"资产阶级的国家"或"没有资产阶级的资产阶级国家"①,后者自然不是指原来意义的资产阶级国家而言。那不过是说:无产阶级国家既然在为保卫按劳分配这一特定含义的"资产阶级权利"服务,它就在这一点上类似资产阶级国家,是"半资产阶级国家"。所以,把列宁论社会主义按劳分配和论无产阶级国家的文章对照起来看,就更有助于了解:马克思说按劳分配是资产阶级权利,实际也是说,按劳分配类似资产阶级权利,是半资产阶级权利;如果按恩格斯前面那个对比角度说,则是"非资产阶级权利"了。

三　按劳分配是无产阶级权利

现在,可以回过头来衡量一下"按劳分配是无产阶级权利"的提法。16年前,我在《论按劳分配原则的两重性》一文中,根据按劳分配是在无产阶级领导广大人民群众夺得政权和消灭私有制之后才得以产生,和它代表着无产阶级(不是资产阶级)的利益等特性,曾经把按劳分配称为"无产阶级权利"。这只不过是把列宁称为"半资产阶级权利"的按劳分配原则的另一方面的

---

① 见《国家与革命》,人民出版社1949年8月第1版,1964年9月7版,1971年4月北京第16次印刷,第88页。

根本属性讲出来罢了，是没有什么可以大惊小怪的。说按劳分配是无产阶级权利，同说按劳分配是资产阶级权利，是不矛盾的，只不过是对客观上本来具有两重性和可以从不同侧面去分析的事物，有时从这个侧面去揭示，有时又从另一侧面去揭示而已。这也表明对马列主义著作，切切不可形而上学地、望文生义地去死记死背它的一词一句。

但是，我过去的上述论点，对于要诋毁按劳分配制度，把人们的思想搞乱，以便手中多一张牌来破坏社会主义，复辟资本主义的林彪、"四人帮"来说，自然是一个障碍。因此，"文化大革命"一开始，在他们的党羽的策划下，什么"经济学界反革命舆论的吹鼓手"等等"帽子"就飞降到我头上来，叫嚷什么把按劳分配列为无产阶级权利，就是"鼓吹按劳分配万岁论"，这真有意思！按照他们的这种"万岁论帽子"，谁宣传社会主义国家为"无产阶级国家"，就也可以给他戴上"鼓吹无产阶级国家万岁论"的"帽子"了。"四人帮"及其喉舌们是靠强词夺理为生的，他们根本无视我在那篇文章中已经清楚地阐明：按劳分配只是社会主义阶段所必需，它以后必将为更高、更理想的按需分配制度所代替。再者，又谁个不知、哪个不晓：不仅社会主义阶段无产阶级的按劳分配权利，以及无产阶级在夺得政权后才享有的其他经济、政治权利，都不是永存的；就连这些权利的主人——无产阶级本身，也不是永存的。所以，当年以我为靶子的这个小插曲，也十足证明林彪、"四人帮"们是如何不学无知和仅擅长乱打"棍子"而已。

"文化大革命"前，曾有同志对我讲，你说按劳分配是社会主义原则就够了，何必又说它是无产阶级权利呢？意思是照已有的经典语录讲话保险。但是我想，如果都这么办，别的不说，岂非凡阐述马列主义、毛泽东思想的文章，都有可能变成满篇黑体字吗？这总未免有些不好意思。我们对待新时期的经济研究工作，应该思想再解放一点，胆子再大一点，办法再多一点，步子再快一点。

谈多种经济成分并存局面

50年代,我国有过(我个人也有过)一种观念,认为从过渡时期到社会主义阶段,就将由公私多种经济成分并存转变为两种公有制经济,留下的小量个体经济将较快地缩小。在我国,这种观念特别不符合生产关系必须适合生产力性质的规律。其实,上述两个时期的划代区别,不在经济成分多种或不多种,而在社会主义全民公有的大工商业是否占主导地位和占何等样的主导地位,起何等的"普照之光"的作用①。现在我国又出现新的多种经济并存局面,对此我们应该认识清楚。

我国1953—1957年间"一化三改"的总任务,是符合当时从资本主义向社会主义过渡的历史要求的,也是搞得相当好的。但是,实事求是地总结历史经验,应该说,那以后把城乡一部分个体生产(如城乡居民的家庭副业)和个体商业、服务业(如分散的代销店,"夫妻店",手工修理)都改造掉,以及把一部分本

---

* 原载《新观察》1980年第2期。
① 参阅《马克思恩格斯选集》第2卷,人民出版社1972年5月第1版,第109页。

应再经过5年10年而从初级社到高级社的稳妥部署,中途改为一二年就"上马"完成;特别是"二五计划"初期,又过早地搞"一大二公"的农村人民公社,并想早些从"集体"向"全民"过渡,这些都不适合我国人口众多、小农占居民绝大多数和各地经济极不平衡的生产力性质,所以到头来有碍国民经济的顺利发展。这是由于开始缺乏经验,有点"胜利冲昏头脑",单想把社会主义搞得快些。至于林彪、"四人帮"后来大搞"穷过渡",割所谓自留地、家庭副业和集市贸易的资本主义尾巴",则是别有用心的反革命阴谋。近一二年,全国各地开始有领导地允许和扶助偏僻的零星散户独家耕种,对生产队实行包产到组的责任制,超产可多分,鼓励各户大搞家庭副业(不仅自留地);开展集市贸易和议价议购,保护能先富起来的不用怕冒尖,等等;在城市集镇,则有组织地提倡办集体服务行业和手工艺生产,恢复部分代销店、"夫妻店"和小摊贩以及城市家庭手工副业生产,广开城镇闲余劳动力的生活门路。这类个体经济、半集体经济和小集体经济,已经是新时期社会主义全民公有现代化大经济领导下的劳动人民自食其力的经济,有助于调剂国计民生,有利于加快四化建设,是新时期新的多种经济成分中的必要构成部分。它绝不是什么"回潮",而是对过去的偏误的积极调整,适合我国人力资源丰富而资金力量薄弱的状况。它绝非10年、20年的权宜措施(如在城市里,不是仅为扩大目前的知青就业面),而是受我国不发达社会主义阶段的生产力性质决定的长期部署。在原理上,列宁对这一点早有分析。列宁不仅在20年代实行新经济政策时期,为恢复大部分被战争破坏和停闭的社会主义大工业而重视组织小农、小手工业和集市贸易的作用,而且还十分远见地指出,在一二十年后苏维埃电气化建设计划完成了,社会主义大工业和合作化农业(包括个体小农生产)之间的交换经济关系还

"是小农在居民中占优势而具备一些特点的社会主义,进到共产主义的一种过渡形式"。他当时还指出,到电气化计划的实现为社会主义大工业奠立起基础之后,"小农个人主义和他们在地方流转中的自由贸易"仍有必要,而且"一点也不可怕了"①。所以,我国当前新时期多种经济成分并存局面中的各种城乡个体经济(包括半集体、小集体经济)成分的新兴和扩展,还同时具有贯彻和发展列宁的社会主义和共产主义建设理论的意义。

---

① 参阅《列宁全集》第32卷,人民出版社1958年9月第1版,第333、313页。

陈云同志春节讲话的
重大战略意义*

去年7月，中央公布的《建国以来若干历史问题的决议》强调指出，为建设社会主义现代化强国，"必须在公有制基础上实行计划经济，同时发挥市场调节的辅助作用"。去年12月各省、市、自治区党委第一书记座谈会，又进一步研究了这方面的问题；陈云同志又在春节讲话中结合当前的具体经济形势，进一步指明"怎样以计划经济为主、市场调节为辅的问题"，他说："我们国家是计划经济，工业要以计划经济为主，农业实行生产责任制以后，仍然要以计划经济为主。我们办企业，更要加强计划性。"又说："人民生活是要改善的，第一要吃饭，而且要吃饱，不能吃得太差，但是也不能吃得太好。第二要建设。一个国家吃光用光，那这个国家就没有希望，只有吃饱后，国家还有余力来建设，这才有希望"。我在初步学习了中央和陈云同志的这些指示和其他有关指示之后，觉得有不少理论问题和思想问题值得经济学界来研究和宣传。《中国财贸报》和《财贸经济》杂志发起组织笔谈，我认为十分必要。我先就以下三个问题，谈一下自己的肤浅认识：

---

* 原载《财贸经济》1982年第7期。

第一个问题：何谓"计划经济为主和市场调节为辅"？去年8月间，在昆明举行的一个学术座谈会上就专门讨论到这个问题，有一种意见认为：后者是指计划经济之外，有一部分经济可以由市场上的卖者和买者（生产者和消费者）来自由调节，不过只准它占次要地位而起辅助的作用。我认为，这种认识是错误的。在我国现阶段的情况下，虽然难免会有一小部分经济一时纳不进中央的、地方的这种形式或那种形式的计划，而在市场上起自发势力的作用，但是，这不是我国现阶段的多成分的社会主义经济制度本身需要留这么一个成分。我曾形容说，这是我们清醒地暂时用"闭一只眼和开一只眼"的办法在对待它。至于中央和陈云同志所说的"计划经济为主、市场调节为辅"的本意，我们只要重温一下陈云同志1956年在党的"八大"的一段发言，就可以一清二楚。当年陈云同志结合那时的实际，指出：社会主义改造基本完成以后，应该"对一部分商品采取选购和自销，让许多小工厂单独去生产，把许多手工业合作社划小，分组或分户分散经营，把许多副业产品归农业合作社社员个人经营，放宽小土产的市场管理……"接着，陈云同志又指出："全国工农业产品的主要部分是按照计划生产的，但是，同时有一部分产品是按照市场变化而在国家计划许可范围之内自由生产的，计划生产是工农业生产的主体，按照市场变化而在国家计划许可范围内的自由生产是计划生产的补充。因此，我们的市场，绝不会是资本主义的市场，而是社会主义的统一市场，在社会主义的统一市场里，国家市场是它的主体"，上述那样的自由市场"是社会主义统一市场的组成部分"和"补充"。[①]《建国以来若干历史问题的决

[①] 详见《陈云同志文稿选编》，人民出版社1980年11月第1版，第14—15页。

议》和陈云同志春节讲话中所说的那个"为辅的市场调节",很明显也是指在如上的"社会主义统一市场"内同作为其"主体"的"国家市场"相对,但是,是"在一定范围受国家领导"和为"国家计划所许可"的那个"自由市场"所起的调节作用,它自然不是完全超在国家计划市场之外的自由市场的调节作用,而是在社会主义统一市场内受了一定的计划性洗礼的"半"计划市场调节,因此,它才会对计划经济起辅助的作用;否则,它就会起"分庭抗礼"的"板块式"作用了。

第二个问题:中央和陈云同志的一再指示是由于什么?这在陈云同志的春节讲话中,是已包含着解答的,主要是由于以下情况:

1. 自农业在保持集体经济的基本关系的前提下实行各种生产责任制以来,除社员群众生产积极性提高,农村经济明显好转的主流外,也出现一些新的问题。例如,不少基层社队干部觉得各种分散开去的生产责任制关系难管和不易领导。这是一时缺乏新经验,要用互学等示范办法来补救。又如有一部分基层社队干部过去有官僚主义、强迫命令作风,以至有化公为私等恶劣行为,现在觉得集体没搞头了,开始撒手不管,以至把不应和不能分散的集体财产也分下去(包括他们自己先分好的),起着散伙的严重作用。这是必须教育、批评和制止的,以保护集体、计划经济制度。又如有少数社员想使包产、包干到户的生产责任制化为分田到户才过瘾,或者不愿按国家计划生产粮食和供应城市的蔬菜等主要农产品,只看什么价高利大就随行就市地去种什么。这是必须教育和纠正的。陈云同志指出:"农业实行生产责任制以后,仍然要以计划经济为主。"这就是针对以上新情况和新任务而提出来的。

2. 自实行企业扩大自主权和计划体制的试点改革以来,除成绩是主流之外，也有一些新的问题。主要是有些地方和企业，为局部利益而不按国家计划交售本地特产原料，它们盲目自产自销价高利大的成品，影响传统城市先进厂的生产和国家总的收入。因为那些厂子技术差，经营落后，其中有的是盲目转产，有的甚至还是盲目扩建和重复新建，产品成本高、质量低，靠钻不正当的空子来同名牌快货竞争，或者用封建关卡式的地方封锁来对付外省。因此，按"全国一盘棋"来说，这是非常不合适和划不来的。必须统筹改正。

又如扩大企业（包括地方）的自主权以后，总的说，是按照国家规定来使用自主权，以促进增产增收，去年还按平衡国家财政收支的总计划要求和利益，用地方积余一百七十亿元认购国库券，显示出社会主义优越性。不过，也有一些地方和企业，有时按它们的本位利益打算，分散了本应集中上缴的税利，亏了中央。还有全国的职工奖金分配问题。社会主义奖金制度是按劳分配原则的又一种体现，是必须推行的；在目前，由于物价关系，奖金对低工资者所起的附加补贴性质的作用，也是可以理解的，但不能作为方向性措施。目前的奖金问题，主要是没有同企、事业的经济责任制密切联系起来，没有同可行的经济定额和超计划生产、超计划利润指标挂起钩来，而有平均主义、苦乐不均以至滥发奖金的缺陷和流弊，从而一些头脑里有旧社会不良思想的人越来越只"向钱看"，而不向国家的四个现代化的奋斗前途看。以上等等问题，涉及国家、集体和个人利益，眼前利益和长远利益，以及国民收入分配中的消费和积累的合理比例等重大关系问题，是我们当前应该分别性质，把握分寸，用改进工作或者用教育、批评的方法，来加以解决的。

陈云同志说，"我们办企业，更要加强计划性。"又说，一个国家不能吃光，用光；"只有吃饱，国家还有余力来建设，这才有希望。"这心切意远的讲话，就是因为目睹以上支流情况而发出来的，我们应该全面地奉为工作指针。

3. 中央和中央领导同志一再强调"必须坚持计划经济，同时发挥市场调节的辅助作用"，这还由于有外在的特别干扰。近两三年来，推行各种生产责任制、扩大企业自主权，改革计划体制，端正了过去"左"倾思想指导下的错误做法，清除了极"左"路线的毒害，国民经济全面活跃和机灵起来了。在这新的发展过程中，由于种种一时的原因，在连结生产和再生产的市场流通过程中，出现一些自发的现象，如前面所述的农民不愿种粮食和蔬菜而自发争种一时利大的作物，一些地方小工厂的盲目生产和盲目扩建、新建，以及"浮动价格"（确切的说法是一定计划制约下的"幅度"价格）变为投机取巧的自由价格等等，这些是难免和易于纠正的。但是，近年来有一种严重现象。那就是已经有打进国营工、商企业内部来的二道贩子的营私舞弊和违法乱纪的大投机倒把活动（这里撇开在粤、闽的四个特区的内外的走私问题不论）。他们把成批的高档热门货从国营仓库里以国家计划价格直接盗买到手而按黑市价倒卖出去，转瞬间大发横财。干这勾当的，有社会上的各种坏分子，一直到党、政、工、商内部的少数变了质的干部、党员，有个别是很有权力的（有些已被查获和公诸报端）。这是非常严重的问题，我们应该特别警惕。对他们，应按刑事案犯来对待和惩处。为杜绝他们的渗透，我们必须在人民内部强调奉公守法、强调上述为辅的市场调节是有一定的组织性和计划性的，绝不是自发的，以防止自由化倾向借机蔓延。

第三个问题：最后，我们且来考察一下，陈云同志的春节讲话有何新意，是否"回到老路"的问题。

在学习中，有同志提到这样的问题：春节讲话同陈云同志

1956年发言（见前）是否差不多？我认为，两者所涉及的我国社会经济关系是差不多的，只是那时的民族资本主义工商业刚社会主义改造为全行业公私合营，它实际也同国营工商业一样，可以由国家来统一计划安排；现在我国的生产力水平和社会化程度，比那时高些，但是还属于大致相同的阶段，同时，由于陈云同志一直深刻注意根据马列主义理论和中国革命实际相结合的方法，来考察和对待问题，所以在以上两个相隔25年的讲话中，他对我国公有制经济和计划制度方面所提出的论点，是前后一贯的。不幸的是，他当年的正确见解，不仅以后未被一贯采用，而且还被诬为"右倾"和"修正主义"。高兴的是，他现在结合当前形势，重新提出他的正确意见，已为全党全国所十分重视。

春节讲话和1956年发言的精神实质是完全一致的，同时，据我体会，也有一些新意，那就是：1956年发言是为调整经济计划体制和方法上的一些过于集中和片面的不当做法。春节讲话是在继续贯彻执行反"左"倾以及肃清极"左"路线的思想流毒的工作中。对一些新出现的属于人民内部矛盾的自由化倾向以及二道贩子严重的投机倒把勾当，分别提出教育、批评的对策和依法取缔、打击的对策，以坚持计划经济制度和防止自由化倾向。其精神实质是共同相通的。这同鼓励解放思想、百家争鸣，同时又注意"四个坚持"的宣传教育，是一个道理。我们切莫形而上学地把它看做是哪一端要去排斥哪另一端的意思。

在学习中，还提到这类问题：春节讲话是否意味着"回到老路"？这要看所谓"老路"是何内涵。如果"老路"是指对我国农业经济大搞过头的合作化和公社化，对集体经济及其附属的个体经济管得过多过紧，对我国国民经济进行过于集中的计划管理和"一刀切"的计划形式，那么，陈云同志1956年就开始不赞成这"老路"了，并建议按我国本身的具体情况，试走出一条

"中国式"的新路子；春节讲话自然不会是"回到老路"。如果"老路"是另指陈云同志1956年所主张的那种路子，那么，春节讲话就是回到"老路"——恰切地说，是为一贯地继续坚持他过去提出的新路子，并有所发展——即依靠和结合着党的集体领导智慧，吸取历史教训，更加按照我国国情来兼顾地方和企业、集体经济及其附属的个体经济的主动性和积极性，进一步改正了过于集中和单一化的计划体制的僵硬性，灵活地运用社会主义统一市场中的各种形式的市场调节作用，同时又坚持着国家计划的集中领导地位——虽然在某些具体环节的某些具体作法上，还像陈云同志所说那样，仍待继续使之完善，才能充分做到"放而不乱、管而不死"。

目前人们所说的要加以改革和破除的计划体制的"旧模式"或"老路"，是指前面第一种内涵的老路。当人们就此而发生争论某种计划体制是老路还是新路的问题时，我认为有必要对下列观念作些分析。目前有这样一种观念：把凡是坚持国家计划的集中领导地位和主张推行计划时也要运用行政手段（包括有时将它作为重要手段）——或者换句话说，把凡是主张国家指令性计划是社会主义计划体系中的主要计划形式的，都被划为要加改革的"老路"。我认为，这种观念是不正确的，至少是太笼统的说法。因为：坚持国家计划的集中领导，并不等于要搞"过分集中"和"不要由下而上、上下结合"的孤家独断；主张"以指令性计划为主"，并非不要其他多种相应的计划形式，自然更不等于"强迫命令计划"；主张推行社会主义计划经济时"辅以或大或小的行政力量"，绝不等于排除价值规律的经济杠杆作用。必须指出：社会主义公有制，倘无"经济计划"，那就会落空；而社会主义经济计划，倘无国家应有的集中，那也会成为画饼。社会主义经济计划，当然要遵循经济规律和价值规律，但不是惟价值规律这一条和无需适当的行政手段来辅助。这几乎是社会主义计划经济的老生常谈，但在目前，划清这些基本原理的界限，是有助于弄清楚哪些计划体制是该破除的，哪些是必须坚持的，以澄清一些似是而非的问题，同时也可能有助于理解陈云同志春节话讲的重大战略意义。

以上管见，不当之处，请同志们指正！

如何正确理解计划调节与市场调节[*]

一 计划调节和市场调节相结合的两种不同的名和实的解释

对两个调节相结合，有两种代表性的解释：一种解释就是指整个社会的经济，包括生产、分配、流通和价格，都由国家的计划进行调节；在国家计划以外，企业也可以根据市场需求的变化，安排一定的生产和经营，做出补充的计划来调节。这一解释很合日常业务口语习惯，容易理解。这种企业在国家计划指导下按照市场的具体实际情况安排补充计划的市场调节，经济效果是好的，比单一的国家计划调节要好。但是有一点必须讲清楚，就是要以国家计划为主，以企业计划作为补充。这样，无论是企业计划，还是国家计划，两者都是有计划的调节，是分别根据总的大的市场供求和具体市场供求情况来决定的。

---

[*] 本文是作者1981年12月12日在中国物资经济学会首届年会上的讲话摘要。原载《物资经济研究》1982年第9期。

关于两个调节的第二种解释,就是两个调节要互相渗透,即所谓要"你中有我,我中有你"。要理解这种解释,首先要弄清它所指的背景。在十年动乱中,由于种种原因,有些计划往往不按照市场需要,不切合实际,形成了一种官僚主义的、主观主义的、强迫命令的计划,这样的指令性计划不是正常的,不利于经济的发展,所以要加以改革。计划不能脱离市场,必须运用价值规律,不能单靠行政命令。另一头,过去也各自按局部市场情况自发性的,不是有计划,来调节产供销,所以对此也要加以改革,使之同国家计划结合(渗透)起来,这就是对"两个调节相结合"的第二种解释。经这样互相渗透的计划调节与市场调节也就跟前面第一种解释的计划调节和市场调节相结合的原则,有相同的意思了。提出两个调节相结合的改革原则,总的是因为我国现阶段是多种经济成分的社会主义经济,情况错综复杂,不能只靠单一的计划调节形式,必须区别情况,改变过去过分集中,管得过死的现象,应当采取适当集中的多种不同的计划市场调节形式(包括指令性计划、指导性计划、参考性计划等)相结合的办法来调节整个国民经济。必要的集中是不能忽视的,但不能过分,没有集中,没有计划,就没有社会主义。

二 "关于商品经济和价值规律的两个'凡是'观念"

目前所广泛流行着的有关商品经济和价值规律的两种"凡是,"观念[①] 是:凡是生产出来的产品不是用于自给自足的,而

[①] 本节所涉及的"两个凡是"观点的理论问题,详请参阅《关于社会主义计划经济的几个理论问题》,上海人民出版社出版,第48—58页。

是为了分工和出卖给社会上的其他生产或者生活消费者的产品，也就是为交换而生产的产品，都是商品。这样的经济，也就是商品经济。二是：凡是生产出来的产品在社会分工条件下实行有偿的交换，并按社会必要平均劳动耗费量来决定这种有偿交换的比例（即等价交换），这就叫做价值规律。

在上述两个"凡是"观念中，"商品"和"价值规律"这两个概念都是广义的使用法，这必须注意到它们的区别性和一贯性。

所谓区别性，就是对广义的商品经济必须区别其是私有制（以资本主义为代表）的商品经济和公有制（以社会主义为代表）的商品经济，即前者是无计划的商品经济，后者是有计划的商品经济。对广义的价值规律也是这样，即不管是私有经济还是公有经济，产品的交换比例总是受产品中包含的社会平均必要劳动耗费量来决定。但是，在资本主义社会，价值规律总是自发地起作用，不受人们控制的，而在社会主义社会，人们可以认识这一规律，并自觉利用这一规律，这是由社会主义制度所决定的。

所谓一贯性，就是对广义的商品经济和价值规律，在表述上必须前后连贯一致。有的同志认为共产主义的计划经济不必要采取商品形态了（是指上面的广义商品概念说的），也不要有偿交换了。我认为，如果从广义上来理解，那么，除了原始社会外，人与人之间的社会化分工生产必然要采取有偿交换关系，这是任何公私社会形态都改变不了的。

三 未来"共产主义社会（高级阶段）的计划分配和流通问题

如按广义的商品经济口径说，即使到共产主义社会也必然会有广义的商品经济，即对等有偿的交换经济关系。马克思、恩格斯、列宁都明确讲了到共产主义社会（他们是把社会主义阶段包括在内的），商品经济就归于消亡，但他们并未说要消灭公有制的有计划的有偿交换关系。因为共产主义是建立在高度社会化大生产基础之上的，社会的分工、协作和生产的专业化程度更高。所以社会生产的两大部类之间，以及第一部类内部各生产单位之间生产资料的交换还必然要存在，而且还必须保持以等量劳动交换等量劳动的规律性。同时在共产主义社会，虽然货币不存在了，但就整个社会来讲，还要进行劳动核算，还要讲究经济效果。因此，各个生产单位或劳动集体之间的生产资料的交换，必然还要有统一的计量尺度。交换的中介手段，那就是马克思所说以一定量社会劳动时间为单位的劳动券（货币是一定量社会劳动时间的间接代表和凭证，这是它同劳动券的一种区别）。马克思关于社会再生产的原理，对共产主义也是适用的，整个社会的生产不仅在实物量上，而且在价值量上（按广义使用法）都必须建立一定的平衡关系。社会还必须有计划地分配生产资料和劳动力，社会再生产才能顺利进行，而且共产主义生产资料有偿交换的计划性要比现在精确得多。

就消费资料来说，虽然个人的消费实现了按需分配，但消费品的生产也要进行核算；第二部类的各个生产单位所需要的生产资料也要通过有偿的交换来取得。个人的生活消费，也还要有一个标准，如老人、小孩的消费需要就不会相同。特别是有一部分消费品，如新产品还不能一下子满足所有社会成员的需要，因此，也还要通过一定的凭证（劳动券）进行分配，但那时的这种分配不受按劳分配的限制，而是按每个人的需要标准（按不同人口的需要来定）进行分配，取得所需的劳动凭证作交换的中介。

总之，我认为，到共产主义，生产资料和一部分消费品的有偿交换仍然是存在的，就这个意义来说，广义的商品经济和价值规律是永恒的，如按原来的（即狭义的）商品经济和价值规律的内涵说，则不仅共产主义阶段，它们要消亡，而是在社会主义阶段已开始逐步转化和消亡；因此，现在多数人，一面按广义口径，说社会主义经济是商品经济，存在价值规律，一面又否认共产主义必将继续保持对等有偿交换的经济关系，这不能不是一种中途又任意改换概念，缺乏科学一贯性的说法，对此，当前还有争论，需要进一步研究。

坚持计划经济　防止自由化倾向[*]

1981年我国国民经济在进一步调整的方针指导下，坚决压缩基本建设规模，调整农、轻、重比例，调整消费和积累比例，采取增收节支等一系列措施，取得了稳步发展的可贵成果。据统计，工农业生产持续上升，超过了预定计划指标；财政收支，从过去两年有大额赤字转为基本平衡，银行信贷也保持基本平衡；市场物价虽然仍有上涨的，但基本生活必需品的价格是稳定的，物价总指数的上涨幅度，一年来国民经济这样稳步发展是一个大的成绩，证明1980年12月中央工作会议做出的"在经济上进一步实行调整，在政治上实现进一步安定"的重大决策的正确性，也证明了社会主义制度的巨大优越性。

1981年国民经济的稳定发展，是在我国近3年来对经济体制和计划体制作了若干试点性的重大改革的基础上进行的，它包括：（1）对农业集体经济，实事求是地总结过去的经验教训，一面坚持集体经济制度，一面则按照我国农业生产力水平和生产社会化程度不高、不等以及集体经营管理经验参差不齐等具体情

---

[*] 载1982年《中国百科年鉴》（经济栏），第286页。

况，实行各种形式的生产责任制，以利于群众掌握和监督，促进社、队生产，同时鼓励发展家庭副业生产和容纳作为集体经济辅助的个体经济成分，并积极利用城乡集市贸易和一定范围内的议价买卖方式。(2) 对国营工、交、商企业实行扩大地方和企业的相对独立自主权的试点改革，使它们可以在一定范围内机动处理相应的问题，并推行有奖有惩的经济责任制，积极贯彻按劳分配原则和社会主义奖金制度。以上改革贯彻到计划体制和计划形式上来，就是：按照不同计划对象在国民经济中的大小、主次关系，它们的不同的社会化、现代化程度，以及计划工作的主观条件，分别采取不同灵活程度和粗细程度的指令性计划、指导性计划和示向性指标，来克服过去计划权力过于集中，计划形式和方法简单化、"一刀切"的缺陷，以及过去在实行计划化的手段上，习惯于依靠运用行政力量，而忽视有组织的社会主义市场价格和银行信贷利率等经济杠杆作用的缺陷。这些改革对协调国家、集体、个人三者之间的利益和调整国民经济的结构，都起了积极的促进作用，有利于发展生产和建设。

　　必须指出，这些改革是既重大又复杂。在十年动乱之后百废待兴和问题成堆的情况下，进行这些改革，则更是艰难的。因此，3年多来，党中央重振集体领导，发挥集体智慧，按照实事求是和具体问题具体分析的科学方法，既坚决果敢，同时又极审慎地试行以上重大改革。它们同一切革命变革一样，自然也会在实行的过程中遇到新的问题和外在的干扰，本位主义、分散主义、自由化倾向便是其中一个大问题，这个问题在1981年尤为突出，表现在：

　　1. 农业实行各种生产责任制以来，不少基层社队干部觉得各种分散开去的生产责任制关系难管和不易领导，往往放弃领导；一部分基层社队干部过去有官僚主义、强迫命令作风，有的甚至有化公为私和"新封建庄园主"的恶劣行为,现在觉得集体没搞头了,开始撒手不管,以致把不应和不能分散的集体财产也分下去(包括他们自己先分好的)。少数社员生产、劳动条件较好或私心重,他们想使包产、包干到户的生产责任制化为分田到户,或者不属按国家计划生产粮食和供应城市的蔬菜等主要农产品,只看什么价高些和利大些即随行就市地种什么,如目前各地有尽量找借口多种烟叶的自发倾向等等。

2. 企业实行扩大自主权和计划体制的试点改革以来,有些地方为局部利益而不按国家计划交售本地特产原料,盲目自产自销价高利大的成品,实际是降低国民经济效益,影响传统城市先进厂的生产和国家总的收入。因为那些地方小厂技术差,经营管理落后,其中有的是盲目转产,有的甚至还是盲目扩建和重复新建,产品成本高、质量低,靠在纳税率和所谓"浮动"出厂价上钻些空子,来同名牌货竞争,或者用封建关卡式的地方封锁来对付外省。还有一些地方和企业,往往按它们的本位利益打算,分散了本应集中上缴的税利,从而发生肥了企业或地方而瘦了中央的情况。另外,在全国的职工奖金分配上,因为没有同企、事业的经济责任制密切联系起来,存在着平均主义、苦乐不均,以至滥发奖金的缺陷和流弊。再有一种情况是,有些人由于头脑里旧社会不良思想的影响,越来越只向钱看,不向国家的四个现代化的奋斗前途看。

除以上这些,还有一种严重现象,那就是已经有打进国营工、商业内部埋下暗线的二道贩子的营私舞弊和违法乱纪的大投机倒把活动。他们把成批的高档热门货(如自行车、缝纫机、手表、汽车、木材、呢料等等),从国营仓库按官价直接盗买到手而按黑市价倒卖出去,瞬间大发横财。干这勾当的,有社会上的各种坏分子,有党、政、工、商内部的少数变了质的干部和党员，其中甚至有个别职位高很有权力的，这是非常严重的问题。我们应特别警惕并与之进行坚决的斗争。

早在1956年，陈云同志结合当时实际，就强调指出：在社会主义改造基本完成以后，应该对一部分商品采取选购和自销，让许多小工厂单独去生产。把许多手工业合作社划小，分组或分户分散经营。把许多副业产品归农业合作社社员个人经营，放宽小土产的市场管理。不过，这样的自由市场应该只是社会主义统一市场的组成部分和补充。我们国家必须坚持计划经济制度，全国工农业产品的主要部分按照计划生产，虽然有一部分产品自由生产，但这是按照市场变化而在国家计划许可范围之内进行的。计划生产是工农生产的主体，按照市场变化而在国家计划许可范围之内的自由生产是计划生产的补充。今天我国的情况虽然不同于50年代后期，我国工农业生产力水平和生产社会化程度比那时高些，但是还属大致相同的阶段，故在经济领域，仍然要以计划经济为主，辅之以市场调节。陈云同志在1982年春节发表讲话，再次强调指出："我们国家是计划经济，工业要以计划经济为主，农业实行生产责任制以后，仍然要以计划经济为主，我们办企业，更要加强计划性。"又指出："人民生活是要改善的，第一要吃饭，而且要吃饱，不能吃得太差，但是也不能吃得太好。第二要建设，一个国家吃光用光，那这个国家就没有希望"。这个道理看来很简单明白，但实行起来，就会受种种非无产阶级思想和习惯势力的干扰。而我国社会主义四个现代化建设，决然离不开计划经济。上述种种削弱乃至背离国家计划的不良倾向，应该分别性质、分别尺寸，或者用改进工作的方法，或者用摆事实、讲道理的方法，通过教育和严肃的批评与自我批评，树立"全国一盘棋"的观点，提高认识，正确处理国家、集体和个人利益，眼前利益和长远利益之间的关系，及时加以解决。而对严重的投机倒把勾当,则采取依法取缔、坚决打击的对策。这些,我们国家已开始在做了。

总之,我们必须吸取历史教训,更加按照我国国情来兼顾地方和企业、集体经济及其附属的个体经济的主动性和积极性,进一步改正过于集中和单一化的计划体制的僵硬性,灵活地运用社会主义统一市场中的各种形式的市场调节作用,同时又坚持国家计划的集中领导地位。必须指出:社会主义公有制,倘无"经济计划",那就会落空;而社会主义经济计划,当然要遵循经济规律和价值规律。但不是惟价值这一条和无需适当的行政手段来时时辅助。只有坚持计划经济,防止自由化倾向,我国国民经济才能更好地贯彻"调整、改革、整顿、提高"八字方针,沿着经过总结历史经验摸索出来的新路子,稳步持续向前发展。

马克思论生产劳动和非生产劳动的辩证法[*]

为便于以后一步一步地来介绍和说明，同时也为了有助于读者较顺利地去直接理解马克思在许多草稿和《资本论》中所提出的"生产劳动和非生产劳动理论"的原意，我先在这开宗明义的第一章中，用尽可能通俗和简括的语言，概述一下马克思以上理论中的一些最基本或者要立即先分清楚的要目和内容。我的转述未必就都正确，但是总可借以托出我对马克思的生产劳动和非生产劳动理论（这自然包括他的"生产性服务和非生产性服务"理论）的理解，以及我这理解同国内经济学界在讨论中所提的"宽、中、窄"三派的观点都有所同又有所不同，这大概会有助于读者了解，国内经济学界近七八年来纷纷争论的生产劳动和非生产劳动问题，到底是争论什么？为什么在理论上会这样难以弄清楚？以及讨论清楚了，它又有什么样的现实意义？

---

[*] 选自《马克思的生产理论——兼评当代两种国民经济核算体系和我国统计制度改革问题》，经济科学出版社 1990 年 12 月版。

一 物质生产劳动和精神生产劳动产品所共有的两种存在形式

下面,我先划清两组概念的内涵。第一组是关于劳动;第二组是关于作为劳动的结果(或成果)的产品及其两种存在形式。

人们所从事的劳动,按大类来说,有物质生产劳动,精神生产劳动,以及当以上两类劳动产品作为商品来交换(买卖)时所发生的专门从事商品流通业务的商业劳动(银钱业或金融业劳动亦属这个行列),还有在上述三大类劳动之外致力于政治、军事的军政劳动。什么是物质生产劳动呢?简单说,即人们为从自然物质资源中取得食、衣、住、行、用的物质生活资料所花费的劳动(劳动是人们所具有的劳动力的使用和表现,劳动力和劳动是两个概念,切莫混为一谈,否则,会犯大错)。什么是精神劳动呢?简单说,就是指人们运用感官的感觉功能和脑器官的理性思维功能(精神劳动力),依靠社会实践,从客观事物的现象深入到内在联系,对客观事物做出规律性反映,取得真知(包括将它传授和如何应用于社会实践)等一系列的活动而言。本章先扼要说明这两类"生产劳动"为何各自又分为"生产劳动和非生产劳动"呢?(至于商业劳动和军政劳动都是很重要的劳动,物质生产和精神生产都是不能离开它们的配合,那么它们——尤其是商业劳动——为什么都是"非生产劳动"呢?以及商业劳动的"非生产性"和军政劳动的"非生产性",又各有不同的关系和涵义等问题,这些无需挤在本章内一起说明)

物质生产劳动是为了获得食、衣、住、行、用所需的物质产品,如粮食、衣服……等产品。精神生产劳动是为了获得精神、文化生活所需的各种产品,如作家写的文章、小说,画家画的人物画、山水画、律师写的诉讼状子，医生开的诊断药方……等产品。以上例解是人们已习惯知道的。下面，我对作为以上两类生产劳动的结果的物质产品和精神产品，扼要地、较深一点地阐明以下三点，这三点至今还在不少人的头脑中（以至包括不少参加"生产劳动和非生产劳动"的争论的长篇文章中）是个空白，或纠缠不清，发生这样或那样的误解。我认为，分清这三点，至少可使近七八年来的争论减去一部分混乱和绊脚的东西。这三点是：

（一）不论是物质产品也好，或者精神产品也好，它们的存在形式——通俗说，即以上两类劳动的结果（产品）出现在我们眼前（或使用、享受中）的样子——有两种：一种是像上面所列举的粮食、衣服和文稿、油画……是具有脱离劳动过程而独立的"物化形式"或"物质形式"的产品，它可以在产出之后或长或短的一段时期内独立储存和使用。物质生产劳动产品和精神生产劳动产品的另一种存在形式是：它不具有脱离劳动过程而留下独立的"物化形式"（又称"物质形式"），而是只能边生产、边使用（即边享受、边消费）的某种"劳动活动形式"的东西，例如：在物质生产领域里，交通运输工业部门花费大量物化劳动（如燃料、动力、交通运输工具、机场、铁路、公路、疏浚和测量过的水域航道等等）和交通运输员工的活劳动所产出的运输货物和旅客的运输功能，即例如旅客得以在一小时内就从北京到达上海的空运功能，在五小时内就从上海到了南京的火车陆运功能，这些就是交通运输工业部门只能边生产、边消费的劳动活动形式的产品，因为上述从北京到上海、从上海到南京的空运、陆运功能，是绝对不可能把飞机先发动一小时、把火车先发动五小时的运输功能暂时储存在机场、车站，然后隔几小时、几天、几月再去使用，如同一箱箱的卷烟、啤酒那样可以先储存不用，到以后要用时再拿出来享用。又例如精神生产劳动产品中的话剧表演、舞蹈表演、音乐表演、教师的课堂讲授（这里可不论精神原产品的录音、录像制品问题）、医生的门诊和手术治疗、律师在审判庭上的辩护……这些也都是只能边提供（生产）、边利用的劳动活动形式的产品（即非物化或物质形式的产品）。

由于"产品"这个词（或概念）用来指称具有物化形式的物质生产劳动产品（如粮食、衣服等）和精神生产劳动产品（如文稿、绘画等），一般人都已习惯，没有什么别扭之感；至于把例如运输工业劳动所产出的劳动活动形式的运输功能，以及把演员的戏剧、音乐家的演奏等劳动活动形式的艺术表演（以上两类劳动活动形式的东西都是"一经提供，随即消逝的"，没有什么东西留存下来，除掉例如旅客或货物从甲地变到了乙地，艺术欣赏者有些艺术的形象和音响留在脑海里），也称之为一种"产品"，一般人就还觉得不习惯和别扭。其实，将它们列为劳动产品的存在形式之一，称它们为"劳动活动形式的产品"，是没有难理解和不合理的所在的。

对上述劳动活动形式的物质产品和精神产品，政治经济学又相沿称它为"服务形式的产品"或"服务"[①]，因为服务这个词的意思，通俗地说，就是一个人对另一个人做了一点有某种用处的事或活动，说到底，即提供了某种有用的"劳动活动"。因此，当劳动产品处在"社会化分工交换关系"中而成为"商品"（本节均按这广义而使用"商品"一词）时，商品（除劳动力这种特殊商品外）就相应地有两种存在形式：具有独立"物化形式"或"物质形式"的商品，和劳动活动形式或"服务形式"的商品。

[①] 我国利用汉文特点，将作为名词使用的服务称为"劳务"，这有助于通俗化的表述，本书以后也将常这样使用"劳务"一词。

对马克思的"服务理论"中的服务一词的如上涵义（不论上述服务理论的全部内容），我国经济学界也还缺乏应有的宣传和介绍，所以，就一般人听来而更有陌生和别扭之感。我这里仅先指出一下。

（二）由于物质生产劳动产品和精神生产劳动产品内都有物质形式产品和劳动活动形式（服务形式）产品的区分，而前一种"物质形式产品"一词，在亚当·斯密的《国富论》中有简称为"物质产品"的用法（实际是从"产品的物质存在形式"的角度，称它为"物质产品"）；马克思在他评论斯密的"第二个生产劳动定义"的手稿中，对"物质产品"一词也有这样沿用的，但指明那是按劳动产品的存在形式而言。因此，马克思书稿中"物质产品"一词有两种用法：一是指称"物质生产劳动所生产的产品"，它包括所产的两种存在形式的产品，如农业部门所产的粮食和运输工业部门所产的海、陆、空运功能，但不包括两种存在形式的精神生产劳动产品如绘画劳动产品和戏剧表演产品。"物质产品"一词的另一种用法，即指上面所说的具有"物质形式"的产品，它与前一用法的"物质产品"概念不同，只包括物质生产和精神生产方面具有物化（物质）形式的产品（如粮食和绘画），而不包括以上两大生产领域所产的劳动活动形式的产品（如运输工业部门所提供的运输功能和剧院演出的戏剧）。这些都是简而明的事情，但是我国经济学界1978年以来的有关出版物中，还有未曾注意到马克思书稿中所说的"物质产品"一词有两种不同指称，从而就不注意去看它的前后文，分清那"物质产品"是指哪一涵义的物质产品，于是就发生这样或那样的迷误。例如把"物质形式"涵义的"物质产品"混淆为"物质生产劳动产品"涵义的"物质产品"，以至把书画、艺术雕塑品也当做物质生产劳动产品，或者附会出书画、艺术雕塑等具有物质形式的精神产品，似乎也具有"物质生产劳动产品"所特有的属性。这就徒添讨论中的混乱。这里，我主要也是为了先指出这个问题。

（三）马克思对物质生产劳动一般也好，对精神生产劳动也好，都又进一层指出其中所具有的"生产劳动和非生产劳动"的特殊区分，这是庸俗经济学者所不理解（实际是要故意抹煞）的问题。马克思曾详细阐明：以上区分是由物质劳动和精神劳动自身的不同社会经济关系引起和决定的；它同以上两类产品的两种存在形式的区分毫无关系，并阐明这后一种错误观念是如何由亚当·斯密迷误出来的。这是马克思120多年前已经揭示清楚的道理，可是，我国经济学界还有不少人至今仍陷在斯密的迷误之中（详后）。所以，我们大有必要普遍地、通俗地介绍马克思对斯密的迷误所作的批判和分析，使马克思正确区分生产劳动和非生产劳动的科学理论之光，能普照着我国统计制度改革的实际。

二 第一层次的生产劳动和非生产劳动的区分

这是暂时舍象掉劳动的社会关系，单凭劳动自身的情况来揭示问题，答案是：凡生产人们的物质、文化生活所需的产品的劳动，就是生产劳动，不论那产品是物化劳动形式的产品（例如：缝纫劳动缝制出的衣服，绘画劳动画出的图画，照相劳动照出的相片，等等），或者那产品是劳动活动（服务）形式的产品（例如：肩挑劳动者提供的劳务，使被挑的物品从甲地运到乙地，歌唱家所唱出的有艺术感染力的歌声，理发师劳动所提供的把头发弄得整齐漂亮的活动，等等）；不生产出人们物质、文化生活所需的产品的劳动，就是非生产劳动，例如维持无阶级或有阶级划分的社会的公共秩序的劳动活动，以及交换产品的劳动活动，等等。这是生产劳动和非生产劳动的抽象的一般的区分，它并非人们按其主观上的好恶杜撰出来的，而是因为客观上有上述区分，人的理性思维不过把它如实反映出来。

有一个问题，应该在这里说明，那就是：为什么有同志认为，只有从事向自然资源获取物质产品的劳动（附注：不要把具有"物化形式的产品"同这里说的"物质产品"混为一谈，否则，就会把生产具有物化形式的精神产品的劳动，如画家、小说创作家等等的劳动都误解为物质生产劳动）才是生产劳动，生产精神产品的劳动不是生产劳动呢？按我们这里第一层次的客观关系说，这是由于它把"生产劳动"同专属社会经济基础方面的物质生产的劳动等同起来。政治经济学这门学科的研究对象是作为社会经济基础的物质生产关系，精神生产是首先从属和依靠物质生产的发展，并须借助和应用政治经济学所研究出的物质生产、流通、分配规律，来研究和补充阐明精神生产在经济学方面的问题，但不能因此就排除作为社会上层建筑的精神（文化）生产的劳动也是社会的一种生产劳动。所以，当问题是讨论人们各方面的生产劳动时，我们就不能说，只有生产物质产品的劳动才是生产劳动；我们只有当主题是为探索和阐明什么是社会经济基础的生产劳动时（例如马克思的《资本论》就是专为探明这个主题），才能说，只有生产物质产品的劳动才是生产劳动。

三 第二层次的生产劳动和非生产劳动的区分

以上是撇开社会劳动关系所揭示出的生产劳动和非生产劳动的一般区分，它存在于一切社会阶段。现在我们进一步引回上面舍象掉的社会劳动关系，并以资本主义社会和社会主义社会为例来说明有何变化的问题。

（一）资本主义社会内的生产劳动和非生产劳动的区分。在资本主义社会里，上述一般意义的两种劳动的区分是依然存在的，其中起变化的是：生产物质、文化生活所需的产品（包括物化劳动形式和劳动活动形式的在内）的劳动，那不参加社会化分工生产、交换关系（即不把产品作为商品）的部分，就都社会地、特殊地成为非生产劳动。这当然不是说，这部分劳动没有生产出物质、文化生活所需的产品，同时也不像有些观点所理解的那样，这是谁凭其好恶而主观地将它硬划为非生产劳动，而是由客观上的社会劳动关系决定的。划分这第二层次的非生产劳动（现在说的是资本主义社会阶段）的道理，比前一层次的复杂，我分以下几种具体情况来说明：

1. 个人和家庭生产自用产品的劳动。这种情况在资本主义越发达的社会里就越少，但不论多少，我们可以将它列为一项来作对比说明。比如一个家庭的成员，用自己的劳动种点菜、养点花、洗衣服、画山水画、把煤气罐用自行车运回家等等。这些物化劳动形式或劳动活动形式的产品，是为自己的物质、文化生活需要（消费）来进行，而不是为社会（市场）上的买者（即不是作为商品）来提供，不妨将它比作为"自我服务"。家庭成员生产上述种种产品（包括劳务）所耗费的劳动，对社会（这里是指资本主义社会）是属于社会化分工生产之外的东西，即商品生产化的东西，即不在社会交换品（商品）和社会劳动的组成之内。大家知道，作为商品价值实体的社会劳动或社会平均必要劳动，是由个人的个别劳动"化合"成的，这只有通过社会分工、交换关系的实践才是世上真实的东西。因此，按这样的客观实际看，上述家庭内的劳动、劳务就等于不存在，所以就特殊地、社会地成为第二层次意义的非生产劳动。

自产自用、尚未商品化的自给经济，在资本主义社会里是为数微小的，当它转化为参加社会分工生产、交换关系的成员，它就成为资本主义国民经济产值和国民收入的组成部分。对上述未商品化的自给经济，即使可能作些估算供参考，但只能另列为"国民经济产值和国民收入"的"后备军"或"虚拟军"，如同不能把资本主义国家的劳动力市场上的后备军（失业工人）混为在业工人一样。

2. 家庭雇工出卖劳动力的暂时使用权给雇主，为雇主提供各种劳动活动——各种服务。家庭雇工和雇主之间是劳动力作为商品卖给雇主，而不是把被雇主暂时买去的劳动力的表现，即某种有用的劳动活动——劳务（例如缝纫劳务、烹调劳务、教育婴孩的劳务、护理主人病体的劳务、开车的劳务，等等）作为商品卖给雇主，它们在雇主买得雇工劳动力的使用权之时起，就是雇主不作为商品、而作为单纯的可以随意消费的使用对象。上述家庭劳务属于马克思所说的"单纯服务"，不是作为商品卖给家外市场的"非单纯服务"。所以，提供这样的劳务的家庭雇工的劳动，也是非生产劳动。这也反映在如下的事实中：家庭所雇的劳动力的表现——各种家庭劳务，它所耗费的劳动量一般大于那个决定被雇劳动力的价值的劳动量，但由于家庭劳务是家庭雇主的使用对象，不是为着卖给市场的商品，它所耗费的那两部分劳动，都是不形成所谓商品价值——"$v+m$"，因而也不形成什么国民收入。家庭雇主付给雇工的工资报酬，是完全依靠他从其他生产劳动所创造的国民收入方面分得的收入来开支的。

家庭雇工的劳务（包括家庭成员日常生活的家务），随着资本主义社会生产力的发展，会相继由商品性的生活消费服务业（例如缝纫服务业、洗染服务业、饮食服务业、营业性幼儿园等等）来顶替。这些社会化服务业，其劳务自然靠有购买力的居民来购买和用于生活消费，但是这时的上述服务业者不是出卖劳动力的暂时使用权，而是出卖劳务给买者，从而是商品生产者，他们的劳动是生产劳动。

非营业性（非商品化）的学校、医院、消防队等事业组织所雇聘的职工的劳动，在经济关系上同家庭雇工的劳动是类同的。他们的劳动产品——劳务（应注意将它同他们的劳动力区分开来），并非由雇聘者作为商品卖出去，他们的工资报酬，是雇聘者依靠国家或社会团体拨出的事业经费（其来源总不外社会生产劳动所创造的国民收入的再分配）来开支，所以是非生产劳动。马克思所指出的"同收入相交换的劳动是非生产劳动"这一科学原理，是既适用于家庭雇工劳动，也适用于上述事业单位的职工劳动。上述学校、医院等事业单位转为营业性社会服务行业，其职工劳动就转为第二层次意义的生产劳动。关于这方面的问题，本书以后还要讲到。

3. 简单商品生产劳动和资本商品生产劳动。前面讲家庭雇工的非生产性问题时，已经讲到它们。例如一个典型的独立生产者（包括他的少数几个家人和艺徒在内——后者，不属资本剥削关系），他们的产品，不论是物质产品或精神产品，也不论是物化劳动形式的产品或劳动活动形式的"劳务"产品（下同），都不是为自己消费，而是作为商品卖给市场，因此，他们的劳动就都是参加社会化分工生产、交换关系的生产劳动。

资本商品是由资本家投资雇工来生产的产品，不是为自己消费，而是为了将它作为商品卖给市场，并且是为了把他从被雇工人那里剥削来的无偿的剩余劳动实现为剩余价值，以增殖原先投下的资本和发财致富。这种商品生产劳动是资本主义社会内最大量、最主要的生产劳动，没有它就没有资本主义社会，故又称资本主义生产劳动。

对上述属于简单商品关系的生产劳动和属于资本商品关系的生产劳动，有一个问题需另说明一下。资本主义社会内的生产劳动和资本主义生产劳动，这两个概念是有区别的，前者可以把资本主义社会内存在着的简单商品生产和资本商品生产包括在一起，因为简单商品关系已经具有社会化分工生产、交换关系的特性，它不像生产自用品的劳动、家庭雇工劳动和学校医院等事业单位的职工劳动那样在商品生产的化外，是非生产劳动。再者，在资本主义社会内，简单商品关系已孕育着两极分化的因素，含有部分转化为资本商品关系的潜能。不过应记住：资本商品关系是资本主义社会的决定性关系。这就是说，如果没有资本雇佣劳动关系，从而没有为资本生产剩余价值的劳动，那就没有资本主义社会。正是按这个客观实际的规定性，马克思批判地继承和发展了亚当·斯密的以下公式："同资本相交换的劳动"（马克思将它更明确为"为资本生产剩余价值的劳动"），是资本主义生产劳动；另一句对应语："同收入相交换的劳动是非生产劳动。"我解释"资本主义社会内的生产劳动和非生产劳动的区分"问题时，把从事简单商品生产的劳动也列为生产劳动，这同马克思的上述说法是不矛盾的，因为一个是指"资本主义生产劳动"而言，一个是指"资本主义社会内有哪些劳动是生产劳动"而言，马克思有段文章讲到以上两方面的问题。他对资本主义社会中的手工业者和农民的小商品生产劳动，曾指出：他们"与资本和劳动之间的交换毫无共同之处"，他们"既不属于（资本主义[①]）生产劳动者的范畴，又不属于非生产劳动者的范畴。但是，他们是自己

[①] 该括弧是本文作者所加。

的生产不从属于资本主义生产方式的商品生产者"。① 这也是说，生产简单商品的劳动，虽不是生产剩余价值的资本主义生产劳动，但是它并非资本主义社会里的非生产劳动。

以上，按资本主义社会内的实际，对它存在着的自给生产劳动（为数极少）、家庭雇工劳动、公费学校等事业单位的职工劳动，以及小商品生产劳动和资本商品生产劳动，作了第二层次意义的生产劳动和非生产劳动的区分。只要我们注意到资本主义和社会主义的根本区别，我们就可以相应地用来区分，在我国现阶段社会主义社会内，按第二层次的关系说，哪些劳动是生产劳动，哪些是非生产劳动。

（二）我国现阶段社会主义社会内的生产劳动和非生产劳动的区分。在我国现阶段，撇开同外资有关的部分不说，为了同上述几种情况类比，也有四种经济成分：

1. 个人或家庭生产自用产品的劳动。这在我国现阶段是比资本主义国家多得多。它按第二层次意义的生产劳动和非生产劳动说，属于非生产劳动，理由同前。它将随着我国社会主义四化建设的发展，日益转化为商品生产劳动（由低级到较高级）。

2. 我国家庭雇工劳动。他们的劳动，同前理由，亦为非生产劳动。它将随着家庭劳务逐渐社会化而转为生产性服务业劳动。西方国家也有这种趋势，但是在它们那里，剥削者家庭和豪门，仍然会雇佣一大批家庭佣人。

我国目前的医疗机构大半为公费医疗，大、中、小学校教育一般是公费开支，高等科研机构更是公费兴办。凡这样的科、教、文、卫单位，都属服务事业性质，不是营业性服务业，它们

---

① 《马克思恩格斯全集》第 26 卷第 1 分册，人民出版社 1972 年 6 月第 1 版，第 439 页。

的职工劳动，是非生产劳动，道理与家庭雇工劳动基本相同。因此，只有在它们改为企业性机构，不靠国家从赋税收入（生产劳动创造的国民收入的再分配）中拨出事业经费来维持它们的一切开支，而用它们自己的劳务作为商品卖给劳务的需要者所得的收入来平衡（不说所投资金的利润），它们的职工劳动才转化为生产劳动。在我国目前经济体制改革中，它们如何改，那是另一问题。

3. 小商品生产劳动是我国社会主义社会内的生产劳动。道理同前。由于我国尚处在不发达社会主义阶段，在相当长的时期内，小商品生产劳动还会为数不小，但它是从属于社会主义全民所有制经济的。后者不像西方的资本主义经济那样要尽快按"大鱼吃小鱼"的关系，将小商品生产兼并了。我们过去想尽快使它向集体所有制、甚至向全民所有制过渡。吃了苦头，犯了错误，现在按照十一届三中全会以来的正确路线、方针、政策的指引，以有计划的商品经济去支持它们，使它们有步骤地采取多种生产方式，沿着有中国特色的社会主义方向发展。

4. 我国现有的"全民"和"集体"公有的商品生产劳动是我国社会主义社会内最大量、最主要的生产劳动。其中全民公有的部分是最重要的，集体公有的部分是依托它而产生和发展的。全民公有和集体公有的商品生产劳动是社会主义社会所特有的生产劳动，我们又称它为社会主义生产劳动。这里有个一直是政治经济学教研工作者所捉摸的问题，那就是：社会主义生产劳动同资本主义生产劳动的区别何在？我们常见的解答之一是：前者为公有制（以下就以全民所有制为代表）的商品生产，后者为资本所有制的商品生产。对这样的解答，难免会有如下问题：它只表述出所有制基础上的区别，这虽然有最重要的意义，但如果不深入下去，则等于半途止步，而且近于同义反复。马克思对资本主义生产劳动和非生产劳动的解答公式是:"同资本相交换(或"生产剩余价值")的劳动是生产劳动";"同收入相交换的劳动是非生产劳动"。前面已阐明,这是非常简明,触到要害的解答。那么,对于同资本主义生产劳动根本不同的社会主义生产劳动,是否可以参考马克思的公式,做出相应的解答呢?对这个问题,我在学习马克思的生产劳动和非生产劳动理论之后,有以下联想:

在社会主义社会里,也同在资本主义社会里(还可扩大到奴隶制社会和封建制社会)一样,凡同收入相交换的劳动,都一律是非生产劳动,这在前面已阐明其理由。

社会主义当然要废除剥削劳动人民的资本,将它变为社会公有的资金(这是我们一直坚持使用的新的经济学范畴)。因此,对社会主义生产劳动或社会公有商品生产劳动,我们也可以将它表述为:"同公有(生产)资金相交换的劳动。"再者,是否也可以将"社会主义生产劳动"表述为:"为社会公有资金生产'剩余价值'的劳动"呢?就这个表述说,只要阐明其中的"剩余价值"不是原来意义的剩余价值,我认为,那也并非一定不可,因为现在揭示社会主义经济关系的本质和规律的政治经济学论文和教科书中,已经有许多这样的转用词。不过为了避免误解,对上述表述中的"剩余价值",似应效法以"资金"代"资本"的模式,用"总收入"(国民收入)中的"纯收入"概念去顶替。①另外,马克思在讲到资本的存在是以相对的劳动生产率为基础时,曾对比地讲到:"假定不存在任何资本,而工人自己占有自己的剩余劳动,即他创造的价值超过他消费的价值的余额。只有

---

① 《马克思恩格斯全集》第25卷,人民出版社1974年11月第1版,第950页。

在这种情况下才可以说，这种工人的劳动是真正生产的，也就是说，它创造新价值。"① 这也是对何谓社会主义生产劳动的一个说明，并表明社会公有资金也必然要求工人生产新价值——纯收入。

对以上公式，关键不在是否新事物换了新概念（这是次要问题），而在于必须辨明它们所反映的客观事物的貌同实异关系。同资本相交换的生产劳动，自然必须是能生产剩余价值的劳动，同时它也是想方设法生产价廉物美的商品的劳动。说资本惟利是图，就不重视价廉物美，这种简单化的说法是不对的。同社会公有资金相交换的社会主义生产劳动，同样也必须具有以上两条，以为它无需重视和计较纯收入的生产和增长的观念无疑也是不对的。但是，它们有根本不同的社会实质：资本家是把从工人那里剥削来的剩余价值塞进自己的私囊，用作资本积累和自己的生活挥霍；价廉物美是为了他好实现商品价值，特别是为了便于加强对工人相对剩余价值的剥削。至于"同社会公有资金相交换"的社会主义生产劳动，它是在劳动人民当家作主，自觉自愿和合理提高劳动生产率的前提下，努力提高产品质量，降低成本，增加纯收入，有计划地扩大社会公有的生产基金和消费基金，来满足社会成员不断增长的物质文化需要。这些是社会主义生产劳动在经济上与资本主义生产劳动根本不同的特点。

通过以上对比分析，我们可以体会到：马克思关于生产劳动和非生产劳动的分析，虽然绝大部分是以资本主义商品经济为对象，但是他们揭示出的那些科学的区分界限，对社会主义制度下的生产劳动和非生产劳动的划分来说，也是适用的（当然不是机

---

① 《马克思恩格斯全集》第26卷，人民出版社1972年6月第1版，第1分册，第143页。

械照搬)。我们在讨论中仍然分歧很多,其原因之一,是马克思的生产劳动和非生产劳动理论,还未被系统地全面介绍出来(请参阅前面《引言》所提到的那几个问题)。所以,我们还得多多介绍他的有关原著。

在以上两节中,我从舍了劳动的社会关系的一般意义(即第一层次)的生产劳动和非生产劳动的区分的客观界限,以及对引进资本主义社会和社会主义社会的特殊性所划分的第二层次的生产劳动和非生产劳动的客观界限,都扼要地、通俗地作了对比的说明。但是还遗下一个问题,那就是:像服务业方面的商业、金融业等劳动,为什么是非生产劳动呢?这是我们同志中也有不少人怀疑或者抱着相反的观点,从而是在服务业分类方面至今尚未完全解决的"老大难"问题。商业、金融业这一类因商品、货币流通以及因货币作为借贷资金而发生的服务活动,它们本身原来就是不生产物质产品和精神产品,从而是不创造价值的非生产劳动。它们同前面所说的那些一般为生产劳动,但在特殊的社会劳动关系中而归为非生产劳动的情况,是不同义的。它们是物质和精神这两大商品生产领域内的另一种意义的非生产劳动。这要到第三章再加分析和说明。

马克思论生产劳动和非生产劳动的辩证法

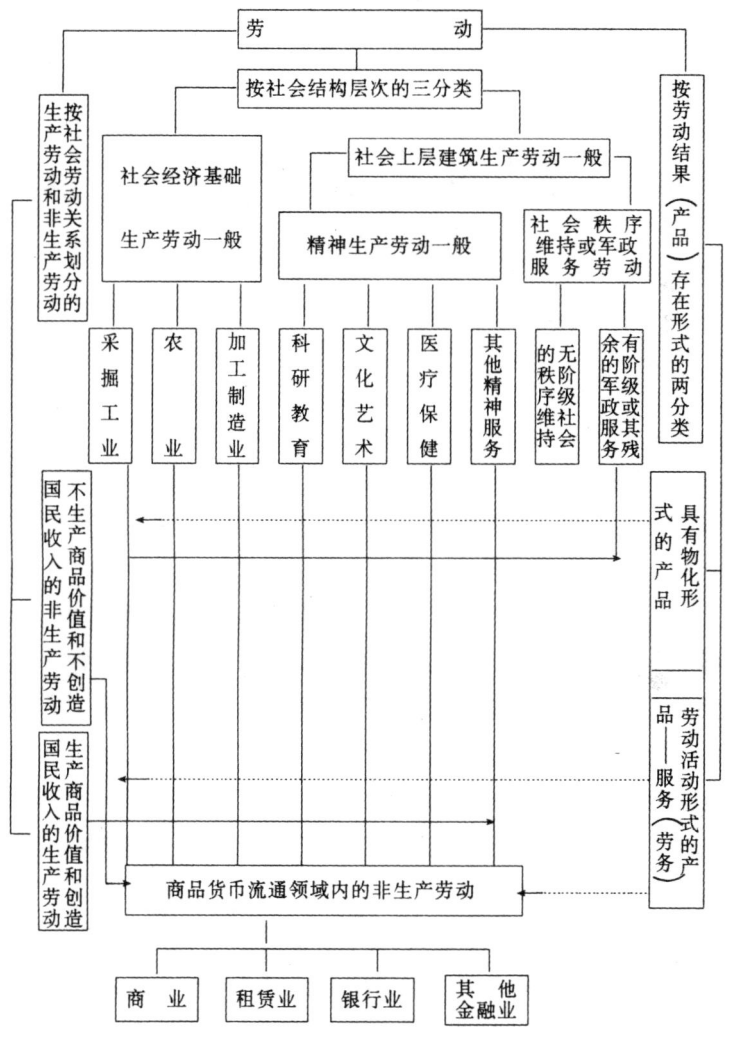

图 1-1 劳动分类图解

西方的"第三产业"论和马克思的服务论[*]

1981年国内报刊上开始社会主义制度下的生产劳动和非生产劳动问题的第二次讨论时,因为重点是讨论物质生产劳动之外的文化、教育等精神劳动,是否也是创造价值(或国民收入)的生产劳动,而西方的"第三产业"论至少有一点是明确的,即它以精神——文化劳动为它的突出的特殊支柱,并肯定精神——文化劳动同物质生产劳动一样是生产性劳动,所以,主张"宽派生产劳动论"观点的文章,就常提到西方的"第三产业"论(有的完全肯定它,有的部分地肯定它)。孙冶方同志在病中写的那篇专论中,则认为"第三产业"是"资产阶级经济学范畴",而加以否定(见引言中的介绍)。

1984年冬以来,国内报刊上则常有宣传发展"第三产业"的消息和文章,引起人们广泛的注意。我看了一些之后,认为其中有好的见解,同时也有值得商榷的地方,甚至还有相当混乱的观念。这里,有必要先分辨清楚:作为发展对象的"第三产业"

---

[*] 选自《马克思的生产理论》——论断评当代两种国民经济核算体系和我国统计制度改革问题,经济科学出版社1990年12月版。

是指什么样的产业？它有什么样的类别和结构？特别是其中所包含的那种种"第三产业"是否都是创造国民收入的产业？等问题。这有两重原因：一是因为"发展第三产业"，现在是作为重要经济决策之一提出的，它同"七·五计划"的部署和四化建设"翻两番"的战略目标，都有密切的关系，这就不能不仔细分清同"第三产业"有关的以上问题，否则，在认识上就难免有盲目性。这好比青年男女谈恋爱、谈终身伴侣，如不了解对象的底细，那就会带来成家后的种种麻烦一样。二是因为"第三产业"这个概念，在提出后的近50年来，东西方经济学界都一直缺乏系统的、科学的理论分析，具有迷于事物现象的"大杂烩"性质，并且还对"第三产业"中的某些行业深深抱着庸俗经济学的看法，把非生产劳动混为生产劳动。1985年我国沿用"第三产业"这个概念，提出"发展第三产业"的口号，并着手按照西方"第三产业"统计方法改革建国以来的统计制度，实质是为了更国民经济化地来部署"七·五计划"和发挥各种服务业的相应作用。至于在表述上不排除使用"第三产业"这个词，以及扩大一些统计范围，则是为了便于东西方商务对话或作某种统计对比，绝非继承"第三产业"的"大杂烩"性质和庸俗的经济学观念。这如同我们近年来所提倡的"竞争"，是比先进、帮后进的"社会主义竞争"，绝非"弱肉强食"、"尔虞我诈"的那套资本主义竞争一样。由于以上原因，为正确推行发展"第三产业"的决策，就应辨明"第三产业"的传统和底细。这对本书在详细介绍马克思的生产劳动和非生产劳动理论以及他的服务理论来说，也是一个必须密切联系的重要课题。

一 "第三产业"的"百货"橱窗

为便于对比说明问题,我先将报刊上所指称的"第三产业"对象,汇总择要列出一个清单如下(其中的序列,只不过是为便于本章以后作对比说明):(1)铁路、航运、空运、电讯等交通运输业,承包施工安装的建筑业;(2)为城市居民生产供应自来水、煤气等等的所谓"公用事业";(3)戏剧、歌舞、音乐、相声、杂技等文娱业,以及律师业、咨询业、信息业等等;(4)像我国目前对军政职工和公营企业职工内部按公费关系提供的医疗服务,以及大、中、小学教育服务;(5)衣服缝纫业、为居民加工家具的木工业、修理业、洗染业;(6)饮食店业、旅店业;(7)理发美容业、澡堂业、照相业、旅游业、……(8)商业、租赁业、金融业、保险业等;(9)军政事业。

对上面择要列举的"第三产业",西方常并称(晚近又常改称)它为"服务业"。国内报刊也有并称它为服务业的,但越来越多以"第三产业"相称。1984年冬,我到深圳访问,感到"第三产业"似乎是那里人们很熟悉的行业名称,似乎称"第三产业"比称"服务业"更合适一些、或者身价高一等。其实,按我的看法是,后一称谓比前一称谓少一些不科学的成分。虽然把前面那九项"第三产业"换成"服务业"总称,它的"大杂烩"性质也还遗存着,——除非对前面改用"服务业"来统称的那种种劳动活动,以马克思的科学的服务理论为指导,按它们本身的不同的经济实质,如实地去作进一步地划分,并在概念上、用语上做出相应的准确表达,才能条理分明,成为一种科学的分类。

值得重视的是,以上问题至今未被人们广泛地注意到,或者以为这是"差不多"的名词问题。其实不然。下面,我们先对比考察一下"第三产业"清单中的一些初步的概念问题。

二 "产业"、"企业(行业)"、"事业"①问题

"第三产业"这个概念中的"产业"一词，是一般人都易懂的，即指自身生产物质产品、也包括自身生产精神产品的企业（行业）。这是一点也不含糊、同时也是不容含糊的。"企业（行业）"则比"产业"的指称范围宽泛，它可以统括包含在"第三产业"或服务业内的商业、租赁业、金融业、保险业等不生产物质、文化生活所需的产品的企业。这里，我着重指出，在日常经济生活的用语中，没有人称商业等为"产业"，而称它们是一种经济企业。但是，人们一涉及商业、金融业是否也同工、农等业一样，是生产商品和价值的生产企业（简称即产业）的时候，就大有不同的解答。这表明不少人对各行各业，包括以"第三产业"或服务业来总称的各种行业的分类问题，是缺乏系统的、前后一贯的科学理性认识的，否则，他们就不会不立即意识到：在"第三产业"清单中包括着非产业的商业、金融业（以及那些单纯依靠再分配生产劳动所创造的国民收入（赋税）来维持的军政服务事业，这些是明显不符合客观实际的。

军政服务部门根本不是什么产业和企业，在西方也只有越来越少的人将它硬列在"第三产业"名下。国内报刊上没有人认为

---

① "企业"和"事业"在外语（如英语）中是一个词（enterprise）。外国学者对他们所通用的"企（事）业"另加定语，将它一分为二：营利性"企（事）业"和非营利性"企（事）业"。我这里是按我国解放前革命根据地和至今的以下用语习惯："企业"（包括企业化）是专指实行独立核算、自负盈亏、有偿交换关系的产业、商业（包括精神生产领域的在内）而言；"事业"是专指人们所从事的各种社会（包括国家上层建筑）公共工作或活动，但不包括按上述企业关系来进行的部分。

这样归类是合适的。其中较难一下看穿的，是商业的真正的非生产性；这是因为它有一层层的表面现象（假象），显得它的费用开支和商业利润似乎是商品流通过程自身增殖出来的（这留到本篇第三章再作详细剖析）。

对"第三产业"论者所提出的这个风行的分类名称，人们自然要问它（第三产业）是指第一、第二产业之外的哪些产业呢？以及为什么要作此分类呢？对这个问题，先先后后的"第三产业"论者都未说清楚，而且是越来越无体统。最初提出这个分类名称的，是本世纪30年代在澳大利亚一所大学里执教的英籍教授，其背景是1929年爆发的资本主义经济总危机还深重侵袭着西方国家，苦于游资一时无出路，他发现欧美的富豪们和上层士绅纷纷来澳大利亚旅游，使同旅游业有关的交通服务业、高级宾馆业、饮食业、文娱业以及男女导游等一系列服务骤然繁荣起来。于是他就从农业工业之外列出一个"第三产业"概念，并认为这"第三产业"将是一条使经济从萧条走向繁荣的新途径；以后（主要是第二次世界大战结束后六七十年代以来），它又成为庸俗经济学混淆生产性劳动和非生产性劳动（包括混淆生产性服务和非生产性服务）的科学区分的新辩护术，把各种非生产性服务都混在"第三产业"清单内，称它们都是能创造国民收入的生产劳动。这里先拿30年代的"第三产业"论来说[①]，它所包含的运输业就不是在所谓"第二产业（工业）"之外的"第三产业"，而是工业中特别的一种。因为作为现代国际旅游（当然更为社会其他方面）所必需的航空、海运、火车、汽车等运输业，它们向旅游市场所提供的那些使旅客和他们的生活消费品从甲地

[①] 这里暂不论单纯的旅游服务业本身，是什么性质的行业。本书第五篇将对此有专门分析。

到乙地的空间位置的变换的运输功能，是现代运输工业生产劳动的结果。其产生过程可概括如下：从事空运、海运、陆运（火车、汽车）的工人、技师、总工程师等人员，发动他们的劳动能力和技艺，运用运载手段（飞机、轮船、火车、汽车、包括机场、港口、铁路、公路等劳动手段），把采掘工业所提供的煤炭、石油等所赋有的潜能转化成为动能，借以克服空气对飞机、水面对轮船的阻力，以及火车汽车在路轨、路面运动时所遇的机械磨损的阻力，从而才有旅客和货主的物品从甲地到乙地所需的运输功能。所以说，运输业不是采矿业、农业是对的，但将它划为"一农业、二工业"之外的"第三产业"，则有这样或那样的种种不当。

运输业同农业以及例如同纺织业等工业，有个重大区别，那就是：作为运输业劳动结果的产品（运输功能），前章已说过，是一种劳动活动形式的产品，它是"一经提供，随即消失"的，不像作为纺织业劳动结果的产品（纱布），是具有脱离劳动过程而独立的物化或物体形式的产品。但是，这不会使运输业就变为不是"工业"序类中的一种，而被划为什么"第三产业"。这表明，对"第三产业"，使用"一农业、二工业（或物质生产）之外的产业"来作解释，那是不能自圆其说的。①

有一部分人认为，不论"第三产业"是如何分类法，它总提出了在农业、工业之外从事科学研究、教育、医疗以及各种艺术表演（如音乐、舞蹈、戏剧等等）的精神劳动也是生产劳动，也是创造价值和国民收入的产业，并认为这是"第三产业"论的一

---

① "第三产业"论者也有称"第三产业"为"服务业"的，因此，在他们的"第三产业"清单中，又杂乱地把各种不同的劳动服务活动都归为"产业"。这同马克思对"服务"的科学分类，是不能混为一谈的。

大进步或发展，它克服了所谓马克思只确认工、农业劳动才是生产性劳动的狭隘观点；同时，他们还把工、农业和精神劳动之外的那些尚未辨明其部类性质的劳动活动①，都包括在"第三产业"名下，使后者更加大杂烩化。这里，我先着重指出以下两点：第一，西方"第三产业"论也不是有什么"一农业、二工业、三精神生产业"的体系，而是把提供军政服务活动的公职人员的劳动，乃至受家庭雇佣而为雇主提供私人生活服务的劳动都作为创造国民收入的生产劳动来统计。第二，对各种精神劳动，马克思也一直同对各种物质生产劳动一样，作两个层次的分析：一是撇开社会关系，单按精神劳动本身来考察，那都各有精神生产成果，例如教师的教育劳动，使学生得到所传授的知识，医师使病人得到一定的治疗，从这一般的角度说，它们都是生产劳动。二是看教育和医疗等精神劳动者是处在什么样的社会经济关系中，这就会发生同一种精神劳动活动是否为创造国民精神财富和国民收入的生产劳动的特殊区分。例如，一所学校是由社会团体或政府教育经费兴办，教工人员的工薪等费用不是由学校向学生收费来补偿，那么，这种非营业性的学校的教育劳动就是不创造国民收入的非生产劳动，而是靠再分配拨来的捐款或经费收入来维持的非生产劳动，但是这不是说处在这种经济关系中的教工人员未投出一样辛勤的劳动。如果该学校是由校董们筹集资本（资金）来兴办，要求等值补偿和有盈余收入，那才是参加社会化分工交换关系（即商品经济关系）的生产劳动。（详见本书第七章）。因此，所谓"'第三产业'论克服了马克思的狭隘观点"的说法，只不过表明它自己对马克思的生产劳动和非生产劳动理

---

① 对这些劳动活动该如何如实分类的问题，马克思早在120年前已完全分析清楚了。

论大厦的两个门环都还一无所知而已。

在前面的"第三产业"清单中（第2项），把按照营利性经济关系为居民生产和供应自来水、煤气的生产行业，在表述上是以"公用事业"相称。这有由于过去的用语习惯；因为这类城市居民公共必需的生活产品，与城市居民所必需的交通，一般由市政经办，如自来水（特别是初期的引渠供水），开始有免费或取费甚低的，与城市消防服务、街道清洁服务有类同之处，所以有相沿下来的城市公用事业之称，主要是由于不注意企业和事业这两个混义词的区分。我们应按历史的发展和实际经济关系的变化，分清它们是生产性劳动关系，还是非生产性的公用事业关系，并做出相对应的正确表述。同时，还应注意分清：为城市居民供应自来水和煤气的企业和为城市居民提供交通运输服务的企业，都属工业生产企业，属物质生产部门，但在劳动产品的存在形式上，如前所述，交通运输业是提供劳动活动形式的产品，又称服务或劳务活动形式的产品，它无独立物化或物质、物体形式；自来水和煤气则为具有独立物化形式的产品，在这存在形式方面，它们与采掘出来的石油、炭煤同类，虽然有固体、液体、气体的区别。这是很好划分的问题。晚近的"第三产业"论者虽然也常总称"第三产业"为"服务业"，但是他们对何谓"服务"和"服务业"，特别是对哪些是"生产性服务"，哪些是"非生产性服务"，以及其中又有什么具体的分类等等问题，都做不出符合客观事物内在联系的解答，而只有一些肤浅的、杂乱的观念。这是因为他们站在剥削者的立场上，或者深受这种立场的影响，从而就不可能看清上述问题的实质。

马克思在上世纪五六十年代，对资产阶级上进时期的古典经济学创始人亚当·斯密的第二个含有错误的生产劳动定义进行批判时，他对何谓政治经济学上所分析研究的"服务"及其生产性和非生产性的区分界限，以及对物质生产和精神生产为什么又有另作某某服务业的分类的必要等问题，是作了许多科学分析的，是澄清"第三产业"的"大杂烩"分类的最好理论武器。庸俗经济学不去使用它，这是理所当然的。我国经济学界在60年代初期和80年代初期两次"生产劳动和非生产劳动"的讨论中，都没有去充分发挥它的指导作用，这是十分遗憾的。对马克思的服务理论，需专篇介绍（见本书第五篇），但有必要先在这里作个简要的说明，以便本书第二至第四篇的分析。

三　马克思的服务理论以及划分第四个物质生产领域的原理

1984年，我曾在两篇文章中（一载大连《财经问题研究》第3期；一载北京《价格的理论和实践》第5期）阐述过马克思的服务理论，现在我通俗地作些针对性的介绍。

作为物质生产劳动和精神生产劳动成果的产品（在社会化分工生产、交换关系中，即为商品）的存在形式，如前所述共可分为两种：一是具有脱离劳动过程而独立的物的形式，如纺出的纱、织出的布、画出的画、写成的书稿，等等；二是"一经提供、随即消逝"的劳动活动本身的形式，它是必须边生产、边流通、边消费的，例如平板车夫提供出卖的运输功能，演员提供出卖的戏剧表演。在政治经济学上，前者叫做有物化形式的产品和商品；后者叫做"劳动活动"（简称即活动）形式的产品和商品，它又习惯地被叫做"服务"（如今在汉语中，用"劳务"这样一个简明词语相称）。英国资产阶级古典经济学者亚当·斯密，他已注意并对以上两种存在形式的商品，作了一些分析，不过他有时又把资本主义的生产劳动和非生产劳动的正确区分，同劳动结果（产品）有无上述独立的物化形式这一无关因素挂起钩来，从而又陷入第二个有错误的生产劳动定义的泥坑中去。马克思清算了斯密的这个迷误，并对作为劳动产品形式之一的服务作了一系列的科学分析。这里，我针对前面的"第三产业"论作三点介绍：

（一）对作为劳动成果的一种存在形式的"服务"（劳务），马克思指出了它的"纯粹服务"和"非纯粹服务"的区别。所谓"纯粹服务"，是指例如运输劳动或戏剧表演劳动，它们只能由劳动者以劳动活动形式向人提供。同它们相对，例如裁缝劳动或金玉艺术雕刻劳动，在为顾客来料加工时，他们买卖的是缝纫或艺术雕刻的劳动活动——服务（劳务）；但是，缝纫劳动或艺术雕刻劳动也可采取物化劳动形式来买卖，如衣服制造业者卖衣服给顾客，艺术雕刻业者卖金玉雕物给顾客，这就不是买卖劳务（服务），而是买卖独立物化劳动形式的商品——衣服或艺术雕刻品。这就是说，缝纫劳动和艺术雕刻劳动同运输劳动和演剧劳动有同有异，其区别就在它们不是完全地纯粹地非采取劳动活动（服务）形式不可，而是也有可能采取物化劳动形式。

（二）对服务，马克思还指出"单纯服务"和"非单纯服务"的区别。这是经济上的一个有重大意义的区别。可是常为不少人所忽视，从而不了解马克思的服务学说。所谓"单纯服务"是指购买劳动者的劳动力的暂时使用权来提供服务的人，只是为了将它作为单纯的使用价值来消费（非生产的消费）。例如家庭主人雇工为他干家务，——提供做饭、做肉食的劳动活动，满足他的生活消费需要，而不是为了将做出来的饭菜作为商品卖出去。上述经济关系中的服务，就叫做单纯的服务，如开铺子的裁缝（自营的手工业者），他不是为自己的消费而进行缝制衣服的活动，他是为了将他的缝纫活动（缝纫劳动力的表现），作为商品卖给顾客（顾客从他们那里买到现成的衣服商品来消费。这种小商品生产者所提供的缝纫服务，同服装厂的缝纫工为老板缝制出售的衣服所提供的缝纫活动，都一样是"非单纯服务"。我们必须牢记清楚，上述缝纫劳动者所提供的缝纫劳动本身是无差别的，但是所处的社会经济关系是绝不相同的。

分清上面所说的"纯粹服务和非纯粹服务以及"单纯服务和非单纯服务"的两重区别，有很重要的意义。我们先记住提供服务的劳动的这两重区别，其中同"生产性服务和非生产性服务的特殊区分"有关的，是上述"单纯服务和非单纯服务"的区分。

（三）马克思著名的"第四个物质生产领域"理论曾写道："除了采掘工业、农业和加工工业外，还存在第四个物质生产领域……这就是运输业"①。上文前三个物质生产领域的先后次序不是随便的，而是按照客观上的下列关系排列：采掘工业是把自然资源中的天然物初经采掘而成为含有人工劳动的产品；对采集和渔猎来的野果、野兽、野禽、自然鱼类进行培植和养育，开始有了农、牧、渔、林的农业；加工工业是对农矿原料的再加工生产。相对于马克思所划出的"第四个物质生产领域"，我们不妨称采掘工业、农业、加工工业为第一、第二、第三物质生产领域，但必须分清马克思所辟的"第四个物质生产领域"，同前三个领域不是平行关系，而不过是把前三个领域之内为社会所提供的物质劳动活动形式的产品划分出来，作为从另一视角（服务活动形式的视角）来看的物质生产领域。这样一划分，前三个物质生产领域就相应地成为提供有独立物化形式的物质产品的生产领域。对"第四个物质生产领域"，马克思在上一段文章中，是以

---

① 《马克思恩格斯全集》第26卷第1分册，第444页，人民出版社1972年6月版。

运输业为它的例解,这当然不是说,"第四物质生产领域"就是运输业领域。他在别处还讲到邮电通讯业、缝纫服务业等等。这在前面解释"纯粹服务"和"非纯粹服务"问题时,已经说明过。

"第四物质生产领域"的划分,是马克思在分析资本的三个循环公式时揭示出来的,它对社会主义商品经济也一样有很重要的理论意义和现实意义。大家知道,"一经提供、随即消逝"的劳动活动("劳务"),例如平板车夫提供给顾客的运送功能,它同具有独立物化形式的劳动产品,有不少相异的特征:它不像后者(例如葡萄酒)要另占窖藏陈化的生产时间、流通时间(当做为商品时);又如火车的运输服务,倘有空仓位、空座位,那就完全白白浪费掉。至于像一时卖不出去的纱布,它虽有所费,但它本身还可独立留存下来,于隔日、隔周待机出卖;又如缝纫劳动服务活动,饭菜烹调服务活动等非纯粹劳务方面,对它们还有两可的选择(买成衣还是请裁缝加工;买方便面还是上饮食铺子……)。总之,劳动结果(产品)的两种存在形式的区别,是有重要经济意义的,涉及生产、流通、分配以及经营管理等一系列问题。

物质生产劳动的结果有物化劳动和活动(服务)两种形式,精神生产劳动的结果也一样有以上两种形式的区别,如演员劳动只能采取戏剧表演活动形式,教师劳动可分别采取口授和发讲义的两种形式;以营业为生的绘画师,一般是出售绘画成品,等等。马克思在分析精神生产劳动问题时,也全面讲到了以上区分。

再者,物质生产领域和精神生产领域中,那些提供各种劳动服务活动的,在它们作为商品时,其生产和流通是同时的,不像具有独立物化形式的商品那样,可先卖给商人,然后中间经过一段流通时间，再由商人卖给消费者。不过，各种劳动服务形式的商品，也有因买卖它们而产生的流通费用。比如以江海航运服务招揽货运生意等业务，就必须有一套商务机构来承担航运所需的商业劳务活动，以及因此而产生的一大笔商业劳动费用。这种流通费用是买卖物化劳动形式或劳动活动的商品而耗费的商业费用，它同商品生产费用不同，它本身是不生产社会物质文化生活所需的任何产品（商品）和不形成价值的。

四 小结

将马克思关于各种劳动服务（劳务）的一系列分析，与"第三产业"论（或庸俗的服务论）对照一下，我们就可以看出："第三产业"论者虽然是在先后拼凑，把工农业物化形式的产品之外的形形色色的服务活动包揽在一起，但是他们始终缺乏统一的、系统的分类规定性；他们对"服务"——特别是对何谓"生产性服务"和"非生产性服务"等根本问题，是茫然无知的，所以在他们的"百货橱窗"内，是一盘"大杂烩"货色，不分何行何业的劳动活动，都一样列为生产商品和创造国民收入的生产劳动和"产业"。我们根据马克思的科学的服务理论（包括他对"第四个物质生产领域"的划分方法），对"第三产业"的大杂烩性质进行"去粗存精、去伪存真"的清理，如实辨明其中的生产性服务和非生产性服务的区别。并将城市自来水和煤气供应企业列为一般工业。至于哪种服务重要、哪种服务次要，这是另一个问题，不要把以上两方面的区别混为一谈。譬如商业劳动是不生产商品和不创造价值的非生产劳动，但是它是为实现商品的使用价值和价值所不能或缺的极为重要的劳动，这两个观点是丝毫也不矛盾的。

本章第一节对"第三产业"的大杂烩性质列了一个清单,现在经过以上如实的清理,我们可以列出一个对比的图解(如图2-1)。

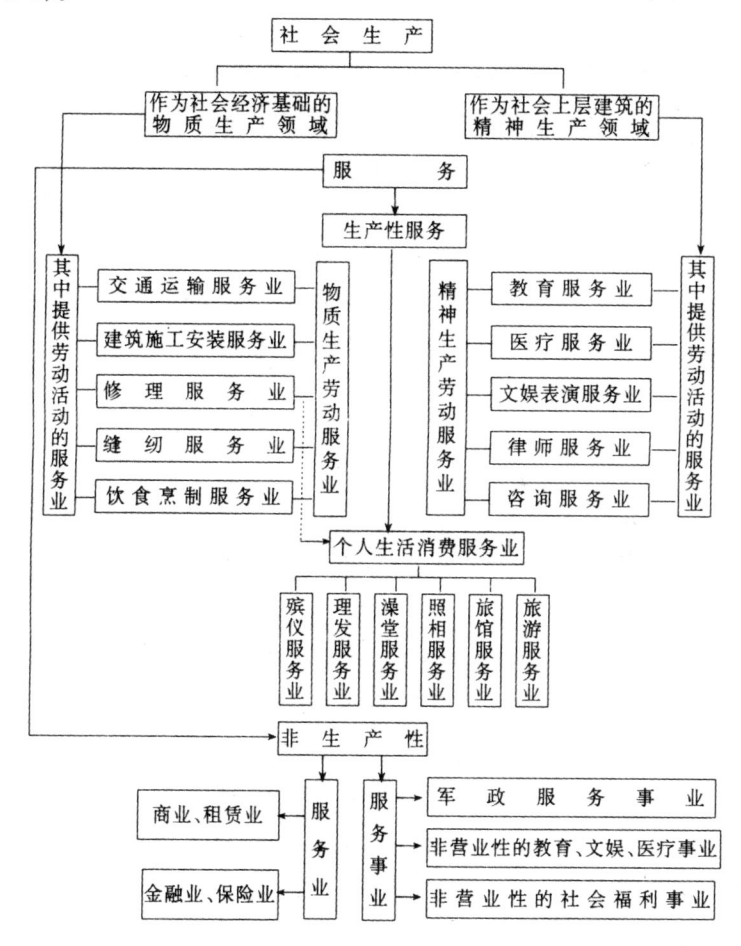

```
                        社 会 生 产
           ┌────────────────┴────────────────┐
    作为社会经济基础的              作为社会上层建筑的
      物质生产领域                    精神生产领域
           │                                 │
           │            服     务             │
           │               │                 │
           │          生产性服务              │
  ┌────────┼─────────────┐   ┌───────────────┼────────┐
  其   ┌─────────────┐   物   精  ┌─────────┐     其
  中   │交通运输服务业│   质   神  │教育服务业│     中
  提   ├─────────────┤   生   生  ├─────────┤     提
  供   │建筑施工安装  │   产   产  │医疗服务业│     供
  劳   │服务业        │   劳   劳  ├─────────┤     劳
  动   ├─────────────┤   动   动  │文娱表演  │     动
  活   │修理服务业    │   服   服  │服务业    │     活
  动   ├─────────────┤   务   务  ├─────────┤     动
  的   │缝纫服务业    │   业   业  │律师服务业│     的
  服   ├─────────────┤        │  ├─────────┤     服
  务   │饮食烹制服务业│        │  │咨询服务业│     务
  业   └─────────────┘        │  └─────────┘     业
                          个人生活消费服务业
              ┌──────┬──────┬──────┬──────┬──────┐
              │殡仪  │理发  │澡堂  │照相  │旅馆  │旅游
              │服务业│服务业│服务业│服务业│服务业│服务业
              └──────┴──────┴──────┴──────┴──────┘
                         非 生 产 性
  ┌─────────────┐      服   服    ┌─────────────────┐
  │商业、租赁业  │      务   务    │军政服务事业      │
  ├─────────────┤      业   事    ├─────────────────┤
  │              │          业    │非营业性的教育、 │
  │金融业、保险业│                │文娱、医疗事业    │
  └─────────────┘                ├─────────────────┤
                                  │非营业性的社会福利│
                                  │事业              │
                                  └─────────────────┘
```

图 2-1 服务分类图

把图 2-1 同第一章的图 1-1 连起来看一下,和把图 2-1 所示的分类体系同本章前面所汇列的"第三产业"清单对比一下,便不难辨出:"第三产业"论者在庸俗经济学服务论的圈子里团团转,其问题不在它罗列的行业类别多少,而在它不能如实分清事物的表里以及其中的不同社会劳动关系。在图2-1中,"第三产业"论者想用一些"新名词"来包揽的各路兵马,可说都应有尽有了(按代表性说),但由于我们有了马克思"高屋见瓴"的服务理论的指导,则可纲举目张,将它们如实地分列在各自的本分的岗位上,就没有什么冒名顶替的混乱问题了。① 至于图2-1所列的生产性服务和非生产性服务行业,那都是我们需要发展的。它们在"七五计划"时期哪个主要,哪个次要,哪个先办多办,哪个后办少办,必须根据我国当前的国情、国力和可能去有计划地进行。这是需要另行专门调查研究的大课题。

---

① 对图2-1所列的各种个人生活消费服务业,马克思有很深刻的分析,本书第五篇第十三章将有专门的介绍。

马克思、恩格斯关于社会主义与共产主义生产、交换、分配关系的论述[*]

一 马克思、恩格斯对各种非商品经济的对比分析

(一) 消灭商品经济不是消灭一切交换,只是消灭商品性交换。

马克思在一百年前写下的具有无限生命力的《哥达纲领批判》中,有这样一段精练而又著名的话:

> 在一个集体的、以共同占有生产资料为基础的社会里,生产者并不交换自己的产品,耗费在产品生产上的劳动,在这里也不表现为这些产品的价值,……因为这时和资本主义社会相反,个人的劳动不再经过迂回曲折的道路,而是直接地作为劳动的构成部分存在着。……[①]

---

[*] 选自《马克思论三种社会经济关系的演变》,中国财政经济出版社1998年9月版。

[①] 《马克思恩格斯全集》第19卷,人民出版社1963年12月版,第20页。

对于马克思如上这段话如何理解,是什么意思,意味着什么情景呢?现在理论界多数人以为,马克思、恩格斯是说一旦消灭了私有制,建立起单一全民所有制经济的共产主义社会后,商品经济随之消灭,社会成员和社会之间,以及社会各生产单位之间,将不再有交换劳动产品的关系。这一认识,是一种误解,误解了马克思、恩格斯的原意和本来的观点。因为他们并没有说过,共产主义社会将废除任何交换关系,他们只是说,公有产品的交换关系将不再是商品价值关系,将不再采取交换价值和价格的形态,将可消灭货币,以及消灭因这些经济形态而"包围着劳动产品的一切魔法妖术"①。只要把马克思直接论述这方面问题的文章全面了解一下,就可以领会马克思的如上思想。现在,我先择要介绍一下关于人类社会劳动,间接社会化和直接社会化两大形态,及其相互转化和劳动表现为价值与劳动不表现为价值的问题,以便我们对马克思在这方面的论述,有一个比较系统的了解。

马克思在《资本论》第一卷第一章第四节中谈到商品的拜物教性质问题时,对人类社会两头的非商品经济和劳动表不表现为价值的问题,作过十分详细和完整的描述。他在其中第一至第十段文章分析完商品价值和它的交换价值、价格形态以及这种形态必然粘有拜物教性质之后,就对比地写道:

> 这样的各种形式,恰好形成资产阶级经济学②的范畴。那些范畴,对这种历史规定的社会生产方式(商品生产)的生产关系来说,是社会地适用的,从而是客观的思维形式。但是我们只要逃到别种生产形态中去,商品世界的一切神

---

① 马克思:《资本论》第1卷,人民出版社1953年3月第1版,1963年10月第2版,第52页。
② 因为近代资产阶级经济学的研究对象正是限于狭义的资本主义商品经济。

秘，在商品生产基础上包围着劳动产品的一切魔法妖术，就都立即消灭了。①

这段文章所说的"别种生产形态"，包括人类社会以往和未来的一切非商品生产形态，其中就包括社会主义生产形态。同时马克思明白指出，对商品生产适用的价值、价格这一类经济范畴，对别种生产形态已不再适用。并在这段文章之后，马克思还用了四段文章来描述人类社会两头的"别种生产形态"都不是商品生产形态的情景。

第一种形态——鲁滨逊生产形态。因为资产阶级经济学者爱好鲁滨逊寓言，马克思就饶有风趣地从这个寓言人物的物质生产活动开始讲起，他写道：

……我们首先就来看看这个孤岛上的鲁滨逊罢。他的需要诚然是极简单的，但是还是有不同种的需要需要满足，所以必须担任不同种的有用劳动，例如制造工具和家具，饲养骆驼，捕鱼，猎兽等等。……但是，尽管他的生产职能有各种不同，他还是知道，这各种不同的职能不外是同一个鲁滨逊的不同的活动形式，从而不外是人类劳动的不同方式。需要自身，使他不能不把他的时间，适当地分配在各种不同职能之间。在他的全部活动中，哪些职能占较大的范围，哪些职能占较小的范围，要看在各种有用效果的取得上，必须克服多大的困难而定。经验会给他教训。……他的账簿包含着他所有的各种有用物品的目录，记载着它们生产上必要的不同各种操作，最后并记载着这各种产品一定量平均所费的劳动时间。鲁滨逊和那种种物品，他本人所创造的财富之间的关系，是如此简单，如此明白，连威尔德先生也用不着在精

---

① 马克思：《资本论》第1卷，人民出版社1963年10月第2版，第52页。

神方面特别努力，就可以理解。但是，一切在价值决定上有关本质的要素，都已经包含在内了。①

这虽然是讲鲁滨逊故事，但是马克思从中做出的经济学分析，却不是故事，而具有现实的启发性，我们可从中认识以下原理：

1. 由于在故事中，鲁滨逊一个人等于一个有统一组织的社会，他能直接知道：(1) 他"有不同种的需要需要满足"，为此"必须担任不同种的有用劳动"，后者"不外是人类劳动的不同方式"；(2) 他必须按"需要自身"和生产各种产品的难易，把"他的时间适当地分配在各种不同职能之间"去生产所需要的各种产品；(3) 他可以经验地计算和记载"这各种产品一定量平均所费的劳动时间"。马克思的这些话就是告诉我们：在鲁滨逊那里，也同样有具体劳动和抽象劳动的对立，个别劳动耗费和社会平均必要劳动的耗费的对立。因为所谓鲁滨逊的"不同种的有用劳动"的操作，"不外是人类劳动的不同形式"，这就是指前一个对立；所谓"记载着这各种产品一定量平均所费的劳动时间"，就是指以上两个对立综合出的结果②。所以，马克思说，"一切在价值决定上有关本质的要素，都已经包含在内了"；但其特点是：

2. 在鲁滨逊那里，"他和那种物品（他所创造的财富）之间的关系是简单明白的"，即可以直接用劳动和劳动时间来如实地表现，而无需依靠另一物品或另一"第三产品"来迂回地表现，从而它就不假装为隐蔽的价值关系，就不具有像在后来的商品生

---

① 马克思：《资本论》第 1 卷，人民出版社 1963 年 10 月第 2 版，第 52—53 页。
② 参阅马克思所说历史地采取"价值"这一形态来表现的"那个东西"本身，"在其他一切历史的社会形态内，同样是存在的"（见骆耕漠著《马克思论三种社会经济关系的演变》（中国财政经济出版社 1998 年 9 月版，第 163—165 页的介绍）。

产基础上"包围着劳动产品的一切魔法妖术"。因为什么它能这样呢?一句话,就在寓言人物鲁滨逊虽然是从盛行资本主义私有制关系的英吉利飘流去的,但是他在孤岛上却是一开始就按一个共同社会总体那样统一地、有计划地处理他自己的一切经济事务。

第二种形态——封建庄园生产形态。在描述鲁滨逊经济之后,马克思讲到历史上两种实际的生产形态。他先描述欧洲的黑暗中世纪的情景说:

> 在那里,我们不见独立的人,但发现每一个人都互相依赖——农奴和领主,家臣和封建诸侯,俗人和牧师。物质生产的社会关系……都以人身的依赖作为特征。但就因为是人身的依赖关系形成这个社会的基础,所以劳动和产品都不必要采取任何一种和现实不同的幻想的形式。在社会机构中,它们是当做工役和实物贡纳出现的。在那里,劳动的自然形态,它的特殊性,就是劳动的直接社会形式,而不像在商品生产的基础上一样,是以它的一般性,作为劳动的直接社会形式。徭役劳动虽然和生产商品的劳动一样是用时间测量,但每个农奴都知道,他侍奉领主时支出的,是他自己的劳动力的一定量。……所以,无论我们怎样判断封建社会内人们互相对待的装扮,人与人在劳动上缔结的社会关系,总是表现为他们自己的人的关系,而不会假装为物与物,劳动产品与劳动产品间的社会关系①

这段文章,我分三点阐明如下:

1. 这段文章说,农奴和领主在劳动上所缔结的社会关系,

---

① 马克思:《资本论》第1卷,人民出版社1963年10月第2版,着重点为引用者所加,第53页。

无论我们怎样判断它所装扮上的那个封建的人身依赖的特征，它总是在徭役劳动和实物贡赋这样的自然形态和特殊性（具体性）上如实地表现着，即它虽然蒙上封建的人身依赖的历史色彩，不过总是如实表现出它是一种人（农奴）向另一种人（领主）缴纳贡赋的关系，即如实显示出它是人与人在他们的劳动中（虽然一方是不劳而获的超经济剥削者）的直接社会关系。它并不采取"任何一种和现实不同的幻想的形式"。这幻想的形式是指什么呢？就是指马克思自己在第十一段文章中所说的"在商品生产基础上包围着劳动产品的魔法妖术"，明言之，即指商品价值的迷人的物的表现形态——交换价值或价格。因此，像徭役劳动、实物贡赋和奉献给牧师的什一税等等，虽然被神父们谎言为是替神、替天的代表（封建皇帝和教皇）效命，农奴总是知道，"他侍奉领主时支出的，是他自己的劳动力的一定量"，不像在商品生产社会里，人们不知道决定他们市场命运（价格）的，原是他们自己支出在产品生产上的劳动。

2. 文章末尾总结说：在封建社会里，人与人在劳动上缔结的社会关系，总是表现为他们自己的人与人的关系，而不像商品生产者之间的社会劳动关系那样，假装为物与物（即商品和商品）间的社会关系。这里必须辨明：为什么马克思说农奴向领主缴纳实物贡赋，就是"表现为他们自己的人的关系"，商品生产者互相交换他们的劳动产品，就是"假装为物与物间的社会关系"？这当然不是说前一种的物质生产关系（缴纳贡赋）是真的，后一种物质生产关系（交换产品）是假的（我在本书第三章第三节解释《资本论》第一卷第一章第Ⅳ节第六段文章的时候，已经详细阐明这个"真假"问题）。没有假装为不是这样的关系，但是商品生产者之间互相分工合作生产的关系却不是这样直接的关系，例如不是你须知为我的需要生产什么，我须知为你的需要生产什么；而是到市场上发生物与物（商品与商品）的交换时，才缔结起相互间的社会关系，但是，它是裹在交换价值或价格这一物与物间的比例关系的形态里面的。在《政治经济学批判》中（第17页），马克思就这形态指出："一种社会生产关系采取了一种物的形式，以致人和人在他们的劳动中的关系倒表现为物和物彼此之间的和物与人的关系（引者注：即所谓物统制人的关系），这种现象只是由于在日常生活中看惯了，才认为是平凡的、不言自明的事情。"这里，马克思称它"假装为物与物间的社会关系。"① 这段论述，更加有助于我们辨明他所说的那一句话——商品生产者的劳动的社会关系，不表现为"人与人在他们的劳动中的直接社会关系"，而表现为"人与人之间的物的关系和物与物间的社会关系"——是指什么样的经济关系而言了。

3. "徭役劳动和生产商品的劳动一样是用时间测量"，那么为什么一个不必采取"和现实不同的幻想的形式"（价值和交换价值形式），一个却必须采取这种形式呢？按这里的史例说，是因为在一个封建领主的庄园经济内部，它是以农奴的人身隶属为基础，实行直接的超经济剥削（谈不上什么私有产品的平等交换关系），因此，它就无需另用不同于现实的"第三产品"尺度来测量徭役劳动和实物贡赋。至于商品经济，它在互相默认对方为各自的劳动产品的私有者的前提下，只有通过自发的交换才能取得对方的产品，——这就是说，他们是临到交换产品的时候（不是在交换前和交换之外），凭产品的交换比例，把他们耗费在产品生产上的劳动化作一般的人类劳动来比较（不管他们知道这一点或不知道这一点），因此，它不是直接用它自身的尺度（劳动

---

① 《马克思恩格斯全集》第23卷中译本将这译为："披上物之间……的社会关系的外衣。"参阅该译本第94页，人民出版社1972年9月第1版。

时间)来测量,而只有用交换中代表劳动时间的某"第三产品"来间接测量。这样,就带来上面所说的区别:一个不粘有"魔法妖术",一个粘有"魔法妖术"。

第三种形态——宗法家庭生产形态。在上一段文章之后,马克思又描述历史上的另一种非商品生产形态。他写道:

> 要考察共同的即直接社会化的劳动,我们不必要追溯到它的自然发生的形式,那在一切文明民族的历史初期都是可以看到的。一个更近的例,是一个农民家庭为自己需要而生产谷物、家畜、棉纱、麻布、衣服等物的农村家长制产业。这些不同物品,对家庭来说,是作为他们一家的劳动的不同种产品,而不是作为商品互相对待的。生产这各种产品的不同劳动,耕作、畜牧、纺纱、织布、缝纫等等,在它们的自然形态上便是社会的职能,因为都是家庭的职能。家庭有它自己的自然发生的分工,和商品生产一样。家庭中的分工和家庭各个成员的劳动时间,要按性别和年龄的区别,按各种与季节一同变动的劳动的自然条件来调整。在这里,按时间计算的个人劳动力的支出,本来就表现为劳动本身的社会性质,因为个人的劳动力本来只是当做家庭共同劳动力的器官来发生作用。①

这段文章指明:在农村家长制产业内部,人与人的关系为什么也是"表现为他们自己的人的关系,而不假装为物与物的社会关系"。在这方面,它同封建领主的庄园经济是大同小异的关系,我作三点说明如下:

1. 马克思说:"要考察共同的直接社会化的劳动,我们不必

---

① 马克思:《资本论》第1卷,人民出版社1963年10月第2版,第54页着重点为引用者所加。

要追溯到它的自然发生的形式。"这是指原始氏族共同体（原始公社）而言，"农村家长制家庭"是它的直接后裔。农村家长制已具有父权宗法式的私有制关系，不过家庭内部成员间的劳动，还是在家长的统一的支配下，采取相应的直接社会化形态，从这点说，它同原始共同体劳动还属于同一个历史发展阶段。

2. 农村家长制家庭经济，也同商品生产一样有分工（不过是一个狭小社会范围内的分工），但是它不具有商品经济的"魔法妖术"，其原因是：它一开始就直接按家庭为自己的需要分工生产；男耕女织等等，一开始便直接是"社会的职能"，家庭各个成员的劳动时间直接"按性别和年龄、按季节和自然条件来调整"；劳动的社会性质直接表现在"按时间来计算家庭成员的劳动力的支出"的形态上。因此，它就不像商品经济那样，采取到交换时由另一产品或"第三产品"所承担的交换价值形态或价格形态来间接调节生产。马克思在别处，曾对比地讲到这里，他说：

> 在农村宗法式（引者注：即父权家长制）生产下，纺工和织工住在同一个屋顶之下，家庭中女纺男织，供本家庭的需要，在家庭的范围内，纱和布是社会产品，纺和织是社会劳动。但是，它们的社会性不在于纱作为一般等价物去交换作为一般等价物的布，不在于两者作为同一个一般劳动时间的并无差别而同样有效的表现（引者注：即无需在交换中作为价值物来表现）而相互交换。倒是家庭联系同它的自然发生的分工在劳动产品上打上了自己特有的社会烙印。①

3. 在一个封建领主的庄园内部，它的劳动和产品能直接社会化为社会劳动和社会产品的构成部分，是以农奴对领

---

① 《政治经济学批判》，人民出版社1976年4月版，第17页。

主的人身隶属或半隶属为基础；在农村家长制经济内部，它的劳动的直接社会化，是以家长统率下的共同劳动关系为基础。对这两者，马克思指出它们有共同的落后性，如下：

……那种古代的社会生产组织，比资产阶级的生产组织是更简单得多，更容易理解得多的。但是，那种生产组织是以个人尚未成熟，人与人间自然血族关系的脐带尚未割断，或以直接的统治和臣服的关系作为基础。那种生产组织，为劳动生产力的低级发展阶级，和物质生活创造过程中人与人间及人与自然间相应的狭隘关系所规定。①

所以，上述古老的直接社会化的劳动组织，随着社会生产力的发展，就为商品世界的间接社会化的劳动组织所克服；后者，在社会主义公有制建立起来之后，又为更高一级的新的直接社会化的劳动组织（"自由人公社"）所克服。

第四种形态——"自由人公社"生产形态。对此，马克思写道：

最后，让我们变一个方向，想像一个自由人的公社②，他们用共有的生活资料进行劳动，并且有意识地把许多个人的劳动力，当做一个社会劳动力来支出。在这里，鲁滨逊劳动的一切特性都重演了，不过不是个人地，而是社会地重演。鲁滨逊的产品全部只是个人的产品，从而直接对于他是使用品。〔公社的总产品却是一个社会的产品。这个产品的

---

① 《资本论》（郭大力、王亚南译）第1卷，人民出版社1953年3月第1版，1963年12月第2版，第55—56页。《马克思恩格斯全集》第23卷，人民出版社1972年第9版，第96页。

② 马克思说"想像"，因为他当时是对未来作展望；马克思说"自由人"，这是对比原始共同体成员屈服在自然力的支配下，没有控制自己的社会生活的自由而言，不是指商品自由竞争的"自由"而言。

一部分会再作为生产资料。它仍然是社会的。另一部分则作为生产资料，为公社的成员们所消费，所以必须分配在他们之间。这种分配方式，会随公社生产组织本身的特殊方式，随生产者们相应获得的历史发展程度而变。仅仅为了便于和商品生产对比，我们假定，每一个生产者在生活资料中所得而有的部分，是由他的劳动时间决定。所以在这里劳动时间将会起二重作用。劳动时间按社会计划进行的分配，将会对不同种劳动职能和不同需要的适当比例进行调整，另一方面，劳动时间会同时作为一种尺度，以计量各生产者个人在总劳动中加入的部分，因此也计量各生产者个人在共同产品中可得而用在个人消费上的部分。〕在这里，无论是在生产上面还是在分配上面，人们对他们的劳动，对他们的劳动产品的社会关系，都是十分简单，十分容易理解的。①

这段引文中马克思所预言的"自由人公社"内的生产资料分配和生活资料分配，都是采取按等量劳动时间交换的形式来进行，并非原始的单纯分配。这段文章的末一句，就是指明在社会主义公有制生产方式中，人们对他们的劳动的社会关系，是如实地表现为他们在自己的劳动中的直接社会关系，"不假装为物与物间的社会关系"；换言之，就是"在商品生产基础上包围着劳动产品的一切魔法妖术（如价值、交换价值、货币、价格这一套'物的虚幻形态'），都立即消灭了"，因此，它"是十分简单、十分容易理解的"。同时，这段文章已经向我们指明：它是由于社会可以"用共同的生产资料进行劳动"；许多个人的劳动力一开

---

① 《资本论》（郭大力、王亚南译）第1卷，人民出版社1953年3月第1版，1963年12月第2版，第54—55页。《马克思恩格斯全集》第33卷，人民出版社1973年12月第1版，第94—95页。

始就"可以当做一个社会劳动力来支出"、来调度；社会可以直接用劳动时间为尺度，起二重作用：一是有计划地把社会总劳动时间（包括已物化为生产资料的劳动）按适当比例分配给各物质生产部门，以满足社会对不同产品的需要，二是有计划地将生产资料按照按劳分配的原则，分配给社会成员。所以，马克思总结这种自由人公社经济说："社会生活过程即物质生产过程的形式，只有到它当做自由结合的人的产物，放在他们的自觉的计划的统制下的时候，方才会揭去它的神秘的幕"①。

从以上对比，我们可知："自由人公社"经济既不同于商品经济，也有不同于前面所说的那些非商品经济的地方，总括起来，在于以下三点：（一）它利用公共的交换方式来分配产品；（二）但是，它不是依靠到交换时才转化为社会产品，而是在交换前（即生产一开始）就直接是社会产品的构成部分；因此，（三）它可以用劳动时间作尺度，不是用"第三产品"（货币）作尺度。它是人类劳动的一种新的直接社会化形式。

对马克思描述非商品经济的以上四段文章，"社会主义商品论"者有另一种解释法。他们以为，这四段文章，是按要不要交换、有没有交换这样一条杠杆，来判断上列四种生产形态为什么是非商品生产形态。我认为这是把文章的内容看简单了，或者看错了。在寓言人物鲁滨逊那里，在封建庄园经济内部和农村家长制经济内部，由于规模小，人与人之间的社会劳动关系简单，自然不需利用内部交换的方式来分配产品。说这些生产形态因为内部尚未出现后来交换产品的关系，从而不是商品生产形态，这是合适的。商品经济确实是因为农村家长制经济（原始公社末期的经济）和封建庄园经济向前发展，产品种类增多，生产规模扩

---

① 马克思：《资本论》第1卷，人民出版社1963年12月第2版，第56页。

大，相互间出现了交换，才形成起来的。但是，我们不能因此就无条件地推论说：凡有交换产品关系的经济，就一概是商品经济。如这样推论，那就是对马克思的商品理论作了片面的错误解释。我们必须始终记住：从上述两种自然经济中产生出商品经济，是因为顺着历史下来，那里出现了互相分离独立的私人交换关系，从而它才成为商品经济的起源。这种私人交换关系一旦随着私有制生命的消灭而转变成为一个共同社会内部的公共交换关系，它就会变更形态而成为非商品性交换，成为非商品经济。至于把马克思论自由人公社的第四段文章，理解为是预断未来公有制社会将实行所谓不需任何交换方式的直接分配制度，从而变为非商品经济，那就更加看错了原文的意思，至少是未用心结合马克思的其它有关论述来全面理解。这里，我把需要补充论证的部分，作为本节的第二部分，继续进行介绍说明。

（二）共产主义非商品经济阶段是一种消灭了商品性交换的产品交换

马克思当年是屡屡讲到未来公有制社会将有相应的交换关系，但是它是非商品性交换关系。在为撰写《资本论》作准备的手稿（《政治经济学批判大纲》以下简称《大纲》）中，马克思曾讲到社会形态的以下三个阶段，他说：

　　……人的从属关系（当初是完全自然发生的），乃是最初的社会形态；在这种社会形态中，人的生产力只有在狭小的范围内和孤立的地点上发展起来。以物的依存关系为基础的人的独立性，乃是第二种重要的社会形态；在这种形态中，才开始形成一般的社会物质代谢、普遍的关系，全面的需求和多方面的才能那种制度。第三阶段乃是自由的个性。这种个性是以个人自由的发展为基础的，是以〔作为各个人底社会能力并为各个人所共有的社会生产力底从属地位为基础的]①。第二种社会形态创造第三个阶段底条件。因此，家长制的和古代的社会制度（封建的社会制也一样）随同商业、奢侈、货币、交换价值底发展而没落下去，但现代社会则以同一步伐和它们同时成长起来。②

这段文章所说的"最初的社会形态"，是统指父权家长制、奴隶制、封建制等自然经济形态，它随着社会生产力的发展和商品经济的发展而没落下去。第二种社会形态就是指商品经济形态，资本主义经济是它的典型，它破除了"人的从属关系"（人身依附），有了"人的独立性"，但是那是"以物的依存关系为基础"。什么叫"物的依存关系"呢？那就是前面所说的人们之间的社会劳动关系不能表现为"人与人在他们的劳动中的直接社会关系"，而只能"表现为物与物之间的社会关系"。《大纲》对此作了以下说明，它使我们更加理解何为商品生产者的社会劳动关系表现为"物与物的社会关系"。马克思说：

> 活动（引者注：指劳动，下同）底社会性质，正如产品社会形态以及个人在生产中所占的份额，在这里都表现为与个人对立的异己之物，客观之物（引者注：指表现为与劳动不相同的外在之物——交换价值和价格），不是表现为它们之间的相互关系，而是表现为它们所从属的社会关系；这些关系不以个人为转移地存在着，而是从多数漠不关心的个人相互冲突之中产生出来的。普遍的交换活动和产品，已经成为对于每一个单独的个人生存的条件；但个人之间的相互关

---

① 引者注：我用方括弧标出的这一句，是形容如下的"社会生产力"：它对人处于从属地位，而不是人对它处于从属地位，是社会成员共有的、作为社会成员结合起来的（集体的）"社会能力"而存在的。

② 马克思：《政治经济学批判大纲》，人民出版社1975年版，第94页。

系却表现为对于个人外在的、独立的关系，表现为物。在交换价值那里，人与人的社会关系转化为物与物的社会关系，人的能力转化为物的能力。……①

……以交换价值和货币为媒介的交换，当然以各个生产者全面的互相依存为前提，但在同时又以各个生产者的私人利益完全被隔离和社会分工为前提。私人利益被隔离和社会分工这两方面的统一以及它们的相互补充，仿佛是存在于个人之外而且脱离个人而独立的自然关系。一般的供给与需求相互间的压力，促成彼此不关痛痒者之间的联系②。

马克思所说的商品生产者的劳动的社会性质和社会关系，不是别的，就是指上面他自己所描述的那些性质和关系，即"个人相互冲突之中产生出来的"交换关系，我们应该记住他的这些分析。

马克思所说的："社会形态的第三阶段"，就是指前面的"自由人公社"（社会主义社会是它的低级阶段）。这里我要着重引证的，是有关它的交换关系。《大纲》对此讲到：

……私人交换一切劳动产品、能力和活动，不但和以个人相互间自发地或在政治上的支配关系与隶属关系为基础的分配制度不相容（不论这种支配关系与隶属关系所具有的性质是家长制的，古代的或封建社会的都一样，因为当时真正的交换只是附带进行的，或者大体说，并未涉及全部社会生活，毋宁说是在不同的社会之间进行的，根本没有征服全部生产关系和交换关系），而且也和在共同占有和共同控制生

---

① 马克思：《政治经济学批判大纲》，人民出版社1975年版，第93页。
② 马克思：《政治经济学批判大纲》，人民出版社1975年版，第95页。

产手段这个基础上联系起来的个人所进行的自由交换不相
容。……

　　……在以交换价值为根据的资产阶级社会所产生的交换
关系和生产关系，却正是为炸毁这种社会所必需的充分数量
的地雷。有大量对立统一的社会形态，这些社会形态底对立
性质，决不能通过平静的形态变化就能破坏的。另一方面，
如果我们在当前的社会里面没有在隐蔽的形态下发现无阶级
社会所必需的种种物质生产条件以及与其相适应的种种交换
关系，那么任何进行破坏的尝试，都是堂·吉诃德式的愚蠢
行为。①

这里，马克思告诉我们：未来的公有制社会，不仅在社会主
义阶段，即使到彻底"无阶级"的共产主义高级阶段，也还是有
它"所必需的相应的种种自由交换关系"。这个"自由交换"，当
然不是互相分离的私有者的自由交换（自由竞争）的意思，而是
在公有制基础上联合起来的个人，他们不再从属于"物"（商品
交换价值和价格），而是能自主地控制自己命运的真正自由的交
换。从这里，我们可以鲜明地看到认为马克思讲到未来公有制社
会中，由于消灭了商品经济，从而也就没有了交换的观点，是如
何不合马克思的原文原意啊！

下面，再阐明自由人公社的这种新的交换为什么是非商品性
交换。

对这个复杂问题，这里先引用前文已经引用过的恩格斯的一
段比较通俗的文章来说明，他明白指出："社会一旦占有生产资
料，并且以直接社会化的形式把它们应用于生产，每一个人的劳

---

① 马克思：《政治经济学批判大纲》，人民出版社1975年版，第95—96页。

动，无论其特殊用途是如何的不同，从一开始就为直接的社会劳动。"这是说，在公有制社会里，生产资料（包括自然资源）属于社会公有，劳动力亦属社会公有；换言之，就是劳动人民对这两大生产力要素是当家作主的主人翁了，不像在资本主义商品经济中，劳动力是归资本家支配的特别商品，生产资料成为同生产者对立的资本，它统治着生产者[①]。这样，社会就可以像一个人一样来统一地、自由地、有计划地调配和使用这两大生产力要素，直接按社会的各种不同需要，生产各种不同的产品，不像在商品经济中那样依靠事后的市场行情来调节生产。同时，这样共同生产出来的各种产品同各生产者的不同具体劳动一开始就成为直接的社会劳动一样，也一开始就是直接的社会产品，可以由社会统一分配，不像作为商品的产品是由它的监护人（私有者）拿到市场上去交换时，才转化为社会产品。所以，正如马克思所说："在这里，鲁滨逊劳动的一切特性都重演了，不过不是个人地，而是社会地重演。……"（全段引文见前）恩格斯所说的把社会公有的生产资料以"直接社会化的形式"应用于生产，就是指以上情况而言，它根除了商品生产的无政府状态的特性，成为非商品性生产。这是很好懂的。

恩格斯在指出"每一个人的劳动，无论其特殊用途是如何的不同，从一开始就成为直接的社会劳动"这一特点之后，就讲到公有制社会对每种产品的社会劳动耗费量的崭新的计量方法和表现形态，他写道（引文下的曲直线是引者加的，表示重点）：

那时，一件产品中所含的社会劳动量，可以不必首先采

[①] 参阅马克思所说：社会发展的"第三阶段乃是自由的个性。这种个性是以个人自由的发展为基础的，是以作为各个人底社会能力并为各个人所共有的社会生产力底从属地位为基础的。"

用迂回的途径加以确定；日常的经验就直接显示出这件产品平均需要多少数量的社会劳动。社会可以简单地计算出：在一台蒸汽机中……包含着多少工作小时。因此，到那时，由于产品中包含的劳动量社会可以直接地和绝对地知道，它就不会想到还继续用相对的、动摇不定的、不充分的、以前出于无奈而不得不采用的尺度来表现这些劳动量，就是说，用第三种产品，而不是用它们的自然的、相当的、绝对的尺度——时间来表现这些劳动量。……因此，在上述前提下，社会也无需给产品规定价值。生产一百平方米的布，譬如说，需要一千工作小时，社会就不会用间接的和无意义的方法来表现这一简单事实，说这一百平方米的布具有一千工作小时的价值。诚然，就在这种情况下，社会也必须知道，每一种消费品的生产需要多少劳动。它必须按照生产资料，其中特别是劳动力，来安排生产计划。各种消费品的效用（它们被相互衡量并和制造它们所必需的劳动量相比较）最后决定这一计划。人们可以非常简单地处理这一切，而不需要著名的价值插手其间。①

恩格斯的如上论断，是我们今天理解为什么在实现了单一公有制社会中的交换是非商品性交换问题上，一段特别重要的文章，这里将详细分析和说明如下有关的四个问题。

1. 这段文章说，在公有制社会里，"社会可以简单地计算出在各种产品中包含着多少工作小时"。对这个论点，我们不能简单地甚至错误地理解为：似乎是公有制社会不要求计较各人劳动的差别（如不计简单劳动和复杂劳动的差别，熟练劳动和非熟练劳动的差别。不计各生产单位生产条件优劣和劳动组织好坏的差

---

① 恩格斯：《反杜林论》，人民出版社1970年版，第305页。

别，等等），凡一小时劳动就值一小时社会劳动，因此，社会能"简单地"、"直接地"计算出每种产品包含着多少劳动时间；而在私有制商品经济中，据他们说，似乎是由于不能不斤斤计较以上差别，它就必须作所谓"迂回"的计算，将各人不同的劳动按一个共同的尺度（如货币）来折算。也不能理解为是指这样一种公有制社会情况说的：社会成员已达到有一般高的劳动技术水平，各部门生产单位已达到有一样好的生产条件（如一样程度的自动化），根本不需要再互相另按社会标准来折算，因此，社会"可以简单地计算出"，从而"直接地、绝对地知道产品中包含的劳动量"。前一种理解是把社会主义和共产主义经济曲解为原始平均主义；后一种理解是天真地想入非非[①]。可见，恩格斯这里所说的对产品劳动耗费量的两种计量方法的原意及其原因，是在于公有制社会能够直接用劳动时间来衡量各人的产品值多少社会劳动，商品经济如不能这样做，这不是因为被计量的劳动有无复杂劳动和简单劳动等区别（它们是一样有此等区别），而是因为一个处在公有制条件下，一个处在私有制条件下，从而产生以上不同计量形态。

2. 恩格斯说，"日常的经验就直接显示出一件产品平均需要多少数量的社会劳动"，"社会可以简单地计算出"该社会劳动量，这都是相对于作为商品价值实体的劳动只能用市场价格形态来迂回计量和表现而言。由于是公有制生产和公共劳动产品，支

[①] 请参见恩格斯的以下深刻易懂的说明："如果劳动时间的等价所包含的意义，是每个劳动者在相等的时间内生产出相等的价值，而不必先得出一种平均的东西，那么这显然是错误的。即使是同一部门内的两个工人，他们在一个工作小时内所生产的产品价值也总是随着劳动强度和技巧的不同而有所不同，这样的弊病……不是任何经济公社，至少不是我们这个天体上的任何经济公社所能消除的"（《反杜林论》，人民出版社1970年版，第198页）。

出在这公共产品上的"每一个人的劳动一开始就成为直接的社会劳动",它就可以由社会在交换之前凭日常的生产经验(包括个别的生产情况和社会的总生产情况)来直接计算出每件产品平均需要多少社会劳动时间。这比起转弯抹角的、神秘莫测的市场价格形态来,自然是既简单,又明白。至于在公有制社会的有利条件下,如何把社会共同生产出来的千千万万种产品的平均劳动耗费量按劳动时间计算出来,并计算得基本准确,这就不是一项简单的事情,而是一项复杂的组织工作和技术工作,绝非单凭直觉(直接经验)就能知道的。而且在核算记录不全、组织工作不足的情况下(这在社会主义经济初步建立起来的阶段还是常常难免的),还会有计算得不准确的差错。不过这是具体计算工作问题,它同公有制社会能够直接计量产品的劳动耗费和商品生产者社会不能直接计量产品的劳动耗费这一根本区别无关。恩格斯上一段文章是论述这个根本区别问题。这是我们应该辨明的第二点。

3. 恩格斯说,"在上述前提下(引者注:即在公有制社会可以直接用劳动小时单位来表现,例如一百平方米布是值一千工作小时),社会无需给产品规定价值,……社会就不会用间接的和无意义的方法来表现这简单的事实,说这一百平方米的布具有一千工作小时的价值"。这是因为在马克思、恩格斯那里,"价值"这个概念,是反映商品经济中物化在产品内的如下劳动,它受私有制的限制,绝对不能用它自身的尺度——劳动时间来直接计量和表现(纵使人们已经深知它的实体是劳动),而只能用后发的市场交换价值(价格)的尺度来计算和表现,它本身则一辈子成为隐藏在这形态背后的神秘莫测的东西。但是,在生产资料公有制的基础上,由于每一个人的劳动一开始就是社会公共劳动的构成部分,社会已能直接将它分配于各生产部门和各生产单位,从而社会就可以直接用劳动时间计量全社会每类产品的单位平均劳动耗费量（它已无需表现为依靠自发交换到的某"第三种产品"来迂回计量的"价值"），例如已知一百平方米的布含有一千劳动小时，——而对这一简单事实，如果不直截了当地说该一百平方米的布值一千劳动小时，而仍像过去在商品经济中那样，先给它"规定价值"，说它含有"价值"，并用一只表来表现，说一块一百平方米的布的"价值"和一只表的"价值"相等，这在社会已能直接测定产品的社会劳动耗费的情况下，除了有"画蛇添足"的意义之外，还能有什么其他意义吗？所以，恩格斯说："在上述前提下，社会无需给商品规定价值"，"社会就不会用间接的无意义的方法，来表现这一简单事实，说这一百平方米的布具有一千工作小时的价值"。——这是恩格斯自己特地加上的重点，以示"价值"这个概念在这里已是一个赘词赘物。

4. 最后，恩格斯说：在这种情况下，"……不需要著名的'价值'插手其间"，这就是说，"价值"已成为赘物，它不再是公有制经济的"客观思维形式"了。

恩格斯这里所说的："人们可以非常简单地处理这一切，而不需要著名的'价值'插手其间"。这当然不是说：公有制社会的计划机关工作人员躺在床上睡大觉，也可以把以上计划定好、定出来。恩格斯说它"非常简单"，是对比商品生产而言。因为在商品经济中，全社会生产根本不能由社会来统一计划，而它终于也有平衡和比例，也以最少劳动生产出最大的使用价值，那是全靠市场价格的自发涨跌和地震般的危机的强制调整来达到的。换言之，就是依靠物化在产品内的劳动，扮作隐蔽的共同物——价值，在价格背后起不由人控制的调节作用（所谓商品生产的价值规律）来达到。你看，这不是很复杂吗？但是，在公有制社会里，相对于商品经济的这种复杂过程来说，则是大大简单了。例如究竟多生产棉布还是多生产"的确良"，这就可以由社会自主、自觉地先直接弄清楚产品的使用价值和劳动耗费孰大孰小来决定，用不着像商品生产那样，听候隐蔽的价值在市场价格背后的调节作用来解决。这就是恩格斯所说的"人们可以非常简单地处理这一切，而不需要著名的'价值'插手其间"。因此，公有制社会的生产和交换就根除掉商品生产和商品交换的特性，演变为非商品性的生产和交换。

由于公有制社会的生产能这样"直接社会化"，耗费在产品内的劳动能直接计量而不再表现为产品的价值，它就正如马克思所说："商品世界的一切神秘，在商品基础上包围着劳动产品的一切魔法妖术就都立即消灭了"；人与人在劳动上缔结的社会关系就表现为人统制物而不是物统制人的关系了。马克思、恩格斯当年所预言的商品经济的消灭，就是指以上演变说的。在《反杜林论》中，恩格斯还有一段文章，非常清楚、完整地阐明了这个问题，我将它摘录于下，作为本问题的一个总结：

> 一旦社会占有了生产资料，商品生产就将被消除，而产品对生产者的统治也将随之消除。社会生产内部的无政府状态将为有计划的自觉的组织所代替。生存斗争停止了。于是，人才在一定意义上最终地脱离了动物界，从动物的生存条件进入真正人的生存条件。人们周围的、至今统治着人们的生活条件，现在却受到人们的支配和控制，人们第一次成为自然界的自觉的和真正的主人，因为他们已经成为自己的社会结合的主人了。人们自己的社会行动的规律，这些直到现在都如同异己的、统治着人们的自然规律一样而与人相对立的规律，那时就将被人们熟练地运用起来，因而将服从他们的统治。人们自己的社会结合一直是作为自然界和历史强加于他们的东西而同他们相对立的，现在则变成他们自己的自由行动了。一直统治着历史的客观的异己的力量，现在处

于人们自己的控制之下了。只是从这时起,人们才完全自觉地自己创造自己的历史;只是从这时起,由人们使之起作用的社会原因才在主要的方面和日益增长的程度上达到他们所预期的结果。这是人类从必然王国进入自由王国的飞跃。①

二　马克思、恩格斯的"劳动券"理论②

（一）、马克思关于"劳动券"的预言

马克思对未来公有制社会的生产、交换和分配关系作科学展望时,直接讲到劳动券的一些片断主要有三处:一是《政治经济学批判》中的有关论述;二是《哥达纲领批判》中的论述;三是《资本论》第二卷中的论述。《哥达纲领批判》中的论述尤其重要,也比较难懂和最容易引起人们的误解,因此我以它为重点进行介绍和分析。

马克思在《哥达纲领批判》中指出:

> 在一个集体的、以共同占有生产资料为基础的社会里,生产者并不交换自己的产品,耗费在产品生产上的劳动,在这里也不表现为这些产品的价值,……因为这时和资本主义社会相反,个人的劳动不再经过迂回曲折的道路,而是直接地作为总劳动的构成部分存在着。……（出处见前面的引文）

---

① 《马克思恩格斯全集》第20卷,人民出版社1971年3月版,第307～308页。恩格斯:《反杜林论》,人民出版社1970年版,第279—280页。引文中的重点是引者加的。这些用重点标出的限制词表明:恩格斯确认,公有制社会对经济的计划控制,将是一个逐渐完善的运动过程。

② 本节摘引了我原著《社会主义商品货币问题的争论和分析》中国财政经济出版社1980年6月版一书第三篇的部分资料,并作了一些修改和补充。

这段纲领性的话，我在本章介绍马克思、恩格斯关于社会主义交换关系特点的一开始就已经引用过，这里再次引述，是为了提醒读者注意，只有理解了这段话的含义，才能正确理解接下去要介绍的其他论述。否则，就会使人们误解后面的论述，或只能对它们一知半解。

怎样理解马克思所说的"在一个集体的、以共同占有生产资料为基础的社会里，生产者并不交换自己的产品"这句话呢？我学习的体会是：这个"集体"是指全社会，就是说在一个全社会共同占有生产资料为基础的社会里，或者说在一个全民所有制度下，"生产者并不交换自己的产品"。"并不交换"是不是没有交换了呢？我认为不是没有交换，而是没有自己的产品进行交换。这"自己"二字十分重要，也是人们往往忽略而引起争论的地方。生产者"自己"实际上是指个人而言，之所以没有自己（即个人）的产品，是因为在全民公有制度下，"人们除了自己的劳动，谁都不能提供其他任何东西，另一方面，除了个人的消费资料，没有任何东西可以成为个人的财产。"上述"并不交换"，不是说全民所有制企业单位相互之间没有各种不同生产资料产品的交换关系和它们所生产的各种不同的生活资料与社会成员个人之间没有交接关系，相反，这两类产品的交换是始终存在的，不过这只是全民公有制经济的生产交换关系，与资本主义私有经济的生产交换关系有着明显的本质区别，这是我们应牢牢记住的。

接着，马克思还指出，在上述全民公有制社会里，耗费在产品生产上的劳动不表现为产品的价值，"因为这时和资本主义社会相反，个人的劳动不再经过迂回曲折的道路，而是直接地作为总劳动的构成部分存在着"。因此，马克思在下文就写道：

> 每一个生产者，在作了各项扣除之后，从社会方面正好领回他所给予社会的一切。他所给予社会的，就是他个人的

劳动量。例如，社会劳动日是由所有的个人劳动小时构成的，……他从社会方面领得一张证书，证明他提供了多少劳动（扣除他为社会基金而进行的劳动），而他凭这张证书从社会储存中领得和他所提供的劳动量相当的一份消费资料。他以一种形式给予社会的劳动量，又以另一种形式全部领回来。①

马克思在这里所说的"一张证书"，就是"劳动券"。我在本节上面引有的以及下面就要引用的马克思论述，是马克思"劳动券"理论的重要组成部分。我认为上文已经指明了每个社会成员向社会提供多少时间的劳动，社会就给他一张多少小时劳动的证书（即劳动券）；然后，社会成员凭此证书向社会储存中领回（换回）相等劳动量的生活消费品——社会各生产企业交换生产资料产品也是如此，也是用等量劳动时间的凭证来媒介。用马克思的话说："显然，这里通行的就是调节商品交换（就它是等价交换而言）的同一原则。"（同上）对这段话，国内经济学界颇有不同的解释。这里，我只着重谈谈自己的学习体会，我对引文中加了着重点的一句话——"就它是等价交换而言"，"等价"二字不是等量价值和等量价格而言，而是直接指"等量劳动时间"，因为在全民所有制社会中，与私有制商品关系相反，耗费在产品中的劳动已经不表现为价值，也就是说，已经不表现为迂回曲折、上下波动的货币价格的形式。所以，马克思紧接着就明确指出：

内容和形式都改变了，因为在改变了的环境下，除了自己的劳动，谁都不能提供其他任何东西，另一方面，除了个人的消费资料，没有任何东西可以成为个人的财产。

现在，我着重谈谈何谓"内容和形式都改变了"的认

---

① 《马克思恩格斯全集》第19卷，人民出版社1963年12月版，第21页。

识。——"内容和形式都改变了"的其中"内容"，是指社会经济的所有制；"改变了"是指社会生产资料所有制度已经从资本主义的私有制度过渡（转变）到了全民公有制，从而全民公有制度的生产交换可以直接、事前由社会有组织有计划地来统一进行，它同资本主义制度下从事生产交换的私人和企业那种分散地、互不相关地进行是正好相反的，它是无组织的、无计划和无政府状态的。那么"形式改变了"，是指什么呢？"形式"是指交换关系的表现形式。拿资本主义生产交换关系来说，是指它所生产出来的商品的交换关系的表现形式，它是到商品产生出来之后，各商品生产的所有者到市场上进行商品交换的时候才发生接触，该商品值多少价值（它是耗费在产品中的劳动时间的表现），能够换到多少货币（价格），这个价格虽然与商品的价值有因果关系，但是市场的价格常常是上下波动不定的，因而价值和价格往往是上下背离的，即迂回曲折的，有时还会发生生产过剩的危机，这就是资本主义制度下生产交换关系必然的表现形式。在全民所有制下的产品交换，是事前（包括生产前、交换前）有组织、有计划安排的，不是到了交换时才见面，所以它们交换的比例是可以同生产所耗费的劳动量相一致的，不会出现上下波动，不是迂回曲折的。由此可见，两者的形式是不同的。

马克思在这里所说的交换内容变了（即生产资料所有制变了），实际上存在着两层含义：一层是从资本主义私有制转变为社会主义全民所有制，这是对抗性的矛盾，必须通过无产阶级领导下的人民革命、夺取政权才能实现这一转变，因而这种转变的形式是爆炸性的；这里需要指出：无论哪个国家，即使在资本主义很发达的英国或美国，无产阶级夺取政权之后，也不可能立即实行单一的全民所有制，因为那里或多或少还存在着一部分劳动者个体所有制，劳动者是不能被剥夺的，对他们只能按照自愿的原则，由他们自己组织起来、变个体所有制为集体所有制，变分散的个体生产为相对集中的集体生产，变个体分散经营为集体共同的具有相当规模的经营，以此来改善他们的劳动条件，提高他们的劳动生产率；二层是由以全民所有制为主导，但非单一全民所有制，而是存在着多种经济成分所有制，它们之间的矛盾是非对抗性的，要将多种经济成分转变到单一的全民所有制主要通过发展社会生产力来实现。集体经济在无产阶级领导的国家扶植下，通过集体经济的成员共同努力，不断改善其生产条件，更新生产设备，不断提高劳动生产率，增加其公共积累，当它发展到一定程度，它的生产力水平和内部的分配标准达到了全民所有制经济的水平，就可以升格为全民所有制经济。到那时，全社会就实现了单一的全民所有制。由此可见，多种经济成分所有制转变为单一全民所有制的形式是非爆炸性的。

内容决定形式。交换的内容变了，交换的形式必然要随着内容的改变而改变。在资本主义制度下，交换的形式表现商品价值（耗费在产品中的劳动时间）和价格（货币）之间是经常不一致的，是上下波动的，它是通过事后的、自发的、一只看不见的手（即价值规律）来盲目调节而趋向平衡的。这种事后盲目的调节过程，使得一定量的商品与商品之间的交换比例是难以控制的，其危害小则引起经济震荡，大则造成经济危机和破产。

在全民公有制条件下，由于产品交换的比例是直接由耗费在产品中的劳动时间来确定的，原来借助第三种物（货币）为媒介的交换形式变成了以劳动券为媒介的交换形式，因而使得私有制下商品交换比例不一致性和波动便消失了。这个问题本章第一节已经作了详细的对比说明，这里就不细讲了。

这里需要特别指出的是：以货币为媒介转化为以劳动券为媒介如同所有制的改变一样，也有两个过程：一是无产阶级夺取政权变资本主义所有制为社会主义的全民所有制，把金融机构的管理权和货币的发行权从资产阶级手中夺取过来，这是对抗性的矛盾，要采取爆炸性的形式；二是无产阶级已经夺取政权、金融机构管理权和货币发行权之后，在国有经济为主导、多种经济成分尚存的阶段，货币的职能缩小了，不像原来神通广大了，但它并未完全失去货币的作用，它在全民所有制经济和其他所有制成分经济之间的交换以及这个集体经济单位同那个集体经济单位的交换中，它仍然含有原来货币的职能和作用，可以用立法的手段来限制和处置。货币职能的完全消失，变为单纯的劳动券，如同多种经济成分所有制变为单一全民所有制一样，是一个渐变过程，货币一步步退出历史舞台，劳动券一步步登上历史舞台，在这一退一登的过程中，货币的外表虽然存在，但它内在的质发生了变化。形象点说，它作为计量的表现形式，已经是"旧瓶装新酒"，完全变味了。如同恩格斯所说："这种货币绝不是货币，绝不执行货币的职能，它成为纯粹的劳动券。"[①]

马克思在《大纲》第110页中说："如果放在生产行为本身中来考察，单个人底劳动，就是他用来直接购买产品的货币，就是用来购买他特殊活动（引者注：这活动指劳动，下同）对象的货币；但是它是特殊货币，这种货币只适宜购买这种特定的产品"。（引文中的重点是原有的，下同）这所谓"单个人底劳动"是"购买"他的特殊劳动的产品的货币，是一种比喻说法。按这比喻意义说，该劳动也只是购买该特殊劳动产品的特殊"货币"，不可能是购买任何产品的一般"货币"。那么，要怎样才能使单个人的特殊劳动同时又直接是一般劳动，从而，按比喻说，使它起一般"货币"（即不再需要货币）的作用呢？对此，马克思紧

---

① 恩格斯：《反杜林论》，人民出版社1970年版，第298页。

接着写道（引文中方括弧内的文句是引者加的注释）：

> 为要直接地成为一般货币，单个人底劳动必须一开始就不是特殊劳动，而是一般劳动，这就是说，一开始它就必须被确定为一般生产中的环节。然而在这种前提之下，那就不是交换方才开始〔而是在交换之前已经开始〕赋予个人劳动以一般性质〔即指社会性质〕，而是先于个人劳动而存在的集体性质决定个人参加产品底分配。生产的集体性质一开始就使产品成为集体的、一般的产品。最初出现于生产中的交换——这不是交换价值的交换，而是由集体需要和集体目的所决定的活动底交换①——一开始就包含着单个人要参加集体的产品世界②。只有在交换价值的基础上，劳动方才通过交换开始被确定为一般劳动③。在集体生产底基础上，劳动在交换以前已经被确定为一般劳动，也就是说，交换产品根本不是促使单个人参加一般生产的媒介。④

---

① 引者注：所谓"最初出现于生产中的交换"，即指人们借劳动而取得劳动产品这一物质变换过程而言。这是任何社会都具有的一个过程；但是它有不同的社会性质和形态。例如：一是要使劳动产品采取商品交换价值的形态，这限于私人生产；一是采取由集体需要和集体目的来决定的交换形态（这是"最初的生产中的活动的交换"一开始就安排定了的），它以生产的集体性（公有制）为前提。因为上文所说的"最初出现于生产中的交换"一语是顺着前面的"生产的集体性质"讲下来的，所以马克思加注说："这不是交换价值底交换，而是由集体需要和集体目的所决定的活动底交换。"这个夹注，不是说上述"最初出现于生产中的交换"是什么活劳动底交换，不是物化劳动（产品）底交换，——这同交换的社会性质不相干，这里不是谈这个问题。

② 引者注：这句话，在人民出版社1958年出版的《马恩列斯论共产主义社会》第82页的摘译中，译为："一开始就包含着个别人参加产品的集体生产的因素"。这句话的意思是：每个人的生产，一开始就是社会集体生产的构成部分。

③ 引者注：这句话是说：只有在以商品价值为联系的基础的那种生产中，劳动方才怎样怎样。

④ 马克思：《政治经济学批判大纲》，人民出版社1975年版，第110—111页。

从这段文章，我们可以清楚地看出以下两种不同的经济过程。一种是：在非集体生产的基础上（即在私有制生产的基础上），由于单个人的劳动（个人劳动）是互相独立、彼此漠不相关的劳动，不是一开始就被确定为一般生产（社会生产）的环节，而是"交换方才开始赋予个人劳动以一般（社会）性质"，即"交换产品是促使单个人参加一般（社会）生产的媒介"。因此，这种个人劳动作为一般（社会）劳动、个人劳动产品作为一般（社会）产品的过程和形态，就是市场买卖（竞争），就是货币（价格），即每个人的劳动和产品，要到走上市场，卖成货币的时候，才成为社会的一般劳动和一般产品的构成部分，才能对别人起一般劳动、一般产品的作用。二是同上述相反的过程，即在集体（全民公有制）生产的基础上，由于个人劳动"一开始已经被确定为一般（社会）生产中的环节"，由于"先于个人劳动而存在的集体性质已经决定个人参加产品底分配"的份额，由于"最初出现于生产中的交换"（用劳动向自然界换取产品）"一开始就包含着个别人劳动参加产品的集体生产的因素"（这些话的意思是：每个人的生产活动一开始就是社会统一计划的构成部分，产品的生产、分配和交换不是由人、而是预先按"集体需要和集体目的来决定"），因此，"就不是到交换时方才开始赋予个人劳动以一般（社会）性质"，而是"在交换以前已经被确定为一般（社会）劳动"，"交换产品根本不是促使单个人参加一般（社会）生产的媒介"。这不是说，它就不另有相应的媒介和在这相应的媒介之下就不要其他相应的新的交换方式。不是这个意思。所以，马克思接着在第二段文章写道（引文中方括弧内的注解是引者加的）：

> 当然，媒介一定是有的。在第一场合下，出发点是单个人底独立生产……媒介来自商品交换、交换价值和货币，而

这一切都是同一和同样关系不同的表现。在第二场合，前提本身就是媒介；也就是说，作为前提的就是集体生产，就是以集体性为基础的生产。单个人底劳动一开始就已确定为社会劳动。因此，不论个人所生产的或他协助生产的产品具有怎样的物质形象，他用他的劳动所买到的，不是某种特殊产品，而是他在集体生产中所应得的一定份额，因而他没有任何特殊产品去交换。他的产品决不是什么交换价值。产品不是先转化为一种特殊形态〔指某特殊"第三产品"——货币〕，然后才对单个人达到一般性质。这里的情况，不是在交换价值底交换中所必然产生的分工，而是在其后果上决定单个的人在集体消费中应得份额的劳动组织。在第一场合下，生产底社会性质，是通过产品被提升为交换价值并通过交换价值的交换而在事后方才被肯定下来的，在第二场合下，前提就是社会性质的生产，并且个人参加产品世界和消费，不是以彼此独立的劳动或劳动产品相互间的交换为媒介的。它是以社会生产条件〔指集体生产条件〕为媒介的，而个人则是在这些条件之中进行活动的。……①

将这第二段前半段不很好懂的文章作两点解释如下：

1. 文中的"第一场合"和"独立生产"，即指互相分离的、孤立的私人生产。这不仅可从文中的对比看出来，而且还可以从后半段文章将提到的"私人交换"一语更加明白地看出来。这种单个人（即私人）的劳动、生产或产品，是靠每个人把自己的产品拿到市场上去换成作为货币的某"第三产品"（一般等价物），——经过这样的交换，每个人的产品（亦即他的劳动和生产）才被确定为社会产品；同时，在变成货币后，它就成为可以

---

① 马克思：《政治经济学批判大纲》，人民出版社1975年版，第111—112页。

同任何其他产品相交换的一般产品。这就是上文对私人生产所说的"媒介来自商品交换、交换价值和货币",依靠"产品先转化为一种特殊形态〔货币〕","生产底社会性质,是通过产品被提升为交换价值并通过交换价值的交换而在事后方才被肯定下来"等语的含义。

2. 就"第二场合"——"集体生产"说,则是另一套"媒介"。马克思说:"在第二场合,前提本身就是媒介";因为生产的集体性(公有性),在交换前(不是到交换时)就已经把个人劳动确定为社会劳动,就已经把每个人(包括生产单位、生产部门,下同)的产品结合为社会的一般产品,这就是本书前面屡屡讲到的"个人劳动和产品的直接社会化",即无需临到交换时才间接地社会化。"在第二场合下,前提就是社会性质的生产,并且个人参加产品世界和消费,不是以彼此独立的劳动或劳动产品相互间(即商品和商品、物和物之间)的交换为媒介的。它是以社会生产条件为媒介的,个人则是在这些条件之中进行活动的。"

上述两种不同场合的两种不同媒介,如果引用后来马克思写在《资本论》中的话来说,就是,在第一场合,"生产者们是通过他们的劳动产品的交换而发生社会接触,所以,他们的私人劳动的独特的社会性质,也只是在这种交换中方才表现出来。……因此,……他们的私人劳动的社会关系,就表现为……不像人与人在他们的劳动中发生的直接社会关系,而宁可说像是人与人之间的物的关系和物和物之间的社会关系",使劳动产品蒙上"商品价值、交换价值和货币(价格)"这一系列同劳动相"疏远"的("异化"的)"幻虚形态",发出不由人统制而反统制着人的"魔法妖术";在第二场合(即"自由人公社"的场合),生产者的劳动的社会性质"不是在交换中方才显现出来",而是在生产一开始就有社会接触,如实地表现为"人与人在他们的劳动中的直接社会关系"，劳动时间直接起二重作用，一是先在生产中，"劳动时间按社会计划进行的分配，对不同种劳动职能和不同需要的适当比例进行调整"；二是在后继的分配和交换中，"劳动时间直接作为一种尺度，以计量各生产者个人在总劳动中加入的部分"和他们"在共同产品中可得而用于个人消费上的部分"（供生产消费的产品的分配和交换亦同此理）。这里，无需用另外一种产品（货币）作为劳动的间接尺度，耗费在产品生产上的劳动已不表现为产品的价值，所以这种社会劳动关系是"十分简单，十分容易理解的"。①

上述两段文章极其清楚地表明：商品（价值）和货币（价格）是私有交换的经济范畴，并以此为限；单一公有制社会的直接社会化生产仍有交换，但是它不是以货币为媒介的商品性交换，而是以具有新的质的规定性的劳动券为媒介的产品性交换。

（二）马克思所讲的劳动券并不是像许多人所说的是不经过交换和不流通的

马克思以上讲的劳动不仅是针对劳动者个人生活资料消费品的分配而言，而且也适用于生产资料在各生产单位之间的交换和分配。

在《资本论》第二卷②中，马克思曾指出，在全民公有制社会，第Ⅰ部类生产资料产品的一部分也将分配于本部类的"不同生产场所"（即本部类的各生产单位），在它们之间发生"不断

---

① 马克思：《资本论》第1卷，人民出版社1963年12月第2版，第48—55页。参见《马克思恩格斯全集》第23卷，人民出版社1972年9月版，第89—96页。
② 马克思：《资本论》第2卷，人民出版社1953年6月第1版，1964年11月第2版，第464页、385页。参见《马克思恩格斯全集》第24卷，人民出版社1972年12月版，第473—474页。

的来回的运动"（交换）。另外，他又讲到"在社会化①的生产中，货币资本不再存在了。社会将会分配劳动力和生产资料给不同各事业部门。生产者们比方说也许会得到一种纸印的凭证，凭此在社会的消费品储存中，取去一个与他们的劳动时间相当的数量。这种凭证不是货币，它是不流通的。"②

这段文章是不很好懂的，要结合马克思论劳动券的其他论述，不容易看懂。对此我作四点说明如下：

1. 说在社会化（公有制）生产中，已不再存在货币资本，这是很好懂的，因为那时，生产资料和维持劳动力所必需的消费资料都不是资本家用来剥削劳动者的资本。不好懂的地方是：马克思说那时不再存在货币资本。如果不解释清楚这一个问题，那就等于绕开了这段文章的要害。

2. 马克思说，那时"社会将会分配劳动力和生产资料给不同各事业部门"，这是很好懂的，因为那时劳动力和生产资料这两个生产要素都属于劳动者当家作主的社会所有，社会自然可以按计划统一分配。这个分配，前面已经论证过，都有一定的经济形式。例如劳动力经社会统一分配后，社会和劳动者之间要采取按劳分配原则和交换的方式来分配消费资料，这是为维持和再生产劳动力所必需的物质要素。生产资料也不是一分了之，而是社会对提供生产资料产品的生产部门以及对向社会领取生产资料产品的部门（每个生产部门对社会都有提供它所生产的生产资料和领取它生产消费所需要的生产资料这两个方面的关系），都要采取按劳动来核算和按劳动来交换的方式。否则，就谈不上有组织

---

① 这个"社会化"是指公有化的涵义而言。
② 马克思：《资本论》第2卷，人民出版社1953年6月第1版1964年11月第2版，464页、385页。参见《马克思恩格斯全集》第24卷，人民出版社1972年12月版，第473—474页。

有计划的生产。这里的问题是：它们采取什么交换形式来交换？

3. 马克思说，那时是通行如下的形式：生产者们比方说也许会得到一种纸印的凭证，凭此在社会的消费品储存中，取去一个与他们的劳动时间相当的数量。按上文，这句话所说的"消费品"自然是包括个人生活所需的消费资料和生产所需的生产资料。这句话所说的生产者们自然是包括劳动者个人以及作为集体生产者的生产单位和部门。对居中的"凭证"，马克思为什么说"比方说也许会得到一种纸印的凭证"呢？据我体会，这是极周密、极有分寸的科学表述。因为对这个具体形式问题，后来人会这样办或那样办，比如那个凭证，可以是纸印的，也可以是铁皮制的，等等。同时，这凭证也可以在交换中登场，也可以只在社会结算中心的账簿上作为计算凭证使用一下。所以，马克思说"比方说也许会得到一种纸印的凭证"。但是，不论怎样，总要有一个由社会规定的凭证充当交换的尺度和交换的凭证；同时，不管它是什么制的，不管它是否登场（这些都是业务技术问题，不决定它的性质），那时的"这种凭证"为什么"不是货币，它是不流通的"呢？这是上文的关键。

4. 对上面这个关键问题，在我们已经知道马克思关于货币和劳动券的对比分析之后，就不难懂了，那是因为：在集体生产的前提下，个人劳动一开始就是社会一般劳动，各种消费资料产品和生产资料产品一开始就是社会一般产品，它们可由社会统一按需要生产，并由社会统一分配，它们可由社会在交换前直接按劳动耗费，规定它们值多少社会劳动，及其交换比例，所以社会可以不用（恰切说，是根本不会）采取后来交换中的某"第三产品"的物量来计量它们的交换比例，来代表它们和媒介的交换，而只要用由社会负责规定和发行的劳动时间券就行了。因此，在集体生产的前提下，就无需有专门居中的货币，也就不会有因货币的存在而发生的专门的"货币虚费"。马克思所说"这种劳动凭证，不是货币，它是不流通的"一语的意思是：它不像货币那样能在市场上对任何产品有直接交换性，可以使持有人利用它来作为"干自由买卖"的手段，一句话，即它不能起货币的流通手段职能，而只是在作为"总生产者、总买主兼总卖主"的社会和它的成员（包括生产单位和生产部门）之间的计划交换中，起马克思所比拟的"约定的货币"的有限职能。按这种关系、这种意义说，它自然是"不流通的"。这并非说，该劳动凭证不在上述计划交换中互相易手和来回易手使用。

（三）恩格斯关于"劳动券"的思想

恩格斯关于"劳动券"的思想是在批判杜林"金属货币"的模糊观念时提出来的。杜林在《国民经济学和社会主义批判史》一书中，以19世纪三大空想社会主义者和马克思为对立面，提出了自己关于经济公社生产和分配关系的方案。他设定不动资本主义社会的生产根基、甚至还要保留旧式分工的一切基本方面，通过商品生产者联合在一个个的经济公社之下，再把各地的经济公社联合在所谓的"商业公社"之下，实行经济公社和它的社员之间以及商业公社和各经济公社之间的所谓"等量劳动交换等量劳动"的制度，并通过"贵金属提供的货币基础进行"交换，就能使人进入天国。

对此，恩格斯在《反杜林论》中指出："经济公社中的交换内容就是这样。交换的形式怎么样呢？交换是通过金属货币进行的，杜林先生颇以这种改良所具有的'人类历史意义'自傲。但是在公社和它的社员之间的交易中，这种货币绝不是货币，绝不执行货币的职能。它成为纯粹的劳动券，用马克思的话来说，它只证明'生产者个人参与共同劳动的份额，以及他个人在供消费的那部分共同产品中应得的份额',在这一职能上,它也'同戏票一样,不是货币'。因此,它可以为任何证件所代替……

这样,如果说,在经济公社和它的社员之间的交易中,金属货币已经不执行货币的职能,而是执行化了装的劳动券的职能,那么,在各个经济公社之间的交换中,它就更不执行货币的职能了。在这里,在杜林先生的前提下,金属货币完全是多余的。实际上,这里只要有会计就足够了,在实现等量劳动的产品同等量劳动的产品的交换时,如果会计以自然的劳动尺度——时间,即工作小时为单位来计算,这就比他预先把工作小时转换货币简单得多。实际上,交换是纯粹实物的交换;……请读者经常记住,我们在这里绝不是设计未来的大厦。我们只是采用杜林先生的假设,并且从中做出不可避免的结论。"①

恩格斯的这两段话首先是按杜林的"假设"来评杜林的"金属货币",因而得出结论说:"在这里,在杜林先生的前提下,金属货币完全是多余的。"那么,杜林的"前提"是什么呢?他的"前提"是把他的经济公社承认私人生产和旧的社会分工暂时撇开,仅就他所设定的经济公社和它的社员之间以及商业公社和各经济公社之间的那些交换关系(交换内容)而言。在这种假设前提下,恩格斯说:"在公社和它的社员之间的交易中,这种货币绝不是货币,绝不执行货币的职能,它成为纯粹的劳动券。"在此,杜林经济公社中的金属货币为什么"绝不是货币"?为什么它已经成为"纯粹的劳动券"?特别是为什么"一块硬币"(金属货币)又变为劳动券了呢?这些都是由公私两种所有制基础上不同的交换内容和形式相统一的规定性所决定的。以公有制为基础的产品交换,就不能通过交换价值或价格形态来表现,而必须通

---

① 恩格斯:《反杜林论》,人民出版社1970年版,第298—299页。

过反映社会能够直接计算出来的多少劳动时间耗费的劳动券形式表现出来。也就是说，人类经济交换关系中，不会存在有交换的内容和形式相抵触的交换关系。因此，在杜林的经济公社中，只要交换的前提条件是排除了私人生产和旧的分工，而仅就经济公社和它的社员之间的交换而言，那么与这种交换内容相适应的表现形式就是劳动券，而不管劳动券自身的形式如何，它是一张废纸，或是一块硬币，都与问题的实质无关。

因此，恩格斯在指出杜林的金属货币不执行货币的职能之后，又指出它是执行"化了装的劳动券的职能"。这种化了装的劳动券（即金属硬币）实际上直接代表了"若干量的劳动"，只是它还因袭地蒙在原先的货币的"外壳"内，它的新质尚为这个"外壳"隐蔽着。

从恩格斯以上关于"隐蔽着的劳动券"或"硬币的劳动券"以及劳动券可以用任何证件来代替的论述中，我们可以领悟到：在全民公有制度下，货币的消灭和劳动券的产生，将不是截然分开的两个过程，而是随着生产关系和交换关系的改变，劳动券从原先的货币的外壳中转化出来的。因此，货币到劳动券的转化，也是一个旧质的逐渐衰亡和新质的逐渐生长的过程。由此可见，全民公有制度本身也是处在一个不断发展和进一步完善的过程。恩格斯的这些思想，对后人进行实际的社会主义建设无疑具有极大的启示和指导意义。

列宁论十月革命后城乡间的
四种交换关系*

十月革命后，列宁根据马克思的商品理论和当时（从十月革命胜利到列宁逝世为止的七年多时间）苏维埃俄罗斯的国内经济实际，对城乡间的四种不同性质的交换关系作了分析，这是马克思主义政治经济学上的重要理论宝藏。对这些，我认为至今尚未全面介绍出来，也有被误解的地方，以致以讹传讹，直到今天。把这种没有得到全面介绍的东西介绍出来，把被误解的东西端正过来，对于认识我国今天要发展什么样的交换关系，我们所处的经济阶段是什么样的阶段，将是很有必要和帮助的。列宁关于十月革命后四种交换关系的分析，对我们很有用，可以借鉴。

我先把列宁对这四种交换关系的定性的讲法介绍一下：1.1918—1920年间战时共产主义时期"国家垄断制"的交换关系；2.在三年内战结束后改行了新经济政策（新经济政策是相对于战时共产主义政策讲的，从它的内容讲，是旧政策，是恢复战时共产主义以前的政策），其初期（1921年10月前），在城乡

---

* 选自《马克思论三种社会经济关系的演变》中国财政经济出版社1998年9月版。

交换方面，是恢复实行"国家资本主义商品交换"关系；3.到1921年10月后，又改行"国家调节商品买卖和货币流通"的交换关系；4.列宁所说的城乡间的第四种交换关系，叫做"社会主义产品交换关系"，现在几乎没有人介绍，或者没有全面介绍，或者我认为是不合列宁原意的介绍。这第四种交换关系，同前面三种交换关系，以及同一般的商品交换和商品买卖都不同，是对立的。下面我一个一个来介绍。

一 战时共产主义时期"国家垄断制"的交换关系

（一）战时共产主义时期"国家垄断制"的交换关系

对战时共产主义时期实行的"国家垄断制"交换关系，列宁在1921年春曾有一个总结，指出：是犯了"向共产主义直接过渡的错误"①。一直到现在，人们一般都把它误解为犯了要废除任何交换、搞实物分配的"自然经济"错误。具体一点讲，他们以为战时共产主义时期是废除任何城乡之间的交换关系；他们按照字面理解，以为列宁所说的"直接向共产主义过渡的错误"，就是直接向共产主义高级阶段的按需分配过渡（只不过标准很低），因此，就无需采取以等量劳动来交换等量劳动的交换原则和方式来分配。其实，上面这种理解是完全错误的。

这里我先说明：在列宁的初期著作里，或者在马克思的著作里，"共产主义"这个词有两个意思，两个用法。有些地方，"共产主义"是指共产主义的低级阶段；有些地方，"共产主义"是指高级阶段。不像我们现在一讲到共产主义，就是指高级阶段，

---

① 《列宁全集》第33卷，人民出版社1957年8月版，第42—43页。

对低级阶段则用"社会主义"。因为那时有形形色色的"社会主义",为了同它们划清界限,马克思、列宁一般不采用"社会主义"这个用语,而用"共产主义"这一用语,有时就用"共产主义"(低级阶段)来表示我们现在所称的社会主义。列宁上面所说的"直接向共产主义过渡的错误",实际是指以下错误:从当时苏维埃俄罗斯小农经济占优势和公私五种经济并存的前提,立即过渡到社会主义公有制;在城乡工农产品的交换关系方面,则要立即废除一切私商活动,只由苏维埃国家的供销机构来经营城乡交换(这就是列宁所指的"国家垄断制"的城乡交换关系)。

对列宁所讲的"直接向共产主义过渡"的错误,为什么会发生上面那些误解,并且以讹传讹直至今天呢?这还由于他们对列宁的一些有关论述不理解。我现在举列宁的两段文章来加以说明,这段话是列宁在讲到上面的错误之后接下去讲的一段话:

> 因为在1918年随着捷克斯洛伐克人的暴动和一直延续到1920年的国内战争的爆发,向我们带来了真正的军事危险,……由于这些以及许多其他情况而犯了错误:决定直接过渡到共产主义的生产和分配。当时我们认定,农民按照余粮收集制交给我们所需数量的粮食,而我们把这些粮食分配给各个工厂,我们就可以实行共产主义的生产和分配了。……①

这段文章,骤然一看,很容易得出以下理解:所谓苏维埃国家按照"余粮收集制"收集余粮,好像就是把农民的余粮"无偿"地收集来;所谓把这收集来的粮食分配给工厂的工人、城市居民去消费,好像也是"无偿"地分配,于是,他们以为列宁所说的"直接向共产主义过渡"的错误,就是废除一切交换,实行

---

① 《列宁全集》第33卷,人民出版社1957年8月版,第43页。

按需分配（不过标准很低）的错误。

在谈到1919年战时共产主义时期正继续实行"余粮征集制"和"国家垄断制"的时候他写道：

> 在分配方面，苏维埃政权现时的任务，是继续坚定不移地在全国范围内，用有计划有组织的产品分配来代替贸易。①

列宁紧接着又说：

> 目的是把全体居民组织到生产——消费公社中，这个公社能把整个分配机构严格地集中起来，最迅速、最有计划、最节省、用最少的劳动来分配一切必需品。合作社就是达到这一目的的过渡手段。

上文骤然一看，一般人更会得出以下理解：把其中的"产品分配"理解为实物分配，无需交换，无需等价补偿；因上文还提到"用产品分配来代替贸易"，而贸易这个概念，现在一般是被理解为不分公私的任何交换，所以就以为"用产品分配代替贸易"，就是不要任何交换了。其实，列宁所说的"代替贸易"，其中"贸易"（有的译作"商业"）一词，是传统地只是指"私人自由贸易"而言；列宁在别处所说的"不经过市场"或不经过商业，也是只指"不经过私人自由市场"而言，它们都没有因此就不需要采取公营供销机构和有偿交换的方式来分配产品的意思。这只要把列宁上文的后半段文章仔细看一下就可明白。因为其中所说的"消费公社"（这是由城市、乡村居民群众组织起来的，它不受能否交纳股金的限制），和合作社（这是沙皇时代留下来的旧合作社组织，参加者是比较富裕的、能交纳一定股金的城乡部分居民，俄共当时准备将它改造为"消费公社"），这两种机构

---

① 《列宁全集》第29卷，人民出版社1956年7月版，第91—92页。

所担任的有计划、有组织、普及城乡各地的、最节省劳动的……产品分配工作,是采取有偿的交换方式来进行的,绝非无偿的实物分配。列宁十月革命后,在批评布哈林的一个不确切的说法的时候,所说的"不经过市场而供社会消费"一语,也就是指不经过私商而通过消费公社和合作社来出售给城乡居民群众去消费而言。①

下面,我再介绍列宁的三段文章。这三段文章更具体表明:他所说的用来"代替贸易"的产品分配,绝非不采取上述交换方式,绝非无偿的实物分配方式。

第一段文章是列宁打给征粮队的一个电报,指示他们如何去完成收集余粮的任务:"应该记住,第一,粮食垄断制是与布匹及其他最主要的消费品的垄断制同时实行的;第二,要求废除粮食垄断制是反革命阶层的政治步骤,他们力图打破无产阶级手中的国家调整价格的制度,因为这种制度是从资本主义商品交换逐渐过渡到社会主义产品交换的最重要的手段之一……"②

这个电报清楚表明:一、战时共产主义时期的"国家垄断制",是指对城乡间的粮食、布匹、及其他主要消费品的买卖,是国家垄断的,是要讲价格的,而价格是由国家统一调整规定的,有价格,就要有货币,要讲价格、讲货币,就是要交换、要买卖;二、战时共产主义"国家垄断制",是暂时的城乡交换制度,是从旧的资本主义商品交换制度到将来的社会主义产品交换制度的过渡手段。所以,列宁在这里不仅指出了战时共产主义时期国家垄断制的城乡交换关系,而且还指出它是前后两种不同交

---

① 列宁:《对布哈林"过渡时期的经济"一书中的评论》,《列宁全集》第60卷,人民出版社1990年12月版,第308页。
② 《列宁全集》第27卷,人民出版社1958年10月版,第427页。

换关系的过渡手段。

第二段文章,是列宁于1918年6月在"莫斯科工会和工厂委员会第四次代表会议"上的报告中的一段话:

> 粮食专卖的含义,就是一切余粮都归国家所有;……这项工作怎样来完成呢?必须由国家规定价格,必须把每一普特粮食找出来(作者注:因为富农窖藏余粮)和运出来。①

这里,列宁讲到了粮食专卖(即"国家垄断制"),讲到了价格,和必须由国家来规定价格,等等。

第三段文章,就更详细了,这是列宁在1918年7月"全俄工农兵和红军代表大会"上的报告中的一段话,他非常具体地讲到:

> 我们给粮食人民委员部拨了几亿卢布的款子,……我们苏维埃的工人和农民们正在学习这项工作(鼓掌)。因此布匹收购工作和拨款工作都在进行。我们在人民委员会里曾几百次地研究了这样的问题:通过谁来收购布匹,怎样实行监督,怎样使布匹尽快地推销出去呢?……要知道是我们把布匹按50%的价格,也就是按半价卖给农民的,试问有谁能按这个价格把布匹卖给贫苦农民呢?我们将通过粮食、布匹和工具这条道路走向社会主义,粮食、布匹和工具不能落到投机分子手里,而首先得给贫农。这就是社会主义(鼓掌)。……我们已经到了这样的地步:使得从粮食分配和用布匹交换粮食的具体措施中得到好处的是贫农,而不是有钱的投机分子。……②

综合以上三段文章,完全可以证明:战时共产主义时期的

---

① 《列宁全集》第27卷,人民出版社1958年10月版,第438页。
② 《列宁全集》第27卷,人民出版社1958年10月版,第496—498页

"国家垄断制"和"余粮收集制",并不是把粮食、布匹和其他主要消费品无偿地拿来,又无偿地分配出去,不采取交换的方式;而是在国家控制下,不准私商参加,只由消费公社和合作社这种销售机构采取交换的方式来进行分配,这种分配有卢布作媒介,受等量劳动交换等量劳动的规律所制约。但是,这与1918年上半年以前的城乡交换关系不同,那时还允许私商有一定的活动余地,农民有点余粮,可以拿到市场上去卖,也就是还允许有私人交换。战时共产主义时期为了克服当时的经济困难所实行的,则是"余粮收集制"和"国家垄断制",就是对粮食、布匹、工具等实行不准私商介入的专买专卖。由此可见,列宁所说的战时共产主义时期实行余粮收集制(国家垄断制)犯了直接向共产主义(社会主义)过渡的错误,这并不是说犯了废除城乡间的一切交换,搞实物分配的自然经济错误。那么错在哪里呢?即错在当时还存在多种经济成分,小农在居民中占优势,经济落后,社会主义大工业还没有恢复起来的情况下,就没收所有中小工厂、禁止私商活动,把城乡间工农业产品的交换都由国家来垄断进行;当时还以为趁这样,就可以直接过渡到社会主义。这不符合当时社会生产力的状况和性质。这就是列宁后来在总结时所说的"犯了直接向共产主义过渡的错误"的实际内容。

但是,直到现在,苏联学术界还在以讹传讹地曲解着这段历史,以致对我国学术界也有相当大的影响。下面我举两个例子(一个是苏联的,一个是国内的,都是七十年代的材料):

(1)苏联1971年出版的《社会主义政治经济学》,在苏联是有很大影响的,这本书的主编是苏联《经济报》的主编、苏联共产党中央党校的教研室负责人鲁缅扬采夫。这本书在讲到《新经济政策》一节中,有这样一段话:

……解决这些任务(指国家工业化、农业社会主义改造和进行文化革命），不能用"战时共产主义"的方法，各种成分的经济不可能在经济秩序极端自然化的条件上正常发展。而要求有计划地利用商品货币关系。……（见该书第59页）

他把战时共产主义时期的经济说成是没有商品货币关系的"极端自然化"经济，在他的心目中，这一时期的经济政策，就是不要商品货币的自然经济政策。在苏联的其他教科书中，一些作者在讲到这一段历史时，也常是这样说的。

（2）是我们国内的一个材料，这个材料见中国社会科学出版社1979年3月出版的《经济研究参考资料》第48期，其中有一篇介绍《苏联学术界关于社会主义制度下价值规律的作用的观点的演变》，其中第一部分是摘引介绍苏联学术界在战时共产主义时期的几段文章的观点，编者概括他们的观点是："认为社会主义（作者注：它指包括战时共产主义这段过渡时期）是自然经济，它不需要货币，产品将直接用劳动小时来计算；价格范畴对过渡时期是不适用的；而采取措施准备消灭货币"[1]。下面我引其中两段文章来看看。

一段是从波格丹诺夫写的《经济学简明教材》中摘来的，引文如下：

新社会（指社会主义社会）的基础不是交换，而是自然自足经济。生产与消费之间没有买卖市场，只有意识的、系统的、有组织的分配。[2]

这一段引文是符合编者所概括的那种观点的。

---

[1] 《苏联学术界关于社会主义制度下价值规律的作用的观点的演变》,《经济研究参考资料》第48期，中国社会科学出版社1979年3月版。

[2] 波格丹诺夫：《经济学大纲》，大江书店1927年版，第543页。

另一段是从1919年俄共通过的纲领中摘引来的，而这个纲领是按列宁写的纲领草案制订的，引文如下：

在分配方面，苏维埃政权现时的任务是坚定不移地继续用有计划地、在全国范围内组织起来的产品分配来取代商业。(《俄共（布）党纲》，1919年，《苏共代表大会、代表会议、中央全会决议汇编》，中文版，第一分册，第546、547页)①

我在前面已经论证过列宁和这条纲领中所讲的"用产品分配来代替商业（贸易）"，并非是无偿的实物分配，并非不要通过公营的供销机构（包括过渡性的"合作社"）来出售，所以，绝非"自然经济"。编者把这一段纲领摘引来证明苏维埃俄罗斯战时共产主义时期城乡间的经济关系是"自然经济"关系，这就大错而特错了。这表明，像前苏联学术界鲁缅扬采夫等对战时共产主义时期的经济关系所作的自然经济的错误解释，对我国学术界至今还有很大影响。

以上是介绍十月革命后战时共产主义时期"余粮收集制"和"国家垄断制"这一交换关系的实际内容。这种交换关系，正如列宁所说，在当时是为战争所迫，是一种特殊的过渡政策，它使年轻的苏维埃俄罗斯胜利地度过了三年内战中的经济困难。但是，当时曾认为这么一来，就可以趁势消灭一切私商而直接过渡到社会主义，这是错误的和行不通的。所以战争一结束，粮食和工业品的严重缺乏，就成了当时面临的主要困难，工农业生产迫切需要恢复。因此，列宁就于1921年春领导全党全国实行新经济政策。新经济政策的核心是改"余粮收集制"为"粮食税制"，开放有限度的私人贸易自由。先是"退"到列宁所说的"国家资

---

① 参阅《列宁全集》第29卷，人民出版社1956年7月版，第91页。

本主义商品交换关系",简称"商品交换"。半年后(1921年10月),列宁又指出,必须往后再退一些,推行"国家调节商品买卖和货币流通"的交换关系。这一段历史,使一些同志对战时共产主义时期"以产品分配代替贸易"的提法,更发生误解,以为那是"无交换、无货币的自然经济"(这已经在前面澄清了),而且还误解第一次"后退"到的"商品交换"是"半自然经济的物物交换",似乎到1921年秋季以后,才恢复以货币为媒介的"商品买卖"。为澄清这些误解,我再进一步介绍列宁对十月革命后这第二、第三两种交换关系的分析。

(二)新经济政策时期(1921年10月前)的国家资本主义商品交换关系

(三)1921年10月后的"国家调节商品买卖和货币流通"的交换关系

1921年春,改行新经济政策,从战时共产主义时期的"国家垄断制"退到"国家资本主义商品交换制"。国家资本主义商品交换的基础是把余粮收集制改变为粮食税制度。因此,要了解上述"国家资本主义商品交换制"的特性以及它同国家垄断制交换关系的区别,必须先说明新经济政策时期实行粮食税带来的大变化。

先介绍列宁的一段话:

> 新经济政策就是以粮食税代替余粮收集制,就是在很大程度上转到恢复资本主义。……同外国资本家订立的租借合同……和私人资本家的租借,都是直接恢复资本主义,都是同新经济政策的基础有关的。因为废除余粮收集制,就是准许农民自由出卖缴纳粮食税以后剩余的农产品,而粮食税只

收去他们产品中的一小部分。……因此在这种自由贸易的土壤上，资本主义不会不成长起来。列宁又指出：这是经济学……常识，而在我国，除此以外，还有每一个跑单帮的教给我们……从战略上看，根本问题在于谁能更快地利用新形势，……在于农民跟谁走：跟无产阶级走呢，还是跟资本家走。①

实行粮食税就是按耕地面积的多少交一定量的粮食作为农业税，就像我国的公粮制度。农民交纳国家规定的农业税之后，其余的粮食（还有其他农产品）归他们自己，并可以出售这部分粮食。当时的农民还是小农，还是私有生产者，还没有组织起来。所以，粮食上市，从农民方面讲，就会有自发性，会发生市场的波动和富农投机倒把。列宁在很多地方都讲到实行"商品交换"和粮食税是同自由贸易、资本主义的恢复分不开的，这是政治经济学的一个简单的常识。另一方面，拿什么东西去同农民交换粮食、菸草、棉花等农产品呢？最理想的，就是用社会主义大工业生产的生产资料和消费品。但是，当时大工厂缺乏原料和燃料，停工的停工，关闭的关闭，开工的连一半都不到，拿不出那么多的工业品同农民交换，而只能拿出很少一部分。怎么办？列宁提出国家资本主义的办法。就是用把没收下来的工厂租让给外国人（"租让制"）或把工厂租借给本国的资本家（"租借制"），给他们一些好处，以利恢复生产。这些工厂生产出来的工业品，基本上要批发给国家的供销机构和合作社。所以，这个时期实行的国家资本主义商品交换，就是指各种国家资本主义企业生产出来的工业产品，加上一小部分社会主义大工业产品，同农民的农产品相交换。这种国家资本主义，是在苏维埃国家控制下的、有限制

---

① 《列宁全集》第33卷，人民出版社1957年8月版，第45、46页。

的资本主义。关于这一点，列宁在1921年10月回顾时，有过明确的说明：

> ……今年春天我们说过，我们不怕回到国家资本主义，我们的任务就是要把商品交换这一形式确定下来。自1921年春天以来，我们制定了一连串的法令和决议，写了大批的文章，进行了一些宣传工作和立法工作，这一切都是适应商品交换的发展的。商品交换这个概念所预定的建设计划（如果可以这样说的话）是怎样的呢？它预定在全国范围内，或多或少地按照社会主义方式用工业品换取农产品，并通过这种商品交换来恢复作为社会主义结构唯一基础的大工业。①

这段话说明，新经济政策把过去国家垄断制的城乡交换关系改变为商品交换。这个商品交换是国家资本主义商品交换，就是前面说的把在战时共产主义时期没收的一部分资本主义企业租借给国内的资本家或租让给外国资本家，它的产品由苏维埃国家批发下来，然后用这些产品通过合作社和农民的农产品相交换。从生产上看，主要是国家资本主义的生产，不是社会主义的工业。另外在农村委托私人收购一些土特产品。因为当时合作社没有那么大的力量，所以又委托私人收购，就是允许私人参与交换活动。还有代销，就是把一些工业品和手工业品，利用合作商店，让他们到农村出售。我们分析城乡交换关系，要注意交换的两头的社会经济性质，谁同谁交换，它的生产的基础是什么，这是决定一切的。由于在上述时期的城乡交换中，社会主义大工业的产品是少数，多数是各种形式的国家资本主义生产，还有地方的小手工业作坊，它们恢复得快。这样的城乡交换，对原先的"国家垄断制交换"来说，是"退一步"。当时俄共党内有些人认为，

---

① 《列宁全集》第33卷，人民出版社1957年8月版，第73页。

这是倒退了，是复辟资本主义了。列宁再三讲，我们不怕资本主义，这是退一步，进两步。列宁想通过这种国家资本主义方法恢复大工业，逐步把社会主义大工业恢复和发展起来，使社会主义大工业产品在交换中占主导地位。

实行这种国家资本主义商品交换制，资本家、私商、富农在生产和交换领域中，就可以有一定的自由活动。为了迂回地战胜资本主义自由贸易势力，列宁当时就提出"学会经商"的口号。列宁说：

苏维埃"国家必须学会经商，使工业能够满足农民的需要，使农民能够通过商业来满足自己的需要。"①

为了具体辩明列宁当时所说的"商品交换"是"国家资本主义商品交换"，我着重介绍一下1921年5月21日，列宁在《劳动国防委员会给地方苏维埃机关的指令》中，对当时的"商品交换"问题，作了许多详细的指示。在《指令》的"第一类问题""同农民的商品交换"项下，列宁提出了一系列需要了解和解决的问题："商品交换的准备工作怎样？……合作社做了哪些工作？为此设立了多少个合作商店？……'自由'市场的价格怎样？……""作为商品交换对象的盐和煤油的情况怎样？纺织品的情况怎样？……最需要的是什么？农民最感缺乏的是什么？地方小手工业生产能提供什么？发展地方工业能取得些什么？……""私营商业在商品交换中的作用怎样？……私商人数和他们在主要产品上的交易额怎样？特别在粮食方面的交易额怎样？"

在《指令》的"第一类问题""与资本家的关系"项下，列宁写道：

"是否有资本家和企业主申请租借某些企业、作坊或店铺？

---

① 《列宁全集》第33卷，人民出版社1957年8月版，第53页。

对这类事情是否有精确的统计和分析？贸易总额是怎样确定的？……""有没有要求代销的？拿一定手续费代国家收集和采购产品的情况怎样？代销和代配售的情况怎样？……""手工业的情况怎样？……"①

所以我们一读上面的《指令》，就知道：新经济政策开始实施时，列宁所领导改行的"商品交换"是有特别含义的，是"国家资本主义商品交换"。允许私人有一定的自由活动，是经过市场的，国家要从事批发商业，同时也有私商夹在其中（代销）。在《指令》中列宁特别问到："私人商业在商品交换中的作用怎样？""私商人数和他们在主要产品上的交易额怎样？特别在粮食方面的交易额怎样？""'自由'市场的价格怎样？""有没有要求代销的？""是否有资本家和企业主申请租借某些企业、作坊或店铺？"等等。列宁当时所说的如此这般的"商品交换"，又怎么会是直接的实物交换呢？

下面再讲1921年10月以后，发现这第二种交换关系（国家资本主义商品交换关系）行不通，列宁马上根据客观实际情况改行第三种交换关系："国家调节商品买卖和货币流通"的政策。列宁说：实行国家资本主义"商品交换的结果怎样呢？结果，现在你们从实践中以及从我国一切报刊上都可以清楚地看到，商品交换失败了。所谓失败了，就是说它已经变成了商品买卖。如果我们不想把脑袋藏在翅膀下边，不想故意看不到自己的失败，不怕正视危险，我们就应当认识到这一点。我们必须认识到，我们所作的退却是不够的，必须再退却，再向后退，从国家资本主义转到国家调节商业和货币流通。商品交换没有丝毫结果，私人市场比我们强大，通常的买卖、贸易代替了商品交换。

---

① 《列宁全集》第32卷，人民出版社1958年9月版，第374—376页。

你们要努力适应这种情况,否则买卖的自发势力,即货币流通的自发势力会把你们扼死的!"①

列宁还说:

> 商品交换制度现在已经不符合实际情况,实际情况给予我们的不是商品交换而是货币流通、现金交易,这是不是对的呢?这也是毫无疑问的,事实证明了这一点。这也是对说我捏造错误的斯士柯夫和索凌同志的答复。你们看,这就是我们确实犯了错误的明显事实,并不是什么捏造的错误。②

这是列宁所讲的俄共在十月革命以后所犯的第二次错误,一经发现,就立即公开纠正。第一次错误是被迫的,因为打仗,为克服战时经济困难不得不实行战时共产主义政策,以为可以趁势立即消灭私商,一下子直接过渡到社会主义(详细已见前一节的介绍)。这第二次错误,是由于在新经济政策开始时估计不足而造成的,以为从"国家垄断制"退回到"国家资本主义"就行了,对资本家和私商允许有"国家资本主义"式的贸易自由就行了。其实,"国家资本主义商品交换"的做法,由于资本家、私商、富农的抵制,自由贸易的势力比苏维埃国家资本主义的商品交换(包括社会主义大工业产品和小农的农产品的交换)的势力还要大,后者收效甚微,失败了。怎么办?列宁说,要再后退一些,但不是允许资本主义自由泛滥。国家资本主义行不通了,现在要再放宽一些,但不能放弃国家调节,就是苏维埃国家对私人工商业的活动,要加一定的控制和影响。例如施加一定的行政管理,同时,社会主义大工业和城乡各地的合作社网也要大肆活动,从经济上来限制私商,搞反投机倒把斗争。所以,列宁在

---

① 《列宁全集》第33卷,人民出版社1957年8月版,第73页。
② 同上书,第79页。

1921年10月以后的许多报告中,非常强调学会做生意。列宁说:

> 我认为,学会了解商业关系和经商,是我们的责任。……我们必须退却,一直到商业问题成为党的实际问题……为什么要采用商业原则呢?是由于周围的环境、目前的条件。所以必须这样做,是为了使大工业迅速恢复,并且尽快地同农业结合起来,以便实行正确的产品交换。……①

共产党员要学会做生意这个口号,在1921年新经济政策开始施行时,已经提出(因为那时已经开始同私商打交道),不是1921年秋后实行"国家调节商品买卖"时才提出。在实行"国家资本主义商品交换"时,私商已经有一定的活动地盘;在实行"国家调节商品买卖"后,私商活动的范围更大了,他们可以直接同农民做买卖了。以前一般还要受经过国家和合作社的手的约束,现在可以直接下乡,收原料、手工业产品,再卖出去。私商是要百般搞投机倒把的,共产党员就得学会"做生意的玩艺儿",学会搞反投机倒把。

列宁所说的"国家调节商品买卖和货币流通"这种城乡交换关系,后来把城乡经济活跃起来了。当然私人的势力也有所增长,但列宁说不要怕;因为这样做,便于恢复大工业;大工业恢复起来以后,就可以把局面改变,过渡到列宁所说的第四种交换关系——"社会主义产品交换关系"。

回顾以上历史,对我们很有教育意义。当年俄共在列宁领导下,对工作错误,一经发现,就立即检查和改正。先是内战一胜利结束,列宁就领导全党改余粮收集制为粮食税制,改"国家垄断制"交换关系为"国家资本主义商品交换"关系。纠正原先想

---

① 《列宁全集》第33卷,人民出版社1957年8月版,第82页。

趁势立即消灭"商业和市场"（按列宁的用语，这只是指"私人买卖活动"）的错误。在改行国家资本主义措施以后不久，发现它还不适合小农占优势的城乡生产力状况和性质，列宁又指出犯了第二次错误，明确指出还要后退到"国家调节商品买卖和货币流通"。以后社会主义大工业渐渐恢复起来，列宁又敏锐地指出，退却到此为止并组织力量反攻。

列宁在1921年改行新经济政策（粮食税制）以后的一些报告、文件、文章中，有时对他所说的"国家资本主义商品交换"，常简称为"商品交换"，但是那明显不是指通常的或一般的"商品交换"而言；另外，他也常将他所说的"国家调节商品买卖"简称为"商品买卖"，但也明显不是指"通常的或一般的商品买卖"而言。可是常常有同志不看前后文或不用心思索，而只盯住那简称的"商品交换"和"商品买卖"这八个大字，望文生义地按普通辞典上的辞义去理解，以为到1921年10月以后实行"商品买卖和货币流通"时，才有货币介在其中。于是1921年上半年从战时共产主义时期的"余粮收集制"和"国家垄断制"所转变过来的"商品交换"，就又更加被理解为无货币、无商业介入的"物物交换"（W_1—W_2）。其实，列宁在那些报告、文件、文章中所说到的"商品交换"，是特定的"国家资本主义商品交换"的简称，那也是经过买进卖出的，并非直接物物交换。对这一点，我在前面已经用列宁亲自写的《劳动国防委员会的指令》这个非常重要的文件论证清楚了。列宁所说的"国家资本主义商品交换"，同他所说的"国家调节的商品买卖"，都一样是通过一定的市场和以货币为中介，表面形式是一样的。它的差别只在于："国家资本主义商品交换"虽然允许资本家和私商有一定的贸易自由，但自由的范围很受限制，例如私人资本和农民的直接见面受到很大限制。"国家调节商品买卖和货币流通"的交换关系，比前者有大一些和多一些的贸易自由。这第二、第三两种交换关系，同第一种交换关系的差别，是私商尚能相当存在和不容存在的差别；第二和第三两种交换关系的差别，则是允许私商自由程度上的差别。再者，这后两种交换关系对通常的真正的商品性交换来说，都是已经起了部分质变的"半"商品经济关系。

下面顺便讲一下中国财经出版社1978年8月出版、国务院财贸小组理论组编辑的《马恩列斯有关社会主义制度下商品生产的部分论述》一书第35页上一个编者注。这个注就是注解《列宁全集》第33卷，第73页论从"国家资本主义商品交换"退到"国家调节商品买卖"那一段文章（引文见前）中所写的"商品交换"这一概念的涵义，我认为，那是误解了列宁的原意。该注如下：

> 列宁在这里和下面几处讲到的"商品交换"，是指不经过市场、不经过商业而进行的工业品与个体农民的农产品的直接交换。这和我们通常所说的"商品交换"的含义有所不同。

这个编者注，我认为有以下两个问题：

1. 说列宁上文所说的"商品交换"，是指"不经过市场（商业）"的"直接交换"，这就是把它误解为"物物交换"，这是明显不对的。我的理由见前。

2. 该注说列宁上文中的"商品交换"，和我们通常所说的商品交换的含义有所不同，那是顺着前面的观点下来，指它同通常"经过市场"的商品交换有所不同，而不是指列宁上文所说的"商品交换"，是指特定的"国家资本主义商品交换"而言，因而同通常所说的商品交换有所不同。我认为，如果要加注的话，这一侧面的真正差别倒是应当强调注明的，虽然列宁在上文前后已经表明了这一点。下面我再介绍列宁关于社会主义产品交换的思想。

二 列宁和马克思、恩格斯一样完全预见到未来公有制社会主义社会下产品分配中存在着交换关系

十月革命胜利后,列宁直接接触到了从资本主义向社会主义过渡的实际,他对社会主义社会将有什么样的产品分配关系和交换关系,就比马克思说得更具体。但是列宁的这些论述,也常常被人认为只是讲到了产品的分配,似乎这种分配是不需要采取一定的交换方式的。其实,只要多看一点列宁的有关文章,就可以看出这是如何地误解了。

早在1902年,列宁在参加制定俄国社会主义工党纲领的时候,曾就资本主义商品生产的消灭问题提出意见。他先批评普列汉诺夫所写的草案,说该草案仅笼统地声称"消灭资本主义商品生产关系"和"代之以社会主义生产"。列宁批注说:应当说明,代之以"社会主义的什么样的生产"。紧接着,列宁在他自己所写的纲领草案中提出以下解答:"现代社会的其他一切阶级都须消灭生产资料私有制,把它变为公共财产。组织由整个社会承担的社会主义的产品生产代替资本主义商品生产……"① 到1920年,列宁就以上问题批评布哈林的一个"不确切"的提法时,又从产品的分配角度(上面是从产品的生产角度)作解答。布哈林在《过渡时期经济》一书中说:"……只有在生产无政府状态的基础上存在着经常的而不是偶然的社会联系,商品才会是一个普

---

① 以上引文,详见《列宁全集》第6卷,人民出版社1959年4月版,第11页。

遍的范畴。因此,当生产过程的不合理性消失的时候,而当自觉的社会调节者出来代替自发势力的时候,商品就变成了产品而失去自己的商品性质。"① 列宁评论布哈林的这段文章,一面说它"对",一面又指出它"不确切:不是变成'产品',而是另一种说法。例如变成一种不经过市场而供社会消费的产品。"②

从列宁以上两个评语中,我们可以极清楚地看出两点:1. 列宁确认资本主义商品生产将为社会主义生产所代替,并且从生产关系的角度明确指出:代替资本主义商品生产的,是"由整个社会承担的社会主义的产品生产"。列宁的这个对比用语告诉我们:前一种生产,是由私有者(资本家)在分裂的无政府状态下盲目进行的生产,这是商品生产的一个根本特征;后一种生产是以生产资料公有制为基础和由整个社会承担的有计划、有组织的生产,它根除了商品生产的根本特性,列宁称之为"社会主义的产品生产",即非商品性生产的意思;2. 在对布哈林的那段评语中,列宁还从产品分配(如何"供社会消费")的角度,指明代替资本主义商品生产的那个失去商品性质的"社会主义产品生产",是"不经过市场而供社会消费的产品"。有些人以为,列宁这句话的意思是:在社会主义公有制度下,产品将由社会简单地分配给各生产单位或社会成员去消费,如同原始社会那样,而无需采取严密计划、严密核算的交换方式。他们以为列宁预断社会主义将消灭商品生产,似乎就是立足在这样简单的设想之上。但是,这是从他们自己对"市场"这个概念的误解产生出来的一种曲解。第一,他们把列宁所说的"不经过市场"误解为不经过任

---

① 转引自列宁:《对布哈林过渡时期经济一书的评论》,第50页,重点是列宁加的。参阅《列宁全集》第60卷,人民出版社1990年12月版,第308页。

② 同上。

何交换渠道；第二，他们又误以为：如果社会主义社会产品按照社会的统一分配计划，通过公共交换渠道，按照计划价格以供社会消费，那么，这就似乎也是列宁所说的"经过市场"。其实，列宁这里所说的"市场"一词，是按马克思主义政治经济学的科学涵义说的，即指"盲目竞争、自由买卖"说的，因而所谓"不经过市场……"就是指不经过盲目竞争、自由买卖的方式，但是要经过有计划、有组织的分配和交换而供社会消费。下面，我摘引列宁的另外两段文章来证明：

1. 列宁在1893年《论所谓市场问题》的文章中，写道：

所谓商品生产，是指这样一种社会经济组织，在这种组织之下，产品是由个别的、单独的生产者生产的，同时每一生产者专门制造某一种产品，因而为了满足社会需要，就必须在市场上买卖产品（产品因此变成了商品）。

这种为共同市场而劳作的独立生产者之间的关系叫做竞争。不言而喻，在这种情况下，生产和消费（供给和需要）之间的平衡只有经过多次的波动才能达到。……少数人发财而大众贫困，——这就是竞争规律的必然后果。

"市场"这一概念和社会分工……是完全分不开的。哪里有社会分工和商品生产，哪里就有"市场"。市场量和社会劳动专业化的程度有不可分割的联系。①

这前后三段论市场的文章是有联系的。第三段引文是前两段引文的结论之一，其中所说的社会分工，不是泛指任何社会分

---

① 《列宁全集》第1卷，人民出版社1955年12月版，第77、81、83页。重点是引者加的。

工，而是专指私有制社会的分工。第一段所说"个别的、单独的或独立的"生产者，就是指私有生产者，所以它只有间接地靠市场交换、靠盲目竞争而成为社会生产的构成部分，其结果必然是两极分化和产生出资本和雇佣劳动的关系。列宁所说的"经过市场"和"商品生产"，就是指上述经济关系而言。列宁后来（1920年）批注布哈林的那段话，指出公有制社会的产品是"不经过市场而供社会消费"，自然是前后一贯地按他自己所继承的马克思主义政治经济学概念，指不经过上述的市场交换关系而言。但是，这绝不是说，社会主义社会对它的产品，无需采取有计划、有组织的交换方式来分配，而可以像原始社会那样简单地将氏族公有的产品分配给各生产单位或社会成员去消费。上述有计划、有组织的公共分配和交换，在马克思主义经济学辞汇里，并不叫做"经过市场"。这还可以用列宁的下一段更加直接的有关文章来证明。

2. 列宁在1919年写的《俄共（布）纲领草案》中，曾说："在分配方面，苏维埃政权现时的任务是坚定不移地继续在全国范围内用有计划有组织的产品分配来代替贸易。"接着，列宁又说："目的是把全体居民组织到生产—消费公社中，这种公社能把整个分配机构严格地集中起来，最迅速、最有计划、最节省、用最少劳动来分配一切必需品。合作社就是达到这一目的的过渡手段。"① 列宁当时（1919年）所说的"合作社"这个过渡的分配机构，是指帝俄时代留下来的那些尚未改造、领导权尚未完全转到工农群众手里、入社还有股金限制的旧消费合作社。1918年初，苏维埃政府曾准备将它一律收归国有，改为全民生产—消

---

① 《列宁全集》第29卷，人民出版社1956年7月版，第91—92页。

费公社①；后来暂时采取妥协办法，逐步加以改造，把它作为过渡到生产—消费公社的手段之一②。所以，列宁在上面的《俄共（布）党纲草案》中，指出"合作社"是到"生产—消费公社"的过渡。现在要问：这两种机构当时所承担的用以"代替贸易"的那种"有计划有组织的产品分配"工作，是怎样的工作呢？对此，人们常常望文生义，以为那是搞"实物分配"，搞消灭交换返回到"自然经济"。这是一种明显的误解。因为上述"合作社"和"生产—消费公社"只是在公有化程度上有差别，但都是做城乡产品交流和供应工作的。同时，苏维埃俄罗斯1918—1920年间的历史已向我们指出：那时把一切余粮交与国家的生产—消费公社来垄断分配，并非实物自然经济关系，只不过是杜绝私商活动和实行粮食的普遍统购统销（见前面《总论》第一节的分析）。这些表明：列宁所说的"贸易"，就是指他所说的"经过市场"，就是指盲目竞争和自由买卖行为。他所说的用来代替这个"贸易"的有计划有组织的工农业"产品分配"，就是指由遍布全国的生产—消费公社，按照社会统一分配产品的计划，采取多快好省和四通八达的（而不是割据阻塞和官僚主义的）交换方式，把产品从社会生产者手里转到社会消费者手里去消费。

从以上引证和分析，我们可以看出：马克思所说在未来社会主义社会里，生产资料产品是"被分配在各生产部门之间"和列宁所说的"用有计划有组织的产品分配去代替贸易"，那都不是不要交换方式，而是有其相应的新交换方式。他们在预言社会主义将消灭商品生产的时候，是完全预见到社会主义社会城乡间将有种种新的公共交换关系。可是现在却有人说他们当年限于什么

---

① 参阅《列宁全集》第26卷，人民出版社1959年3月版，第390页。
② 参阅《列宁全集》第27卷，人民出版社1958年10月版，第291页。

历史条件，竟连这一点常识性的事情都预想不到。这实在是说得太不对头了！

现在，我们对如上内容做出以下两点小结：

1. 马克思、恩格斯和列宁都从未说过：凡是经交换以供社会消费的产品，都一概是商品。他们只说过：私有生产者用来作交换的产品才是商品。因此，抹煞私有制的前提，把商品笼统地定义为"用来作交换的产品"，或者什么"不同所有者之间所交换的产品"，这些都只能是对马克思主义的商品理论的歪曲。

2. 马克思、恩格斯和列宁当年预言社会主义社会将消灭商品生产的时候，是完全预见到社会主义社会对产品的分配仍将采取相应的新的交换方式。马克思、恩格斯一般地预见到这一点，列宁还更进一步。列宁虽然来不及见到这种新交换方式在苏维埃全国范围内实现，但是他已开始着手领导全国改造和组织城乡间工农业产品的新的分配——交换关系。使之从"商品交换"转化为"产品交换"。因此，说他们当年未预见到社会主义社会仍有产品的交换关系，以及把他们当年预断社会主义将消灭商品生产的论点，理解为社会主义经济将无任何交换关系，这些都是不合他们的原著原意的。

三 社会主义的产品交换关系

列宁对社会主义产品交换制，有时称它是"正常的社会主义产品交换制"或"最理想的社会主义产品交换制"；也有一些地方只叫它"产品交换制"。列宁的上述说法，有它的背景。列宁称它为正常的、最理想的社会主义产品交换，那是相对于"战时共产主义时期的社会主义国家垄断制交换关系和国家资本主义商品交换关系而言。对这第四种交换制，列宁生前只看到它的萌芽，只看到有这种成分，它没成为决定性的东西。列宁认为，这种产品交换制经过一定时期以后将代替前边第二、第三种交换。列宁预见到这种交换的发展过程，具体地规定了时间表，对实现这种交换制充满信心。可是，列宁的产品交换制理论一直到现在还没有被充分介绍，甚至被不少人曲解。

对产品交换制，我下边分两点来介绍：

1. "社会主义产品交换制"是指非商品性交换，是列宁所定立的专称

"社会主义产品交换制"简称"产品交换制"，是列宁概括的一个新的经济概念。就是说，他利用这个概念来反映一个新的客观实际，新的城乡交换关系，是专用名词。用列宁的话讲，它是非商品性的交换。它的性质同商品交换有一系列不相同的地方。列宁所讲的"产品交换"这个范畴，在不少人的头脑里是缺乏的，在很多文章里往往把这个"商品交换"和列宁在前边讲的"商品交换"混淆起来，也被看做简单的物物交换。

列宁是怎样看"产品交换制"的呢？列宁在十月革命后的许多著作里，指出"社会主义产品交换制"是苏维埃经济发展的方向，是过渡的目标。他在讲"国家垄断制"的交换关系时，就提到过产品交换制；他讲"国家资本主义商品交换"和"国家调节商品买卖"时，也提到它。产品交换关系同前述三种交换关系是对立的。产品交换是目标，前面三种交换是过渡的手段，当然是不相同的。

列宁讲，战时共产主义时期的"粮食垄断制（交换），是从资本主义商品交换逐渐过渡到社会主义产品交换的最重要的手段之一"。[①] 这种设想，后来没有行通。

---

① 《列宁全集》第27卷，人民出版社1958年10月版，第427页。

在实行第二种"商品交换制"时，列宁讲："粮食税制（国家资本主义商品交换），是从极贫困、经济破坏和战争所迫使采取的特殊战时共产主义，进到正常的社会主义产品交换的一种过渡形式"。① 从列宁以上两段话中可以看出，"社会主义产品交换"是同通常的商品交换和国家资本主义商品交换相对立的范畴。

列宁在讲必须从"国家资本主义商品交换"再退到"国家调节商品买卖"时指出，这"是为了使大工业迅速恢复并且尽快地同农民结合起来，以便实行正确的产品交换。"②

上边列宁的三句话说明两个问题：第一，它说明第一、第二、第三种交换都是从资本主义到社会主义这一过渡时期的过渡的交换关系。为什么采取这种关系？这是由当时历史的和生产力的状况决定的。这是过渡时期的交换形式，不是社会主义交换形式，但是有或多或少的社会主义因素。第二，这些话说明它们的目标都是向"社会主义产品交换"过渡。从以上论述我们可以看出列宁所说的四种交换关系的相互联系，也可以看出"社会主义产品交换"是列宁订立的新范畴。

这里有个问题，列宁为什么要这样抠字眼，不把它叫做社会主义"商品"交换制，而称它为社会主义"产品"交换制呢？列宁用词是很严密的。客观上什么样，他就用什么样的概念把它反映出来。概念是反映客观实际的理性抽象，科学概念必须同客观实际完全相符合。不要把不同性质的新东西，仍然用一个旧概念去反映和混淆。在资本主义社会，私人办工厂的老本（生产资料），我们叫它为"资本"，资本是剥削工人的手段。我们对社会

---

① 《列宁全集》第32卷，人民出版社1958年9月版，第333页。
② 《列宁全集》第33卷，人民出版社1957年8月版，第82页。

主义工厂的老本,已用一个新的概念称它为"资金",不叫资本,因为它不是用来剥削工人的。这就更有助于人们理解它们的差别。列宁不是把凡互相交换的产品,都称为商品。他把交换分为私有制的交换和公有制的交换,他称前者为商品交换;称后者为非商品性的产品交换,同时他又把十月革命后从前者到后者之间的过渡性交换,严密地细分为三种(见前)。我再用列宁下边两段话证明这个问题。这两段话均见上边引过的《劳动国防委员会的指令》,列宁说:

> 现在我们用来实际衡量全国范围内经济建设成就的标准主要有两个:第一,是否能够按国家的规定迅速地把粮食税收齐;第二——这一点特别重要——农产品与工业品的商品交换和产品交换的成绩怎样,即城乡交流的成绩怎样。①

其中的"商品交换"就是指"国家资本主义商品交换";其中的"产品交换"就是指"社会主义产品交换",它们是当时城乡交流的两个组成部分。当时前者为主要成分,后者为数少,居次要地位,其差别是:前者靠国家资本主义工业产品去交换,后者靠尚在开始恢复的社会主义大工业产品去交换。列宁还讲到:

> ……其次,商品交换是衡量工农业间相互关系是否正常的标准,是建立比较正确的货币制度的基础。现在所有经济委员会和所有经济建设机关,都必须特别重视商品交换问题(包括产品交换在内,因为用来交换农民粮食的国家产品,已经不是政治经济学上的商品,决不单纯是商品,已不是商品,已不成其为商品)。②

我要着重说明括弧里的话。列宁指出:"国家资本主义商品

---

① 《列宁全集》第32卷,人民出版社1958年9月版,第369页。
② 同上书,第374页。

交换"是当时城乡交换的主要形式,要全国各地注意它;同时,他又指示全国各地也要注意"社会主义产品交换",不能忽视它,虽然它当时占城乡交流的比重还小。由此可见,"商品交换"和"产品交换"不是一码事,不然,就不需要在讲了"商品交换"之后又讲"产品交换"了。这里讲的"产品交换"关系,是"社会主义产品交换"关系的简称。那么,为什么要换一个概念,称它为"产品交换"呢?这同我们对具有不同经济性质的私营工厂的生产资料和社会主义公营工厂的生产资料分别称为"资本"和"资金"一样,也是因为社会主义大工业产品和小农产品间的交换的经济性质和规律,不同于私人产品间的交换关系,即因为同农民的农副产品相交换的社会主义大工业产品,如列宁所说,"已经不是政治经济学上的商品,决不单纯是商品,已不是商品,已不成其为商品"。因此,按科学概念的严密性说,就不能把"社会主义产品交换"也称为"商品交换",否则,其混淆也就类同于把社会主义工厂的"资金"混为剥削工人的资本。

既然如此,列宁在这里所说的用来同农民交换的国家产品已经不是政治经济学上的商品,决不单纯是商品,已不是商品,已不成其为商品,这几句话如何去完整理解它呢?

首先看第一句,用来同农民相交换的国家产品已经不是政治经济学上的商品,这是什么意思呢?就是说它不是原来意义上的、资本主义私有制基础上的商品,而是掌握在社会主义国家手中的、社会主义公有制基础上生产的产品。十月革命后的苏联,由于无产阶级取得政权,通过剥夺剥夺者,把没收过来的大工业变为社会主义公有;尽管当时它的产品由于战争大大的破坏已经不能完全开工生产,在整个社会生产中所占的比重很小,正如列宁所说的,穷得像叫花子似的,只能拿很少很少的产品,但它是建立在社会主义公有制的基础上,劳动的性质发生了根本变化,由原来的私人劳动,转化为在公有制基础上的直接社会劳动,所以用来同农副产品相交换的社会主义大工业产品本身已经不再定义为政治经济学意义上的商品。

下面再来看第二句,用以同农民粮食交换的国家产品决不单纯是商品。列宁在前一句中已指明属于社会主义工业的产品已经不是政治经济学上的商品,紧接着后一句又提出"决不单纯是商品,"这又是什么意思呢?这里作为同农民产品相交换的国家产品,可以有两个来源,一个是在社会主义公有制基础上生产的产品,它从根本属性上来看,已经不属于原来意义上的商品,从整个社会的角度看,它所占的比例很小。另一个来源是除了社会主义大工业生产之外,社会经济结构还是一种多种公私所有制交错并存的格局,由此决定了这时的社会生产还不是完全的产品生产,还必然存在着私有成分基础上的商品生产和交换,而且从数量比例上看,社会主义越是在它的初期,私有成分的比例就越大,因而商品生产和交换的范围也就越大。尽管这样,社会主义大工业的产品数量很少,但它是最有生命力的,有无限的发展前景,所以同农民粮食交换的国家产品,尽管还存在私有制和商品生产,但用来同农副产品交换的社会主义大工业产品本身已经不是商品,因而决不单纯是商品了。

列宁所说的第三句话,用来交换农民粮食的国家产品,已不是商品,是指由于社会生产力大大提高,社会主义大工业可以拿出充足的产品同农产品相交换,从而可以实现社会主义的产品生产和交换,交换的是产品,而不是商品。

列宁在讲了已不是商品之后紧接着又讲"已不成其为商品"这句话,是否指随着社会生产力继续提高后所引起的产品交换的进一步发展,其中也还可能包含有更深刻的意思。这个问题希望经济学界的同行进一步研究。

2. 社会主义产品交换制在什么条件和到什么时候才能实现？

列宁生前没有看到社会主义产品交换制的实现，但他做出了规划，排出了一个具体的时间表。列宁认为，不是很快就能实现，必须经过一个相当长的艰苦奋斗过程；但是，也不是遥远的将来，前面说过，作为整个城乡交换的一个成分，列宁所说的"社会主义产品交换"，在实施新经济政策初期就有了；但是要使这种交换来顶替列宁所说的第二、第三两种交换，成为整个城乡交换的主导者，则必须有这样的条件，即社会主义大工业能拿出充足的工业品来同农民的农产品相交换。1921年，列宁说：

> ……从社会主义大工厂的生产中，拿出小农所需要的全部产品来向小农交换粮食和原料……这是一个最"正确"的政策，这种政策我们开始实行了。但是全部工业品我们是不能拿出，还远不能拿出，而且不会很快拿出，至少在全国电气化第一期工程完结之前，是拿不出那么多的工业品来与农民的农产品相交换。①

那么，什么时候能完成电气化第一期工程呢？列宁预计电气化第一期工程需"在十年内完成"，或者"大约在十年内完成"②。这表明：实现"产品交换制"，要有社会主义社会的物质基础——社会主义大工业，这不是短时期能达到的；同时也不是要到实现社会主义单一全民公有制的时候，更不是要到由"按劳分配"向"按需分配"过渡的时候。

以上是介绍列宁对十月革命后城乡间的四种不同经济性质的交换的分析。至于全民所有制经济内部各生产单位之间，对互相分工生产的生产资料的交换，列宁虽然没有正面直接讲过，但也

---

① 《列宁全集》第32卷，人民出版社1958年9月版，第335页。
② 同上书，第129、447页。

不是没有涉及。关于这个问题，我在这里附带讲一下。

列宁对全民内部有无交换的答复，是同马克思一致的。马克思明确讲过，社会主义第Ⅰ部类所生产的生产资料，将会同样不断地为再生产的目的，在这个部类的不同生产场所之间，"发生一种不断的来回的运动"。① 列宁对布哈林有句评语，指出共产主义社会也必然有Ⅰ、Ⅱ部类的各种交换。列宁在《对布哈林"过渡时期的经济"一书的评论》中写道："甚至在纯粹的共产主义社会里，不也是有Ⅰ v + m 和Ⅱ c 的关系吗？还有积累吗？"（见该书第3页）马克思和列宁的这两段话说明共产主义社会高低两个阶段，在公有的大工业内部仍然有交换。就现在来讲，全民所有制内部各企业之间是有交换的，如不同生产单位之间有交换；生活资料供应企业和生产单位之间也有交换，这些交换的性质自然也是非商品性的社会主义产品交换制关系，并且一定要受等劳交换规律的制约。

从上面，我还要推导地讲一下，将来到了共产主义也永远有"等劳交换产品"的经济关系，否则就没有共产主义。十月革命前，波格丹诺夫认为，到了社会主义，就是自然经济，不需要交换了。② 这当然是错误的。现在，还有很多人认为，从社会主义向共产主义过渡的时期，如果两种公有制并存，就需要交换（按他们的"凡用来作交换的产品就是商品"的口径，也就是要有"商品"）；在变成单一的公有制以后，就不需要有交换和"商品"了。这也是错误的。再请问，到了共产主义还要不要保留和遵循等劳交换产品的关系呢？难道到了共产主义就不需要核算生产成本和补偿生产成本吗？到了那个时候，虽然不用按劳分配和奖金

---

① 《资本论》第2卷，人民出版社1964年11月版，第464页。
② 波格丹诺夫：《经济学大纲》，大江书店1927年版，第54页。

鼓励，但是，生活资料要多少，和要花费多少劳动，生产资料要多少，和要花费多少劳动，这些是必须综合平衡的。所以，列宁特向布哈林指出：第一部类和第二部类等关系到纯粹共产主义也还是要研究和弄得十分清楚的重大经济问题。因此，我们必须弄清楚，不仅两种公有制变为单一的全民所有制以后，而且直到进入共产主义高级阶段以后，社会公有的各生产单位之间，以及社会公有的各供应单位和各生产单位之间，都永远有等劳交换产品的关系。那个时候，交换将更复杂，要做得更细微、更有组织、更有计划、更可以直接贯彻等劳交换规律。我们这一代人应该辨明：社会主义和资本主义的区别，共产主义和社会主义的区别，都不是有无交换的区别，都不是遵循等劳交换规律与否的区别。它们都一样有等劳交换产品的必然关系，其区别在于社会主义经济、共产主义经济中的交换关系，同私有经济中的交换关系，有根本不同的性质、根本不同的变换形态（如等劳交换规律表现或不表现为价值规律，等等，见前面的简单说明），至于社会主义交换关系和共产主义交换关系，则只是在劳动的直接社会化的程度上有一定的差别，不像它们两者同资本主义的交换关系有根本区别。辨明了这些问题，我们才不会使我们下几代的子孙去上波格丹诺夫第二的当，才不会使我们再下几代几代的子孙去上波格丹诺夫第三的当。

作者年表

1908年10月18日 出生于浙江省於潜县（现浙江省临安市潜阳镇），原名：丁龙孝，曾用名：李政、李抗风、李百蒙

1915—1923年 读私塾、於潜县立高小毕业

1923年夏 考入杭州省立商业学校

1927年2—4月 考进北伐军17军2师政治部当宣传员，后任宣传科员、组织科员

1927年"4·12"事变后 流亡武昌任国民革命军总政治部社会股员，6月间参加总政教导团受军训；后赶赴南昌受阻，未赶上"8·1"暴动起义军队伍

1927年8月—1927年11月 在杭州加入共青团，任杭州市团委二区区委书记

1927年11月—1934年春节前 在杭州团叛徒告密被捕入浙江陆军监狱

1934年春 出狱后，即到上海追随新老战友从事经济文化写作和抗日救亡运动，参加中国经济情报社、中国农村研究会、新知书店、职业界救国会理事会等社会团体进行革命活动，开始使用笔名"骆耕漠"发表署名文章和书稿

1937年11月 褚辅成老先生发起组织浙江旅沪同乡回乡服务团，潘念之和骆耕漠协助筹备

1938年1—3月 返回浙江丽水开展活动，在丽水领导浙江旅沪同乡回乡服务团抗日救亡活动，创办了《动员周刊》，开办了战地书

报服务社和新知书店分店,协助台胞李友帮筹备成立"台湾义勇队"。中共浙江省委、新四军驻温州、丽水的办事处领导成员刘英等派人到丽水同骆耕漠联系。骆耕漠被吸收加入中共,担任中共浙江省委统战委员

1938 年 4—5 月间 为开展服务团和县文抗会的活动骆耕漠从丽水转到金华,筹备"省文抗会"和省委文委

1938 年 11 月底 骆耕漠等在生活书店金华支店的帮助下创办出版大型综合性刊物《东南战线》;同时,中共浙江省委设立文化工作委员会,任命骆耕漠为书记;对浙江省长黄绍雄个人公开为中共浙江省委的联络代表

1939 年 3 月下旬 作为《东南战线》刊物主编受到周恩来副主席的约见和指示

1939—1940 年间 他陪同国际友人路易·艾黎在安徽屯溪考察中国工合作运动,建立浙皖办事处并举办"工合"学习班。在屯溪期间还担任安徽省地方银行总行研究员兼信托部副主任协助出版《皖南人》杂志。

1941 年 1—4 月 秘密从屯溪绕道桂林经香港转赴江苏盐城新四军部

1941 年 5 月初 任新四军军部财政经济部副部长,主管江淮银行工作。第一次反扫荡胜利后任盐阜行政公署财经处处长兼盐阜银行行长、中共苏北区委财经委员会副书记。

1945 年 4 月 随粟裕部队调往苏浙军区

1945 年 9 月—1946 年底 任苏浙军区供给部长、华中军区供给部长

1947 年 1 月—1947 年 12 月 任山东军区供给部部长,三野东兵团后勤部长

1948 年 1—8 月 率财经干部队随三野西兵团参加开封睢杞战役后勤领导和接管工作

1948 年 8 月—1949 年 1 月 任中共中原局豫皖分局财办副主任

1949 年 3 月 任总前委财委委员兼秘书长

1949 年 5 月以后 任华东局财委委员兼秘书长 任政务院华东区财委秘书长、计划局长、副主任

1953 年 4 月 任国家计委成本物价局局长、计委委员

1954 年 任国家计委副主任

1955 年 受聘为中国科学院哲学社会科学部学部委员

1958—1981 年 在经济研究所从事研究工作

1981 年 12 月 中国社会科学院顾问、国务院学位委员会第一届学科评议组成员

1982 年 12 月 国务院经济研究中心顾问

至今 担任中国社会科学院研究生院博士生导师、杭州商学院教授

作者主要著作目录

《骆耕漠早年文录》 东北财经大学出版社 1987 年版。

《我国过渡时期商品生产的特点和价值法则的作用》 财政经济出版社 1954 年 8 月初版，1957 年 6 月第 2 版。

《社会主义制度下的商品和价值问题》 科学出版社 1957 年 9 月出版。

《我国过渡时期底历史阶段性和特点》 上海人民出版社 1958 年 1 月版。

《从资本主义到共产主义的三个过渡问题》 上海人民出版社 1959 年 11 月第 1 版；1980 年 9 月第 2 版。

《关于生产力和生产关系的几个问题》 中国青年出版社 1962 年 5 月版。

《社会主义商品货币问题的争论和分析》 （总论·第一分册）中国财政经济出版社 1980 年 6 月版。

《关于社会主义计划经济的几个理论问题》 上海人民出版社 1982 年 5 月版。

《马克思的生产劳动理论——兼评当代两种国民经济核算体系和我国统计制度改革问题》 经济科学出版社 1990 年 12 月版。

《骆耕漠求知集》 中国财政经济出版社 1991 年 1 月版。

《马克思论三种社会经济关系的演变》 中国财政经济出版社 1998 年 9 月版。